AF462677

BIBLIOGRAPHIE

MÉTHODIQUE ET RAISONNÉE

DES BEAUX-ARTS

Esthétique et Histoire de l'Art
Archéologie
Architecture, Sculpture, Peinture, Gravure
Arts industriels, etc., etc.

ACCOMPAGNÉE DE TABLES ALPHABÉTIQUES ET ANALYTIQUES

PAR

ERNEST VINET

BIBLIOTHÉCAIRE DE L'ÉCOLE NATIONALE DES BEAUX-ARTS

Publiée sous les auspices du Ministère de l'Instruction publique, des Cultes et des Beaux-Arts.

Première livraison.

PARIS

LIBRAIRIE FIRMIN-DIDOT FRÈRES, FILS ET Cie

IMPRIMEURS DE L'INSTITUT, RUE JACOB, 56

1874

COMPLÉMENT

DU

MANUEL DU LIBRAIRE

ET DE

L'AMATEUR DE LIVRES

Paris. — Typographie de Firmin Didot frères, fils et Cie, rue Jacob, 56.

BIBLIOGRAPHIE

MÉTHODIQUE ET RAISONNÉE

DES BEAUX-ARTS

Esthétique et Histoire de l'Art
Archéologie
Architecture, Sculpture, Peinture, Gravure
Arts industriels, etc, etc.

ACCOMPAGNÉE DE TABLES ALPHABÉTIQUES ET ANALYTIQUES

PAR

ERNEST VINET

BIBLIOTHÉCAIRE DE L'ÉCOLE NATIONALE DES BEAUX-ARTS.

Publiée sous les auspices du Ministère de l'Instruction publique, des Cultes et des Beaux-Arts.

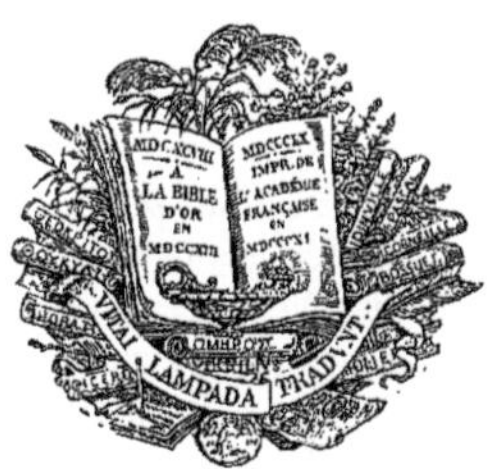

PARIS

LIBRAIRIE FIRMIN-DIDOT FRÈRES, FILS ET CIE

IMPRIMEURS DE L'INSTITUT, RUE JACOB, 56.

1874

AVANT-PROPOS [1].

L'ouvrage que je soumets au jugement du public est le premier, je ne crains pas de le dire, auquel on puisse en conscience donner le titre de Bibliographie méthodique et raisonnée des beaux-arts.

L'urgence en est démontrée. Voilà vingt ans au moins que les études théoriques sur l'art ont pris le plus notable accroissement ; ce qui n'était qu'une province est devenu un royaume, mais ce royaume, jusqu'à présent, est resté sans divisions géographiques, sans frontières et sans voies de communications : dès lors un guide devient indispensable, et ce guide, on le devine, n'est autre qu'une bibliographie méthodique et raisonnée des beaux-arts.

Méthodique et raisonnée ! Aujourd'hui on ne saurait séparer ces deux mots ; une bibliographie qui n'est pas raisonnée, serait-elle la plus méthodique du monde, la mieux divisée et équilibrée, ne pourra nous suffire. Tous ces titres de livres qui défilent devant nos yeux, muets comme des soldats sous les armes, excitent notre curiosité sans la satisfaire : l'heure me presse, quel volume dois-je choisir ? où est celui qui me donnera la solution désirée et m'épargnera le plus agaçant de tous les labeurs, celui de chercher sans trouver ? Par bonheur une Bibliographie raisonnée est là sous ma main, et elle va me l'enseigner.

Chose singulière ! l'Allemagne, qui paraît avoir le monopole des travaux de ce genre, ne nous a point encore donné cette bibliographie, si vivement souhaitée des artistes, des amateurs en titre et de la partie

(1) L'Introduction paraîtra avec la dernière livraison.

vraiment éclairée du grand public. On ne peut plus habile et plus zélée pour le classement des matières scientifiques, l'Allemagne a été moins heureuse toutes les fois qu'elle a tenté de coordonner les ouvrages qui traitent des beaux-arts. En effet, quand on cherche à tracer le tableau de ces études, l'écrivain que l'on rencontre au seuil, Christophe-Théophile Murr, ne nous offre dans sa *Bibliothèque* (1) qu'un Catalogue raisonné aussi embrouillé qu'incomplet, comme on pourra en juger plus loin, catalogue dont le plus grand des arts (je parle de l'architecture), a été banni par un singulier caprice. Toutefois, si l'on est en droit de juger Murr avec quelque sévérité, il est juste de reconnaître qu'il est le premier qui ait essayé de faire ce qu'on nomme maintenant une *Bibliographie des Beaux-Arts*: il a entrevu une science nouvelle, et, bien qu'il n'ait laissé qu'une ébauche peu avancée, cette ébauche suffit pour honorer son nom. Mais dans son propre pays Murr n'a pas fait école.

La terre sur laquelle il a semé s'est montrée rebelle; et je n'en donnerai pas d'autre preuve que les deux seules notables publications que l'Allemagne puisse citer de ce genre : la Bibliographie de Jean-Samuel Ersch (2), et le Catalogue du libraire Rodolphe Weigel (3).

Ersch, je regrette d'être obligé de le dire, offre l'image de la confusion. Ses divisions ne divisent rien, ne répondent à rien ; c'est avec une lanterne sourde qu'il guide ses lecteurs. Notez que cette publication ne traite, comme le titre le veut, que des ouvrages allemands et publiés seulement depuis le milieu du XVIIIe siècle. Les beaux-arts, qui n'y tiennent qu'une place très-secondaire, ne viennent qu'à la suite de la poésie et en guise de complément.

Rodolphe Weigel l'emporte de beaucoup sur Ersch : son catalogue — ou plutôt les trente-cinq catalogues assez mal cousus ensemble dont il se compose — renferme des indications précieuses pour les amateurs d'anciens livres; mais ce qui distingue surtout ce catalogue si touffu, c'est qu'il nous donne une table méthodique des matières pour les seize premières parties; table qui serait excellente si elle était mieux pondérée, et moins assujettie aux calculs du génie commercial. Entièrement privé de ce qu'il y a de lumineux dans l'ordre chronologique, dénué d'éclaircissements, de notes critiques ou historiques, aussi décharné qu'un catalogue de

(1) *Bibliothèque de Peinture, de Sculpture et de Gravure*, Francfort et Leipzig, 1770, 2 vol. petit in-8°.

(2) *Literatur der schönen Künste*, 7e partie du *Handbuch der deutschen Literatur;* Leipzig, 1812-14, 2 vol. en 8 part. in-8; — nouv. édit. (2e partie du tome II.); Leipzig, 1822-40, 4 vol. in-8.

(3) *Rudolph Weigel's Kunstlager-Catalog;* Leipzig, 1838-66, 35 part. en 6 vol. in-8.

libraire, le *Kunstcatalog* de Rodolphe Weigel ne peut, malgré son incontestable utilité, être mis en balance avec une bibliographie raisonnée.

Une question me préoccupait : L'Angleterre a-t-elle mieux réussi que l'Allemagne ? J'avais entendu beaucoup vanter une grande bibliographie des beaux-arts publiée l'année dernière à Londres, avec solennité, sous le titre suivant : *The first proofs of the universal Catalogue of books on art.* J'ai ouvert ce volume, où règne l'ordre alphabétique : hélas ! je n'ai pu y admirer que la rare complaisance des éditeurs. Ils avaient interrogé l'Europe, et ils ont accueilli avec beaucoup trop de gratitude tout ce que l'Europe leur a envoyé. Il faut bien l'expliquer ainsi, et mettre sur le compte d'un excès de politesse l'insertion du *Nobiliaire des Pays-Bas*, des *OEuvres complètes de Chateaubriand*, d'un livre comme l'*Icones plantarum incognitarum*, ou bien encore d'une Histoire des singes (1), dans une Bibliographie des beaux-arts. Tant de condescendance, il est vrai, n'a rien qui puisse nous surprendre : ce catalogue universel n'est tout bonnement qu'un essai, *the first proofs*. De là des imperfections et des tâtonnements que rachète toutefois la richesse des informations.

Et maintenant que me reste-t-il à citer ? rien, si ce n'est un livre français, un livre excellent que l'Europe, on peut le dire sans fadeur, nous envie : tout le monde le sait, le *Manuel du libraire* par Brunet, est un modèle, un instrument précieux, la source abondante où l'on puise sans cesse; mais, comme on y traite principalement des livres rares, curieux et précieux, il est resté fort imparfait du côté des beaux-arts.

La place étant libre, me trouvant en rase campagne, j'ai voulu en profiter. Depuis longtemps je voyais une grande lacune, je me disais qu'il fallait la combler. Décidé à oser, et consultant plus mon courage que mes forces, je me suis mis à l'œuvre. J'ai rattaché mon travail, tout spécial, au grand travail d'ensemble de Brunet, et je livre aujourd'hui à la publicité la première livraison d'un ouvrage destiné à former le septième volume du *Manuel du Libraire*. Ce sera le volume des beaux-arts.

Voilà qui est bien établi : ce Manuel m'a servi de cadre. Toutefois j'avais fait mes réserves, car j'ai compris autrement que Brunet comment devait se traiter une Bibliographie des beaux-arts.

Et d'abord, ma Bibliographie étant méthodique, l'ordre alphabétique dut en disparaître. Cet ordre, qui personnifie le plus souvent l'esprit de routine ou la paresse des auteurs, devrait également être abandonné dans toutes les bibliographies. Les facilités qu'il offre aux travailleurs, facilités

(1) Hugues, *Storia naturale delle Scimie et delle Maki.*

trompeuses et trop chèrement achetées par des rapprochements qui choquent ou prêtent à rire, peuvent être compensées amplement par de bonnes tables rangées suivant l'ordre alphabétique.

A la place de cet ordre suranné, j'ai mis des divisions dont j'ai donné l'avant-goût dans un spécimen publié en mars 1870. Loin de prétendre grouper les titres pour donner ces divisions d'après une idée préconçue, j'ai laissé s'enchaîner spontanément tous ceux qui se rattachaient aux ouvrages traitant un même sujet. Écartant toute combinaison systématique, toute tentative de remonter à la philosophie transcendantale, comme je l'ai vu faire ailleurs, m'abandonnant au courant paisible du simple bon sens, au lieu de conduire, j'ai été conduit. Je crois être arrivé.

J'ai partagé les arts en deux grandes sections : *Études générales*, *études spéciales*.

La première s'adresse aux lecteurs qui, satisfaits d'avoir mesuré de l'œil la masse du monument, s'arrêtent au péristyle ;

La seconde est destinée aux artistes, aux critiques ou historiens d'art, à tous ceux qui veulent connaître la technique ou pratiquer.

On le voit, j'ai tenu compte de la ligne de démarcation qui sépare les études spéculatives des études positives; je ne pouvais pas oublier cette double tendance de l'esprit humain, dont elles ne sont, les unes et les autres, que la manifestation.

J'ai dit plus haut que c'était une bibliographie *raisonnée* que je présentais au public. Pour remplir les obligations que ces mots imposent, j'ai joint premièrement à la plupart des titres une appréciation du mérite des ouvrages, parfois une analyse, parfois une notice historique ou biographique ; secondement, je me suis appliqué, autant que possible, à ranger ces mêmes titres, dans chaque division ou subdivision, conformément à la chronologie. Cette méthode, dont l'application aux livres d'art me semble, sauf erreur, entièrement nouvelle, offre au lecteur le grand avantage de pouvoir embrasser d'un coup d'œil la série des écrits, sur chaque partie spéciale, et cela depuis la découverte de l'imprimerie jusqu'à nos jours. Des titres de livres, même quand on ne les a point annotés, même quand ils ne représentent que des étiquettes, placés dans l'ordre alphabétique, ont déjà beaucoup de valeur comme renseignements et comme points de repère; mais si vous réunissez toutes ces indications scrupuleusement classées dans l'ordre des temps, si vous les ajustez et mettez dans leurs vrais cadres, vous aurez l'ébauche, le premier crayon d'une histoire générale de l'art.

S'il m'était accordé de choisir dans une gerbe touffue, j'indiquerais au lecteur quels sont les chapitres qui me paraissent plus particulièrement dignes de son attention. Je lui citerais : La *Réglementation des beaux-arts*, l'*Art officiel* et les *Écrits périodiques*. Tous trois, l'*Art officiel* notamment, ont exigé bien des recherches. Je suis certain qu'on ne trouvera pas les mêmes renseignements ailleurs.

Composé de documents fort peu connus, l'*Art officiel* a tout ce qu'il faut pour attirer l'attention. En outre, — je demande grâce pour une expression familière, mais juste, — il fera coup double, car il est de nature à éveiller à la fois la curiosité des bibliophiles et celle des artistes. Les premiers y trouveront, soigneusement annotée, la liste de la plupart des livres qu'ils s'arrachent à prix d'or, et les seconds de quoi satisfaire amplement le goût le plus délicat. Ces livres si précieux pour l'histoire de la gravure, ces livres qui furent parfois illustrés par de grands artistes, renferment des chefs-d'œuvre : ainsi, pour ne donner qu'un exemple, Albert Dürer ne se montre nulle part avec plus d'autorité et de charme que dans ce livre officiel et célèbre : *Le Char triomphal de l'empereur Maximilien*.

Ce même chapitre offre bien d'autres perspectives : il ouvre des jours sur l'histoire du temps passé : mœurs princières, cérémonial des cours, solennités, divertissements, funérailles, voilà ce qu'il nous montre sous des aspects aussi variés qu'imprévus.

Je n'ai plus qu'un mot à dire, un mot que je me reprocherais d'avoir oublié. Je tiens à remercier ici même un jeune savant, M. Gustave Pawlowski, secrétaire et bibliothécaire d'un membre de l'académie des inscriptions, bibliophile éminent, helléniste non moins distingué : je parle de M. Ambroise Firmin-Didot. Je n'ai qu'à me féliciter du concours de M. Pawlowski ; son esprit judicieux, son expérience comme bibliographe, me viennent souvent en aide. Ce n'est pas sans peine que je m'applique depuis plusieurs années à cette sorte de cadastre des domaines de l'art ; aussi, quand je sens mes genoux fléchir sous le poids de la fatigue, je me réjouis d'avoir un bras pour me soutenir.

AVIS AU LECTEUR.

Cette Bibliographie ne dépasse point généralement l'année 1870. Les publications postérieures ou les articles omis seront l'objet d'un supplément qui paraîtra ultérieurement.

L'ordre méthodique est l'ordre adopté pour les grandes divisions.

L'ordre chronologique régit les subdivisions.

Les noms d'auteurs connus des ouvrages anonymes sont entre parenthèses.

On a traduit en français les noms de villes étrangères et on les a fait suivre du vrai nom placé entre parenthèses toutes les fois que ce nom s'éloigne trop de la traduction.

Le nombre de pages pour les brochures et plaquettes (publications qui se composent de moins de dix feuilles d'impression) est indiqué, autant que possible.

On a donné les prix *forts* d'éditeurs pour les ouvrages postérieurs à l'année 1860. Pour les publications antérieures à cette date, on a indiqué le prix d'occasion ou des ventes publiques, relevés sur les catalogues de ces dernières années. Les premiers sont précédés d'un —, les seconds se trouvent entre parenthèses.

Les libraires qui publient ou vendent plus spécialement des livres sur les beaux-arts et dont les catalogues ont été consultés par nous, sont les suivants :

A *Paris :* Firmin-Didot, Renouard, Morel, Didier, A. Lévy, Rapilly, Tross, Labitte, etc.

A *Bruxelles :* Olivier.

A *La Haye :* Nijhoff.

A *Londres :* Quaritch, Asher, etc.

A *Berlin :* Springer, etc.

A *Leipzig :* Rud. Weigel, T.-O. Weigel, Brockhaus, Köhler, Kirchoff et Wigand, etc.

BIBLIOGRAPHIE

DES

BEAUX-ARTS

ÉTUDES GÉNÉRALES.

ÉTUDES GÉNÉRALES.

I. — SUR L'ESSENCE DE L'ART, SES PRINCIPES ET SON BUT.

1. VUES GÉNÉRALES.

1. BATTEUX (l'abbé Charles). Les Beaux-Arts réduits à un même principe. — Paris, 1746, in-12 (1 fr.); — *ibid.*, 1747, in-12 (2 fr.); — Leyde, 1753, in-12 (1 fr.); — forme aussi le premier vol. des *Principes de littérature*, du même; — trad. en allem. par J.-A. Schlegel : *Einschränkung der schönen Künste*, etc.; 3e édit., Leipzig, 1770, 2 part. en 1 vol. in-8 (1 fr. 50 à 2 fr.).

Ce principe serait l'imitation de la nature : or l'application ne le justifie pas toujours, et d'ailleurs il aurait pu être développé avec plus de solidité et de charme. Après avoir été un instant classique en France, après avoir joui d'un grand crédit en Allemagne, où elle fut combattue par Lessing, Herder, Schiller, Hegel, Sulzer et bien d'autres, la théorie de l'abbé Batteux est aujourd'hui, des deux côtés du Rhin, tombée dans l'oubli.

2. (ESTÈVE, Pierre). L'Esprit des Beaux-Arts. Histoire raisonnée du Goût. — Paris, 1753, 2 vol. in-12 (4 fr.).

Parlant de l'architecture religieuse de la Grèce, l'auteur s'exprime ainsi : « Les Grecs, qui « avoient un grand penchant à la volupté, ne « cherchèrent des dieux que dans les vices de « leur cœur. Des hommes plongés dans une « molle oisiveté, qui savoient railler avec autant « de méchanceté que de finesse, qui dédaignoient « toute contention trop forte de l'esprit, ne pou- « voient recevoir que des divinités qui autori- « sassent leurs goûts. Il falloit des portiques tout « autour des temples pour s'assembler en atten- « dant l'heure du sacrifice. Les temples devoient « être éclairés d'en haut par une lumière dégra- « dée qui laissât une sorte de repos et de tran- « quillité mystérieuse dans le sanctuaire ».
Voilà où en était la critique d'art et le sentiment de l'antiquité chez le commun des écrivains, au milieu du siècle dernier.

3. MÉHÉGAN (Guill.-Alexandre de). Considérations sur les révolutions des arts. — Paris, 1755, in-12 (2 à 3 fr.).

Professeur de littérature française à Copenhague, puis collaborateur du *Journal encyclopédique*, de Méhégan s'est fait connaître par un grand nombre d'ouvrages importants. Dans ses Considérations sur les arts, de Méhégan fait preuve de goût et de critique.

4. (ESTÈVE, Pierre). Dialogues sur les arts entre un artiste amériquain (sic) et un amateur français. — Amsterdam (Paris), 1756, in-12 (1 à 2 fr.).

5. MEIER (Georg-Fried.). *Betrachtungen über den ersten Grundsatz aller schönen Künste.* — Considérations sur le premier principe des Beaux-Arts. — Halle, 1757, in-8.

Reçu maître ès arts à Halle en 1754, il y exposa le système de Locke d'après l'ordre du grand Frédéric, avec lequel la même année il s'était entretenu.

6. LACOMBE (Jacques). Le Spectacle des Beaux-Arts, ou Considérations touchant leur nature, leur objet, leurs effets et leurs règles principales, avec des observations sur la manière de les envisager, sur les dispositions nécessaires pour les cultiver et sur les moyens propres pour les étudier et les perfectionner. — Paris, 1758 et 1761, in-12 (2 à 3 fr.).

Lacombe était à la fois avocat et libraire; de plus, il fut beau-père de Grétry. Il a beaucoup écrit sur toutes sortes de sujets : un jour il publie un *Dictionnaire portatif des Beaux-Arts*; un autre jour le *Dictionnaire de toutes les espèces de Chasses*, ou bien celui *de toutes les espèces de Pêches*. Sa vocation, comme critique d'art, semble très-peu déterminée.

7. (BETTINELLI, Saverio). *Dell' Entusiasmo delle Belle Arti.* — De l'Enthousiasme des Beaux-Arts. — Milan, 1769, 2 vol. en 3 part., in-8 (1 fr. 25).

Dans cet ouvrage, l'abbé Xavier Bettinelli traite de l'histoire de l'enthousiasme chez les différents peuples, et de l'influence qu'ont eue sur l'enthousiasme les climats, les gouvernements, et toutes les modifications sociales. L'auteur, selon Ginguené, n'était pas très-sujet à l'enthousiasme, aussi n'en parle-t-il qu'avec effort. Cicognara (*Catal. ragion.*) lui reproche d'être plus homme de lettres qu'artiste. C'est à Bettinelli que Voltaire adressa ce quatrain :

Compatriote de Virgile,
Et son secrétaire aujourd'hui,
C'est à vous d'écrire sous lui ;
Vous avez son âme et son style.

Bettinelli fut surtout un homme d'esprit et un écrivain très-distingué, c'est là ce qui l'a placé très-haut dans la littérature italienne du XVIIIe siècle.

8. (SCHEYB, Franz-Christoph von). *Köreman's Natur und Kunst in Gemälden, Bildhauereien*, etc. — La Nature et l'Art d'après Köreman (?) dans les œuvres de peinture, de sculpture, d'architecture et de gravure. Pour l'enseignement des élèves et l'agrément des connaisseurs. (Aperçus esthétiques et historiques.) — Leipzig et Vienne, 1770, 2 vol. in-8, avec pl. gr. (4 à 5 fr.).

9. SULZER (J.-G.). *Die schönen Künste in ihrem Ursprung, ihrer wahrer Natur und besten Anwendung betrachtet.* — Les Beaux-Arts considérés dans leur origine, leur nature réelle et leur meilleure application. — Leipzig, 1772, in-8. (Voir le n° 53.)

10. BÜSCHING (Ant.-Friedr.). *Geschichte und Grundsätze der schönen Künste und Wissenschaften im Grundrisse.* — Histoire et principe des Beaux-Arts et des sciences, esquisse. (Sculpture et lithoglyptique.) — Berlin, Hambourg, 1772-74, 2 vol. in-8.

L'activité scientifique de Büsching, considéré en Allemagne comme le fondateur de la nouvelle géographie, ne s'est point bornée à la science dans laquelle il s'est fait un nom, comme le témoigne l'ouvrage dont nous donnons le titre.

11. MILIZIA (Francesco). *Dell'arte di vedere nelle Belle Arti*, etc. — L'Art de voir dans les Beaux-Arts, d'après les principes de Sulzer et de Mengs. — Venise, 1781, in-8 ; — Gênes, 1786, in-8 ; — trad. en franç. par le général Pommereul (suivi des institutions propres à les (Beaux-Arts) faire fleurir en France, et d'un état des objets d'art dont nos musées ont été enrichis par la guerre de la liberté); Paris, an VI (1798), in-8 (1 fr. 50 à 2 fr.); — trad. en espagnol par Cean-Bermudez ; Madrid, 1827, in-4.

« Terrible opuscule, dit Cicognara (*Catalogo ragionato*), qui renverse tout ce qui a été écrit et pensé en matière d'art ; œuvre entachée d'hérésies, selon quelques-uns » ; mais, ajoute-t-il, « comme correctif, nous devons à cet écrivain, plein de savoir et d'esprit, d'avoir détruit une foule de préjugés et impatronisé le libre examen dans le domaine de l'art. » — Aujourd'hui les hardiesses de Milizia ont beaucoup perdu de leur originalité. L'auteur se promène dans Rome; les monuments, les tableaux, les statues lui suggèrent tour à tour des réflexions critiques qui n'épargnent nullement les maîtres de l'art, et marquent peu de respect pour certaines œuvres consacrées en quelque sorte par l'admiration universelle.

12. PASSERI (Nicolò). *Esame ragionato sopra la nobiltà della pittura e della scultura.* — Examen raisonné de la noblesse de la peinture et de la sculpture. — Naples, 1783, in-8 (1 fr. 25).

13. ALISON (Archibald). *Essays on the Nature and Principles of Taste*, etc. — Essai sur la nature et les principes du Goût. — Édimbourg, 1790, in-4; — 4e édit., *ibid.*, 1815, in-8; — 5e édit., *ibid.*, 1816-17, 2 vol. in-8 (10 à 15 fr.).

Voir dans la partie du livre intitulée : *Of the Sublimity and Beauty of the material World*, le chapitre III, qui traite des objets de la vue : *Of the objects of sight.*

14. HALDENWANG (K.). *Ideen aus dem Gebiete der schönen Künste.* — Idées du domaine des Beaux-Arts. — Leipzig, 1804, in-8, avec 6 pl. gr.

15. KNIGHT (Richard-Payne). *An analytical Enquiry into the Principles of Taste.* — Recherche analytique sur les principes du Goût. — Londres, 1805, in-8; — *ibid.*, 1808, in-8; — 4e édit., *ibid.*, 1838, in-8 (8 à 10 fr.).

16. BOUTERWECK (Friedr.). *Æsthetik.* — Esthétique. 1re part. Théorie générale du Beau dans la nature et dans l'art ; — 2e part. Théorie des Beaux-Arts. — Leipzig, 1806, in-8. — Supplément : Idées sur la métaphysique du Beau. — *Ibid.*, 1807, in-8.

17. PAESTER (J.). *Theatik. Ideen zur Uebung des Blickes in bildender Künste.* — Théatique, ou Idées sur la pratique du coup d'œil dans les Beaux-Arts. — Manheim, 1807, in-8.

18. SCHELLING (Friedr.-Wilh.-Jos.). *Ueber das Verhältniss der bildenden Kunst zur Natur.* — Du Rapport des Beaux-Arts avec la nature. — Munich, 1807, in-8 (75 c.) ; — Landshut, 1808,

in-4; — Vienne (Wien), 1825, in-8 (1 fr.); — Berlin, 1843, in-8 (1 fr. 25).

Dans ce magnifique discours, où de la doctrine sur le beau un grand esprit déduit une théorie des arts du dessin, Schelling veut démontrer que ce qu'il y a de plus élevé dans l'art résulte de l'activité consciente réunie à une force inconsciente. Ainsi l'artiste qui agit à la fois comme âme consciente et comme principe inconscient, est une force qui se développe de la même façon que la nature elle-même. Voilà pourquoi la plupart des théories partent de cette maxime générale que l'art doit imiter la nature. Mais qu'est-ce donc que l'imitation de la nature? est-ce l'imitation de la réalité poussée jusqu'à l'illusion; imitation qui apparaît comme le faux au degré suprême? Serait-ce de ne représenter que l'écorce vide ou le simple contour des objets individuels? Non! Puisqu'il y a un esprit de la nature qui agit dans l'intérieur des êtres et qui s'exprime par leurs formes extérieures comme par autant de symboles; puisque la perfection de chaque objet est la présence en lui de la force qui l'anime et qui y réalise l'idée de son genre; c'est cette force, c'est cet esprit que l'artiste doit imiter d'une manière vivante, c'est avec cet esprit qu'il doit rivaliser. S'il procède de la sorte, il idéalise, et il produit ce qu'il y a de plus vivant, de plus réel, car l'idéal ne saurait jamais être le contraire du réel. — Ainsi, le disciple de la nature, bien loin de tout imiter en elle, ne doit imiter que les objets beaux, et encore de ceux-ci seulement le beau et le parfait.

19. RUMOHR (Karl-Friedr.-Ludw.-Felix von). *Ueber die antike Gruppe Castor und Pollux, oder von dem Begriff der Idealität in Kunstwerken*, etc. — Groupe antique de Castor et de Pollux, ou l'Idéal dans les œuvres d'art. — Hambourg, 1812, in-4.

L'Allemagne considère de Rumohr comme un des plus spirituels parmi ses écrivains. Son goût pour les arts, ses nombreux voyages en Italie, la solidité et l'étendue de ses connaissances firent de lui un critique remarquable, comme l'atteste son principal ouvrage : *Italienische Forschungen*; Berlin, 1827, 3 vol. Rumohr était né en 1785. Il est mort à Dresde en juillet 1843.

20. GUIZOT. Essai sur les limites qui séparent et les liens qui unissent les Beaux-Arts. — Paris, 1816, in-8.

Cet Essai a été placé comme discours préliminaire en tête du *Musée royal*, publié par Henri Laurent. (Voir aussi le nº 35.)

21. CARPANI (Gius.). *Le Maieriane, ovvero lettere in confutazione delle opinioni del cav. Maier, intorno alla imitazione pittorica e le opere di Tiziano.* — Maieriana, ou Lettres pour réfuter l'opinion du chev. Maier, concernant l'imitation en peinture et les œuvres de Titien. — Milan, 1819, in-8; — 3ᵉ édit., Padoue, 1824, gr. in-8, avec portr. de Carpani, sous ce titre : *Le Maieriane, ovvero lettere sul bello ideale*, etc. (1 fr. 50 à 3 fr.).

Cet ouvrage fut dirigé contre l'opuscule du Vénitien André Maier : *Della imitazione pittorica, della eccellenza delle opere di Tiziano*, etc. (De l'imitation dans la peinture et de l'excellence des œuvres de Titien); Venise, 1818, in-8 (2 fr.), où l'auteur, entraîné par sa défense de l'école vénitienne du Titien, s'était élevé avec force contre l'idéalisme dans l'art, et en général contre toute l'École allemande de Sulzer, Mengs, etc. Maier répliqua à son adversaire dans la brochure suivante : *Apologia del libro della imitazione pittorica*, etc. (Apologie du livre de l'imitation dans la peinture et des œuvres de Titien contre trois lettres de J. Carpani à J. Acerbi); Ferrare, 1820, in-8 (3 fr.).

22. LENOIR (Alex.). Observations scientifiques et critiques sur le génie et les productions des peintres et des autres artistes les plus célèbres de l'antiquité, du moyen âge et des temps modernes. — Paris, 1821, in-8.

Rééditées en 1824 sous ce titre : Considérations sur le génie et les principales productions des artistes de l'antiquité, du moyen âge et des temps modernes. — Paris, 1824, in-8.

23. QUATREMÈRE DE QUINCY (Ant.-Chrys.). Essai sur la nature, le but et les moyens de l'imitation dans les Beaux-Arts. — Paris, 1823, in-8 (2 à 4 fr.); — trad. en angl. par J.-C. Kent; Londres, 1837, in-8.

« Imiter dans les Beaux-Arts, dit l'éminent critique, c'est produire la ressemblance d'une chose, mais dans une autre chose qui en devient l'image. De cette définition on voit déjà sortir la différence essentielle qui existe entre l'imitation propre des Beaux-Arts et les autres sortes d'imitation. — Plaire est l'objet de l'imitation, mais le plaisir qu'elle nous donne est en raison de la distance qui la sépare de la réalité, d'où il suit que l'idéal, c'est-à-dire le modèle que chacun a en soi, et avec lequel il interprète le modèle local et individuel, doit produire le plus haut degré de plaisir. »

24. (HUMBERT DE SUPERVILLE, D.-P.-G.). Essai sur les signes inconditionnels dans l'art, par D.-P.-G. H. de S. — Leyde, 1827-32, in-fol., livr. I-IV, fig. s. b. et 6 pl. (15 fr.).

C'est tout ce qui a paru de cet ouvrage très-rare, presque inconnu en France, écrit par un esprit bizarre et profond, aimant l'obscurité philosophique; ouvrage qui mérite cependant d'être étudié parce qu'il renferme quelques aperçus neufs et vrais. La Philosophie des lignes, tel serait le vrai titre de ce livre. De leur direction, l'auteur déduit plusieurs conséquences notables. Ainsi à ses yeux la force et la dignité physique de l'homme, résultante de sa marche droite, deviennent comme les garants de sa force et de sa dignité morale, tandis que les lignes obliques de la tête expriment les passions. A la ligne parfaitement horizontale des yeux et des narines revient l'honneur d'exprimer la sagesse. Mais quand cette ligne se brise, quand elle se change en plusieurs lignes obliques, elle exprime la concentration de l'égoïsme ou le sourire de la volupté. L'auteur applique ces principes à l'architecture elle-même. Dans sa *Grammaire des arts du Dessin*, M. Ch. Blanc cite plusieurs fois Humbert de Superville.

25. EKENDAHL (D.-G. von). *Die höchsten Ideen über Kunst.* — Les Idées sublimes sur l'art, rassemblées par les amis du beau et les artistes. — Nouv. édit. revue et complétée par G. Klemm. — Francfort, 1831, in-8.

26. QUATREMÈRE DE QUINCY (Ant.-Chrys.). Essai sur l'idéal dans ses applications pratiques aux œuvres de l'imitation, propre des arts du dessin. — Paris, 1837, in-8 (2 à 3 fr.).

D'où vient la supériorité du génie des anciens dans l'art de la sculpture? Serait-elle simplement le résultat d'une grande fidélité dans l'imitation de l'individu, du modèle, si l'on veut? Serait-elle au contraire la conséquence d'un système qui consiste à généraliser l'imitation, à chercher l'étude des intentions de la nature, non dans la création d'un homme en particulier, mais dans l'espèce en général; système qui conduit à faire dériver le vrai et le beau « non d'aucun modèle individuel, mais d'un modèle collectif de perfection qui, ne pouvant être saisi qu'en idée, s'appelle l'idéal ». Tel est le haut problème recherché dans ce livre, telles sont les opinions discutées avec autorité, talent et savoir.

27. VAN GHERT (V.-G.). *Bydragen ter bevordering eener grondige kennis,* etc. — Éclaircissements pour la connaissance approfondie de la nature des Beaux-Arts. — La Haye ('s Gravenhaage), 1841, in-8.

28. CARBONE (Giunio). *Intorno la imitazione artistica della natura, trattato.* — Traité de l'imitation artistique de la nature. — Florence, 1842, in-8.

29. BLASIS (Carlo). *Studj sulle Arti imitatrici.* — Études sur les arts d'imitation. — Milan, 1844, in-8.

30. DEUTINGER (Martin von). *Bilder des Geistes in Kunst und Natur, aus freier Hand gezeichnet auf einer Pilgerfahrt nach Florenz.* — Les Concepts de l'esprit dans l'art et dans la nature, librement esquissés pendant une excursion à Florence en 1845. — Augsbourg, 1846, in-8.

31. KOOSEN (Joh.-Heinr.). *Propädeutik der Kunst.* — Propédeutique de l'art. — Königsberg, 1847, gr. in-8 (1 fr. 25 à 2 fr. 50.).

Le mot Propädeutik, que l'on a tiré du grec προπαιδεία, répond à l'idée d'instruction d'études préliminaires; ainsi ce titre pédantesque signifie simplement : *Études préparatoires de l'art.*

32. SCHADOW (Joh.-Gottfr.). *Kunst-Werke und Kunst-Ansichte.* — Œuvres d'art et vues générales sur l'art. — Berlin, 1849, gr. in-8 (4 à 5 fr.).

33. BURNOUF (Émile). Des Principes de l'art d'après la méthode et les doctrines de Platon. — Paris, 1850, in-8 (1 fr.).

34. KAUFMANN (Théodore). Le Développement de l'idée de Dieu, précédé de Réflexions sur l'art et l'esthétique; accompagné de 8 gravures (en taille douce), exécutées d'après les cartons de l'auteur. — Düsseldorf, 1850, in-fol. obl., 22 pp. de texte.

Le même ouvrage a été publié simultanément avec un texte allemand, sous ce titre : *Die Entwickelung der Gottesidee,* etc. (5 à 6 fr.).

35. GUIZOT (Franç.-Pierre-Guillaume). Études sur les Beaux-Arts en général. Paris, 1851, in-8; — 2e édit., *ibid.,* 1852, in-8 (4 fr.); — 3e édit., *ibid.,* 1858, in-8; — nouvelle édit., *ibid.,* Didier, 1860, in-18. — 3 fr. 50; — traduit en anglais par George Grove, avec le concours de l'auteur; Londres, 1853, in-8, avec gr. s. b. par G. Scharf.

L'éminent historien a reproduit dans ce volume quelques publications antérieures : De l'état des Beaux-Arts en France et du salon de 1810 (1810); — Essai sur les limites qui séparent et les liens qui unissent les Beaux-Arts (1816); — Description des tableaux d'histoire gravés dans le musée royal, publié par Henri Laurent (1816-1818).

On remarque dans la préface, datée de Val Richer, octobre 1851, le passage suivant :

« Aussi les arts ont-ils ce privilége qu'il peut « leur échoir de prospérer et de charmer les « hommes aux époques et dans les conditions de « société les plus diverses. République ou monar- « chie, pouvoir absolu ou liberté, agitation ou « calme des existences et des esprits, pourvu qu'il « n'y ait pas cet excès de souffrance et de servi- « tude qui abaisse et glace la société tout entière, « le goût et la fortune des arts peuvent se déve- « lopper avec éclat. »

36. BONAINI (prof. Francesco). *Dell' arte secondo la mente di Lorenzo Bartolini,* etc. — De l'Art selon les idées de L. Bartolini. Discours. — Florence, 1852, in-8.

Bartolini, né en 1778, mort il y a quelques années, vint étudier en France, au commencement du siècle, à l'École des Beaux-Arts, sous la direction de Desmaret et de Lemot, et obtint, non le 1er comme le disent ses biographes, mais le 2e prix de sculpture en 1802, et non en 1803. De retour dans sa patrie, il s'établit à Florence, et par une succession non interrompue de travaux et de productions distinguées, il en vint à acquérir une célébrité européenne. On cite parmi ses œuvres trois Génies dans le muséum Esterhazy, à Vienne; la Charité, dans une niche de la chapelle royale de la belle villa Poggio impériale, près de Florence. Le style du XVIe siècle paraît avoir eu toutes les sympathies de Bartolini qui, s'il n'a pas toujours aimé la vérité et la simplicité, a su mériter sa renommée par son habileté singulière à manier l'ébauchoir et le ciseau.

37. HELFFERICH (Adolf). *Kunst und Kunststyl.* — L'Art et son style. Précédé d'une Lettre à W. de Kaulbach. — Berlin, 1853, gr. in-8, XX-117 pp. (2 fr.).

38. PAILLOT DE MONTABERT (J.-N.). L'Artistaire. Livre des principales initiations aux Beaux-Arts, la peinture, la sculpture, l'architecture, la poésie, la musique, la mimique et la gymnastique. — Paris, 1855, in-8, avec portrait (3 à 4 fr.).

Livre singulier où beaucoup de rêveries se mêlent à quelques idées justes. Son auteur, peintre et archéologue, né en 1771, mourut en 1849.

39. BALLANTYNE (John). *What is Pre-Raphaelitism?* — Qu'est-ce que le Préraphaëlisme? — Édimbourg, 1856, in-8.

On appelle ainsi en Angleterre toute une École de peintres et de théoriciens que l'éloquence de M. Ruskin a surtout mise en relief. Dans cette École, qui tente de se rattacher aux peintres antérieurs à Raphaël, et qui prétend s'autoriser de leurs exemples, l'imitation de la nature, étudiée au microscope, est élevée au rang d'un principe; tandis que, d'un autre côté, ce sont les manifestations de la pensée et du cœur, le sentiment moral en un mot, que l'on cherche à faire prévaloir. Cette École est l'ennemie de la Renaissance et de son *art rationaliste*. Jules Romain, Nicolas Poussin et les Carrache ne sont à ses yeux que des païens sans croyance et sans intelligence et les peintres de la sensualité. (Voir les nos 41 et 207.)

40. LABORDE (Léon-Emmanuel-Simon-Joseph, comte de). Quelques idées sur la direction des arts et sur le maintien du Goût public. — Paris, 1856, gr. in-8, 101 pp., plus la table (3 fr.).

41. YOUNG (E.). *Pre-Raffaelitism; or a popular Inquiry into some newly-asserted Principles*, etc. — Du Préraphaëlisme, ou Examen familier de quelques principes récemment émis relatifs à la philosophie, à la poésie, à la religion, et aux révolutions de l'art. — Londres, 1857, in-8 (3 à 5 fr.).

42. FABISCH. De la Dignité de l'art. Discours de réception prononcé dans la séance publique de l'Académie impériale des sciences, belles-lettres et arts de Lyon, le 28 février 1860, par M. Fabisch, statuaire, professeur à l'École impériale des Beaux-Arts.—Lyon, 1860, in-8, 23 pp. (Voir no 56.)

43. PATTERSON (R.-H.). *Essays on History and Art.* — Essais d'histoire et d'art. — Édimbourg, 1862, gr. in-8. — 18 fr.

Sommaire des chapitres : Couleur dans la nature et dans l'art; — Beauté réelle et beauté idéale; — Sculpture; un Congrès idéal pour les questions d'art; — La Bataille des styles.

44. SELVATICO (P.). *Arte ed Artisti.* — L'Art et les artistes. Études et récits. — Padoue, 1863, in-8 (4 fr.).

45. LEVÊQUE (Charles). Le Spiritualisme dans l'art. — Paris, Germer-Baillière, 1864 in-18. — 2 fr. 50.

46. BATTAILLE (Eug.). Du Rôle et de l'importance de l'imitation dans les arts (Conférences de l'Hôtel de ville de Versailles.) — Versailles, Beau, 1866, in-12 55 pp.

47. DEUTINGER (Martin von). *Bilder des Geistes in den Werken de Kunst, gezeichnet in der Belvedere-Galerie zu Wien.* — L'Idée dans le œuvres d'art; aperçus esthétiques sur la galerie du Belvedère, à Vienne. Œuvre posthume publiée par L. Kastner. — Munich, 1866, in-8.

48. FALKE (Jac.). *Geschichte des modernen Geschmacks.* — Histoire du Goût moderne. — Leipzig, T. O. Weigel, 1866, in-8. — 6 fr. 75.

49. TAINE (Hippolyte-Adolphe). De l'Idéal dans l'art. Leçons professées à l'École des Beaux-Arts. — Paris, Germer-Baillière, 1867, in-18, 189 pp. — 2 fr. 50.

50. VALMY (le duc de). Le Génie des peuples dans les arts. — Paris, Plon, 1867, in-8.

51. CHASSANG (Alexis). Le Spiritualisme et l'idéal dans l'art et la poésie des Grecs, par A. Chassang, maître de conférences à l'École normale supérieure. — Paris, Didier, 1868, in-8 et in-12. — 6 fr. et 3 fr. 50.

Étude intéressante dans laquelle l'auteur s'applique à démontrer que l'art grec n'a été ni voluptueux ni corrupteur, qu'il est simplement gai et épicurien; que ce n'est point à la chair que s'adressaient les artistes Grecs, mais plutôt à l'âme par le beau idéal, mieux fait pour la toucher que ne le ferait la matière; que le beau périssable de l'humanité fait entrevoir la beauté éternelle, qui avec l'amour pur enfante dans les âmes la vérité et la vertu.

52. PLANCK (K.-Ch.). *Gesetz und Ziel der neueren Kunstentwicklung im Vergleiche mit der Antiken*, etc. — La Loi et le but de la nouvelle évolution d'art comparée à l'antiquité. — Stuttgart, 1870, in-8.

2. PHILOSOPHIE DE L'ART. — THÉORIE DE L'ART.

53. SULZER (Joh.-Georg). *Allgemeine Theorie der schönen Künste*, etc. — Théorie générale des Beaux-Arts, exposée dans une suite d'articles rangés par ordre alphabétique. — Francfort et Leipzig, 1771-74, 2 vol. in-4 (3 à 4 fr.); — Biel, 1777, 4 vol. gr. in-8 (3 fr.); — Leipzig, 1778-79, 4 vol. gr. in-8 (2 à 3 fr.); — augm. (par F. de Blankenburg), Leipzig, 1786-87, 4 vol. in-8; — *ibid.*, 1792-94, 4 vol. gr. in-8 (5 fr.); — Carlsruhe, 1797, 4 vol. in-8 (6 fr.); — Leipzig, 1798, 4 vol. in-8 (3 à 6 fr.).

Ce livre est l'œuvre capitale d'un philosophe (disciple du célèbre Wolf) qui considère les arts comme étant dans la dépendance de la morale. Son principal mérite est d'avoir éveillé l'attention de l'Allemagne sur l'esthétique et les Beaux-Arts, et son succès en France ne fut pas douteux. Marmontel, dans l'*Encyclopédie méthodique* (*voy.* Thiebault, *Souvenirs de Berlin*), paraît avoir adopté les idées de Sulzer, et Jansen a emprunté à la *Théorie générale*, l'article *Allégorie* qui fait suite à sa traduction du *Traité de l'Allégorie*, par Winckelmann. Millin, dans son *Dictionnaire des Beaux-Arts*, a fait aussi de larges emprunts à la *Théorie générale*. La partie complémentaire ajoutée par F. de Blankenburg, à partir de la seconde édition de l'ouvrage de Sulzer, forme aussi un appendice à part sous ce titre : *Literarische Zusätze* (Additions littéraires), Leipzig, 1796-98, 3 vol. gr. in-8 (3 à 4 fr.). Elle contient une bibliographie des Beaux-Arts la plus complète pour son époque. Un autre complément au même ouvrage est le suivant : *Nachträge zu Sulzer's allgemeine Theorie der schönen Künste*, etc. — Suppléments à la Théorie générale des Beaux-Arts, de Sulzer, où les traits les plus caractéristiques des poëtes les plus éminents de toutes les nations, avec Dissertations sur la situation des Beaux-Arts; par une Société de savants (publ. par J. G. Dyk et G. Schatz). — Leipzig, 1792-1808, 8 part. gr. in-8 (6 à 7 fr.).

54. BROMLEY (Robert-Anth.). *A philosophical and critical history of the Fine Arts*, etc. — Histoire philosophique et critique des Beaux-Arts, peinture, sculpture et architecture, suivie, en passant, d'observations sur le développement de la gravure. — Londres, 1793-95, 4 part. en 2 vol. in-4 (15 à 20 fr.).

55. (ROCHLITZ, F.). *Blicke in das Gebiet der Künste und der praktischen Philosophie.* — Coup d'œil sur le domaine de l'art et sur la philosophie pratique. — Gotha, 1796, in-8 (1 fr. 25).

56. CHAUSSARD (Pierre-Jean-Baptiste-Publicola). Essai philosophique sur la dignité des arts. — Paris, ventôse an VI (1798), in-8. (Voir aussi n° 42.)

Né à Paris le 8 octobre 1766, avocat au parlement, commissaire de la République en Belgique, secrétaire général du ministère de l'instruction publique, professeur à Rouen, à Orléans, à Nîmes, à Paris, Chaussard a laissé un grand nombre d'écrits, parmi lesquels celui dont nous donnons le titre, est, nous le croyons du moins, le seul qui ait trait aux Beaux-Arts.

57. BELL (Charles). *The Anatomy and Philosophy of Expression as connected with the Fine Arts.* — L'Anatomie et la philosophie de l'expression dans leurs rapports avec les Beaux-Arts. — Londres, 1806, in-4, avec 31 pl. gr.; — 2e édit., *ibid.*, 1824, in-4; — 3e édit., considér. augm., *ibid.*, 1844, in-8; — 4e édit., *ibid.*, 1847, in-8 (10 fr.); — 5e édit., *ibid.*, 1865, in-8.

Bien qu'à la recherche des secrets de la vie, Charles Bell se préoccupa toujours de tirer de ses nobles études un résultat pratique. De là le présent livre dans lequel le goût le plus vif pour les arts aiguise la perspicacité du savant [de génie. Il préparait une troisième édition avec les notes recueillies dans un voyage d'Italie quand la mort est venue le frapper.

58. BROVELLI (Salvatore). *Sistema filosofico delle Belle Arti.* — Système philosophique des Beaux-Arts. — Milan, 1816, gr. in-8.

59. SEIDEL (C.). *Charinomos. Beiträge zur allgemeinen Theorie und Geschichte der schönen Künste*, etc. — Charinomos. Éclaircissements pour la théorie générale et pour l'histoire des Beaux-Arts. — Magdebourg, 1825-28, 2 vol. gr. in-8, fig. (4 fr.).

60. SCHORN (J.-K.-Ludwig von). *Umriss einer Theorie der bildenden Künste.* — Esquisse d'une théorie des Beaux-Arts. — Stuttgart, 1835, in-8 (1 fr.).

Schorn s'est fait une belle réputation en Allemagne comme rédacteur du *Kunstblatt*, un des meilleurs journaux d'art de l'autre côté du Rhin; comme traducteur de Vasari, comme réorganisateur de l'École des Beaux-Arts de Weimar. Raoul Rochette lui adressa sa lettre sur les artistes grecs. Schorn est mort à Weimar le 17 février 1842.

61. LENSTRÖM (C.-J.). *Konst-Theoriernas Historia.* — Histoire des théories de l'art. — Upsal, 1839, 2 part. in-8.

62. MAZURE (P.-Adolphe). Philosophie des arts du dessin. — Paris, 1838, in-8.

63. LAMENNAIS (Hugues-Félicité Robert de). Esquisse d'une philosophie. — Paris, 1840, 4 vol. in-8.

On trouve, dans le tome 3e de cet ouvrage, des vues générales sur l'art exposées avec la plus haute éloquence. On y trouve aussi d'admirables pages sur l'architecture, la sculpture et la peinture. — Suivant l'éminent auteur, l'art est l'expression du double développement des facultés de l'être organique par lesquelles, en relation avec le monde phénoménal, nous percevons le réel, et des facultés propres de l'être intelligent, par lesquelles, en relation avec le monde des essences, nous percevons le vrai.

64. MOLLIÈRE (Antoine). Métaphysique de l'art. — Lyon, 1849, in-8; — 2e édit., augm., *ibid.*, Scheuring, 1868, in-8. — 10 fr.

65. CORSI (Giov.-Tommaso). *La Filosofia del concetto in opere d'arte, specialmente di sacro argomento*, etc. — La Philosophie du concept dans les œuvres d'art, spécialement dans les sujets religieux, considérée en diverses peintures célèbres; par T. Corsi, ex-inspecteur de la galerie imp. et roy. Palatine. — Florence, 1851, in-8, avec 6 pl.

66. LASAULX (Ern. von). *Philosophie der schönen Künste*, etc. — Philosophie des Beaux-Arts : architecture, sculpture, peinture, musique, poésie et prose. — — Munich, liter.-artist. Anstalt, 1860, in-8. — 5 fr. 25.

67. KITTLITZ (F.-H. von). *Psychologische Grundlage für eine neue Philosophie der Kunst.* — Éléments de psychologie pour servir à une nouvelle philosophie de l'art. — Berlin, Sprin-

ger, 1863, gr. in-8, 2 ff. et 163 pp. — 3 fr.

68. RIEGEL (Ern.-Heinr.). *Grundriss der bildenden Künste.* — Éléments des Beaux-Arts. Théorie générale de l'art. — Hanovre, C. Rümpler, 1865, in-8, avec 34 gr. s. b. — 7 fr. 50.

69. MATHIAS (J.-J.-Chr.). *Allgemeine Formenlehre für Kunst und Gewerbe, erlaütert durch Beispiele*, etc. — Théorie générale de la forme, appliquée aux Beaux-Arts et aux arts industriels, et appuyée par des exemples. — Liegnitz, 1865, gr. in-8, 36 pl. — 5 fr.

70. TAINE (Hippolyte-Adolphe). Philosophie de l'art. — Nature et production de l'œuvre d'art. Leçons professées à l'École des Beaux-Arts. — Paris, Germer-Baillière, 1865, in-18, 179 pp. — 2 fr. 50.

Le point de départ de la méthode de M. Taine consiste à rechercher les rapports d'une œuvre d'art avec ce qui l'entoure. Veut-il expliquer et apprécier un tableau ou une statue, il s'applique en premier lieu à connaître l'œuvre totale de l'artiste, puis l'École ou la famille de cet artiste, puis l'état des mœurs et des esprits dans le pays où se trouvent cette École et cette famille. Tel est le squelette de cette méthode que M. Taine, avec son beau talent, sait revêtir (pour parler sa langue si colorée), d'une chair florissante à laquelle il donne la riche et frémissante palpitation de la vie.

70 *bis*. MOLLIÈRE (Antoine). Étude sur la Philosophie de l'art de M. Taine. — Lyon, impr. Perrin, 1866, in-8, 30 pp. (Tiré à 100 ex.)

71. TAINE (Hippolyte-Adolphe). Philosophie de l'art en Italie. Leçons professées à l'École des Beaux-Arts. — Paris, Germer-Baillière, 1867, in-18. — 2 fr. 50.

72. KIRCHMANN (G.-H. von). *Die Philosophie des Schönen auf realistischer Grundlage*, etc. — La Philosophie du Beau établie sur le Réalisme. — Berlin, Springer, 1868, 2 vol. in-8. — 15 fr.

73. HARRIS (G.). *The Theory of the Arts; or, Art in relation to Nature, Civilisation and Man.* — Théorie des arts, ou l'art dans ses rapports avec la nature, la civilisation et l'homme, contenant un examen analytique et critique de leur origine, leurs principes et leur application. — Londres, 1869, 2 vol. in-8. — 32 fr.

74. TAINE (Hippolyte-Adolphe). Philosophie de l'art dans les Pays-Bas. Leçons professées à l'École des Beaux-Arts. — Paris, Germer-Baillière, 1869, in-18. — 2 fr. 50.

75. TAINE (Hippolyte-Adolphe). Philosophie de l'art en Grèce. Leçons professées à l'École des Beaux-Arts. — Paris, Germer-Baillière, 1870, in-18. — 2 fr. 50.

Suivant M. Taine, les restes de l'antiquité (les statues, vases, peintures, mosaïques, fragments de toutes sortes) ne suffisent pas pour nous la faire connaître. L'antiquité n'est qu'une mine qui nous permet à peine de juger le détail. Dans cette pénurie, l'histoire générale vient aider à comprendre l'œuvre et l'on est obligé de considérer le peuple qui l'a faite. — M. Taine a oublié l'architecture.

3. ESTHÉTIQUE OU SCIENCE DU BEAU.

76. MURATORI (Luigi-Antonio). *Riflessioni sopra il buon Gusto nelle scienze e nelle arti.* — Réflexions sur le bon goût dans les sciences et les arts. — 1re part., Venise, 1708; — l'ouvrage entier: Naples, 1715, 2 vol. in-8; — Cologne, 1721, in-4.

77. CROUSAZ (Jean-Pierre de). Traité du Beau, où l'on montre en quoi consiste ce que l'on nomme ainsi par des exemples tirés de la plupart des arts et des sciences. — Amsterdam, 1715, in-8; — 2e édit., *ibid.*, 1724, 2 vol. in-12.

On peut reprocher beaucoup de choses à cet écrivain, qui fut professeur de mathématiques et de philosophie; on peut lui reprocher ses attaques contre Bayle et contre Leibnitz; on peut lui reprocher sa prolixité, son manque de méthode; mais il est juste de reconnaître qu'avant le père André, qu'avant Baumgarten, il a fait de l'idée et du sentiment du Beau l'objet de la spéculation philosophique. Pour constituer le Beau, il exige cinq conditions : l'unité, la variété, l'ordre, la proportion, la régularité. Il mourut en 1750.

78. ANDRÉ (Yves-Marie). Essai sur le Beau. — Paris, 1741, in-12; — 2e édit., augm. d'un discours préliminaire et de réflexions sur le goût, par J.-H.-S. F. (J.-H.-Sam. Formey); Amsterdam, 1756 et 1759, in-8; — 4e édit., Paris, 1763, in-8; — 5e édit., *ibid.*, 1770, 2 vol. in-12 (1 fr. 50 à 2 fr.); — nouv. édit., Lyon, 1820, in-12 (1 fr. 50 à 2 fr.), et Paris, 1824, in-12.

Philosophe, disciple de Descartes, théologien et jésuite, le Père André, par cet essai sur le Beau, s'est acquis une réputation durable. Il est un des premiers, avec Hutcheson et Baumgarten, qui aient soulevé dans l'Europe moderne la question du Beau. Très-spiritualiste, il établit au début qu'il existe un Beau visible, qu'il divise en trois catégories : en Beau essentiel, indépendant de toute institution : en Beau naturel, indépendant de l'opinion; en Beau arbitraire, d'institution humaine. Ainsi, l'architecture a des règles fondées sur la géométrie, et d'autres sur les observations que les maîtres de l'art ont faites en divers temps. Les premières sont invariables comme la science qui les prescrit : par exemple la perpendicularité des colonnes, etc.; les secondes sont arbitraires, telles que celles qu'on a établies pour déterminer les proportions des parties d'un édifice. En effet, dans le toscan la colonne contient sept fois le diamètre de sa base, tandis que dans le dorique elle en contient huit, etc. — Cette théorie est développée dans huit discours écrits pour l'Académie de Caen sous une forme élégante et distinguée.

79. HOGARTH (William). *The Analysis of Beauty.* — Analyse de la Beauté. — Londres, 1753, in-8, fig.; — *ibid.*, 1772, in-4 (7 à 8 fr.); — *ibid.*, 1810, gr. in-8 (qui reproduit mot à mot le texte et la pagination de l'édition originale); — réimprimée dans les OEuvres littéraires complètes d'Hogarth (*The complete works*); Londres, 1837, 3 vol. in-8, avec 91 pl. (14 fr.); — trad. en franç. par Jansen; Paris, 1805, 2 vol. in-8, sous le titre suivant: « Analyse, etc., destinée à fixer les idées vagues qu'on a du Goût; précédée de la vie de ce peintre et suivie d'une notice chronologique, historique et critique de tous ses ouvrages de peinture et de gravure, avec deux pl. » (7 à 9 fr.); — trad. en ital. : *L'Analisi della bellezza;* Livourne, 1761, in-8, avec 2 pl. (2 fr.); — trad. en allem. par Mylius : *Zergliederung der Schönheit* (avec une préface de Lessing); Berlin, 1754, in-8, avec 2 pl. (3 à 4 fr.).

Le désir d'être auteur comme Josuah Reynolds, suivant les uns, et suivant les autres, ce qui est plus probable, l'obligation de repousser le reproche que lui adressaient ses rivaux et ses ennemis de manquer d'élévation et de style, et de ne pas connaître la vraie beauté, déterminèrent Hogarth à publier son *Analyse*, pour laquelle le docteur B. Houdly lui vint en aide. Dans ce traité, qui lui attira une nuée de critiques et de pamphlets, et où, pour se moquer des règles fixes auxquelles sont assujétis les cinq ordres d'architecture, il les représente sous l'emblème des cinq ordres de perruques, on trouve, suivant Walpole, des aperçus neufs et vrais. Hogarth fonde la beauté sur la ligne ondoyante de la serpentine. Le docteur Nagler s'est montré sévère en disant que le peintre du laid ne pouvait pas comprendre et analyser la noblesse de la nature humaine.

80. BURKE (Edmund). *A Philosophical Inquiry into the Origin of our Ideas on the Sublime and Beautiful,* etc. — Essai philosophique sur l'origine des idées du Sublime et du Beau; avec un discours préliminaire sur le Goût, etc. — Londres, 1757, 1761, in-8; — 5e édit., *ibid.*, 1770; — édit. suiv., *ibid.*, 1773, 1776, 1787, in-8; — 1842, in-12; — trad. en franç. par Desfrançois; Paris, 1765, in-12, et par Lagentie de Lavaisse; *ibid.*, 1802, in-8.

Dans ce célèbre essai il est à peine question de l'art. L'auteur reste dans les généralités; mais le discours sur le goût renferme quelques idées sur les proportions. Aux yeux de Burke, elles ne sont point le principe de la beauté; ainsi, dit-il, le cygne, qui a le cou plus long que le reste du corps, n'en est pas moins un bel oiseau.

81. KANT (Imm.) *Beobachtungen über das Gefühl des Schönen und Erhabenen.* — Observations sur le sentiment du Beau et du Sublime. — Riga, 1764, in-8; — *ibid.*, 1771, in-8; — trad. en franç. par Herc. Payer Imhoff; Paris, 1796, in-8, et par Veyland; *ibid.*, 1823, in-8. — Cet ouvrage se lie intimement avec le suivant du même auteur : *Kritik der Urtheilskraft.* — Critique du jugement. 1re part., Critique de l'Esthétique; Riga, 1790, in-8; — 2e édit., *ibid.*, 1793, in-8; — 3e édit., Berlin, 1798. — Forme le IVe vol. des OEuvres complètes de Kant (*Sämmtliche Werke*); Leipzig, 1838-42, 12 vol. in-8; — trad en franç. par Jules Barni, ensemble avec l'ouvrage précédent; Paris, 1846, in-8.

Supérieure à celles qui l'ont précédée, la traduction de M. Barni nous permet d'avoir, de ce côté-ci du Rhin, une idée de la théorie du célèbre philosophe de Kœnigsberg sur les Beaux-Arts. Le Beau, suivant Kant, est leur principe et leur fin; voilà ce qui les distingue des arts mécaniques, qui n'ont d'autre but que l'utile et qui s'y trouvent asservis. En ce sens, les Beaux-Arts visent à procurer du plaisir, mais c'est au plaisir du Beau qu'ils visent et non au plaisir que donne l'agréable. Pour Kant, le Beau n'est qu'une seule et même chose avec le Goût. « Le Goût, dit-il, c'est la faculté de juger d'un objet ou d'une représentation par une satisfaction dégagée de tout intérêt; or l'objet d'une semblable satisfaction s'appelle le Beau. » (Voir le n° 100.)

82. MARCENAY DE GHUY (Antoine de). Essai sur la Beauté. — Paris, 1770, in 8.

Cet opuscule de trente-deux pages, dédié à la duchesse de Brunswick et de Lunebourg, tire tout son intérêt de la position particulière de Marcenay, graveur très-habile, et même peintre d'un certain talent, comme son admission dans l'Académie de Saint-Luc semble le prouver. Ses idées sur la Beauté ne brillent point par l'originalité et l'élévation. Selon lui, elle est fondée sur « la justesse des proportions, dont le concours harmonieux forme un tout aussi parfait qu'il peut être, en raison du mode affecté à ses proportions ». Nagler (*Künstler-Lexicon*), et les auteurs de la *Nouvelle Biographie générale*, ont oublié de parler de l'*Essai sur la Beauté.*

83. WINCKELMANN (Joh.-Joachim). *Abhandlung von der Fähigkeit der Empfindung des Schönen in der Kunst.* — De la Capacité de sentir le Beau dans les ouvrages de l'art. — Dresde, 1764, in-4; — *ibid.*, 1771, in-4; — trad. en franç. par Jansen, dans le Recueil de différentes pièces sur les arts; Paris, 1786, in-8.

84. MORITZ (Karl-Philipp) et GOETHE (J.-W. von). *Ueber die bildende Nachahmung des Schönen.* — De l'Imitation plastique du Beau. — Brunswick (Braunschweig), 1788, in-8.

Moritz débuta dans le monde par être professeur d'archéologie et d'esthétique à l'Académie des Beaux-Arts de Berlin. Sa vie fut aventureuse. Ce fut presque un nouveau Werther. Au retour d'un voyage d'Italie, en 1788, il trouva dans Gœthe, à Weimar, un hôte, et, comme on le voit, un collaborateur.

85. HERMANN (Christian-Gotthilf-Martin). *Kant und Hemsterhuis in Rücksicht ihrer Definitionen der Schönheit.* — Comparaison des définitions que Kant et Hemsterhuis (ou Hemsterhuys) ont donné du Beau. — Erfurt, 1791 et 1792, gr. in 8.

Ce nom est celui d'un littérateur allemand né à Erfurt et décédé à Weissense, août 1823, doyen du ministère du culte et chargé du diocèse d'Erfurt. On sait que les idées d'Hemsterhuys sur le Beau se trouvent dans sa *Lettre sur la sculpture*, et celles de Kant dans ses *Observations sur le sentiment du Beau et du Sublime*, et dans la *Critique du jugement*.

86. MALASPINA DI SANNAZARO (marchese). *Delle leggi del Bello*, etc. — Des Lois du Beau appliquées à la peinture et à l'architecture. — Pavie, 1791, in-8 (1 à 2 fr.); — 2ᵉ édit., Milan, 1828, in-8.

87. RAMDOHR (F.-W.-Bas.von). *Charis, oder über die Schöne und die Schönheit in den nachbildenden Künsten.* — Charis, ou le Beau et la Beauté dans les arts d'imitation. — Leipzig, 1793, 2 vol. in-8 (1 fr. 50 à 2 fr.).

88. THOMSON (William). *An Enquiry into the elementary Principles of Beauty.* — Recherche sur les principes élémentaires du Beau dans la nature et dans les œuvres d'art; précédée d'une Introduction sur le Goût. — Londres, 1798; — *ibid.*, 1800, in-4, avec 13 pl. (10 à 15 fr.).

89. HERDER (Joh.-Gottfr.). *Kalligone. I. Vom Angenehmen und Schönen; II. Vom Kunst und Kunstrichterey; III. Vom Erhabenen und vom Ideal.* — Calligone. Iʳᵉ part. De l'Agréable et du Beau; II. De l'Art et de la critique d'art; III. Du Sublime et de l'idéal. — Leipzig, 1800, 3 vol. in-8 (2 à 3 fr.).

Calligone et la *Métacritique* sont des réfutations très-vives de Kant et de son école.

90. CORDIER de LAUNAY (L.-Guill.-René). Théorie circonsphérique des deux genres de Beau, avec application à toutes les mythologies et aux cinq Beaux-Arts. — Berlin, 1806, in-4 (4 fr.); — Paris, 1812, in-8 (5 fr.).

91. BARTHEZ ou BARTHÈS (Paul-Joseph). Théorie du Beau dans la nature et dans les arts, ouvr. posth. publ. par Barthez de Marmorières, frère de l'auteur. — Paris, 1807, in-8 (2 fr.).

Le troisième discours sur cette Théorie (c'est sous cette forme que l'auteur a cru devoir exposer ses idées) renferme les vues de Joseph Barthès sur le Beau dans les arts ou dans la peinture et la sculpture, qu'il classe de la manière suivante : Beautés idéales du coloris et du clair obscur; Beautés idéales de l'expression; — Résultats de l'expérience sur les caractères que doivent avoir les qualités agréables des objets visibles pour faire naître le sentiment de la Beauté.

92. CICOGNARA (Leopoldo, conte). *Del Bello. Ragionamenti sette.* — Du Beau. Sept discours. — Florence, 1808, in-4 (2 fr.); — Venise, 1818, in-12; — Pavie, 1825, in-8 (1 fr. 25).

Écrit que recommande surtout le nom de l'auteur de l'Histoire de la Sculpture depuis sa renaissance en Italie.

93. DROZ (Franç.-Xav.-Jos.). Études sur le Beau dans les arts. — Paris, 1815, in-8 (1 fr. à 1 fr. 50); — 2ᵉ édit., *ibid.*, 1826, in-8.

Les gens de lettres, selon l'auteur, reprochent aux artistes de ne pas se livrer à des méditations assez étendues, et les artistes reprochent aux gens de lettres d'observer superficiellement les arts. Le désir de juger ces reproches mutuels et d'apprécier ce qu'ils peuvent avoir de vrai et d'utile, lui ont donné l'idée de commencer ces Études. On ne sait pourquoi ce passage ne se trouve point dans la préface de la seconde édition.

94. SCHIMMELPENNINCK (Mary-Anne). *Theory on the Classification of Beauty and Deformity*, etc. — Théorie de la Beauté et de la difformité, et leur rapport avec l'expression physionomique, démontrés par des exemples de diverses œuvres d'art et d'objets naturels, et illustrés en 4 cartes générales et 38 planches grav. — Londres, 1815, in-4 (60 à 80 fr.); — nouv. édit. publ. par C.-C. Nankin, sous ce titre modifié : *The principles of Beauty, as manifested in nature, art, and human character*, etc. — Londres, 1859, in-8 (8 à 10 fr.).

95. SOLGER (K.-W.-F.). *Erwin. Vier Gespräche über das Schöne und die Kunst.* — Erwin. Entretiens au nombre de quatre sur le Beau et l'Art. — Berlin, 1815, in-8 en 2 part. (2 à 3 fr.).

96. (DELFICO, Melchiore). *Nuove ricerche sul Bello.*—Nouvelles recherches sur le Beau. — Naples, 1818, in-8 (2 fr.).

Selon Cicognara, qui ne ménage pas l'hyperbole quand il s'agit de ses compatriotes, « c'est avec un cœur pénétré de la grandeur du sujet et avec une véritable profondeur de métaphysique », que l'auteur a composé ce traité.

97. NÜSSLEIN (F.-A.). *Lehrbuch der Æsthetik, als Kunstwissenschaft.* — — Manuel d'Esthétique d'art. — Landshut, 1819, in-8; — 2ᵉ édit. revue par Max Furtmaier; Ratisbonne (Regensburg), 1837, in-8.

98. DESMARAIS (Cypr.). Du Beau idéal, ou méditations sur le principe poétique de la littérature et des arts. — Paris, 1821, in-8.

99. KÉRATRY (Aug.-Hilarion de). Du Beau dans les arts d'imitation, avec un examen raisonné des productions des diverses Écoles de peinture, de sculpture, et en particulier de celle de France. — Paris, 1822, 3 vol. in-18 ou 2 vol. in-12, avec 4 pl. (3 à 4 fr.). Ouvrage faisant partie de l'*Encyclopédie des Dames*.

Né à Rennes en 1769, de Kératry est mort en novembre 1859, après avoir été homme politique, littérateur, philosophe et critique.

100. KÉRATRY (Aug.-Hilarion de). Examen philosophique des « Considérations sur le sentiment du Sublime et du Beau, dans le rapport des caractères, des tempéraments, des sexes, des climats et des religions, d'E. Kant, » par M. K., pour faire suite à l'ouvrage Du Beau dans les arts d'imitation. — Paris, 1823, in-8.

101. BERTRAND (Franç.-Gabriel). Du Goût et de la Beauté considérés dans les productions de la nature et des arts. — — Caen, 1829, in-8.

102. FICKER (Franz). *Æsthetik oder Lehre vom Schönen und der Kunst*. — Esthétique, ou la Science du Beau et de l'art. — Vienne (Wien), 1830, in-8.

103. WEBER (W.-E.). *Die Æsthetik aus dem Gesichtspunkte gebildeter Freunde des Schönen*, etc. — L'Esthétique prise du point de vue des amis éclairés du Beau. Lecture faite à Brême. — Darmstadt, 1834, 2 part. in-8 (2 à 3 fr.).

104. HEGEL (Georg-Wilh.-Friedr.). *Vorlesungen über die Æsthetik*. — Cours d'Esthétique publié par H.-G. Hotho. — Berlin, 1835-38, 3 vol. in-8 (14 fr.); — 2e édit., *ibid.*, 1842-43, 3 vol. in-8. — 16 fr.

Le cours d'Esthétique, que ce penseur célèbre a professé à l'université de Berlin, pendant les années 1820, 1821, 1823, 1826, 1829, 1830, a été analysé et traduit en partie par M. Charles Bénard, professeur de philosophie au lycée Charlemagne, Paris, 1840-43, 2 vol. in-8, et 1848-51, 2 vol. in-8. Le dernier vol. contient un essai historique et critique sur l'Esthétique du philosophe allemand, essai qui a mérité l'estime des juges compétents.

Hegel ne fut point seulement un grand philosophe, un esprit encyclopédiste, ce fut un artiste qui dans le domaine de l'art fit entrevoir des horizons nouveaux. L'Esthétique de ce puissant esprit embrasse : 1° la théorie générale de l'art; — 2° l'histoire de son développement chez tous les peuples, depuis les temps primitifs jusqu'aux temps modernes; — 3° une classification des différents arts.

« Hégel, dit M. Charles Lévêque, a fondé sa « classification sur ce principe vrai que la dignité « et la perfection de chaque art doivent se mesu- « rer à la puissance avec laquelle il exprime l'i- « déal. Il compte trois sortes d'art : l'art *symbo- « lique*, dans lequel l'idée est dominée par la « matière; l'*art classique* dans lequel l'idée et la « matière sont en parfait équilibre; l'*art roman- « tique*, dans lequel l'idée domine la matière. « La peinture appartient à l'art romantique, la « sculpture à l'art classique, l'architecture primi- « tive à l'art symbolique.»

105. KEYSERLINGK (H.-G. von). *Die theoretisch-praktisch begründete und erläuterte Lehre vom Schönen, oder Æsthetik*. — La Science du Beau théoriquement et pratiquement expliquée, ou l'Esthétique. Manuel pour étudier par soi-même. — Leipzig, 1835, in-8 (1 fr. 25).

106. WALKER (Alex.). *Beauty; illustrated chiefly by an Analysis and Classification of Beauty in Woman. Preceded by a critical View of the general Hypotheses respecting Beauty*, etc. — Le Beau : expliqué principalement par une analyse et une classification de la Beauté dans la femme; précédé d'une revue critique de toutes les hypothèses concernant la Beauté, de Hume, Hogarth, Burke, Knigtht, Alison, etc., suivi d'une étude semblable des hypothèses de Léonard de Vinci, de Winckelmann, de Mengs, de Bosse, etc., sur la sculpture et la peinture, illustré de dessins d'après nature par Henri Howard, grav. par Gauci et Lane. — Londres, 1836, in-8, avec 22 pl. — 52 fr.; — 2e édit., *ibid.*, 1846, in-8 (15 à 20 fr.); — 3e édit., *ibid.*, 1852, in-8 (22 fr.).

Lire principalement le chap. intitulé: *Elements of Beauty as employed in objects of art.*

107. BONACCI (Gratiliano). *Nozioni fondamentali di Estetica*. — Notions fondamentales d'Esthétique. — Foligno, 1837, in-8.

108. MACVICAR (Rev. J.-G.). *On the Beautiful, the Picturesque, the Sublime*. — Du Beau, du Pittoresque, du Sublime. — Londres, 1837, gr. in-8.

109. JOHN (Carl). *Ueber die Wissenschaft des Schönen und der Kunst, oder über Æsthetik*, etc. — De la Science du Beau et de l'art ou de l'Esthétique, avec un appendice sur les vieilles Écoles de peintures italiennes et allemandes. Fait plus particulièrement au point de vue des galeries de Munich et de Dresde. Manuel et guide des artistes, des connaisseurs, des amateurs, etc. 2e édit. (réimpression). — Leipzig, 1838, in-8 (1 fr. 25).

110. COUSIN (Victor). Du Vrai, du Beau et du Bien. (Forme le 3e vol. de son Cours d'histoire de la philosophie morale au XVIIIe siècle). — Paris, 1840-41, 5 vol. in-8; — *ibid.*, 1841-46, 5 vol. in-8

(voir le t. II); — imprimé séparément plusieurs fois : 7e édit., Paris, 1858, in-8, avec portr.; — 8e édit., *ibid.*, Didier, 1860, in-12. — 3 fr. 50.

Ce *livre* n'est autre que la reproduction du cours de M. Cousin, professé à la Faculté des lettres en 1818. La neuvième leçon porte sur les Beaux-Arts. Nous reproduisons ici quelques-unes des idées du professeur; idées que l'on peut considérer comme les points fondamentaux de sa doctrine.

L'art, selon M. Cousin, est la reproduction libre du beau; non pas de la seule beauté naturelle, mais de la beauté idéale telle que l'imagination humaine la conçoit. — Le seul objet de l'art étant le Beau, il s'abandonne lui-même dès qu'il s'en écarte. — Il faut toujours qu'il conserve une juste liberté. — Ainsi c'est tuer l'architecture que de la soumettre à la commodité du confort. — Les arts ne gagnent rien à échanger leurs moyens et à ôter les limites qui les séparent. M. Cousin proclame la loi qui domine toutes les autres, *la loi* de l'expression. Toute œuvre d'art, dit-il, qui n'exprime pas une idée, ne signifie rien.

111. TITTMANN (Fried.-Wilh.). *Ueber die Schönheit und die Kunst.* — La Beauté et l'art. — Berlin, 1841, in-8 (2 fr.).

Savant historien, auteur d'une histoire du *Conseil des Amphictyons*, mémoire couronné par l'Académie des sciences de Berlin, Tittmann est mort en 1864.

112. QUANDT (Joh.-Gottlob von). *Vorträge über Æsthetik für bildende Künstler.* — Conférences sur l'Esthétique à l'usage des artistes-peintres, etc. — Leipzig, 1844, in-8 (1 à 2 fr.).

Critique et savant historien de l'art, Quandt a professé ce cours vers 1844 à l'Académie des Beaux-Arts de Dresde. Il était né à Leipzig en 1787. Il est mort près de Stolpen en 1859.

113. LOTZE (Rudolf-Hermann). *Ueber den Begriff der Schönheit*, etc. — Sur l'Idée du Beau. — Göttingue, 1845, in-8, 60 p.

Philosophe et médecin, M. Lotze jouit en Allemagne, à ce double titre, d'une véritable célébrité, célébrité méritée, comme le démontre sa *Physiologie générale de la vie matérielle*, sa *Psychologie médicale*, etc., et ses ouvrages sur l'Esthétique : celui dont nous donnons ici le titre et un autre qui est indiqué plus loin.

114. HAY (D.-R.). *The first Principles of symmetrical Beauty.* — Les premiers Principes du Beau symétrique. — Londres, 1846, in-8.

115. SIMON (Cl.). *Allgemeine Æsthetik. Ein wissenschaftlicher Ueberblick des Schönen, überhaupt*, etc. — Esthétique générale. Coup d'œil scientifique sur le Beau, particulièrement sur toutes les branches de l'architecture, etc., etc. — Vienne (Wien), 1846, in-8 (2 à 3 fr.).

Titre difficile à traduire littéralement en français et dont voici le sens : Le coup d'œil scientifique de l'auteur embrasse non-seulement l'architecture, mais l'ornementation de l'industrie, dont l'essor (je parle de l'industrie) mérite d'être indiqué dans l'Esthétique et mis en relief dans les recherches de la théorie pratique.

116. TRENDELENBURG (Friedr.-Ad.). *Niobe. Einige Betrachtungen über das Schöne und Erhabene*, etc. — Niobe. Considérations sur le Beau et sur le Sublime. — Berlin, 1846, in-8, avec 2 lith. (1 fr.).

Professeur à l'Université, secrétaire de la classe d'Histoire et de Philosophie de l'Académie des sciences de Berlin, et l'un des plus célèbres philosophes de l'Allemagne contemporaine, Frédéric Trendelenburg s'est plu, comme un si grand nombre d'esprits cultivés chez ses compatriotes, à faire entrer dans le cadre de la métaphysique les impressions que font sur nous les Beaux-Arts.

117. VISCHER (Friedrich-Theodor). *Æsthetik oder Wissenschaft des Schönen.* — L'Esthétique ou la science du Beau. — Reutlingen et Stuttgart, 1846-58, 3 vol. in-8 (35 à 40 fr.).

Parmi ceux qui traitent de l'Esthétique en Allemagne, M. Vischer, aujourd'hui, passe pour être le premier. Son livre, qui dénote l'esprit le plus fin, le plus sagace, l'homme le mieux doué du sentiment de l'histoire de l'art, embrasse également les développements de l'Esthétique spéculative, depuis Kant jusqu'à Hegel. M. Vischer est né à Louisbourg (Wurtemberg), le 30 juin 1807.

118. LOTZE (R.-H.). *Ueber Bedingungen der Kunstschönheit.* — Des Conditions de la Beauté dans l'art. — Göttingue, 1847, in-8, 80 pp. (Voir plus haut le n° 113.)

119. GUBITZ (Ant.). *Der Mensch und die Schönheit.* — L'Homme et la Beauté. Nouveaux principes de la théorie du Beau et de l'art. — Berlin, 1848, in-8, 94 pp. (1 fr.).

Antoine Gubitz, écrivain et journaliste, né à Leipzig le 25 nov. 1821, décédé le 3 déc. 1857, fils du célèbre graveur en bois, Frédéric-Guillaume Gubitz.

120. TOEPFFER (Rod.). Réflexions et menus propos d'un peintre Génevois ou Essais sur le Beau dans les arts, précédés d'une notice sur la vie et les ouvrages de l'auteur par Albert Aubert. — Paris, 1848, 2 vol. gr. in-8 (2 à 3 fr.); — *ibid.*, 1853, in-12 (5 fr.); — nouv. édit., *ibid.*, Hachette, 1865, in-18 j. — 3 fr. 50.

Voici la pensée de l'auteur sur le Beau : « Les philosophes usant de méthodes supérieures et diverses, ont recherché, ont découvert bien des fois le principe du Beau, et cependant il est encore à trouver; si toutefois il est trouvable, c'est-à-dire fini et compréhensible, au lieu d'être infini de sa nature et par conséquent insaisissable à notre intelligence et à nos formules. Cette chose qui dans la nature, dans les lettres, dans les arts, produit sur notre âme une impression qui varie de degré et non pas de nature, cette chose, qu'est-ce? Voilà le problème ».

121. BOLZANO (Bernard). *Ueber die Ein-*

theilung der schönen Künste, etc. — De la Division des Beaux-Arts, traité d'Esthétique. — Prague, 1849, in-4, 46 pp. (1 fr.).

122. FISCHER (Ernst-Kuno-Berthold). *Diotima. Die Idee des Schönen.* — Diotime, ou l'Idée du Beau. Lettres philosophiques. — Pforzheim, 1849, in-8. — 7 fr.

123. LIBELT (Karol). *Estetyka czyli umnictwo piękne.* — L'Esthétique ou la Connnaissance du Beau. — Posen (Poznau), 1849; — 2e édit., corrig., St-Pétersbourg, 1854, 2 t. en 3 vol. in-8.

Comme publiciste, comme homme politique, M. Libelt occupe une place distinguée dans l'histoire contemporaine de la Pologne, et sa place est également marquée parmi les philosophes et les écrivains de talent. Son Esthétique des Beaux-Arts est un livre remarquable, plein d'idées neuves, et qui paraissent d'autant plus originales qu'elles portent l'empreinte de la nationalité de l'auteur. Les compatriotes de M. Libelt admirent la clarté et la beauté de son style et croyent que dans toutes les littératures son Esthétique ferait sensation. Malheureusement ce livre est complétement inconnu à l'étranger. — Le 1er tome porte en sous-titre : *Partie générale*, et le 2e : *La Beauté plastique de la nature.*

124. HAY (D.-R.). *The natural Principles of Beauty as developped in the human figure.* — Les Principes naturels du Beau considérés dans leur développement dans la figure humaine. — Londres, 1852, in-8.

125. LÉVÊQUE (Charles). *Quid Phidiæ Plato debuerit?* — Paris, 1852, in-8. (Thèse soutenue à la Faculté des lettres de Paris.)

Phidias, dit M. Lévêque en terminant, reçut d'Homère son Jupiter, et Platon a puisé dans Phidias l'idée de la Beauté absolue, telle qu'il l'exprime dans le *Banquet.*

126. TOMMASEO (Niccolò). *Dizionario estetico.* — Dictionnaire d'esthétique. — Milan, 1852-53, 2 vol. in-4 (12 à 15 fr.).

127. BRATRANECK (F.-Th.). *Æsthetische Studien.* — Études esthétiques. — Vienne, 1853, in-8, IV-195 pp. — 5 fr.

128. HAY (D.-R.). *Proportion, or the geometric Principles of Beauty analysed.* — De la Proportion ou Analyse des principes géométriques du Beau. — — Londres, 1853, in-4.

129. TCHERNYSCHEVSKY (N.). Эстетическія отношенія искусства къ дѣйствительности. — Des rapports de l'art avec la réalité au point de vue esthétique. — Saint-Pétersbourg, 1855, in-8; — 2e édit., *ibid.*, 1865, in-8 (2 à 3 fr.).

130. ZEISING (Ad.). *Æsthetische Forschungen.* — Recherches esthétiques. — Francfort, 1855, in-8. — 12 fr.

131. BAYER (Jos.). *Æsthetik in Umrissen.* — Esquisses esthétiques pour servir de guide philosophique dans le domaine de l'art. — Prague, 1855-63, 2 part. gr. in-8. — 2e édit. (réimpression), *ibid.*, Merey, 1863, 2 part. in-8. — 14 fr.

132. HAY (D.-R.). *The Science of Beauty as developped in Nature and applied in Art*, etc. — La Science du Beau développée dans la nature et appliquée dans l'art. — Londres, 1856, in-8, avec 23 pl.

133. PICTET (Adolphe). Du Beau dans la nature, l'art et la poésie. Études esthétiques. — Paris et Genève, 1856, in-12 (4 à 5 fr.).

L'auteur de cet excellent petit vol., connu depuis longtemps par son livre : *De l'affinité des langues celtiques avec le sanskrit*, Paris, 1837, in-8 (ouvrage couronné par l'Institut), présente ici à ses lecteurs une revue rapide des théories esthétiques les plus célèbres. Il termine ainsi : « L'universalité de l'idée du Beau, tel est le grand fait que je voudrais avoir mis en lumière par ces Études trop incomplètes. Émanée comme un pur rayon de l'intelligence suprême, cette idée se révèle d'abord dans la nature; puis reflétée par l'art qui la dégage des accidents de la matière pour la ramener à sa pureté primitive, elle éclate sous mille formes diverses au sein de l'humanité ».

134. VOSMAER (M.-E.). *Eene studie over het Schoone en de Kunst.* — Etude sur le Beau et sur l'art. — Amsterdam, 1856, in-8, VIII-149 pp. (3 à 4 fr.).

135. WISEMAN (cardinal Nicholas). *On the Perception of natural Beauty by the Ancients and the Moderns*, etc. — De la perception de la Beauté naturelle par les anciens et par les modernes. Rome ancienne et moderne; deux leçons faites le 10 décembre 1855 et le 31 janvier 1856. — Londres, 1856, in-8.

136. BAELDEN (l'abbé P.-F.). Essai sur le Beau, ou Dieu principe, centre et fin du monde universel ; du Beau, de la littérature et de l'art. Ouvrage destiné à faciliter l'étude approfondie des lettres et des Beaux-Arts. — Bruxelles, 1857, in-8. — 5 fr. 50.

137. SYMONDS (J.-A.). *The Principles of Beauty.* — Les Principes du Beau. — Londres, 1857, gr. in-8, avec fig.

138. VERONESI (Giovanni). *Teorica del Bel Bello e dell' arte.* — Théorie du Beau et de l'art. — Modène, 1857, in-8.

139. CARRIÈRE (Moritz). *Æsthetik. Die Idee des Schönen und ihre Verwir-*

klichung durch Natur, Geist, und Kunst, etc. — Esthétique. L'Idée du Beau et sa réalisation dans la nature, dans l'esprit et dans l'art. — Leipzig, 1859, 2 part. gr. in-8 (15 fr.).

Maurice Carrière est du nombre de ceux qui s'appliquent avec ardeur en Allemagne à la philosophie des Beaux-Arts, et qui vont chercher en Italie le développement et l'application des théories qu'ils ont creusées dans les universités. C'est un esprit souple et actif, embrassant beaucoup de choses et qui aborde les plus hautes comme les plus délicates questions sans hésiter. Maurice Carrière est professeur d'Esthétique à l'Université et professeur d'histoire de l'art à l'Académie des Beaux-Arts de Munich, Académie dont il est membre et dont il inspecte les études.

140. VOITURON (Paul). Recherches philosophiques sur les principes de la science du Beau, par P. Voituron, avocat à la cour d'appel de Gand. — Paris et Bruxelles, Lacroix, 1860-62, 2 vol. in-8. — 12 fr.

Ouvrage qui a valu à l'auteur une mention honorable de l'Académie des sciences morales et politiques (Institut de France), au concours de 1860. — Le chapitre VIIIe du 2 vol. renferme une théorie générale des Beaux-Arts. Suivant l'auteur, l'esprit humain s'élève dans l'art au-dessus de la nature, et la théorie de l'imitation est impuissante à expliquer son véritable but. L'art n'est point une application de la pensée à un sujet indifférent au point de vue moral; il exprime d'une manière déterminée ce qu'il y a de plus élevé en nous. L'art n'est pas à lui-même son but suprême.

141. LÉVÊQUE (Charles). La Science du Beau, étudiée dans ses principes, dans ses applications et dans son histoire, par Ch. Lévêque, professeur de philosophie grecque et latine au Collége de France, ancien membre de l'École française d'Athènes; ouvrage couronné par l'Académie des sciences morales et politiques, par l'Académie française et par l'Académie des Beaux-Arts. — Paris, Durand, 1862, 2 vol. in-8. — 15 fr.

M. Charles Lévêque nous a donné l'Esthétique d'un philosophe artiste. Il définit l'art : l'interprétation de la belle nature au moyen de ses formes idéales, c'est-à-dire les plus expressives. Produire dans l'âme la noble délectation du Beau, c'est le but propre et essentiel de l'art. Le suffrage de trois Académies nous dit assez quelle est la valeur de ce livre, écrit par un esprit délicat et d'une grande justesse.

142. ECKARDT (L.). *Vorschule der Æsthetik.* — Introduction à l'Esthétique. — Carlsruhe, Bielefeld, 1863-64, 2 vol. in-8, avec 176 grav. s. bois, musique, etc.

143. KUHN (Adalb.). *Die Idee des Schönen in ihrer Entwickelung bei den Alten bis in unsere Tage. Vorträge an die Künstler.* — L'Idée du Beau dans ses développements, depuis les anciens jusqu'à nous, présentée aux artistes. — Berlin, von Warnsdorff, 1863, in-8, VII-119 pp. — 2 fr.

144. KÖSTLIN (Karl-Reinholdt). *Æsthetik.* — Esthétique. — Tubingue, Laupp, 1863-66, 1 vol en 2 part. in-8. — 12 fr. 50.

Depuis 1863, M. Charles Köstlin professe à Tubingue l'Esthétique et l'Histoire de l'art.

145. MILSANT (J.). L'Esthétique anglaise. Étude sur M. John Ruskin. — Paris, Germer-Baillière, 1864, in-18 j. — 2 fr. 50.

M. Ruskin est une puissance en Angleterre; il y exerce le pouvoir que donne une imagination forte sur les esprits. C'est là ce qui justifie le titre d'*Esthétique anglaise* donné à des Études sur M. Ruskin, qui le premier, il faut bien le reconnaître, est parvenu à intéresser ses compatriotes à des questions de ce genre. Sa théorie sur la Beauté peut se réduire à ces termes : chaque espèce de beauté n'est que le reflet d'une perfection divine dont le Créateur a laissé l'empreinte sur son œuvre; ou plutôt c'est l'œuvre même de Dieu, c'est chaque réalité qui dans sa manière d'être garde positivement une analogie avec un attribut de Dieu, et qui par là possède la puissance d'attirer la partie divine de notre nature, etc., etc. Une fois lancé dans ce platonisme réaliste, ajoute M. Milsant, l'imagination de M. Ruskin s'enivre de toutes les ressemblances que son ingénieux esprit peut découvrir entre les formes ou les mélanges de teintes et les qualités morales; aussi M. Milsant est-il autorisé à nous montrer la doctrine de M. Ruskin comme le dernier mot de l'esprit littéraire appliqué aux choses de l'art, comme une tentative pour renouveler la peinture en assimilant entièrement les tableaux aux livres, et l'expression complète du bien et du mal que peut faire l'influence littéraire aux arts du dessin.

146. OEHLMANN (W.). *Die Elemente des Schönen und die Geisteskräfte des Menschen.* — Les Principes du Beau et les forces intellectuelles de l'homme, ou l'Esthétique considéré au point de vue physiologique. — Dresde, Ehlermann, 1864, in-8, IV-46 pp. — 1 fr.

147. CAMPAUX (Ant.). Des Rapports de la Beauté plastique et de la Beauté morale. — Strasbourg, 1865, in-8, 22 pp.

148. LEMCKE (Carl). *Populäre Æsthetik*, etc. — Esthétique populaire, par le docteur C. Lemcke, professeur à l'Université d'Heidelberg. — Leipzig, Seemann, 1865, in-8. — 9 fr.; — 3e édit., augm. et amél., *ibid.*, 1870, in-8, avec 53 grav. sur bois.

La 3e partie de cet ouvrage, très-goûté en Allemagne, s'applique aux Beaux-Arts; voici le titre de quelques chapitres : La Force créatrice; — L'Artiste; — Le Style et la manière; — L'Ornementation et les Arts industriels; — L'Architecture et ses différents styles; — La Peinture et la représentation pittoresque de la nature inanimée; — De la Nature animalesque et humaine.

149. ZIMMERMANN (Robert). *Allgemeine Æsthetik als Formwissenschaft.* — Esthétique générale, ou la Science

de la forme. — Vienne (Wien), 1865, in-8; — *ibid.*, 1870.

Ce traité forme le tome second des Études sur la Philosophie et l'Esthétique, du même auteur (*Studien zur Philosophie und Æsthetik*). Parmi plusieurs morceaux de critique, nous citerons une étude sur le Marat de Louis David.

150. BRAUN von BRAUNTHAL (J.-C.). — *Geschmackslehre.* — La Théorie du Goût, ou la Science du Beau; — Vienne (Wien), 1866, in-8.

151. BLOMBERG (Hugo von). *Studien zur Kunstgeschichte und Æsthetik.* — Études pour servir à l'histoire de l'art et à l'Esthétique. T. Ier. Le Diable et ses suppôts dans l'art. — Berlin, C. Duncker, 1867, in-8, VII-133 pp. — 3 fr.

152. DIETRICHSON (L.). *Det skönas verld. Estetikens och konsthistoriens hufvudlärar*, etc. — Le Monde du Beau. Principes d'esthétique et d'histoire de l'art. — Stockholm, 1867, in-8.

153. SCHULZ (J.-N.). *Der Begriff des Schönen.* — De l'Idée du Beau. — Crefeld, 1867, in-8.

154. MEYER (B.). *Das Æsthetische als Erziehungsmittel und Unterrichtsgegenstand.* — L'Esthétique comme moyen d'éducation et sujet d'étude. — Berlin, 1868, in-8.

155. HORWICZ (Adolf). *Das Gesetz der Kunst; die Freiheit des Künstlers*, etc. — La Loi de l'art; la liberté de l'artiste. Traits fondamentaux d'un système d'Esthétique; ouvrage couronné par l'Académie de Strasbourg, le 18 novembre 1867. — Leipzig, 1869, in-8.

II. — DU ROLE DE L'ART DANS LE MONDE; DE SES RAPPORTS AVEC LES RELIGIONS, LA SOCIÉTÉ ET LA LITTÉRATURE.

1. LES RELIGIONS.

A. L'ART ET LE PAGANISME.

156. HIRT (Aloys). *Bilderbuch für Mythologie, Archäologie und Kunst*, etc. — Livre d'images pour la mythologie, l'archéologie et l'art. — Berlin, 1805-16, 2 part. gr. in-4, avec 32 pl. gr. et 34 vignettes (12 à 15 fr.).

Hirt, dans cet ouvrage, qui pourrait s'appeler aussi bien *Galerie* ou *Muséum*, a devancé Millin comme vulgarisateur des monuments de l'antiquité figurée.

157. MILLIN (Aubin-Louis). Galerie mythologique. Recueil de monuments pour servir à l'étude de la mythologie, de l'histoire de l'art, de l'antiquité figurée, etc. — Paris, 1811, 2 vol. in-8, avec 190 pl. grav. au trait (15 à 20 fr.).

A l'époque où il parut, ce recueil rendit un grand service; il fit connaître les monuments de l'antiquité figurée : une foule de sujets dispersés dans les musées, dans les collections, dans les livres, s'y trouvèrent réunis et présentés sous une forme méthodique et claire. Mais là ne se borna point l'utilité de la galerie mythologique. Reprise par M. Guigniaut, elle forme avec les additions un appendice au IVe vol. des *Religions de l'antiquité*, de Creuzer, et présente ici un ensemble de 262 pl. contenant près de mille sujets, précédé d'un très-bon aperçu sur les *Religions de l'antiquité dans leurs rapports avec l'art*, par M. Alfred Maury. Millin s'en était tenu aux monuments de l'antiquité classique; cette *Nouvelle galerie mythologique* comprend 115 sujets relatifs à la religion de l'Inde, et 124 aux religions de la Perse, de l'Égypte et de l'Asie occidentale. Cet appendice, augmenté d'une Introduction par M. Guigniaut, a été publié à part : *Nouvelle galerie mythologique, comprenant la Galerie mythologique de feu A.-L. Millin, revue, complétée*, etc.; Paris, F. Didot, 1850 (et non 1841 ni 1851), 2 vol. in-8, fig. (40 fr.). — Le t. 1er du *Trésor de numismatique et de glyptique*, Paris, 1834 (voy. Pierres gr.), renferme une autre suite du livre de Millin. Le but des auteurs de cette seconde *Nouvelle galerie mythologique* (C. Lenormant et M. de Witte) est le même que celui vers lequel a tendu M. Guigniaut. Ils ont pensé que ce serait rendre un service non moins grand à la science des religions de l'antiquité, que de réunir tout ce que les médailles et les pierres gravées, tant en creux qu'en relief, les bijoux d'or, les ivoires et les terres cuites peuvent offrir de curieux et d'utile pour l'étude de ces mêmes religions, et ils ont saisi l'occasion de mettre en circulation leurs idées et celles de leur maître et ami, M. Panofka. Dire que ces idées ont été accueillies par les savants, ce serait trop s'avancer; parfois ingénieuses et vraies, elles portent trop souvent l'empreinte de l'esprit de système. Quoi qu'il en soit, elles ont donné naissance à un recueil assurément très-précieux, qui malheureusement n'a point obtenu tout le développement nécessaire. L'espace, le temps, manquaient aux auteurs; aussi, loin de parcourir, comme ils se l'étaient promis, le cycle entier de la mythologie, ils se sont bornés à donner un spécimen qui ne comprend même que la moitié des douze grands dieux (52 pl.).

158. BADEN (Torkel). *Om den nordiske Mythologies ubrugbarhed for de skjönne Kunster.* — Pourquoi la mythologie du Nord est inapplicable dans les Beaux-Arts. — Copenhague, 1820, in-8.

159. BÖTTIGER (Karl-Aug.). *Ideen zur Kunstmythologie.* — Idées sur la mythologie d'art, extraites des cahiers destinés au cours fait par l'auteur. — Dresde et Leipzig, 1826-36, 2 vol. in-8, avec 7 pl. gr. au trait (5 fr.); (le second vol. a été publié par les soins de Sillig, après la mort de l'auteur); — nouv. édit.

(réimpr.); Leipzig, 1850, 2 vol. gr.in-8, avec 7 pl. (3 à 4 fr.).

Une des vues principales de Böttiger a été de faire ressortir le lien qui existe entre les croyances et les œuvres de l'art. Ainsi, indépendamment des généralités mythologiques, l'auteur consacre plusieurs chapitres aux statues de Jupiter avant Phidias, par Phidias, et aux statues et bustes qui existent encore. La Junon de Polyclète, la signification de la statuaire colossale, la fable de l'Amour et Psyché, les monuments qui s'y rattachent, lui fournissent un grand nombre d'observations. Antiquaire, homme de lettres, homme d'esprit, Böttiger a eu son moment d'éclat et de vogue, et il se fit connaître à l'étranger par *Sabine, ou la Matinée d'une dame romaine*.

160. RÜCKER (Aug.). *Götter und Heroen der Griechen und Römer nach alten Denkmälern bildlich dargestellt.* — Les Dieux et les héros des Grecs et des Romains, représentés d'après les monuments antiques. — Berlin, 1826, gr. in-8, avec 47 pl. au trait.

161. GERHARD (Odoardo). *Venere Proserpina.* — Vénus-Proserpine. — Fiesole, 1826, in-8, 15 pl. (Extrait du t. IV, 2 part. de la *Nuova collezione di opuscoli e notizie di scienze, lettere ed arti, pubblicata dal cav. Francesco Inghirami.*)

Application de l'érudition et de la critique à toute une classe de monuments précédemment négligés ou mal interprétés, et bien dignes d'intéresser ceux des artistes qui aiment à trouver une signification dans les œuvres d'art.

162. *Hyperboreisch-Römische Studien für Archäologie.* — Études hyperboréo-romaines pour l'archéologie, publiées par Édouard Gerhard avec le concours de K.-O. Müller, Th. Panofka, de Stackelberg et F. Welcker. — Berlin, 1833-52, 2 vol. in-8.

Ce recueil se rattache aux *Annales de l'Institut archéologique de Rome*, et il en aurait été à quelques égards la partie toute spécialement allemande. On y remarque une étude d'Edouard Gerhard sur les bases de l'archéologie (*Grundzüge der Archäologie*). Là, l'éminent antiquaire, faisant ressortir le lien qui unit l'art à la religion, trouve dans les monuments figurés le point d'appui pour la recherche scientifique des idées religieuses de l'antiquité. La seconde partie est consacrée aux fouilles faites à Rome et dans diverses localités en Italie, et renferme plusieurs mémoires de Welcker, de K. O. Müller, de Panofka, sur des points de mythologie.

163. LAJARD (Jean-Baptiste-Félix), membre de l'Institut. Recherches sur le culte, les symboles, les attributs et les monuments figurés de Vénus en Orient et en Occident. — Paris, 1837-49, in-4, avec un atlas de 40 pl. gr. au trait et un tableau lith. (30 à 35 fr.).

Jamais homme ne se montra plus convaincu que Lajard. Il eut foi dans ses idées à ce point qu'il résista à Letronne et brava le ridicule que jetait sur lui son spirituel et savant adversaire. Les rapports entre les langues de l'orient et de l'occident l'amenèrent à supposer l'existence d'une alliance aussi intime entre les religions, et une fois entré dans cette voie, il ne sut plus s'arrêter. Ce fut surtout dans les monuments figurés qu'il essaya de découvrir cette alliance, et voilà pourquoi les titres de ces ouvrages figurent dans notre Bibliographie des Beaux-Arts.

164. GERHARD (Ed.). *Ueber die Lichtgottheiten auf Kunstdenkmälern.*—Les Dieux de la lumière sur les monuments de l'art. — Berlin, 1840, in-4, avec 4 pl. (Extrait des Mémoires de l'Académie des sciences de Berlin).

Ces dieux de la lumière sont : Sélène (la Lune), — Eos (l'Aurore), — Hélios (le Soleil), — Apollon, etc., représentés sur les vases peints.

165. LAJARD (Jean-Baptiste-Félix), membre de l'Institut. Introduction à l'étude du culte public et des mystères de Mithra en Orient et en Occident. — Paris, 1847, in-fol., avec 107 pl. gr. au trait.

Cet ouvrage, couronné par l'Académie des inscriptions et belles-lettres, devait avoir 2 vol. gr. in-fol. Les planches seules ont paru. Le texte n'a pas été imprimé.

166. OVERBECK (Joh.). *Die Bildwerke zum thebischen und troischen Heldenkreis*, etc. — Monuments figurés du cycle héroïque thébain et troyen soigneusement étudiés, par le docteur Jean Overbeck, professeur à l'Université de Leipzig. — Halle et Brunswick, 1852-53, gr. in-8, avec un atlas de 35 lithographies. — 30 fr.; — Stuttgart, 1857, in-8, et atlas in-4.

Les planches sont très-mauvaises, mais le texte est savant et bon à consulter.

167. BRAUN (Aug.-Emil). *Die Vorschule der Kunstmythologie*, etc. — Introduction à l'étude de la mythologie d'art. — Gotha, 1854, in-4, 65 pp., avec 100 pl. gr. (10 à 12 fr.); — trad. en anglais par J. Grant; Gotha, 1856 (12 à 15 fr.).

Peu d'antiquaires ont fait preuve de plus d'activité et d'une plus grande connaissance des monuments qu'Emile Braun. Successeur d'Edouard Gerhard, comme secrétaire de l'*Institut de correspondance archéologique de Rome*, rédacteur principal du *Bulletin* de l'Institut et des *Annales* pendant près de 17 années, Braun a attaché son nom à l'interprétation et à la mise en lumière d'un grand nombre d'œuvres d'art antiques. Il avait le zèle et l'enthousiasme et une certaine dose d'originalité. Il a été enlevé à la science le 12 septembre 1856.

168. STEINER (Max.). *Ueber den Amazonen-Mythus in der antiken Plastik.* — Mythe des Amazones dans la plastique antique. — Leipzig, 1857, in-8, 134 pp., avec 5 pl. — 7 fr. 50.

169. RATHGEBER (Georg). *Gottheiten der Aioler*, etc. — Divinités Éoliennes, aperçu de l'histoire de l'art et esquisse de l'histoire de la philosophie grecque.

— Gotha, Thienemann, 1861, in-4. — 30 fr.

170. BIARDOT (E.-Prosper). Explication du symbolisme des terres cuites grecques de destination funéraire. — Paris, Humbert, 1864, in-8, 73 pp. (Voy. Terres cuites.)

171. SCHRADER (Herm.). *Die Sirenen nach ihrer Bedeutung*, etc. — Les Sirènes, ce qu'elles signifient, et comment elles ont été représentées par les artistes dans l'antiquité. — Berlin, G. Reimer, 1868, gr. in-8, III-119 pp.—2 fr. 50.

172. FERGUSSON (James). *Tree and Serpent Worship; or, Illustrations of Mythology and Art in India in the first and fourth centuries after Christ.* — L'Adoration de l'arbre et du serpent, ou l'Illustration de la mythologie et de l'art dans l'Inde au Ier et au IVe siècle après J.-Ch., tirée des sculptures des temples boudhistes à Sanchi et Amravati, préparée sous les auspices du secrétaire d'état pour l'administration de l'Inde; accompagnée d'essais préliminaires et de descriptions de planches. — Londres, 1868, in-4, avec 99 photogr. et lith.

173. SEEMANN (Otto), supérieur du gymnase à Essen. *Die Götter und Heroen*, etc. — Les Dieux, les héros, les coutumes religieuses des Grecs; introduction à l'étude de la mythologie d'art. — Leipzig, Seemann, 1869, gr. in-8, avec 153 grav. sur b. — 8 fr. 50.

Ce livre a été annoncé comme faisant ressortir le lien qui unit les créations de l'art et les mythes dans l'antiquité.

B. L'ART ET LE CHRISTIANISME.

1. INFLUENCE DE L'ART SUR LES IDÉES RELIGIEUSES ET RÉCIPROQUEMENT.

174. LACOSTE (Pierre de). Traité des peintures et images érigées ès saints temples et Églises des chrestiens, où est monstrée leur utilité et les fruits que les simples en recueillent, avec réfutation des hérétiques de ce temps, touchant cette matière. — Paris, Guil. Chaudière, 1582, in-8 (30 fr.).

175. WESSEMBERG (Ignaz-Heinr.-K. Freih. von). *Die christlichen Bilder, ein Beforderungsmittel des christlichen Sinnes*, etc. — La Peinture chrétienne comme moyen de développer le sentiment chrétien. — Constance, 1826, 2 vol. in-8; — *ibid.*, 1851, 2 vol. gr. in-8, avec 19 pl.

Doyen de l'évêché de Constance, vicaire général de ce même évêché en 1801, Wessemberg fut à la fois un esprit et un caractère. La Suisse allemande n'oubliera jamais ce prélat si libéral, si courageux, si bienfaisant, qui essaya de résister au génie ultramontain et qui en fut victime. Wessemberg, dont la dernière partie de la vie a été consacrée à la science et à l'art, est mort en 1860 à Bade, à l'âge de 86 ans.

176. WOHLFAHRT (L.). *Ueber den Einfluss der schönen Künste auf die Religion und den Cultus*, etc. — De l'Influence des Beaux-Arts sur la religion et sur le culte, surtout sur le christianisme et le culte chrétien, particulièrement dans leurs rapports avec les réformes les plus saillantes introduites dans le nôtre. Recherche historique et critique, par le Dr J.-F.-L. Wohlfahrt. — Leipzig, 1836, in-8.

177. MEYER (C.). *Ueber das Verhältniss der Kunst zum Cultus*, etc. — Des Rapports de l'art avec le culte. — Zurich, 1837, in-8 (1 fr.).

178. TOELKEN (E.-H.). *Ueber den protestantischen Geist aller wahrhaften Kunst und deren neuere Entwicklung in Deutschland.* — De l'Esprit protestant dans tout art véritable et de son nouveau développement en Allemagne. — Berlin, 1839, in-4.

Lecture faite à l'Académie des Beaux-Arts de Berlin, séance du 3 août 1839.

179. GRÜNEISEN (Carolus). *De Protestantismo artibus haud infesto.* — Stuttgartiæ, 1839, in-4.

Poëte, critique d'art, théologien et journaliste, tel est Grüneisen, rédacteur très-distingué du *Kunstblatt* et du *Morgenblatt*.

180. RITTER (J.). *Der protestantische Gottesdienst und die Kunst in ihrem gegenseitigen Verhältnisse.*—Des Rapports mutuels entre le culte protestant et l'art. — Saint-Galle, 1840, in-8.

181. MULLER ( ). Des Beaux-Arts et de la langue des signes dans le culte des Églises chrétiennes réformées. — Paris, 1841, in-8.

Rapprocher les protestants des catholiques, voilà l'idée qui semble dominer dans ce livre. L'auteur insiste sur l'importance des Beaux-Arts dans la religion.

182. SCHADOW (Friedr.-Wilh. von). *Ueber den Einfluss des Christenthums auf die bildende Kunst.* — De l'Influence du christianisme sur les Beaux-Arts. — Dusseldorf, 1842, in-8. (Discours prononcé en français au congrès scientifique de Strasbourg, par Guillaume Schadow.)

Schadow, peintre d'histoire, s'est encore plus fait connaître comme directeur de l'Académie des Beaux-Arts de Dusseldorf que comme artiste.

Doué d'une rare capacité pour l'enseignement, Schadow a eu le bonheur de pouvoir former sous sa direction toute une génération de jeunes talents.

183. ALT (Heinr.). *Die Heiligenbilder oder die bildende Kunst und die theologische Wissenschaft in ihrem gegenseitigen Verhältnisse.* — Les Images des saints ou l'Exposé historique des rapports qui existent entre les Beaux-Arts et la théologie. — Berlin, 1845, in-8 (2 fr. 50).

184. WETTE (Wilh.-Mart.-Leber von). *Gedanken über Malerei und Baukunst, besonders in kirchlicher Beziehung.* — Réflexions sur la peinture et l'architecture, considérées au point de vue religieux. — Berlin, 1846, in-8.

185. SCHNAASE (Karl). *Ueber das Verhältniss der Kunst zum Christenthume und besonders zur evangel. Kirche.* — Des Rapports de l'art avec le christianisme, particulièrement en ce qui regarde le culte évangélique. — Berlin, 1852, in-8, 26 pp.

Schnaase est célèbre en Allemagne comme critique d'art. L'étude de la jurisprudence, loin de nuire, dans cette tête bien organisée, au sentiment plastique, a peut-être contribué à aiguiser le tact historique qui le sert si heureusement quand il montre les développements et la marche progressive de l'art dans les diverses civilisations. Il compte parmi les collaborateurs du *Deutsches Kunstblatt*, et en 1858, il fonda une feuille religieuse, le *Christliches Kunstblatt*, qu'il publia avec de Grüneisen à Stuttgart, et Schnorr de Karolsfeld à Dresde. En 1816, Schnaase était un des auditeurs les plus assidus du cours d'Hégel, à Heidelberg, et il fut tellement captivé par ce puissant esprit, qu'il le suivit à Berlin.

186. FISCHER (Richard). *Ueber Protestantismus und Katholicismus in der Kunst.* — Le Protestantisme et le Catholicisme dans l'art. — Berlin, 1853, in-8, 83 pp.

187. VEDER (W.-R.). *Het protestantisme in betrekking tot de Kunst.* — Le Protestantisme dans ses rapports avec l'art. — S. l., 1853, in-8 (50 c.).

188. HACK (J.). *Der christliche Bilderkreis. Enthaltend eine Beschreibung und Erklärung der hh. Bilder.* — Le Cycle de la peinture chrétienne. Description et explication des tableaux de sainteté. — Schaffouse, 1856, in-8. — 5 fr. 50.

189. JAKOB (G.). *Die Kunst im Dienste der Kirche. Ein Handbuch für Freunde der kirchlichen Kunst.* — L'Art au service de l'Église. Manuel à l'usage des amis de l'art religieux, par Jakob, préfet du séminaire épiscopal et clérical de Ratisbonne. — Landshut, 1857, in-8, avec un frontispice et 12 pl. — 6 fr. 25.

190. WONSIDLER (J.). *Die Künste im Gotteshause oder aufrichtige und nützliche Andeutungen im Gebiete der kirchlichen Kunst,* etc. — L'Art dans la Maison de Dieu, ou, en ce qui touche l'art religieux, opinion sincère et utile adressée au clergé catholique. — Gratz, 1858, in-16, 75 pp.

191. HEUCKING (Heinr.-Ernst). *Die sixtinische Madonna in ihrer sittlichen Wirkung ausgelegt,* etc. — La Madone Sixtine commentée et expliquée au point de vue de l'influence morale, avec 3 photographies d'après la Madonna di Sisto, la Madonna della Sedia de Raphaël et du Christ au denier, du Titien. — Saint-Pétersbourg, Minlos, 1862, in-8. — 4 f. 50; avec 1 photogr., 5 fr. 25; avec 3 photogr., 6 fr. 75.

192. BRUNNER (Sebastian). *Die Kunstgenossen der Klosterzelle. Das Wirken des Klerus in den Gebieten der Malerei, Sculptur und Baukunst.* — Les Compagnons d'art des cloîtres. De l'action du clergé dans le domaine de la peinture, de la sculpture et de l'architecture. Biographies et esquisses. — Vienne, Braumüller, 1863, 2 part. in-8. — 9 fr.

193. GUIGOU (Victor). Le Génie de l'art chrétien. — Paris, Dentu, 1866, in-8. — 5 fr.

194. KERCKHOFFS (Aug.). L'Art monumental dans ses rapports avec les idées religieuses. — Meaux, 1867, in-8.

2. LES PRINCIPES, LES RÈGLES, L'IDÉAL DE L'ART CHRÉTIEN.

195. Avis nécessaires aux peintres, aux statuaires et aux graveurs pour se sauver dans l'exercice de leur art. — Châlons, Seneuze, 1681, pet. in-12.

L'auteur anonyme de ce volume peu commun paraît avoir été un prêtre. C'est une campagne contre le nu, au point de vue religieux.

196. RAOUL-ROCHETTE. Discours sur l'origine, le développement et le caractère des types imitatifs qui constituent l'art du christianisme. — Paris, 1834, in-8 (2 fr.).

Discours lu dans les séances particulières de l'Académie des Beaux-Arts.

197. RIO (A.-F.). De la Poésie chrétienne dans son principe, dans sa matière et dans ses formes. — Forme de l'art-peinture. — 2e partie. — Paris, 1836,

in-8 (1 à 3 fr.); — trad. en ital., par F. de Boni, avec une introduction et les notes par le baron de Rumohr (*Della poesia cristiana*); Venise, 1841, in-12 (4 à 5 fr.).

La première partie de cet ouvrage ne fut publiée qu'en 1841, sous ce titre : De l'Art chrétien. (Voir le nº 292.)

198. ROBERT (Cyprien). Essai d'une philosophie de l'art. Introduction à l'étude des monuments chrétiens. — Paris, 1836, gr. in-8, front., 2 pl. lithogr. (3 à 4 fr.).

199. DURSCH (G.-M.). *Æsthetik, oder die Wissenschaft des Schönen*, etc. — L'Esthétique ou la Science du Beau, considérée du point de vue chrétien. — Stuttgart, 1839, in-8.

200. SCHÆFER (W.). *Die christliche Kunstideale verglichen mit denen der Alten.* — L'Idéal de l'art chrétien comparé à celui des anciens. — Ratisbonne (Regensburg), 1848, in-4 (75 c.).

201. KATZENBERGER (J.-Mart.). *Religion und Kunst, oder : Welche Erhebung gewann durch die christliche Religion die Idee der Schönheit und damit die moderne Kunst?* — Religion et art, ou à quelle élévation est parvenue, grâce au christianisme, l'idée de la beauté, et avec elle l'art moderne. — Wurtzbourg, 1849, in-8; — 2ᵉ édit. (réimpr.), Bamberg, 1851, in-8. — 3 fr.

Ouvrage couronné dans un concours de philosophie à Wurtzbourg.

202. (DUSEVEL). Première lettre à M. le duc de Luynes sur quelques types de l'art chrétien, dessinés par ses soins dans le département de la Somme. — Amiens, 1853, in-4, de 3 feuilles ; — Abbeville, 1853, in-4, de 4 feuilles 1/2. — Seconde lettre à M. le duc de Luynes, etc. — Abbeville, in-4, de 4 feuilles.

Ces lettres sont signées : H. Dusevel, lauréat de l'Institut, inspecteur des monuments historiques du département de la Somme.

203. SAGETTE (l'abbé J.). Essai sur l'art chrétien, son principe, ses développements, sa renaissance. — Paris, 1853, in-12 (1 à 2 fr.).

204. DURSCH (G.-M.). *Æsthetik der christlichen bildenden Kunst des Mittelalters in Deutschland.* — Esthétique de l'art chrétien du moyen âge en Allemagne. — Tubingue, 1854; — 2ᵉ édit., augm. d'un suppl. et de 19 pl. lith., *ibid.*, 1856, XII-582 pp. — 10 fr. 50.

205. JOUVE (Esprit-Gustave). Dictionnaire d'esthétique chrétienne ou Théorie du Beau dans l'art chrétien... Établie par deux dissertations préliminaires, l'une sur le Beau idéal ou humain, l'autre sur le Beau surnaturel ou divin; terminé par un appendice renfermant plusieurs pièces où sont développées les notions du Beau dans l'ordre physique et moral, savoir : Essai sur le Beau, par le Père André; du Vandalisme et du Catholicisme dans l'art, par le comte de Montalembert; du Beau dans l'ordre physique et moral... par M. de Kératry. — Paris, 1855, in-4.

Ce Dictionnaire forme le tome XVII de la troisième et dernière partie de l'*Encyclopédie théologique*, publiée par l'abbé Migne, et composée de 60 vol.

206. COQUEREL (Ath.). Des Beaux-Arts en Italie au point de vue religieux. Lettres écrites de Rome, Naples, Pise, et suivies d'un appendice sur l'Iconographie de l'Immaculée Conception, par Ath. Coquerel, fils, pasteur suffragant de l'Église réformée de Paris. — Paris, 1857, in-18.

Beaucoup d'esprit et d'idées dans ce petit livre, excellent à consulter, bien que l'Italie y soit vue à travers la lorgnette d'un protestant.

207. THOMAS (W.-C.). *Pre-Raphaelitism tested by the Principles of Christianity*, etc. — Le Préraphaëlisme confirmé par les principes du christianisme; introduction à l'idéalisme chrétien. — Londres, 1860, in-8.

208. SCHEPKENS (Arnoud). Du Goût exclusif dans l'art religieux. — Bruxelles, 1863, in-8.

209. JUNGMANN (Jos.). *Die Schönheit und die schöne Kunst*, etc. — Le Beau et les Beaux-Arts, envisagés au point de vue des idées socratiques et de la philosophie chrétienne. — Innsbruck, Wagner, 1866, in-8. — 7 fr.

210. FÉLIX (le R. P.). L'Art devant le christianisme. (Conférences de Notre-Dame en 1867.) — Paris, Albanel, 1867, in-18, 297 pp. — 1 fr.

211. HUREL (l'abbé), vicaire de la Madeleine. L'Art religieux contemporain. Étude critique. — Paris, Didier, 1868 et 1869, in-8.

3. ÉCRITS SUR LA THÉOLOGIE DES PEINTRES ET DES SCULPTEURS. — LES ERREURS QU'ILS DOIVENT ÉVITER.

212. (MOLANUS). *De Historia sacrarum imaginum et picturarum pro vero earum usu contra abusus lib.* IV. — Lovanii, 1570, in-12. — Cet ouvrage

a été réimprimé plusieurs fois depuis le XVIIe siècle. Paquot en a donné une édition enrichie de notes; Louvain, 1771, in-4.

Le vrai nom de famille de Gerard-Walter Molanus est Van der Muelen. Il fut le plus conciliant et le plus habile des docteurs luthériens de son temps, et il eut l'honneur d'entrer en négociations avec Bossuet pour arriver à un rapprochement entre les luthériens et les catholiques. Méry (*Théologie des peintres*), Molé (*Observations critiques sur les erreurs des peintres*), lui ont faits de larges emprunts.

213. PULSNICENSIS (Huldericus). *Erbauliche Nachrichten von allerhand Irrthümern derer Mahler, so sie in Entwerffung der biblischen Geschichte A. u. N. Testaments zu begehen pflegen.* — Remarques édifiantes sur maintes erreurs que commettent les peintres en traitant des sujets bibliques. — Francfort, 1723, in-8.

214. AYALA (Juan-Interian de), professeur d'hébreu et de théologie à l'Université de Salamanque. *Pictor christianus eruditus.* — Paris, 1765, in-12; — trad. en espagnol par D. Luis de Duran y de Bastero, sous ce titre : *El Pintor christiano y erudito, ó tratado de los errores*, etc. — Le Peintre chrétien et instruit, ou Traité des erreurs qu'on commet souvent en peinture et en sculpture dans la représentation des saintes images, etc. — Madrid, 1782, 2 vol. pet. in-4 (10 fr.). — Il y a de ce livre une trad. italienne abrégée (*Istruzioni al pittor cristiano*), par L. Nap. Cittadella, avec des notes historiques et critiques; Ferrare, 1854, in-8 (4 à 5 fr.).

215. MÉRY DE LA CANORGUE (l'abbé Jos.). La Théologie des peintres, sculpteurs, graveurs, dessinateurs, où l'on explique les principes et les véritables règles pour représenter les mystères de Notre-Seigneur, ceux de la Sainte-Vierge, les Saints en particulier, les différents traits de leur vie et les autres sujets de dévotion, avec l'indication des meilleurs tableaux et des morceaux de sculpture les plus estimés en ce genre, qu'on voit dans les églises de Paris et dans les cabinets des particuliers. — Paris, 1765, in-12.

216. (MOLÉ, Guill.-Franc.-Roger). Observations historiques et critiques sur les erreurs des peintres, sculpteurs et dessinateurs dans la représentation des sujets tirés de l'Écriture-Sainte, ou les peintures sacrées considérées relativement aux dogmes, aux faits et au costume, avec tous les éclaircissements nécessaires pour les rendre exactes et les augmenter d'un grand nombre de sujets qui n'ont jamais été traités. — Paris, 1771, 2 vol. in-12.

217. GUYOT DE FÈRE (Franç.-Fortuné). Observations sur la manière dont les sujets religieux doivent être représentés par les artistes. — Paris, 1844, in-8.

218. PASCAL (l'abbé J.-B.-E.). Institutions de l'art chrétien pour l'intelligence et l'exécution des sujets religieux, ou Documents puisés aux sources de l'Écriture-Sainte, de la tradition catholique, des légendes et des attributs sous le point de vue de la peinture, de la sculpture et de la gravure; avec un traité archéologique et pratique sur l'architecture, l'ornementation et l'ameublement des églises. — Paris, 1856, 2 vol. in-8.

4. SYMBOLIQUE CHRÉTIENNE.

219. KERRICH (Thom.). *Observations on the Use of the mysterious Figure called Vesica Piscis*, etc. — Observations sur l'usage de la figure mystérieuse appelée *Vesica Piscis* dans l'architecture gothique ou autre (publié par la Société des antiquaires). — Londres, 1821, in-4.

220. MÜNTER (Fiedr.). *Die Sinnbilder und Kunstvorstellungen der alten Christen.* — Symboles et conceptions d'art des anciens chrétiens. — Altona, 1825, 2 part. en 1 vol. in-4, fig. (3 à 4 fr.).

L'œuvre capitale de ce théologien, orientaliste et antiquaire. Münter est mort en 1830, évêque de Sééland, une des îles du Danemark.

221. PORTAL (F.). Des Couleurs symboliques dans l'antiquité, le moyen âge et les temps modernes. — Paris, 1837, in-8 (1 à 5 fr.).

Le baron P.-P.-Frédéric Portal, ancien conseiller d'état, se croit autorisé à établir qu'entre l'emploi des couleurs et la religion il y a toujours eu un lien plus ou moins étroit. La signification des couleurs symboliques étant la même chez tous les peuples et à toutes les époques, M. Portal y voit la preuve de l'unité de religion parmi les humains.

222. (HELMSDORFER, Gust.). *Christliche Kunstsymbolik und Iconographie. Ein Versuch die Deutung und ein besseres Verständniss der kirchlichen Bildwerke des Mittel-Alters zu erleichtern.* — Symbolique et Iconographie de l'art chrétien. Essai destiné à faciliter l'explication et une compréhension meilleure des monuments religieux du moyen âge. Manuel à l'usage des artistes, des amis de l'art, et des antiquaires chrétiens. — Francfort, 1839, in-8 (2 à 3 fr.).

223. (MÜNCHAUSEN, A. von). *Die Attribute der Heiligen alphabetisch geordnet*, etc. — Les Attributs des saints classés dans l'ordre alphabétique. Clé des attributs des saints dans leur rapport avec l'art, l'histoire et le culte. Accompagnée d'un supplément concernant le costume du clergé séculier et des ordres religieux, et d'un index des noms des saints signalés dans l'ouvrage. — Hanovre, 1843, in-8 (2 à 3 fr.).

224. NORK (F.). *Etymologisch-symbolisch-mythologisches Real-Wörterbuch zum Handgebrauche für Bibelforscher, Archäologen und bildende Künstler, enthaltend die Thier-Pflanzen-Farben-und Zahlen-Symbolik.* — Dictionnaire étymologique, symbolique et mythologique à l'usage des commentateurs de la Bible, des archéologues et des artistes; donnant le sens symbolique des animaux, des plantes, des couleurs, des nombres, de certaines villes, contrées et peuples de l'antiquité, des fêtes, pratiques et cérémonies religieuses, chez toutes les nations, comprenant la poésie, la peinture, la sculpture, l'ornementation, l'architecture symbolique, de même que l'art symbolique et l'iconographie du moyen âge, etc. — Stuttgart, 1843-45, 4 vol. in-8. — 35 fr.

F. Nork est un pseudonyme. C'est l'anagramme de Félix Korn.

225. GODARD DE SAINT-JEAN (l'abbé). Essai sur le symbolisme architectural des églises. — Caen, 1847, in-8 (1 fr. 50 à 2 fr.).

226. PIPER (Ferd.). *Mythologie und Symbolik der christlichen Kunst von der ältesten Zeit bis ins 16e Jahrhundert.* — Mythologie et symbolique de l'art chrétien, depuis les temps primitifs jusqu'au XVIe siècle. — Weimar, 1847-51, 2 vol. in-8 (10 à 12 fr.).

227. PIPER (Ferd.). *Ueber einige Denkmäler der königl. Museen zu Berlin, von religionsgeschichtlicher Bedeutung.* — De quelques monuments des musées royaux de Berlin dont la signification est historique et religieuse. Discours prononcé à Berlin le 16 février 1846 devant la société des sciences et des arts. — Berlin, 1846, in-8, avec une lith.

228. CARTIER (M.-E.). Du Symbolisme chrétien dans l'art. — Tours, 1847, in-8.

229. LE RICQUE DE MONCHY (A.). Symbolique des monuments chrétiens aux premiers siècles de l'église. — Montpellier, 1848, in-4, fig. (Extrait des *Mémoires de la Soc. archéol. de Montpellier.*)

230. HEIDER (Gust. von). *Ueber Thier-Symbolik und das Symbol des Löwen in der christlichen Kunst.* — La Symbolique des animaux et le symbole du Lion dans l'art chrétien. — Vienne, 1849, in-8, 43 pp.

Le nom de M. de Heider éveille en Allemagne l'idée d'un savant profondément versé dans l'étude du moyen âge, d'un Du Sommerard germanique, mais pleinement entré dans le génie symbolique de cette mystérieuse phase de l'esprit humain. En 1866, M. G. de Heider présidait l'Académie des Beaux-Arts de Vienne.

231. USENBETH (F.-C.). *Emblems of Saints by which they are distinguished in Works of Art.* — Des Emblèmes distinctifs des saints dans les œuvres d'art. — Londres, 1850, in-12.

232. TWINING (Louisa). *Symbols and Emblems of early and mediæval christian Art.* — Symboles et emblêmes de l'art chrétien primitif et au moyen âge. — Londres, 1852, in-4, fig.

233. MENZEL (Wolfgang). *Christliche Symbolik.* — Le Symbolisme chrétien. — Ratisbonne (Regensburg), 1854, 2 part. in-8. — 20 fr.

Cet écrit est l'œuvre d'un esprit très-distingué qui représente le parti clérical en Allemagne.

234. BARBIER DE MONTAULT (l'abbé X.). — Essai sur le symbolisme chrétien dans les œuvres d'art. — Nîmes, 1855, in-8.

235. MARTIGNY (l'abbé). Des Symboles dans l'antiquité chrétienne. Discours. — Macon, 1856, in-8, fig.

236. DURSCH (G.-M.). *Symbolik der christlichen Religion.* — Le Symbolisme de la religion chrétienne. — Tubingue, Laupp, 1858, 2 vol. gr. in-8. — 18 fr.

T. Ier. Le symbolisme du culte mosaïque et chrétien; — t. II. Le symbolisme de la doctrine chrétienne.

237. DURSCH (G.-M.). *Der symbolische Charakter der christlichen Religion und Kunst*, etc. — Le Caractère symbolique de la religion et de l'art chrétien. Introduction à la symbolique spéciale de l'art chrétien, et essai d'esthétique chrétienne. — Schaffouse, Hurter, 1860, in-8. — 4 fr. 50.

Introduction à l'ouvrage précédent.

238. AUDSLEY (W. and G.). *Handbook of Christian Symbolism.* — Manuel du symbolisme chrétien. — Londres, 1865, p. in-4, 156 pp., avec 7 chromolith. et fig. s. b. dans le texte. — 18 fr.

239. KREUSER (J.). *Christliche Symbolik*, etc. — Symbolique chrétienne. — Brixen, 1868, in-8.

240. SICOTIÈRE (Léon de la). Observations sur le symbolisme religieux. — S. l. n. d., in-8.

Extrait des Mémoires de la Société des antiquaires de l'Ouest.

5. ICONOGRAPHIE CHRÉTIENNE.

241. RADOWITZ (Joseph-Maria von). *Ikonographie der Heiligen.* — Iconographie des saints. — Berlin, 1834, in-8; nouv. édit., Berlin, 1852, in-12 (t. Ier de ses OEuvres).

Si cette iconographie des saints est l'œuvre d'un général prussien, d'un homme d'état, d'un des intimes de Guillaume IV, ce qui peut paraître singulier, il ne faut pas oublier que cet homme très-remarquable fut aussi un ardent catholique, que ses tendances et ses liaisons avec le parti ultramontain le firent accuser de jésuitisme. Joseph de Radowitz est mort le 25 octobre 1853.

242. DIDRON (Adolphe-Napoléon). Iconographie chrétienne. Histoire de Dieu, par Didron, de la Bibliothèque royale, etc. — *Paris*, 1843, in-4, fig. (30 à 45 fr.).

Adolphe Didron s'est montré l'un des plus actifs dans ce groupe d'antiquaires et d'hommes de lettres qui s'enflammèrent, il y a quarante ans, pour l'art du moyen âge. Plus modéré, plus calme, son efficacité aurait été plus grande encore. Quoi qu'il en soit, son action sur l'archéologie du moyen âge a été considérable. En 1835, il fut désigné par M. Guizot comme secrétaire du comité historique des arts et des monuments; de 1836 à 1843, il fit un cours d'archéologie nationale à la Bibliothèque. En 1844, il créa les *Annales archéologiques* que l'on verra plus loin. *L'Histoire de Dieu*, que de nouvelles découvertes peuvent modifier, n'en restera pas moins un livre très-curieux; car il a fait connaître ce fait des plus étranges que jusqu'au douzième siècle Dieu le père n'a point eu de temples et même d'autels. — Les figures qui ornent ce volume sont toutes tirées d'anciens manuscrits et offrent une grande valeur artistique. L'Histoire de Dieu fait partie de la grande collection des : *Documents inédits pour servir à l'histoire de France.*

243. GRIMM (Wilhelm). *Die Sage vom Ursprunge der Christusbilder.* — Les Traditions sur l'origine des images du Christ. — Berlin, 1843, in-4, avec une chromolith. (8 à 10 fr.).

Remarquable par la profondeur des recherches.

244. GUÉNÉBAULT (L.-J.). Dictionnaire iconographique des monuments de l'antiquité chrétienne et du moyen âge, depuis le Bas-Empire jusqu'à la fin du XVIe siècle, indiquant l'état de l'art et de la civilisation à ses différentes époques. — Paris, 1843-44, 2 vol. gr. in-8 (20 à 25 fr.).

Ouvrage qui pourrait être plus complet, plus exact, mais qui a ce mérite d'avoir tracé la voie et d'offrir déjà une foule d'éclaircissements qu'il serait assez difficile de trouver ailleurs. L'auteur a publié postérieurement un : Dictionnaire iconographique des figures, légendes et actes des saints, tant de l'ancienne que de la nouvelle loi, et répertoire alphabétique des attributs qui sont donnés le plus ordinairement aux saints. — Paris, 1850, gr. in-8 (tome 45 de la collection Migne; — 4 à 5 fr.).

245. DIDRON (Adolphe-Napoléon). Manuel d'iconographie chrétienne, grecque et latine, avec une introduction et des notes par Didron; traduit du manuscrit byzantin, le « Guide de la peinture », par le docteur Paul Durand. — Paris, 1845, in-8 (15 à 20 fr.).

246. CROSNIER (l'abbé). Iconographie chrétienne ou Étude des sculptures, peintures, etc., qu'on rencontre sur les monuments religieux du moyen âge. — Paris, 1848, gr. in-8, avec fig. dans le texte (5 à 10 fr.).

247. JAMESON (Anna MURPHY, mistress). *Sacred and Legendary Art, or Legends of the Saints and Martyrs.* — L'Art sacré et légendaire, ou Légendes des Saints et des Martyrs. — Londres, 1848, 2 vol. in-8, avec pl.; — 2e édit., *ibid.*, 1850 (15 à 20 fr.); — 3e édit., *ibid.*, 1857, avec 17 eaux-fortes et 180 bois, par l'auteur; — nouv. édit., *ibid.*, 1866, 2 vol. in-8, avec illustr. — 32 fr.

Anna Murphy, née à Dublin en 1797, est la fille de Murphy, le peintre de la princesse Charlotte. Après son mariage avec M. Jameson, elle voyagea en France, en Italie, et se créa partout d'illustres relations. Gœthe, le prince de Metternich et d'autres célébrités ont correspondu avec elle. Ses nombreuses publications attestent la variété de ses aptitudes, sa curiosité érudite, son goût pour les arts et le vif intérêt que lui inspiraient les questions sociales prises surtout du point de vue de la condition des femmes. Elle est morte à Londres le 17 mars 1860.

248. SABATIER (G.). Notions sur l'iconographie sacrée en Russie. — Saint-Pétersbourg, 1849, in-8.

249. ULRICI (Hermann). *Ueber die verschiedene Auffassung des Madonna-Ideals bei den altern deutschen und italienischen Malern.* — L'Idéal de la Vierge tel que l'ont imaginé les anciens peintres d'Italie et d'Allemagne. Leçon faite le 27 février 1854. — Halle, 1854, in-16, 35 pp.

L'auteur de cette leçon est un philosophe et un critique qui s'est fait un nom par ses nombreux écrits, soit sur la méthode de Hégel, soit sur la psychologie, etc., soit sur Shakespeare.

250. JAMESON (Anna). *Legends of the monastic Orders, as represented in the Fine Arts.* — Comment sont représentées les légendes monastiques dans les Beaux-Arts. — Londres, 1850, in-8 avec pl. (15 à 20 fr.); — 2e édit., corrig., aug., et avec de nouvelles illustrations,

ibid., 1852, in-8; — nouv. édit., *ibid.*, 1867, in-8, avec 84 fig. — 26 fr.

Forme la seconde partie de *Sacred and legendary Art*. (Voir n° 247.)

251. JAMESON (Anna). *Legends of the Madonna, as represented in the Fine Arts.* — De quelle manière les légendes de la Vierge sont traitées par l'art. — Londres, 1852, avec pl.; — 2e édit., corrig. et aug., avec 27 eaux-fortes et 165 bois, *ibid.*, 1858, in-8; — nouv. édit., *ibid.*, 1867, in-8, avec 165 fig. — 26 fr.

252. GLÜCKSELIG (L.). *Christus-Archäologie. Das Buch von Jesus Christus und seinem wahren Ebenbilde.* — Archéologie du Christ. Le livre de Jésus-Christ et de sa véritable image. Avec une chromolith. représentant la tête du Christ, d'Edesse, d'après l'original en possession de S. S. le pape, et 6 grav. sur bois, d'images du Christ du moyen âge. — Prague, Lehmann, 1862, gr. in-4, XXIII-108 pp. — 11 fr. 25.

253. LAFORGE (Ed.). Iconographie de la Vierge type principal de l'art chrétien depuis le IVe jusqu'au XVIIIe siècle. — Lyon, impr. Perrin, 1863, in-4. — 25 fr.

254. BARBIER DE MONTAULT (l'abbé Xavier). Iconographie des Vertus à Rome, par X. B. de M., chanoine de la basilique d'Anagni. — Paris, Putois-Cretté, 1864, in-8, 110 pp.

Extrait de la *Revue de l'art chrétien*.

255. CAHIER (le Père Ch.), de la compagnie de Jésus. — Les Caractéristiques des Saints dans l'art populaire, énumérées et expliquées. — Paris, Poussielgue, 1867, in-4, fig. — 64 fr.

256. GRIMOUARD DE SAINT-LAURENT (H.). De l'Iconographie de saint Jean-Baptiste. — Paris, Putois-Cretté, 1867, in-8, 59 pp., fig.

Extrait de la *Revue de l'art chrétien*.

257. VAN DRIVAL (l'abbé). L'Iconographie des anges. — Paris, Putois-Cretté, 1867, in-8, 45 pp., avec pl.

Extrait de la *Revue de l'art chrétien*.

258. SINEMUS (Aug.). *Die Legende vom heil. Christophorus und die Plastik und Malerei*, etc. — La Légende de saint Christophe dans la sculpture et la peinture. Étude sur l'art chrétien, avec un Saint-Christophe, pour frontispice, emprunté à Memling. — Hanovre, 1868, in-8.

259. GRUYER (F.-A.). Les Vierges de Raphaël et l'iconographie de la Vierge. — Paris, 1869, 3 vol. in-8.

Suivant M. Gruyer, les vierges de Raphaël sont l'expression souveraine d'une idée religieuse poursuivie sans relâche non-seulement pendant les quatorzième, quinzième et le commencement du seizième siècle, mais aussi par toutes les générations chrétiennes qui se sont succédé depuis les premières catacombes jusqu'à Giotto. En conséquence, il passe en revue les quarante-huit types ou figures de la Vierge, créés par Raphaël.

6. ARCHITECTURE CHRÉTIENNE EN GÉNÉRAL.

260. GRÜBER (Bern.). *Vergleichende Sammlungen für christliche Baukunst.* — Recueil de points de comparaison pour (l'étude de) l'architecture chrétienne. Ire partie : Ornements du VIIIe jusqu'au XVIe siècle; — IIe partie : Plans, élévations, profils. — Augsbourg, 1837, in-fol.; — nouv. édit., *ibid.*, 1839-40, in-fol., avec 48 lith. et un texte expl. (12 à 15 fr.).

261. MONTALEMBERT (le comte). Du Vandalisme et du Catholicisme dans l'art (fragments). — Paris, 1839, in-8, fig. (5 à 6 fr.).

Éloquent plaidoyer, malgré ses exagérations, en faveur du maintien intact des monuments de l'architecture religieuse, et contre les prétendues restaurations de ces monuments.

262. PETIT (J.-L.). *Remarks on Church Architecture.* — Remarques sur l'architecture religieuse. — Londres, 1841, 2 vol. in-8, avec 192 pl. et grav. sur bois dans le texte (30 fr.).

263. CANINA (Luigi). *Ricerche sull' architettura più propria dei tempi cristiani*, etc. — Recherches sur l'architecture spéciale des temples chrétiens, basées sur les institutions ecclésiastiques primitives et démontrées par les plus remarquables des édifices sacrés. — Rome, 1843, in-fol., pl. (30 à 40 fr.); — 2e édit., *ibid.*, 1846, 145 pl. gr. — 160 fr.

264. KUGLER (Franz-Theodor). *Vorlesungen über die Systeme des Kirchenbaues.* — Leçons sur les divers systèmes d'architecture religieuse. — Berlin, 1843, in-8; — *ibid.*, 1852, in-8, 23 pp., avec une pl. gr. (1 fr.).

Théodore Kugler, né à Stettin le 19 janvier 1808, décédé le 15 mars 1858, est un des hommes de notre temps qui se sont le plus distingués par l'énergie du travail. Histoire politique, histoire de l'art, poésie, théâtre, Kugler a tout embrassé. En 1843, le ministre Eichorn appela Kugler à la préparation des questions d'art au ministère. Nous trouverons plus loin l'ouvrage qui lui a valu une véritable célébrité dans son pays et même à l'étranger : le *Manuel de l'histoire de l'art*.

265. PUGIN (Aug.). *An Apology for the Revival of christian Architecture in*

England. — Apologie de la renaissance de l'architecture chrétienne en Angleterre. — Londres, 1843, in-4 (8 à 10 fr.); — *ibid.*, 1853, in-4 (4 à 5 fr.).

Le nom de Pugin réveille l'idée d'un architecte très-instruit, d'un dessinateur infatigable, d'un enthousiaste du gothique qui, par ses nombreuses publications, n'a pas peu contribué à accroître en Angleterre le goût et l'intelligence de ce grand art. Comme architecte pratiquant, il s'est distingué dans le Diorama de Londres, ouvert en 1832, et dans la conception très-admirée de l'église catholique de Manchester (1839).

266. KIST (N.-C.). *De kerkelyke Architectuur en de Doodendansen.* — L'Architecture religieuse et les danses des morts; preuve du caractere humoristique de l'art chrétien à l'époque qui précéda la réforme. — Leyde, 1844, in-8, 112 pp., avec 5 pl. lith. — (Voy. Danse des Morts.)

267. SCHMIT (J.-P.). Nouveau Manuel complet de l'architecte des monuments religieux, ou Traité d'application pratique de l'archéologie chrétienne à la construction des églises. — Paris, 1845, in-12, avec atlas de 20 pl. (504 fig.) in-4, obl.; — nouv. édit., rev., corr. et cons. augm., *ibid.*, 1859, in-8, avec atlas de 29 pl. — 7 fr. (Fait partie de la collection des Manuels-Roret.)

268. KREUSER (J.). *Der christliche Kirchenbau, seine Geschichte, Symbolik, Bildnerei*, etc. — L'Architecture chrétienne, son histoire, sa symbolique, sa sculpture, avec des instructions pour la construction des nouveaux édifices. — Bonn, 1851, 2 vol. in-8; — nouv. édit., augm., Ratisbonne (Regensburg), Pustet, 1860, in-8, (t. Ier seul). — 7 fr. 50.

269. LENOIR (Albert). Instructions sur l'Architecture monastique au moyen âge, par M. Albert Lenoir, membre du comité historique des arts et monuments, etc. — Paris, 1852-56, 3 parties en 2 vol. in-4, grav. sur bois et sur cuivre. — 50 fr.

Cet important ouvrage fait partie de la collection des *Documents inédits sur l'histoire de France* publiés par les soins du ministre de l'instruction publique. On y trouve l'étude de l'ensemble des monastères, puis celle des détails nombreux qu'ils renfermaient; puis les monuments isolés des villes et des campagnes qui par leur caractère pouvaient avoir quelque relation avec les maisons religieuses. On y trouve enfin l'examen des monastères des clercs, des évêchés, des archevêchés et en dernier lieu les palais des papes. Le tout dessiné et décrit d'après des monuments authentiques et dont le plus curieux est le plan géométrique de l'abbaye de Saint-Gall, dessin original du neuvième siècle et qu'on peut voir encore dans la bibliothèque de cette célèbre abbaye.

270. GARNAUD (M.-A.), ancien pensionnaire de l'école de France à Rome, etc. — Études d'architecture chrétienne. — Paris, 1857-58, 3 livr. in-fol., fig. — 60 fr. (Non achevé.)

Créer une nouvelle architecture acceptée par le public et par l'église, tel a été le but de l'auteur. Pour arriver à ce résultat, il s'est inspiré des traditions épurées de l'art byzantin, des traditions de l'art grec et des chefs d'œuvre de la renaissance : notamment de Philibert Delorme, de Pierre Lescot, de Ducerceau.

271. KREUTZ (Joh.) *Das Ideal des christlichen Kirchenbaues.* — Idéal de l'architecture chrétienne, et 2 esquisses architecturales sur bois. — Munich, 1857, in-8, VIII-40 pp. (1 fr. 50.).

272. WEINGÆRTNER (Wilh.). *Ursprung und Entwickelung des christlichen Kirchengebäudes.* — Origine et développement des édifices religieux. — Leipzig, 1858, in-8, XII-142 pp. — 5 fr.

273. HÜBSCH (Heinr.) *Die altchristlichen Kirchen nach den Baudenkmalen und älteren Beschreibungen und der Einfluss des altchristlichen Baustyls auf den Kirchenbau aller späteren Perioden.* — Des Églises chrétiennes et de l'influence de l'architecture chrétienne primitive sur l'architecture religieuse des époques suivantes. — Carlsruhe, Veit, 1859-63, in-fol., XIV-118 pp., 63 lith. avec 5 ff. d'explic. — 145 fr. — Cet ouvrage a été traduit de l'allemand par M. l'abbé V. Guerber (ancien professeur d'archéologie, curé de Haguenau, diocèse de Strasbourg) sous le titre suivant : *Monuments de l'architecture chrétienne depuis Constantin jusqu'à Charlemagne et de leur influence sur le style des constructions religieuses aux époques postérieures, par Henri Hübsch, architecte, directeur des travaux publics du grand duché de Bade.* — Paris, 1866, in-fol., avec beaucoup de planches.

Henri Hübsch, né à Weinkeim le 9 février 1795, mort en 1863, représente dans l'architecture les tendances de Cornelius, d'Overbeck, de Veith, dont il fut l'ami. L'architecture religieuse, selon lui, ressort immédiatement des principes du christianisme et ne peut être la copie de l'architecture civile. D'après cela, elle ne doit point se borner à n'être que le calque de l'architecture antique. La supériorité de la période chrétienne primordiale sur la période ogivale : la variété des plans, l'élévation et la solidité des voûtes, la perfection technique, la beauté des formes, voilà ce que fait ressortir le savant architecte. « Tout, dit-il, se trouva réuni dans cette première période qui posséda toutes les ressources que présentaient l'habileté des ouvriers classiques et l'excellence des matériaux et des procédés. »

274. APPELIUS (K.-Th.). *Die Aufgaben der kirchlichen Baukunst in Deutschland. Ansichten über germanisch-christlichen Kirchenbau und Kirchen*

pflege im Grossen und Kleinen. — Questions d'architecture religieuse en Allemagne ; vues sur l'architecture religieuse allemande et sur les devoirs de la tutelle ecclésiastique dans les grandes comme dans les petites choses. — Leipzig, 1867, in-8.

275. KREUSER (J.). *Wiederum christlicher Kirchenbau. Apostolische Baugesetze. Symbolik. Vorlesungen.*—Nouvel Essai d'architecture chrétienne. Lois apostoliques pour la construction. Symbolique. Leçons. T. Ier. Brixen, 1868, in-8; —t. II, sous ce titre plus développé: *Wiederum christlicher Kirchenbau. Geschichte der Baukunst, apostolische Baugesetze, Symbolik, Ausstattung von Kirchen*, etc. — Nouvel Essai d'architecture chrétienne. Lois apostoliques pour la construction; symbolique, ornementation d'église d'après les canons, plus particulièrement au point de vue de la cathédrale de Cologne; quatre leçons avec appendices : 1° Basilique; 2° Histoire de l'autel; 3° Le Baptistaire. — Brixen, 1869, in-8.

Complément de l'ouvrage du même auteur, rapporté plus haut au n° 268. (Voir aussi n° 239.)

7. MANUELS D'ARCHÉOLOGIE CHRÉTIENNE. — COURS ÉLÉMENTAIRES.

276. RHEINWALD (F.-H.). *Die kirchliche Archäologie.* — Archéologie sacrée. — Berlin, 1830, in-8, avec 2 pl.

277. HEIDELOFF (Karl-Alexander von). *Der christliche Altar, archäologisch und artistisch dargestellt.* — L'Autel chrétien, étude archéologique et artistique, pour servir à l'histoire de l'autel, à l'entretien des vieilles églises et à leur restauration.— Nuremberg, 1838, in-fol., avec 11 planches et un texte explicatif par G. Neumann.

Charles Heideloff, fils de Pierre Heideloff, peintre et architecte, né à Stuttgart en 1788, mort à Hassfurt, le 28 septembre 1865, a pris rang parmi les architectes les plus distingués de l'Allemagne contemporaine. La fontaine d'Albert Dürer à Nuremberg, le tombeau du dernier prince évêque de Bamberg, l'église catholique de Leipzig, etc., sont des œuvres remarquables. Très-actif et grand connaisseur, il a publié, sur son art, un certain nombre d'ouvrages dont quelques-uns sont très-précieux, notamment par la lumière qu'ils jettent sur l'histoire de l'architecture au moyen âge. On peut dire, en songeant aux monuments gothiques restaurés par Heideloff avec une habileté et un savoir incontestables, que c'est le Viollet-le-Duc ou le Lassus de l'autre côté du Rhin.

278. OUDIN (l'abbé J.), correspondant du Comité historique. — Manuel d'archéologie chrétienne, religieuse, civile et militaire. — Paris, 1841, in-8, avec 16 pl.; — 2e édit., revue, augm. et enrichie de fig. grav. sur acier, *ibid.*, 1845, in-8; — 3e édit., Bruxelles, 1847, in-8, fig. (5 fr.); — 4e édit., Paris, Lecoffre, 1860, in-8, avec 12 pl. gr. — 4 fr. — La première édition ne portait sur le titre que les initiales J. O., curé de B. (Bonron).

Le principal objet de l'auteur de cet ouvrage, qui comprend tous les genres, est d'initier le clergé à l'entente de l'architecture.

279. MALLAY (A.). Cours élémentaire d'archéologie sacrée à l'usage des élèves du grand séminaire de Clermont-Ferrand, par Mallay, architecte, professeur d'archéologie au grand séminaire, correspondant des comités de l'intérieur et de l'instruction publique. — Clermont-Ferrand, 1846, in-8, avec 37 pl. au trait.

L'auteur traite principalement de l'archéologie sacrée de l'Auvergne si riche en monuments religieux et reprend ici une idée émise dans son *Essai sur les églises d'Auvergne* : c'est à dire l'existence d'écoles provinciales sous la direction des évêques.

280. GODARD (l'abbé Léon). Cours d'archéologie sacrée à l'usage des séminaires et de MM. les curés. — Paris, 1851-55, 2 vol. in-8, avec fig. (6 à 8 fr.).

281. BORDEAUX (J.-H.-Raymond). Principes d'archéologie pratique appliquée à l'entretien, la décoration et l'ameublement artistique des églises, à l'usage des curés, des conseils de fabrique et des architectes appelés à réparer les églises rurales. — Caen, 1852, in-8; — nouv. édit., sous ce titre : Traité de la réparation des églises; principes d'archéologie pratique. — Paris, Durand, 1862, in-12, avec 90 fig. dans le texte. — 4 fr.

M. Bordeaux est non-seulement un habile antiquaire, mais aussi un juriste distingué. Il a été bâtonnier du barreau d'Évreux, et l'Académie des sciences morales et politiques a couronné sa *Philosophie de la procédure civile*?

282. GAREISO (l'abbé J.). L'Archéologue chrétien, ou Cours élémentaire d'archéologie catholique à l'usage du clergé. — Nîmes, 1852, 2 part. in-8, avec 12 pl. (2 à 3 fr.).

283. BOURASSÉ (l'abbé J.-J.). Dictionnaire d'archéologie sacrée, contenant, par ordre alphabétique, des notions sûres et complètes sur les Antiquités et les Arts ecclésiastiques, savoir : l'architecture, la sculpture, la peinture, la mosaïque, les émaux, les vitraux peints, l'orfévrerie, la céramique. — Paris, 1854, 2 vol. gr. in-8. — 16 fr. — (T. XI et XII de la *Nouvelle Encyclopédie théologique* publiée par M. l'abbé Migne.)

L'abbé Bourassé, président de la Société archéologique de Touraine, avait déjà publié : *Archéologie chrétienne, ou Précis de l'histoire des monuments religieux du moyen âge;* Tours, 1841, in-8; — 5e édit., *ibid.*, 1854, in-8. — 3 fr.

284. REICHENSPERGER (Aug.). *Fingerzeige auf dem Gebiete der kirchlichen Kunst*, etc. — Le Guide de l'art religieux. — Leipzig, 1854, gr. in-8, v-138 pp., 31 pl. lith. donnant 125 sujets, et 1 grav. sur acier (7 à 8 fr.); — une autre édit., restreinte, *ibid.*, 1855, gr. in-8, XIII-148 pp., avec 3 pl. lith.

285. BETHMANN-HOLLWEG (M. von). *Christenthum und bildende Kunst. Vortrag in der Special-Conferenz.* — Le Christianisme et l'art, discours prononcé dans la conférence spéciale à Stuttgart (septembre 1857). — Gotha, 1857, in-8, 20 pp.

286. LAIB (Fr.) und SCHWARZ (Fr.-Jos.). *Studien über die Geschichte des christlichen Altars.* — Etudes sur l'histoire de l'autel chrétien; publié par la société de l'art chrétien du diocèse de Rottembourg. — Stuttgart, 1858, gr. in-4, VII-88 pp., avec 16 lith. et 1 chromolithogr. — 7 fr. 50.

287. POUSSIN (l'abbé C.). Manuel classique d'archéologie chrétienne, comprenant : 1° Des notions sur l'architecture de chaque époque; 2° une étude rapide du mobilier des églises; 3° un appendice concernant la peinture sur verre; suivi d'un dictionnaire expliquant chaque expression technique. 2e édition, refondue et augmentée. — Paris, 1866, in-8, 120 gravures.

8. HISTOIRE DE L'ART CHRÉTIEN.

288. BECK (Fr.) *Andeutungen zu einer tiefern Begründung der Geschichte der religiösen Kunst*, etc. — Considérations qui conduisent à mieux approfondir l'histoire de l'art religieux. (Publié par la Société des antiquaires allemands de Munich.) — Munich, 1834, in-4.

289. AUGUSTI (Joh.-Christ.-Wilh.). *Beiträge zur christlichen Kunstgeschichte und Liturgik.* — Documents pour l'histoire de l'Art chrétien et la Liturgie. — Leipzig, 1841-46, 2 vol. in-8 (5 à 6 fr.).

Guillaume Augusti est un des plus savants théologiens de l'Allemagne moderne. Son livre, *Denkwürdigkeiten aus der christlichen Archäologie* (Faits mémorables de l'archéologie chrétienne; Leipzig, 1817-31, 12 vol. in-8), jouit de la plus haute estime de l'autre côté du Rhin. Une nouvelle édition en a été donnée sous ce titre : *Handbuch der christlichen Archäologie* (Manuel d'archéologie chrétienne; Leipzig, 1836-37, 3 vol. in-8), et il est probable que les « Documents pour l'histoire de l'art chrétien et la liturgie » lui devaient servir de complément. La mort a empêché Augusti de continuer la publication de ce dernier ouvrage, car cet habile théologien a été enlevé à la science le 28 avril 1841. Néanmoins le second vol. fut publié en 1846, avec une préface de Charles-Emmanuel Nitzsch.

290. ALT (H.). *Der christliche Cultus nach seinen verschiedenen Entwickelungsformen und seinen einzelnen Theilen historisch dargestellt*, etc. — Le Culte chrétien montré historiquement d'après ses différentes formes; avec deux dissertations sur l'année ecclésiastique et sur l'architecture religieuse. — Berlin, 1843, in-8 (4 à 5 fr.).

291. LINDSAY (Alexandre-William CRAWFORD, lord). *Sketches of the History of christian Art.* — Esquisse de l'histoire de l'art chrétien. — Londres, 1847, 2 part. en 3 vol. in-8 (60 à 80 fr.).

Excellent ouvrage, trop peu connu en France. En voici le sommaire : T. I, ch. I, sect. 1. De l'idéal, du caractère, de la dignité de l'art chrétien. — 2. Des symboles chrétiens. — 3. De la mythologie chrétienne. — 4. Classification générale des écoles et des artistes. — Ch. II. De l'art romain. — Sect. 1. Architecture des catacombes. — 2. Architecture chrétienne de Rome. — 3. Sculpture et peinture des catacombes. — Ch. III, sect. 1. Architecture byzantine. — 2. Du dessin et de la composition. — T. II, sect. 1. Architecture lombarde et gothique. — 2. Sculture des Lombards. — 3. Nicolas de Pise et son école. — T. III. 5. École de Sienne. — 6. École semi-byzantine de Florence. — 7. École primitive de Bologne. — 8. Sculpture et peinture au nord des Alpes.

L'auteur reconnaît que ce sont les bons conseils et les encouragements d'une Française de talent, de Mlle Fauveau, qui l'ont déterminé à prendre la plume.

292. RIO (Alexis-Franç.). De l'Art chrétien. — Paris, 1841, in-8, et 1855, 2 vol. in-8. — 14 fr.; — nouv. édit., entièr. refondue et consid. augm., *ibid.*, Hachette, 1861, 3 vol. in-8. — 22 fr. (Voir le n° 197.)

Ce livre, disions-nous un jour (*Journal des Débats*, 18 novembre 1861), est l'œuvre d'un homme de goût, d'un homme instruit, d'un enthousiaste. M. Rio s'y montre admirateur sincère, apologiste passionné, de cet idéal chrétien dont les marques s'effacent de plus en plus sur les murs des édifices religieux de l'Italie. Elever un monument à l'art tout catholique du moyen âge, dresser son inventaire, caractériser son esprit, tel a été le but que M. Rio s'est proposé d'atteindre, et pendant un quart de siècle il a poursuivi la réalisation de cette idée. Voyageur infatigable, il a tout vu, tout examiné, et si de véritables traits de lumière s'échappent de son livre, c'est qu'il n'est pas fait seulement avec des livres, mais qu'il nous associe aux vivantes impressions d'un pèlerin guidé par l'amour des arts. Malheureusement, il faut bien le reconnaître, entraîné par ses sentiments religieux, M. Rio s'est montré injuste envers la Renaissance, qui lit si bien sortir l'art des régions de la théologie mystique et se tourna vers l'antiquité. En tonnant contre l'invasion du paganisme et l'idolâtrie, en tombant dans le préraphaélisme, M. Rio laisse voir qu'il oublie que la loi de l'esprit humain est de marcher.

293. REICHENSPERGER (Aug.). *Vermischte Schriften über christliche Kunst.* — Mélanges sur l'art chrétien. — Leipzig, 1856, gr. in-8, avec 8 pl. lith. (5 à 6 fr.).

294. AUBER (l'abbé Ch.-A.). De l'An mille et de son influence prétendue sur l'architecture religieuse. — Paris, Blériot, 1861, in-8, 13 pp.

295. HEMANS (Charles-Isidore). *History of ancient Christianity and sacred Art in Italy.* — Histoire du moyen âge chrétien et de l'art religieux en Italie. — Londres, 1866, in-8.

296. PEZOLT (Georg). *Vorträge über Geschichte der christlichen Kunst. Zum Zwecke für geistliche Seminarien gesammelt.* — Exposé de l'histoire de l'art chrétien, à l'usage des séminaires. — Salzbourg, 1866, in-8.

---

297. SORG (N.). *Geschichte der christlichen Malerei.* — Histoire de la peinture chrétienne, avec 2 plans in-fol. des catacombes de Naples. — Ratisbonne (Regensburg), 1853, in-8 (3 à 4 fr.).

298. HOTHO (Heinr.-Gust.). *Geschichte der christlichen Malerei.* — Histoire de la peinture chrétienne présentée dans tout son développement par Hotho, professeur à l'université du roi Frédéric Guillaume et directeur du département des estampes du musée de Berlin. — Stuttgard, Ebner et Seubert, 1867-69-72, 3 livr. in-8. — 10 fr. 50. (En cours de public.)

Cette histoire de la peinture chrétienne embrasse une période de treize cents années. Elle prend l'art dans les catacombes et le conduit dans les trois livraisons qui ont paru, jusqu'à l'heure de la renaissance. Le temps nous manque pour donner l'idée d'un travail important qu'il faut lire et qui devrait être traduit, car c'est le complément des recherches de notre Éméric-David sur le même sujet (*Discours historiques sur la peinture moderne*, 1er discours). Il nous suffira de dire que cette nouvelle histoire de la peinture chrétienne est l'œuvre du savant éditeur de *l'Esthétique* d'Hégel, d'un philosophe, et d'un des hommes qui font le plus d'autorité en Allemagne comme critiques d'art.

2. LA SOCIÉTÉ.

A. INFLUENCE DE L'ART SUR L'ÉTAT SOCIAL ET RÉCIPROQUEMENT.

299. SULZER (J.-Georges). Pensées sur l'origine et les différents emplois des sciences et des Beaux-Arts; discours prononcé dans l'assemblée royale des sciences et des belles-lettres, le 27 de janvier 1757, par M. Sulzer, professeur en mathématique au collége royal à Berlin. — Berlin, 1757, in-8.

Ce discours est un de ceux que Sulzer écrivit en langue française, quand il fut membre de l'académie des sciences de Berlin; publié en allemand : Berlin, 1773, 2 vol. in-8.

300. BLONDEL (Jacques-François), architecte du roi, professeur royal au Louvre, membre de l'académie d'architecture. — L'Homme du monde éclairé par les Arts; publié par M. de Bastide. — Amsterdam et Paris, 1774, 2 vol. in-8.

« Le projet de Blondel, dit son éditeur, fut de « rendre utiles aux gens du monde ses connais- « sances en architecture. Il voyait tous les ans des « millions honteusement employés au triomphe « du mauvais goût, pour l'exécution des plans les « moins corrects et souvent les plus bizarres. Il « espéra que des observations, qui seraient autant « d'avis pour les personnes qui exécutent et pour « celles qui font bâtir soit à la ville, soit à la « campagne, pourraient insensiblement produire « la révolution des idées et la perfection du goût.» Or, pour faire accepter plus facilement ses conseils, l'auteur les a encadrés dans une correspondance supposée entre un homme de qualité et une personne distinguée qu'il se propose de prendre pour femme, et qui se montre aussi avide de s'instruire que le comte de Saleran d'enseigner.

Non-seulement Jacques Blondel, neveu de François Blondel, l'un des maîtres de l'architecture française, fut un praticien habile, mais ce fut un théoricien d'un rare mérite, comme le prouvent et les succès de son école, et ses articles dans l'Encyclopédie méthodique et ses divers traités sur l'architecture.

301. DALBERG (Karl-Theod.-Ant.-Maria, Reichsfreiherr von). *Perikles. Ueber den Einfluss der schönen Künste auf das öffentliche Glück.* — Périclès. De l'influence des Beaux-Arts sur la félicité publique. — Erfurt, 1793; — trad. en franç.; (Paris), 1805, in-fol., 38 pp.; — *ibid.*, 1806, in-12; — Ratisbonne, 1806, in-8; — Parme, 1811, in-4 (1 fr.); — trad. en ital. par F. Baroni : *Pericle. Dell' influenza delle belle arti sulla pubblica felicità*; Gênes, 1818, in-4 (2 fr.).

Cet ouvrage du baron de Dalberg, prince primat de la confédération du Rhin, grand duc de Francfort, archevêque de Ratisbonne, évêque de Worms et de Constance, associé étranger de l'Institut de France, a perdu sans doute en français, car dans la traduction il est au-dessous de la grande réputation de l'auteur considéré comme l'un des hommes les plus remarquables de l'Allemagne. C'est sous la forme du dialogue que l'auteur exprime ses idées, idées qui pourraient serrer davantage le sujet. Il suppose que Phidias, ayant reçu de Périclès la mission d'embellir Athènes, demande conseil à Anaxagore qui a développé ses théories sur la manière de diriger les hommes qui contribuent aux progrès des beaux-arts. Décidément la critique d'art a fait de notre temps des progrès incontestables.

302. RAYMOND (Georges-Marie). De la Peinture considérée dans ses effets sur les hommes de toutes les classes, et de son influence sur les mœurs et le gou-

vernement des peuples. — Paris, an VII (1799), in-8 (1 fr.); — 2e édit., *ibid.*, 1804, in-8. (Ouvrage présenté au concours ouvert par l'Institut et fermé le 1er nivôse, et l'un des trois distingués par la commission.)

Tout l'ouvrage est écrit dans ce style déclamatoire, emphatique et semé d'apostrophes, adopté à la fin du dix-huitième siècle et au commencement du nôtre. Suivant Georges Raymond « les arts appartiennent au législateur; il doit les conserver à leur noble destination; il doit veiller à ce qu'une voix perfide ne se serve de leurs attraits comme d'un parfum séduisant pour couvrir un breuvage empoisonné ». — Nous voilà loin de cette liberté sans bornes réclamée aujourd'hui pour le *tempérament* des artistes.

Né à Chambéry en 1769, mort le 24 avril 1839, Raymond fut professeur d'histoire à l'école centrale du Mont-Blanc, principal et professeur de mathématiques du collége de Chambéry.

303. LEDOUX (Clément-Nicol.) L'Architecture considérée sous le rapport de l'art, des mœurs et de la législation, etc. — Paris, 1804, gr. in-fol., avec 125 pl. (50 à 60 fr.).

« Cet ouvrage devait former cinq volumes, dit Quérard, mais la mort de l'auteur suspendit la publication. » Le texte de ce premier volume nous autorise à croire que la perte n'est pas énorme. Il est impossible de parler d'architecture avec une emphase plus ridicule. Suivant Brunet, les 125 planches de ce livre jointes à 300 autres ont été publiées sans autre texte qu'un avertissement signé Daniel Ramée et sous ce titre : *Architecture* de C.-N. Ledoux; Paris, 1847, 2 vol. in-fol. Ces planches sont bien gravées. — Ledoux, membre de l'académie royale d'architecture était né à Dormans (Marne) en 1736. Il est mort à Paris le 20 novembre 1806.

304. PONCE (Nicolas). De l'Influence de la peinture chez les anciens peuples. — Paris, an X (1809), in-8.

On trouve cet opuscule réuni à beaucoup d'autres dans un recueil intitulé *Mélanges sur les beaux-arts*; Paris, 1826, in-8, et dédié à la princesse de Salm-Dyk (Voy. *Mélanges*).

Nicolas Ponce était à la fois graveur et littérateur. Il a gravé plus de 300 pièces d'après Eisen, Marillier, Moreau jeune, etc. On lui doit la gravure des arabesques antiques des bains de Livie, la publication des peintures trouvées dans les thermes de Titus, de nombreux articles sur les arts et les artistes dans différents dictionnaires et notamment dans la Biographie de Michaud. En outre, il a écrit sur l'histoire et la politique; son discours sur les causes par lesquelles l'esprit de liberté s'est développé en France depuis François Ier jusqu'en 1789 a remporté le prix d'histoire proposé par l'Institut national, séance du 15 vendémiaire an IX. Né le 12 mars 1746 à Paris, Nicolas Ponce y est mort le 27 mars 1831.

305. QUATREMÈRE DE QUINCY (Ant.-Chrysost.). Considérations morales sur la destination des ouvrages de l'art, ou de l'influence de leur emploi sur le génie et le goût de ceux qui les produisent ou qui les jugent, et sur le sentiment de ceux qui en jouissent et en reçoivent les impressions. — Paris, 1815, gr. in-8, 120 pp. (3 à 4 fr.); — trad. en angl. par H. Thomson; Londres, 1821, in-8.

306. SCHÜTZE (J.-St.). *Gedanken und Einfälle über Leben und Kunst.* — Réflexions et idées sur la vie et l'art. — Leipzig, 1819, in-8 (5 fr.).

307. HANSEN (Hans). *Betragtninger over de skjönne Kunsters Vaerd*, etc. — Considérations sur la valeur des Beaux-Arts et leur influence sur la civilisation de l'humanité. — Copenhague (Kjöbenhavn), 1827, 2 vol. in-8.

308. DELESTRE (J.-B.). Études des passions appliquées aux Beaux-Arts, etc. — Paris, 1833, in-8 (3 à 4 fr.); — *ibid.*, 1845 (2 fr.); — 3e édit., *ibid.*, 1853.

Élève de Gros, Delestre s'est appliqué particulièrement à l'aquarelle. En 1848, l'artiste qui représentait alors le parti avancé dans le conseil municipal du département de la Seine, se mêla de la manière la plus active aux événements. Plus loin, nous trouverons d'autres publications de ce peintre-écrivain.

309. GRÜNEISEN (Karl). *Ueber das Sittliche der bildenden Kunst bei den Griechen*, etc. — De la Moralité des Beaux-Arts chez les Grecs, dédié aux artistes et aux amis de l'antiquité. — Leipzig, 1833, gr. in-8.

Prédicateur et théologien, et par conséquent moraliste; homme de goût, et en cela le digne fils du premier éditeur du *Morgenblatt*, Grüneisen, poëte distingué, d'ailleurs, s'est trouvé bien préparé pour le sujet qu'il a choisi.

310. HOTHO (Heinrich-Gust.). *Vorstudien für Leben und Kunst.* — Études préliminaires pour la vie et l'art. — Stuttgart, 1835, in-8 (3 fr.).

Hotho est un vulgarisateur habile qui doit surtout la réputation qu'il s'est acquise à son édition de l'Esthétique d'Hegel. Du reste, c'est un juge, c'est un critique. (Voir les nos 104 et 298.)

311. DUSSIEUX (Louis-Étienne). L'Art considéré comme le symbole de l'état social, ou Tableau historique et synoptique du développement des Beaux-Arts en France. — Paris, 1838, gr. in-8.

312. ÉMERIC-DAVID (Toussaint-Bernard). De l'Influence des arts du dessin sur le commerce et la richesse des nations. Mémoire couronné en l'an XII par la classe des Beaux-Arts de l'Institut. (Ce mémoire fait suite à l'Histoire de la peinture au moyen âge.) — Paris, 1842, in-12; — *ibid.*, 1852; — *ibid.*, Renouard, 1863, in-12. — 3 fr. 50.

Émeric-David, né à Aix en Provence le 20 août 1755, mort à Paris le 2 avril 1839, fut avocat, imprimeur, maire d'Aix (1791), membre du corps législatif, membre de l'*Académie* des inscriptions, mythologue, biographe, rédacteur de revue et critique d'art dans un temps où cette pousse de l'esprit, si vivace de nos jours, commençait à peine à se développer. Un des principaux mérites d'Émeric-David est d'être entré dans les voies les plus nouvelles ou les moins fréquentées de son temps. Ainsi quand l'évhémerisme domine dans l'interprétation de la mythologie, il admet le culte des éléments chez les Grecs : quand on ne voit dans le moyen âge qu'une longue période de barbarie, il compulse avec une admirable patience tous les documents qui témoignent en faveur de l'emploi répété de la peinture dans les plus anciens monuments du christianisme sur le sol gaulois; enfin, un des premiers chez nous il a pris l'art par les côtés pratiques, et deviné l'application de l'art à l'industrie.

313. GENNARELLI (Achille). *La Moneta ed i monumenti primitivi dell' Italia antica messi in rapporto cronologico.* — Les Monnaies et les monuments primitifs de l Italie antique confrontés chronologiquement et rapprochés des œuvres de l'art chez les autres nations civilisées de l'antiquité, pour en déduire l'origine et les progrès de l'art et de la civilisation. — Rome, 1843, in-4, avec pl. gr.

Mémoire couronné par l'Académie pontificale. Extrait de ses *Mémoires.*

314. WAAGEN (Gustav-Friedrich). *Ueber die Stellung welche der Baukunst, der Bildhauerei und Malerei unter den Mitteln der menschlichen Bildung zukommt.* — Sur la Place qui revient à l'architecture, à la sculpture et à la peinture parmi les instruments de la civilisation. — Leipzig, 1843; in-12 (50 c.).

Gustave-Frédéric Waagen, né à Hambourg le 11 février 1794, mort récemment, de chagrin dit-on, l'un des critiques les plus notables de l'Allemagne, s'est distingué surtout par son activité et par le nombre et la variété de ses travaux. Ses voyages à l'étranger ont été fructueux pour l'histoire de l'art. En 1857, il fut appelé à Saint-Pétersbourg pour donner son avis sur l'organisation nouvelle des peintures du célèbre musée de l'ermitage. Déjà en 1855, il avait fait partie du jury international des récompenses à l'exposition universelle. — Les emplois et les honneurs n'ont point fait défaut à Frédéric Waagen. En 1823, il fut nommé conservateur du musée royal de Berlin; en 1832, il devint conservateur de la galerie de portraits du nouveau musée; en 1844, il obtint la chaire de professeur d'histoire à l'université de Berlin.

315. SOSTER (Bart.). *Dei pregiudizj e delle false idee degli artisti nelle belle arti.* — Des Préjugés et des fausses idées des artistes sur les Beaux-Arts. — Milan, 1844, in-8; — *ibid.*, 1845, in-8, — *ibid.*, 1850, in-8 (1 fr.).

316. Souvenirs numismatiques de la révolution de 1848, recueil complet des médailles, monnaies et jetons qui ont paru en France depuis le 22 février jusqu'au 20 octobre 1848. — Paris, Palais national, in-4, pl.

Le titre d'un livre qui reproduit les monuments d'arts auxquels les événements politiques donnent naissance, nous semble parfaitement à sa place dans une section qui porte pour titre : *Influence de l'art sur l'état social et réciproquement.*

317. BOULLAND (A.). Mission morale de l'art. — Paris, 1852, in-8 (2 à 3 fr.).

318. MÜLLER (Wolfgang). *Das Verhältniss des Staates zu den bildenden Künsten. Zur Reform der Kunstangelegenheiten in Preussen,* etc. — Des Rapports de l'État avec les Beaux-Arts. De la réforme des choses de l'art en Prusse. — Berlin, Seehagen, 1861, gr. in-8, 28 pp. — 60 c.

319. DESJARDINS (Ernest). Du Patriotisme dans les arts. Réponse à M. Vitet sur le musée Napoléon III. — Paris, Dentu, 1862, in-8, 55 pp. — 1 fr.

320. *The Declaration of the Artists of the nineteenth Century on the Influence of Costume and Fashion upon high Art,* etc. — Déclarations des artistes du XIXe siècle touchant l'influence du costume et de la mode sur le grand art; avec des observations supplémentaires par quelques amateurs. — Londres, 1862, in-8.

321. CARRIÈRE (Moritz). *Die Kunst im Zusammenhang der Culturentwickelung und die Ideale der Menschheit,* etc. — L'Art considéré dans ses rapports avec la marche de la civilisation et l'idéal de l'humanité; mémoire pour servir à l'histoire de l'esprit humain. — Leipzig, Brockhaus, 1863-68, 3 vol. in-8. — 39 fr.

T. Ier. Origines de la civilisation; l'Orient dans la religion, la poésie et l'art. — T. II. La Grèce et Rome dans la religion et la sagesse, dans la poésie et dans l'art. — T. III. Le moyen âge. 1re partie, l'antiquité chrétienne et l'Islam dans la poésie, l'art et la science; IIe partie, l'Europe au moyen âge dans la poésie, l'art et la science. (V. n° 139.)

322. PFAU (L.). *Freie Studien,* etc. — Libres études sur l'art dans ses rapports avec l'État. — Stuttgart, 1865, in-8.

323. PROUDHON (P.-J.). Du Principe de l'art et de sa destination sociale. — Paris, Garnier, 1865, in-18. — 3 fr. 50. (Fait partie de ses Œuvres posthumes.)

324. ALBRESPY (André). Influence de la liberté et des idées religieuses et morales sur les Beaux-Arts. — Paris, libr. internat., 1867, in-18 j.

325. L'Art et la vie. — Metz; Paris, Germer-Baillière, 1867, 2 vol. in-8. — 7 fr.

326. PIETSCH (L.). *Aus Welt und Kunst. Studien und Bilder,* etc. — Le Monde et l'art. Études et peintures. — Jena, 1867, in-8.

327. MEYER (J.). *Geschichte der modernen französischen Malerei,* etc. — Histoire de l'école française moderne depuis 1789 et de ses rapports avec la politique,

les mœurs et la littérature. 1re partie. — Leipzig, 1868, in-8, 13 grav. sur bois.

328. FÉTIS (Édouard), membre de l'Académie royale de Belgique. — L'Art dans la société et dans l'État. — Bruxelles, Hayez, 1870, in-8, 156 pp. (Extrait des *Mémoires* publiés par l'Acad. roy. de Belgique.)

B. L'ART SATIRIQUE.

CARICATURES POLITIQUES ET AUTRES.

329. Les Héros de la ligue ou la Procession monacale conduite par Louis XIV, pour la conversion des protestants du royaume de France. — Paris, chez père Peters, à l'enseigne de Louis-le-Grand, 1694, in-4 (40 à 50 fr.).

Recueil de 24 figures gravées en manière noire et publié en Hollande, sans autre texte qu'un sonnet à la fin. Ces figures satiriques représentent les promoteurs de la révocation de l'édit de Nantes, travestis d'une manière grotesque; elles ont été reproduites dans les *Mémoires de M. de Maurepas*, publiés par Soulavie en 1792.

330. Renversement de la morale chrétienne par les désordres du monachisme (en hollandois et en françois). On les vend en Hollande, avec privilége d'Innocent XI. — S. l. n. d. (Hollande, fin du XVIIe siècle), 2 part. in-4 (60 à 100 fr. et plus, selon la reliure).

Recueil de 51 planches de figures satiriques en buste gravées en manière noire, et accompagnées d'un quatrain français. La planche du frontispice, intitulée *l'Abrégé du clergé romain*, est de Romain de Hooghe. Une autre édition de ce volume, sans date, plus moderne, est moins belle que la première. Les planches y ont été refaites et les portraits-caricatures y sont non plus en buste, mais en pied et ne portent pas de quatrains. Elle est composée de 20 feuillets de préface et 111 pages d'explications (25 à 30 fr.). Il y a des exemplaires avec planches tirées en bistre. Une dernière édition, qui paraît avoir été faite vers 1840, ne se compose que des planches gravées en pied de la seconde édition, et de 15 pp. de texte contenant seulement les quatrains français.

331. Le Monde plein de fols, ou le Théâtre des nains, enrichi d'un discours de leurs personnages. — S. l. n. d. (1720), in-fol.

Volume très-curieux, orné de 76 caricatures offrant le caractère le plus burlesque et dans le goût rabelaisien, gravées par d'habiles artistes hollandais. Chaque caricature est entourée d'une bordure d'une bouffonnerie outrée.

332. Le Grand Tableau des dupes, ruinés par les actions des sociétés financières véreuses en France, Angleterre et les Pays-Bas, en 1720; imprimé à l'usage de la postérité. — S. l. (Hollande), 1720.

Collection d'une centaine de caricatures gravées sur cuivre, in-fol. et in-4, en partie de Romain de Hooghe et de Bernard Picart, dirigées contre le système financier de Law, à l'occasion de la *déconfiture* de sa banque. Le même recueil a été publié avec un texte hollandais, sous ce titre : *Het groote Tafereel der dwaasheid*, etc. (40 à 60 fr.) On y trouve en outre des poëmes, des pièces satiriques, etc.

333. GILLRAY (James). *Humphrey's Collection of the genuine Works of J. Gillray*, etc. — Collection d'Humphry comprenant les œuvres authentiques de J. G., etc. — Londres, in-fol., 1780-1811, 24 pp., 100 pl. = *The Caricatures of Gillray; with historical and political Illustrations, biographical Anecdotes.* — Les Caricatures de Gillray avec des illustrations historiques et politiques, et des anecdotes et notices biographiques. — Londres (vers 1818), parties I à IX, in-4, obl., fig. col. (150 fr. et plus). = *The genuine Works of J. Gillray engraved by himself.* — Œuvres authentiques de Gillray, gravées par lui-même. — Londres, 1830, 2 vol. in-fol. (220 à 250 fr.). — On y joint comme texte : *Illustrative Description of the genuine Works of M. J. Gillray.* — Description illustrée des œuvres de J. Gillray. — Londres, 1830, in-8 (25 fr.). = *Works from the original Plates, with Addition of many Subjects not before collected.* — Œuvres, composées des planches originales, suivies de plusieurs sujets qui n'avaient point encore été recueillis (publ. par H.-C. Bohn). — Londres, in-fol., avec 583 planches et portraits. On y joint les 45 pl. supprimées : *Suppressed Caricatures* (25 à 30 fr.) (200 fr.). — Le texte de cette édition porte pour titre : *Historical And descriptive Account of the Caricatures of J. Gillray comprising a political and humorous History of the latter part of the Reign of Georges the third.* — Récit historique et descriptif des caricatures de James Gillray, lesquelles embrassent l'histoire de la dernière partie du règne de Georges III, par Th. Wright et H.-R. Evans. — Londres, 1851, in-8 (15 fr.). = *Gillray's Caricatures comprising the best political and humorous Satires of the Reign of Georges third.* — Caricatures de Gillray, la meilleure satire politique et humoristique du règne de Georges III. 600 planches gravées avec infiniment d'esprit et formant un atlas in-fol. — *Description to Gillray's Caricatures comprising a very amusing political History*, etc. — Description des caricatures de Gillray, formant une histoire politique très-amusante du règne de Georges III, par Th. Wright et H.-R.

Evans. — Londres, 1851. Ensemble, 3 vol. (y compris les caricatures supprimées) in-8 (240 fr.).

S'il est un homme qui ait contribué à soutenir et à étendre la réputation de caricaturistes par excellence donnée aux Anglais dans le siècle dernier, réputation que le crayon satirique de la France, bien plus délicat, bien plus alerte, a singulièrement diminuée, depuis quarante ans, cet homme, c'est Gillray. Aucun des ridicules de la société anglaise, aux différents étages, n'a échappé à sa verve caustique jusqu'à l'excès. Georges III et ses ministres, puis la grande ennemie de l'Angleterre et son chef redoutable, la France et Napoléon Ier, ont rencontré en lui un railleur impitoyable, et souvent inspiré par la haine. Ce qui manque à Gillray, et ce qui le place au-dessous des dessinateurs satiriques français, c'est la finesse, c'est le talent de notre incomparable Gavarni, chez lequel un geste ou un bout de légende disent tant de choses. Né en 1750 et non en 1785, comme le prétendent les auteurs de la *Nouvelle biographie générale*, Gillray serait mort selon eux en 1815.

334. GROSE (Francis). *Rules for drawing Caricatures with an Essay on Comic Painting.* — Règles pour dessiner la caricature, suivies d'un Essai sur la peinture comique. — Londres, 1788, in-8 (2 à 3 fr.); — *ibid.*, 1791 (5 à 6 fr.); — trad. en franç., avec des augmentations; Leipzig, 1802, in-8, avec 29 pl. (6 fr.); — Renouard a donné à Paris, 1802, une autre édition de cette traduction retouchée par lui (*Principes de caricature, suivis d'un Essai*, etc.); elle contient les mêmes planches que l'édition de Leipzig et n'a été tirée qu'à 200 exemplaires (20 à 25 fr.); — trad. en all. par J.-G. Grohmann : *Regeln zur Karikaturzeichnung*, etc.; Leipzig, 1800, in-8 (6 à 7 fr.).

Le caricaturiste Grose a su prendre rang parmi les archéologues anglais : antiquités d'Angleterre, antiquités d'Écosse, antiquités d'Irlande, antiquités de Guernesey et de Jersey, il a tout exploré et publié avec sa plume et son crayon. Des travaux aussi sérieux lui laissèrent sa bonne humeur. Son goût pour la plaisanterie et son énorme corpulence l'ont fait comparer à Falstaff. Né à Greenford (Middlesex) en 1731, il est mort à Dublin en 1791.

335. BOYER-BRUN (J.-M.). Histoire des caricatures de la révolte des Français. — Paris, 1792, in-8, fig. au bistre.

Cet ouvrage n'a pas été continué et se trouve difficilement dans le commerce.

336. MALCOLM (James-Peller). *An historical Sketch of the Art of caricaturing.* — Esquisse historique de l'art de la caricature, illustrée par 31 pl. — Londres, 1813, in-4, avec 31 grav. (10 à 15 fr.).

Artiste et antiquaire, James-Peller Malcolm s'est servi de cette double aptitude pour produire un certain nombre d'ouvrages qui sortent des sentiers battus et qui jettent de nouvelles lumières sur l'histoire, tels par exemple que l'ouvrage intitulé : *Anecdotes diverses servant à mieux faire connaître les mœurs et l'histoire de l'Europe pendant les règnes de Charles II, Jacques II, Guillaume III et la reine Anne*, 1811, in-8, avec 5 pl. Malcolm naquit à Philadelphie vers 1760. Il est mort le 5 avril 1811.

337. JAIME (E.). Musée de la caricature ou Recueil des caricatures les plus remarquables publiées en France depuis le XIVe siècle jusqu'à nos jours, calquées et gravées... par E. J., avec un texte historique et descriptif par MM. Brazier, Brucker, Capot de Feuillide, Charles Nodier, E. Jaime, J. Janin, L. Gozlan, L. Halévy, L. Reybaud, M. Masson, M. Raymond, Ourry, P. Paris, Ph. Chasles, Rolle. — Paris, 1838, 2 vol. in-4, fig. noires et color., 628 pl. environ (200 fr. et plus).

338. GRANDVILLE (Ignace-Isidore). Les Animaux peints par eux-mêmes. Scènes de la vie privée et publique des animaux, avec un texte par Balzac, A. de Musset, G. Sand, J. Janin, Stahl, etc. — Paris, 1840-42, 2 vol. in-8 (20 à 30 fr.); — nouv. édit., *ibid.*, 1852, in-4. — *ibid.*, s. d. (1868), Hetzel, gr. in-8. — 8 fr.

Jean-Ignace-Isidore Gérard, surnommé Grandville, né à Nancy en 1803, élève de son père. Grandville, à une époque où régnait la lithographie, consacra son esprit et son crayon à la peinture des mœurs et des ridicules. *Le dimanche d'un bourgeois de Paris*, les *Métamorphoses du jour*, et bien d'autres productions lui donnèrent une certaine célébrité, mais sa réputation a surtout grandi par la publication des *Scènes de la vie des animaux*, amusante galerie où l'artiste se montre très-habile à surprendre le côté animalesque du ridicule dans l'homme.

339. GAVARNI (Sulpice-Paul CHEVALLIER, connu sous le nom de). Œuvres choisies, revues, corrigées et nouvellement classées par l'auteur. Etudes des mœurs contemporaines. (Avec un texte par Altaroche, de Balzac, Théophile Gautier, J. Janin, etc.). — Paris, 1845-48, 4 vol. in-8.

L'œuvre de Gavarni est-elle tout à fait à sa place parmi les œuvres des satiriques? Le genre qu'il a créé est-il classé? C'est un La Bruyère armé du crayon. Parfois Gavarni a la profondeur de ce grand observateur du cœur humain. « Gavarni, « dit Sainte-Beuve, est l'observation même. Tout ce « qui a passé et défilé sous nos yeux depuis trente-« cinq ans, en fait de mœurs, de costumes, etc., « il a tout dit, tout montré et d'une façon si « légère, si piquante et si parlante, que ceux « même qui ne sont d'aucun métier ni d'aucun « art, qui n'ont que la curiosité du passant en ont « emporté en eux le trait et retenu à jamais la « spirituelle et mordante légende. »

Gavarni, né à Paris en 1811, a été enlevé aux admirateurs de son rare talent le 23 novembre 1866.

340. ARNAUDET (Th.). Notes sur les estampes satiriques, bouffonnes ou singulières relatives à l'art ou aux artistes français pendant les XVIIe et XVIIIe siècles

— Paris, 1859, in-8, fig. dans le texte et 2 pl.

341. CHAMPFLEURY (Jules FLEURY, dit). Histoire de la caricature antique. — Paris, Dentu, 1865, in-12. — 4 fr.; — 2e édit., très-augmentée, *ibid.*, 1867, in-18 j. — 4 fr.

342. CHAMPFLEURY (Jules FLEURY, dit). Histoire de la caricature au moyen âge. — Paris, Dentu, 1871, in-18 j. — 5 fr.

343. CHAMPFLEURY (Jules FLEURY, dit). Histoire de la caricature moderne. — Paris, Dentu, 1865, in-12. — 4 fr.; 2e édit., très-aug., *ibid*, 1871, in-18 j. — 5 fr.

344. WRIGHT (Thomas). *History of Caricature*, etc. — Histoire de la caricature et du grotesque dans la littérature et dans l'art, avec 237 illustrations puisées à diverses sources, dessinées et gravées par F. W. Fairholt. — Londres, 1865, petit in-4; — trad. en franç. par Octave Sachot, éditée par Amédée Pichot; précédée d'une notice de l'éditeur et illustr. de 258 grav.; Paris, bureau de la *Revue britannique*, 1867, in-8. — 12 fr.

Curieuses recherches sur l'origine de la caricature politique, illustrées par des exemples choisis dans les œuvres des maîtres en ce genre : Hogarth, Rowlandson, Gillray et Cruikshank.

C. INSTITUTIONS POUR LE DÉVELOPPEMENT ET L'ENCOURAGEMENT DES BEAUX-ARTS. — ENSEIGNEMENT DES ARTS DU DESSIN ET ÉCOLES DES BEAUX-ARTS. — DE L'INSTRUCTION DES ARTISTES.

345. QUATREMÈRE DE QUINCY (Ant.-Chrys.). Considérations sur l'art du dessin en France, suivies d'un plan d'académie ou école publique et d'un système d'encouragement. — Paris, 1791, in-8. = Suite aux Considérations sur les arts du dessin en France, ou Réflexions sur le projet de statuts et règlements de la majorité de l'académie de sculpture et de peinture. — Paris, 1791, in-8; = Seconde suite aux Considérations sur les arts du dessin, ou Projet de règlements pour l'école publique des arts du dessin, et de l'emplacement convenable à l'Institut national des sciences, belles-lettres et arts. — Paris, 1791, in-8, 103 pp.

Ce livre a pour origine le sentiment qui poussait tous les esprits, à la date où il parut, vers un renouvellement général. Il tend à substituer au pouvoir despotique d'une : « souveraineté d'artistes, connue sous le nom d'académie royale de peinture et sculpture », maîtresse de l'enseignement des beaux-arts, d'une façon exclusive et abusive; il tend à substituer, disons-nous, un nouveau mode d'organisation dans des conditions différentes. Si d'une part le danger d'une académie frappe l'auteur, il reconnaît de l'autre combien une école d'art est nécessaire : « Je sais, dit-il, « que bien des germes de talent sont morts, faute « d'avoir été recueillis et préservés; que bien d'au- « tres pour avoir dédaigné toute espèce d'appui, ne « se sont développés un instant que pour devenir « le jouet du caprice; que plusieurs autres, faute « d'avoir été greffés par une éducation heureuse, « n'ont donné que des fruits âpres et amers. « Enfin, je sais jusqu'à quel point trop de désordre « dans le cours des études, trop d'incohérence « dans l'acquisition des connaissances, trop d'ir- « régularité dans la marche de l'esprit, sont ca- « pables aussi d'égarer et de faire disparaître les « meilleures dispositions ».

Le projet de règlement, qui vient après, établit d'abord ce que devra être l'organisation et l'administration de l'école. L'art. Ier porte : « que tous « les corps publics d'enseignement relatifs aux « arts du dessin ou à quelqu'une de leurs parties « (l'école des ponts et chaussées exceptée quant « à sa partie administrative) seront réunis à l'é- « cole publique des arts du dessin de manière à « ne former qu'une seule institution, soumise à « la direction unique des maîtres qui la compo- « seront ». L'école sera divisée en neuf classes ou cours d'études qui seront ceux : De la nature ou des modèles. — De l'antique ou des statues. — De l'architecture. — De la construction. — De l'ornement. — Des mathématiques. — De l'histoire, costume et antiquités. — De l'optique et perspective. — De l'anatomie; — division des études, soit dit en passant, qu'on retrouve à l'École des Beaux-Arts de Paris.

Tout était dans l'indécision; le doute planait sur l'existence des académies; l'Assemblée nationale se bornait à accueillir les vœux pour une réorganisation. Quatremère de Quincy profita de la circonstance non-seulement pour tracer un plan universel d'instruction propre aux artistes; mais, pressentant en quelque sorte l'existence future de l'Institut, il proclama la nécessité d'un point central au milieu duquel s'élèverait l'arbre méthodique de la science (car la liaison des lettres, des sciences et des arts, ne devait point échapper à l'attention du législateur). Le Louvre, dit-il, sera le point central, le lycée universel, le sanctuaire du pouvoir.

Ce point de vue est bon à constater.

346. MAROGNA (Gius.). *Sul governo delle arti, ragionamento.* — Sur le Gouvernement des arts. Dissertation. — Vérone, 1792, in-8 (1 fr. 25).

347. BOISSY D'ANGLAS (le comte Fr.-Ant.). Essai sur les fêtes nationales, suivi de quelques idées sur les arts et sur la nécessité de les encourager, adressé à la Convention nationale. — Paris, an II (1794), in-8 (6 fr.).

348. ÉMERIC-DAVID (T.-B.). Musée olympique de l'école vivante des Beaux-Arts, ou Considérations sur la nécessité de cet établissement et sur les moyens de le rendre aussi utile qu'il peut l'être, — Paris, 1796, in-8; — réimprimé à la suite de son Histoire de la peinture;

Paris, 1842, in-12 ; — 1852, in-12 ; — *ibid.*, Renouard, 1863, in-18 j. — 3 fr. 50.

Titre prétentieux, peu intelligible, et sous lequel se dérobe une bonne idée. Dans ce mémoire, présenté à l'Institut national au commencement de l'an IV, l'auteur propose la création d'un *Musée* : « où la nation placerait elle-même « le chef-d'œuvre de chaque artiste vivant, jugé « digne d'être compté au nombre des maîtres » ; tableau, modèle d'architecture ou statue. Chaque année, ou tous les deux ans, tous les aspirants exposeraient leurs ouvrages au Salon et, après avoir subi l'examen de différents juges, si l'admission était prononcée, la nation payerait l'œuvre et joindrait au nom de l'auteur, écrit sur le cadre, l'énonciation sommaire des principales beautés qui auraient déterminé l'admission. La nation placerait dans ce musée d'honneur toutes les productions utiles et remarquables des beaux-arts ; l'homme qui perfectionne la forme de nos vases ou de nos meubles y verrait ses ouvrages à côté de ceux du statuaire et du peintre. Puis revenant à son sujet, Émeric-David arrive à dire que l'établissement de ce musée d'honneur conduirait à une autre institution du même genre, plus vaste, plus neuve. Ce serait une collection des chefs-d'œuvre des habiles ouvriers vivants, etc.

Ce mémoire lu à la classe des Beaux-Arts de l'Institut parvint au ministre de l'Intérieur, et de là le musée du Luxembourg et le conservatoire des arts et métiers.

349. QUATREMÈRE DE QUINCY. Lettres sur le préjudice qu'occasionneraient aux arts et à la science le déplacement des monuments de l'art de l'Italie, le démembrement de ses écoles et la spoliation de ses collections, galeries, musées, etc. — Paris, an IV (1796), in-8 (1 fr.) ; — nouv. édit. sous ce titre : Lettres sur le projet d'enlever les monuments de l'Italie. — Rome et Paris, 1815, gr. in-8 ; — et : Lettres sur l'enlèvement des ouvrages de l'art antique à Athènes et à Rome, écrites à Canova et au général Miranda. — Paris, 1836, in-8 (2 à 4 fr.).

350. CAREY (W.). *Some Memoirs of the Patronage and Progress of the Fine Arts in England and Ireland, with Anecdotes of lord de Tabby.* — Quelques Mémoires sur le patronage et le progrès des Beaux-Arts en Angleterre et en Irlande ; avec des anecdotes de lord de Tabby. — Londres, 1826, gr. in-8, avec portrait.

351. EDWARDS (Edw.). *The Fine Arts in England; their State and Prospects*, etc. — Les Beaux-Arts en Angleterre, leur état présent et leur avenir ou point de vue de l'éducation nationale. — Londres, 1830, in-8 ; — *ibid.*, 1840, in-8.

Livre intéressant qui roule sur la nécessité de répandre le goût des arts en Angleterre et sur les moyens d'y parvenir. L'auteur y félicite son gouvernement d'avoir compris que l'étude des beaux-arts ne pouvait point être abandonnée à elle-même comme tant d'autres choses dans la Grande-Bretagne.

352. PYE (J.). *Patronage of British Art comprising an Account of the Rise and Progress; an historical Sketch*, etc. — Le Patronage de l'art en Angleterre ; esquisse historique de l'origine et du développement de l'art et des artistes à Londres, depuis le commencement du règne de Georges II, et histoire de la Société d'administration et distribution des fonds de la caisse des artistes, depuis son établissement en 1810 jusqu'à son incorporation en 1827, accompagnées de notes historiques, biographiques et explicatives. — Londres, 1845, in-8 (6 à 8 fr.) ; — *ibid.*, 1859, in-8.

---

353. HETSCH (Gust.-Frederik). *Om Tegneunderviisning.* — De l'Enseignement des arts du dessin. — Copenhague (Kjöbenhavn), 1834, in-8 ; — 2e édit., *ibid.*, 1847, in-8, 48 pp. ; — trad. en allemand et publié par Châteauneuf ; Hambourg, 1836, in-8.

354. SOSTER (Bartolomeo). *Considerazioni filosofiche sull' odierna riforma dell' insegnamento pubblico della pittura*, etc. — Considérations philosophiques sur la réforme actuelle de l'enseignement public de la peinture et de la sculpture. — Milan, 1856, in-8 (2 fr.).

L'auteur nous paraît être dans le camp de ceux que guide la fameuse maxime l'art pour l'art. Il s'élève contre les critiques qui veulent faire de la peinture un sermon, un excitant moral et religieux. Cette analyse subtile des œuvres de l'art, mise à la mode par l'école Rio et Montalembert, et surtout la répulsion que leur inspirent le classicisme et l'éclectisme artistique, excitent la bile de M. Soster qui pense, lui, que la peinture, la sculpture et la musique ont été inventées pour notre agrément : *a sollievo del pubblico.*

355. SELVATICO. *Sull' insegnamento libero nelle arti del disegno surrogato alle accademie*, etc. — De l'Enseignement libre dans les arts du dessin substitué aux académies. Considérations par le père Selvatico. — Venise, 1858, in-8.

356. RAVAISSON (Félix). De l'Enseignement du dessin dans les lycées. — Paris, 1854, in-4, 80 pp. (Rapport adressé au ministre et suivi de l'arrêté du 29 décembre 1853.)

357. VIOLLET-LE-DUC. Intervention de l'État dans l'enseignement des Beaux-Arts. — Paris, Morel, 1864, in-8, 62 pp. — 1 fr.

358. VITET (L.). De l'Enseignement des arts du dessin. — Paris, 1864, in-8,

38 pp. (Extrait de la *Revue des Deux-Mondes*, 1er nov.)

359. VIOLLET-LE-DUC. Réponse à M. Vitet à propos de l'enseignement des arts du dessin, par Viollet-le-Duc, architecte. — Paris, Morel, 1864, in-8, 48 pp.

360. ZAHN (Dr A. von). *Bericht über die Resultate des Kunstunterrichts*, etc. — Mémoire sur les résultats de l'enseignement de l'art rapprochés des progrès des arts industriels, tels que nous les a montrés l'exposition universelle à Paris en 1867. — Leipzig, 1868, in-8.

---

361. DUROSOI (Barn. FARMIAN DE ROSOI, connu sous le nom de). Essai philosophique sur l'établissement des écoles gratuites du dessin pour les arts mécaniques. — Paris, 1769, in-8 (4 à 5 fr.).

362. Mémoires sur l'administration et la manutention de l'école royale gratuite de dessin. — Paris, 1783, in-8, fig.

C'est à Bachelier, l'habile peintre de fleurs et de fruits, à Bachelier, le professeur adjoint de l'académie royale de peinture, à Bachelier, que sa polémique avec le comte de Caylus, au sujet de la peinture à l'encaustique, rendit aussi célèbre que son talent, qu'est due la fondation de l'école royale gratuite de dessin. Ouverte en 1766 par une simple permission de l'autorité, elle reçut en 1767 les lettres patentes qui ordonnaient son établissement. Enseigner gratuitement à des ouvriers ou à de pauvres enfants les principes élémentaires de la géométrie pratique, de l'architecture et des différentes parties du dessin relatives à la mécanique, tel fut l'objet de cette utile et généreuse fondation à laquelle un homme d'un vrai mérite renonçant à son art consacra tout son temps, et en outre, les soixante mille livres qu'il avait gagnées dans la peinture. Les souscriptions des particuliers vinrent encore augmenter le fonds de création et l'on trouve sur la même liste le nom de Mme la princesse de Lamballe à peu de distance du nom de la comtesse du Barry.

363. ADRY (Jean-Félicissime). Discours pour la distribution des prix de l'école royale gratuite de dessin de la ville de Troyes, par le père Adry, de l'Oratoire. — Troyes, 1787, in-8 (2 fr.).

Adry, né à Vincellote, près Auxerre, en 1749, mort à Paris le 20 mars 1808, savant bibliographe et bibliothécaire de la maison de l'Oratoire. Il fut l'un des collaborateurs du *Magasin encyclopédique*.

364. GUYOT. Plan d'un conservatoire d'estampes et école nationale de gravure, par le citoyen Guyot, graveur, 7 nivôse an V (1797), in-8, 30 pp., figures.

---

365. CHESNEAU (Ernest). Le Décret du 13 novembre et l'Académie des Beaux-Arts, suivi du rapport de M. de Nieuwerkerke, surintendant des Beaux-Arts, et de la protestation de l'académie, etc. — Paris, Didier, 1864, in-8, 95 pp.

366. INGRES (Jean-Aug.-Domin.). Réponse au rapport sur l'École impériale des Beaux-Arts, adressé au maréchal Vaillant, etc. — Paris, Didier, 1863, in-8, 20 pp.

367. GIRAUD (Ch.). De la Réorganisation de l'Ecole des Beaux-Arts, réponse à la lettre de M. Ingres, sénateur, par M. Ch. Giraud, membre de l'Institut. — Paris, 1864, in-8, 67 pp.

368. Réorganisation de l'École impériale des Beaux-Arts. Documents officiels extraits du *Moniteur universel*. — Paris, Morel, 1864, in-8, 63 pp.

369. Règlement de l'École impériale et spéciale des Beaux-Arts. — Paris, imprimerie impériale (14 janvier), 1864 et aussi 1867, in-4.

---

370. Catalogue des écoles de dessin et supplément au catalogue des œuvres et produits modernes. Union des Beaux-Arts appliqués à l'industrie. — Paris, libr. centr., 1865, in-12, 129 pp. — 1 fr.

371. École centrale d'architecture. L'amphithéâtre (1865-1866). Leçons d'ouverture. — Paris, 1866, in-8, VI-337 pp.

Introduction, par Émile Trélat. — Stabilité des constructions, par Dion. — Stéréotomie, par Dupont (de l'Eure). — Chimie, par P. P. Dehairin. — Physique, par Janssen. — Géologie, par Simonin. — Histoire naturelle, par Bocquillon. — Hygiène, par le docteur Ulysse Trélat. — Histoire des civilisations, par Emile Boutmy.

---

372. WAUTERS (Alph.-Guill.). Histoire de notre première école de peinture, cherchée dans les meilleurs sources. — (Bruxelles), 1863, in-8 (75 c.).

M. Wauters, né à Bruxelles en 1821, est archiviste communal de Gand; on lui doit de nombreux écrits, mais qui sont étrangers aux choses de l'art.

373. ALVIN (Louis-Joseph). Les Académies et les autres écoles de dessin de la Belgique en 1864, par L. J. Alvin, conservateur en chef de la bibliothèque royale, président du conseil de perfectionnement et d'enseignement des arts du dessin. — Bruxelles, 1866, in-8. — 5 fr.

M. Joseph Alvin, né à Cambrai le 18 mars 1806 professeur au collége de Liége en 1826, secrétaire de l'administration de l'instruction publique en

1830, a été nommé, en 1850, directeur de la Bibliothèque de Bruxelles. Poëte dramatique, journaliste, critique d'art, il est un des principaux fondateurs de *l'Encyclopédie belge.*

---

374. SONNENFELS (Jos. von). *Von der Urbanität der Künstler.* — De l'Urbanité des artistes, discours prononcé à la distribution des prix à l'Académie de gravure à Vienne. — Vienne (Wien), 1771, gr. in-8.

375. BOSSI (Luigi). *Della erudizione degli artisti.* — Discours sur l'érudition des artistes. — Padoue, 1810, in-8.

Il y a beaucoup de vérités dans ce petit nombre de pages, mais ce sont les vérités de M. de La Palisse. A quoi bon employer une phraséologie pompeuse pour arriver à *établir* que la lecture des historiens et des poëtes est nécessaire aux artistes, que la chronologie et la géographie leur sont utiles pour connaître les temps et les lieux. Il y avait un autre point sur lequel le chevalier Bossi devait insister : la nécessité pour l'artiste d'être un homme avant tout et de prendre dans la société le rang que ses talents l'appellent à occuper. L'instruction c'est la dignité de l'esprit. L'artiste ignorant ne peut vivre avec ses égaux, il faut qu'il descende fatalement. D'ailleurs l'instruction élargit l'esprit, et quand le talent est réel, elle le seconde et le fait monter plus haut.

376. TESTA (D.-Antonio). *Dell' educazione dell'artista,* etc. — Discours sur l'éducation de l'artiste, lu à l'Académie des Beaux-Arts de Bologne. — Bologne, 1810, in-8.

377. EDELBERG (And.-Eitelberg von). *Die Bildungs-Anstalten für Künstler in ihrer historischen Entwikelung.* — Histoire du développement des établissements destinés à l'éducation des artistes. — Vienne (Wien), 1851, in-8.

D. ACADÉMIES ET CORPORATIONS.

1. *Académies des Beaux-Arts (y compris les projets) et Corporations en Allemagne, en Angleterre en Flandre et dans le nord de l'Europe.*

378. BOERNER (Georg-Gottlieb). *Super privilegiis pictorum liber singularis.* — Lipsiæ, 1751, pet. in-8 (2 fr.).

379. PRANGE (C.-F.). *Entwurf einer Akademie der bildenden Künste, worin die ersten Gründe der Zeichenmaler, Kupferstecher, Bildhauer und Baukunst erklärt werden.* — Projet d'une Académie des Beaux-Arts où les prémiers principes du dessin, de la peinture, de la gravure, de la sculpture et de l'architecture seraient démontrés. — Halle, 1778, 2 vol. in 8 (2 à 3 fr.).

80. GENELLI (Hans-Christ.). *Idee einer Akademie der bildenden Künste.* — Idée d'une Académie des Beaux-Arts. — Brunswick (Braunschweig), 1800, in 8.

381. LEVEZOW (K.). *Geschichte der königl. Akademie der bildenden Künste zu Berlin,* etc. — Histoire de l'Académie royale des Beaux-Arts de Berlin, d'après les imprimés et les archives. — Stettin, 1808, in-8.

382. GRIMM (Hermann). *Die Akademie der Künste und das Verhältniss der Künstler zum Staate.* — L'Académie des Beaux-Arts et les rapports des artistes à l'égard de l'État. — Berlin, 1859, in-8, 58 pp. (75 c.).

383. *Statuten für die Œsterreichisch-kaiserliche Akademie der bildenden Künste.* — Statuts de l'Académie impériale autrichienne des Beaux-Arts. — Vienne, 1812.

Cette académie a eu pour origine une société de peintres protégée par Léopold III, et transformée par Marie-Thérèse en une académie des Beaux-Arts. Réorganisée de nouveau en 1812 par l'empereur François Ier, elle adopta les statuts dont nous donnons le titre et qui forment 62 articles.

384. WIESSNER (Moriz). *Die Akademie der bildenden Künste zu Dresden von ihrer Gründung* 1764 *bis zum Tode von Hagedorn's* 1780, etc. — L'Académie des Beaux-Arts à Dresde depuis sa fondation en 1764 jusqu'à la mort de Hagedorn en 1780. Étude pour servir à une histoire future de l'Académie royale des Beaux-Arts, etc. — Dresde (Leipzig, Teubner), 1864, in-4, avec portrait de Chr. Louis von Hagedorn, gravé par J.-F. Bause d'après A. Graf. — 3 fr. 75.

385. STRANGE (Robert). *An Inquiry into the Rise and Establishment of the Royal Academy of Arts.* — Essai sur l'établissement et les progrès de l'Académie royale des arts. — Londres, 1775, in-8 (10 fr.).

386. SANDBY (William). *History of the Royal Academy of Arts,* etc. — Histoire de l'Académie royale des arts, depuis sa fondation en 1768 jusqu'au temps actuel; avec des notices sur tous ses membres — Londres, Longman, 1862, in-8, fig. sur bois.

387. *Kermisfeesten van Antwerpen.* 1864. 200 *ste verjaring van den stichting der Kon. Academie,* etc. — Fêtes d'Anvers en 1864. Deuxième centenaire de la fondation de l'Académie royale d'Anvers, décrit par D. van Spilbeeck, et suivi d'une notice biographique sur Teniers le jeune, par K. Simillion, et de l'histoire de l'Académie,

par F.-J. van Branden. — Anvers, 1864, in-4, avec pl., portr. et fac-similes (10 fr.).

388. Liggeren et autres archives historiques de la Ghilde anversoise de Saint-Luc (1453-1629); transcrits et annotés par Rombouts et van Lerius. — Anvers, s. d. (1865), in-8 (6 à 7 fr.).

389. Keuren [Statuts]. (1441-1774.) Livre d'admission (1453-1574) et autres documents inédits concernant la Ghilde de Saint-Luc, de Bruges, suivis des Keuren de la corporation des peintres, sculpteurs et verriers de Gand, 1541-1575. Recueilli et annoté par D. Van de Casteele. — Bruges, 1867, in-8, avec fac-sim. grav. sur bois (5 fr.).

390. Fondation de l'Académie royale danoise de peinture, sculpture et architecture établie à Copenhague. — Copenhague, 1758, in-4, vignettes (3 à 4 fr.).

391. REIMER (Henri de). L'Académie impériale des Beaux-Arts à Saint-Pétersbourg, depuis son origine jusqu'au règne d'Alexandre Ier en 1807. — Saint-Pétersbourg, 1807, in-8 (8 à 10 fr.).

2. *Corporations, communautés, maîtrises et jurandes en France. — Priviléges des artistes.*

392. Arrest du conseil d'État, qui maintient et garde l'art de la graveure de la taille-douce, au burin et à l'eau-forte et autre manière telle qu'elle soit, et ceux qui font profession d'icelui, tant regnicoles qu'étrangers, en la liberté qu'ils ont toujours eue de l'exercer dans le royaume, sans qu'ils y puissent être réduits en maîtrise, ni corps de métier, ni sujets à autre règle, ni controlle, sous quelques noms que ce soit. Du 26 may 1660. — (Paris), imp. de J. Chardon (s. d.), in-4.

393. Priviléges accordez aux ouvriers qui demeurent dans la gallerie du Louvre. Donné à Paris le 22 octobre 1608, in-4. — Confirmation de priviléges accordés aux ouvriers qui demeurent dans la gallerie du Louvre. — Paris, 1671, in-4.

394. Sentence rendue par M. le lieutenant civil du 28 mars 1608, contre les enlumineurs, portant que deffense leur est faicte d'ériger une maîtrise. — S. l. (Paris), 1672, in-4.

Réimprimé dans le Recueil cité plus bas, n° 400.

395. Statuts, ordonnances et règlemens de la communauté des maistres de l'art de peinture et sculpture, graveure et enlumineure de cette ville et faux-bourgs de Paris, tant anciens que nouveaux, imprimez suivant les originaux,... estant en charge de jurande Pierre le Blanc, Jean Vissac, N. Gautier et L. Malœuvre, etc. — Paris, Bouillerot, 1672, in-4, front. gr. (60 à 80 fr.).

395 *bis*. Statuts, ordonnances et règlemens de la communauté des maistres de l'art de peinture et sculpture, graveure et enlumineure de cette ville et fauxbourgs de Paris, tant anciens que nouveaux. Imprimez suivant les originaux en parchemin, et scellez du grand sceau et réimprimez en l'année 1698, estant en charge de jurande, Henry Bonnard, Philippe Hulot, Blaise Hurlot et Pierre Taupin, avec les sentences et arrests donnés en conséquence tant de la jonction de l'Académie, contracts passez, que vérification d'iceux. — Paris, Colin, 1698, in-4, front. gr.

396. Ordonnance de monsieur le procureur du roy au Chastelet, premier juge, conservateur des corps des marchands, arts et mestiers, maistrises et jurandes de cette ville, faux-bourgs et banlieue de Paris, pour l'establissement des graveurs, imprimeurs, imagiers en tailles-douces, bois creux, tailles d'espargne, tailles-basses, sur vaisselle d'or et d'argent, estain, plaques, fusils, acier, boestes de montres et autres métaux dépendant de leur art, en communauté, avec deffences à tous autres d'entreprendre ny se mêler d'iceluy... — Du 18 août 1673 (s. l. n. d.), in-4.

397. Articles des statuts, règlemens et ordonnances faits et accordez entre les maistres tailleurs, graveurs de la ville et fauxbourgs de Paris, pour être à l'avenir gardez et observez entre eux, sous le bon plaisir de Sa Majesté (21 juin 1660). — Paris, impr. d'A. Chrétien, 1700, in-4.

Édition de Saint-Jean de Luz, rendue à la sollicitation de Robert Nanteuil.

398. Déclaration du conseil d'État du roy, rendue en faveur de la communauté des maîtres graveurs de la ville de Paris, du 28 juin 1705. — Paris, imprimerie de J.-F. Knapen (s. d.), in-4.

Le conseil ordonne que six maîtres sans qualité seront reçus dans la communauté à charge que les deniers qui en proviendront seront employés au payement de ce qui reste dû pour la finance ou la confirmation d'hérédité des offices de jurés, et d'officier trésorier, et que les ouvriers graveurs ne pourront travailler ailleurs que chez les maîtres graveurs.

399. Sentence de M. le lieutenant général de police, obtenue par le sieur Mavelot, graveur et valet de chambre de madame

la duchesse de Bourgogne, contre les jurez graveurs de sa communauté, portant défenses de recevoir aucuns maistres sans qualité, et aux maistres de montrer à graver et donner à travailler à aucunes filles qu'à celles des maîtres. Du 14 juin 1709 (signé Tardiveau). — (Paris), imprimerie de F. Léonard (s. d.), in-4.

400. Lettres patentes du roy, qui approuvent et confirment les nouveaux statuts de la Communauté et Académie de Saint-Luc de peinture-sculpture de la ville, fauxbourgs et banlieue de Paris; avec les sentences, arrêts et règlemens, concernant ladite communauté. — Réimprimés à la diligence de messieurs Jean-Denis Coullonjon, Jean-Baptiste Chevillon, Pierre Bunele et Jean-Jacques Adan, directeurs-gardes en charge. — Paris, 1753, de l'imprimerie de d'Houry père, imprimeur-libraire de Mgr le duc d'Orléans et de l'Académie de Saint-Luc, in-4, 184 pp. et 2 ff., avec front.; — (la première édition, bien moins complète, est de Paris, 1738, in-4, IV-75 pp. (30 à 40 fr.).

Ce recueil se compose notamment des : 1° *Nouveaux règlemens accordés aux directeurs gardes de la communauté et académie de Saint-Luc* (lettres-patentes de mars 1730 et arrêt d'enregistrement du 30 janvier 1738) ;
2° d'un *Arrest de la cour de Parlement qui fait main-levée des oppositions faites à l'enregistrement des lettres patentes et nouveaux statuts accordés par le roi à la communauté et Académie de Saint-Luc* (20 juin 1730) ;
3° d'un *Arrest du conseil d'Etat du roy, du 27 septembre 1723, rendu en faveur de la communauté des arts de peinture et sculpture ;*
4° d'une *Délibération de la communauté des maîtres peintres-sculpteurs de l'Académie de Saint-Luc, homologuée par arrêt du Parlement, au sujet des compagnons travaillants des arts de peinture et de sculpture*, où l'on voit que la journée desdits compagnons doit être de onze heures et demie de travail (9 mars 1748) ;
5° d'un *Arrest du 7 septembre 1613, portant jonction contre les maîtres peintres et les maîtres sculpteurs ;*
6° d'une *Sentence contre les nudités*, c'est-à-dire contre les personnes qui se mêlent de peinture, sculpture, etc., « font et font faire à leur fantaisie divers dessins, planches, tableaux, images et histoires saintes et autres concernant l'église, religieux et religieuses, lesquels ils dépeignent et représentent à la volonté de ceux qui leur commandent, sous divers habits, figures et postures indécentes, deshonnêtes et scandaleuses, etc. » ;
7° des *Statuts et articles de la jonction des maîtres et académistes de l'art de peinture et sculpture de cette ville et banlieue* (août 1651) ;
8° des *Articles que le roi veut être augmentés et ajoutés aux premiers statuts et règlemens de l'Académie royale de peinture et sculpture* (enregistr. 23 juin 1655) ;
9° des *Lettres patentes accordées aux maîtres peintres-sculpteurs, et à l'Académie dudit art, pour la cassation de toutes les lettres de maîtrises que les rois ont accoutumé de donner en faveur de leur avènement à la couronne, mariages et naissances de leurs enfans* (janvier 1655) ;
10° d'un *Arrest du conseil d'État, qui fait défenses à ceux qui ne sont point de l'Académie royale de peinture et sculpture de prendre la qualité de peintre et sculpteur de S. M., et qui permet aux jurés desdits arts de faire leurs poursuites, et qui révoque toutes sortes de lettres et brevets*, 1663 ;
11° *Sentence de police qui règle le pas et la préséance entre les peintres et les sculpteurs* (2 septembre 1711) ;
12° *Arrest de la cour de Parlement, rendu en faveur de la communauté des arts de peinture, sculpture et Académie de Saint-Luc, contre la communauté des maîtres éventaillistes* (1er septembre 1731) et autres arrêts ;
13° *Arrest de la cour de Parlement, rendu en faveur de la communauté des maîtres peintres et sculpteurs, et Académie de Saint-Luc de la ville de Paris, contre la communauté des maîtres graveurs de la même ville, qui juge que les maîtres sculpteurs peuvent et sont en droit de travailler et sculpter sur l'or et l'argent quand ils tiennent les métaux des mains des marchands orfèvres* (19 juin 1731) ;
14° *Arrest de la cour de Parlement portant défenses aux particuliers de faire aucune vente publique de tableaux* (31 mars 1685), etc., etc.

401. Mémoire pour les artistes des galeries du Louvre intervenans contre les directeurs et gardes de la communauté des maîtres peintres et sculpteurs à Paris, intimés. — Paris, 1763, in-4.

402. Édit du roi concernant les communautés d'arts et métiers des villes du ressort du parlement de Rouen. Donné à Versailles au mois d'avril 1779. — Rouen, 1779, in-4.

403. Règlements sur les arts et métiers de Paris, rédigés au XIIIe siècle et connus sous le nom de Livre de métiers d'Étienne Boileau, publiés pour la première fois en entier d'après les manuscrits de la Bibliothèque du roi et des archives du royaume, avec des notes et une introduction par G.-B. Depping. — Paris, 1837, in-4 (7 à 8 fr.).

Cet ouvrage fait partie de la collection des *Documents inédits sur l'histoire de France.*

404. OUIN-LACROIX (l'abbé Ch.). Histoire des anciennes corporations d'arts et métiers et des confréries religieuses de la capitale de la Normandie, par Ch. Ouin-Lacroix, docteur en théologie de l'université de Rome, etc. Armoiries et jetons dessinés par G. Drouin. — Rouen, 1850, in-8, 29 dessins (12 à 15 fr.).

Les chapitres XV et XVI de cet ouvrage très-curieux sont consacrés aux états relatifs à la construction des édifices et à leur décoration. « Les statuts de 1507, dit M. Ouin-Lacroix, nous « présentent les peintres et sculpteurs de Rouen « réunis sous une même administration. On les « appelait souvent *imagiers* ou *imaginiers*, nom « pittoresque exprimant la nature de leur travail, « quelquefois même *tailleurs de pierre*. Le fameux « Goujon n'est pas appelé d'un autre nom dans les « registres du chapitre de Rouen : « A Jehan

« Gougeon, tailleur de pierre et masson pour faire « la teste du Priauz et sépulture de Monseigneur « (au mausolée des d'Amboise) et pour parfaire et « asseoir icelle en sa place, XXX L^s ».

3. *Académie royale de peinture et sculpture. — Académie de France à Rome.*

405. FÉLIBIEN (André). Conférences de l'Académie royale de peinture et sculpture, pendant l'année 1667. — Paris, 1669, in-4 (2 fr.); — Londres, 1705, in-8; — Amsterdam, 1706, in-12.

André Félibien, sieur des Avaux et de Gavercy, historiographe des bâtiments, secrétaire de l'académie d'architecture, garde du cabinet des antiques, et de plus l'un des huit qui contribuèrent à la formation de l'académie des Inscriptions, établie par Colbert, et l'homme de son temps qui connut le mieux les principes et l'histoire de l'art. Bien qu'il n'ait point droit à la qualification d'historiographe de l'académie royale de peinture, qui lui a été donnée à tort, il a été associé dès l'année 1667 à la compagnie en qualité de conseiller honoraire et il a rédigé ses premières conférences.

406. Establissement de l'Académie royale de peinture et sculpture par lettres patentes du roy vérifiées en parlement, 1646-76. — Paris, Coignard, 1693, in-4 (40 à 50 fr.); — *ibid.*, 1783.

Très-rare.

Non-seulement ce volume contient les lettres patentes relatives à l'académie royale de peinture, mais aussi des lettres patentes pour l'établissement des académies de peinture et sculpture dans les principales villes du royaume : les lettres patentes pour la jonction de l'académie royale de peinture et de sculpture de Paris à celle de Rome, dite de Saint-Luc, et enfin les articles pour la jonction de l'académie royale avec l'académie du dessin de Rome.

407. GUÉRIN (Nicolas). Description de l'Académie royale des arts de peinture et de sculpture, par feu M. Guérin, secrétaire perpétuel de ladite académie. — Paris, 1715, in-12, avec 6 pl. grav. (5 à 6 fr.).

Guérin remplaça, le 20 décembre 1681, H. Testelin, contraint, parce qu'il était protestant, d'abandonner sa charge de secrétaire perpétuel au bout de trente années, et se montra digne de lui succéder par son activité et notamment par cette bonne description de l'intérieur de l'académie si appréciée des amateurs. Une circonstance heureuse pour l'académie suggéra cet ouvrage qui dans le fond n'est qu'un remerciment adressé au duc d'Antin, surintendant des bâtiments et jardins, car il avait donné à l'académie la facilité de s'établir au Louvre. Grâce à cette description minutieuse qui conduit le lecteur de salle en salle, grâce aux gravures dont elle est ornée, on peut reconstituer par la pensée le local où une célèbre compagnie se livrait habituellement à ses travaux.

408. COYPEL (Antoine). Discours prononcez dans les conférences de l'Académie royale de peinture et de sculpture, par M. Coypel, écuyer, premier peintre du roi et de monseigneur duc d'Orléans, régent, et directeur de l'Académie royale de peinture et de sculpture. — Paris, 1721, in-4 (7 à 8 fr.); — *ibid.*, 1732; — *ibid.*, 1792.

Les vingt et quelques dissertations qui composent ce volume sont le commentaire développé d'une épître en vers placée en tête et intitulée : *Epistre à mon fils sur la peinture.* Or, ce fils est Charles-Antoine Coypel, moins peintre que bel esprit, auteur de plusieurs pièces de théâtre, et de même que son père, premier peintre du roi. Boileau pressa Antoine Coypel, son ami, de publier cette épître et lui suggéra l'idée de composer les vingt dissertations qu'elle précède. Coypel ne se hasarda de les mettre en lumière qu'après la mort de Despréaux.

409. Règlement pour l'Académie royale de peinture et de sculpture, du 12 janvier 1751. — In-4.

410. Déclaration du roi, concernant les arts de peinture et sculpture, et portant nouveaux statuts et règlements pour l'Académie royale de peinture et sculpture. Donnée à Versailles le 15 mars 1777, registrée en parlement le 2 septembre 1777. — Paris, Ve Hérissant, 1777, in-4 (10 à 15 fr.).

Cette déclaration est très-importante. Elle sépare l'artiste de l'homme de métier. Elle fait voir qu'on ne le considère plus comme un simple ouvrier et qu'on place le peintre et le sculpteur à côté de l'homme de lettres et du savant. On y trouve des passages comme celui-ci : « Ces avantages auroient dû assurer à la peinture et à la sculpture une distinction particulière, et faire jouir ceux qui les exercent des mêmes droits dont jouissent ceux qui font profession des arts libéraux ; c'est pourquoi, par notre édit du mois d'août dernier (l'édit donné le 26 août 1776, portant modification de l'édit de février sur la suppression des jurandes), portant nouvelle création de communautés d'arts et de métiers, nous aurions déjà fait connoître que les arts de peinture et de sculpture ne doivent point être confondus avec les arts mécaniques et nous leur aurions rendu cette liberté dont ils eussent dû jouir dans tous les temps, etc. »

411. RENOU (Antoine). Esprit des statuts et règlements de l'Académie royale de peinture et de sculpture, pour servir de réponse aux détracteurs de son régime, par Renou, peintre du roi et secrétaire perpétuel de son académie, etc. — Paris, 1790, in-4.

Aucun des biographes de Renou n'a parlé de cette défense de l'Académie, et Quérard, dans la *France littéraire*, ne cite de Renou que ses traductions du poëme de Dufresnoy, et de la *Jérusalem délivrée.* — Né à Paris en 1731, il y est mort en 1806. Renou s'était trop adonné aux lettres pour être un peintre remarquable. On a raconté plus d'une fois qu'il écrivit et fit jouer au théâtre français une tragédie de *Térée et Philomèle* pour prouver à Lemierre, d'un avis différent, qu'une tragédie était moins difficile à faire qu'un tableau.

412. Précis historique de l'origine de l'Académie royale de peinture, sculpture et gravure, de sa fondation par Louis XIV, et de son rétablissement par Louis XVII. — Paris, 1816, in-8, 48 pp. (5 à 6 fr.).

413. Mémoires pour servir à l'histoire de l'Académie royale de peinture et de sculture depuis 1648 jusqu'en 1664, publiés pour la première fois par A. de Montaiglon. — Paris, 1853, 2 vol. in-16 (10 à 15 fr.).

Il existe deux manuscrits presque identiques de ces mémoires : l'un à la Bibliothèque nationale (in-4 de 576 pages, portant dans le supplément français le n° 339); l'autre aux archives de l'École des Beaux-Arts. Sur le premier feuillet du manuscrit de la Bibliothèque nationale on lit : « *Donné à la Bibliothèque du roy par M. van Hulst le 8 novembre 1745* »; sur le manuscrit de l'École des Beaux-Arts, qui n'est qu'une copie de celui de la Bibliothèque, on lit : « *Henry Van Hulst naquit à Delft, ville de la Hollande, le 24 décembre 1684 et mourut à Paris le 5 octobre 1754. Il était venu en France avec M. Helvétius le père, médecin hollandais. L'utilité de ses travaux pour l'Académie, et son zèle infatigable pour ce qui pouvoit maintenir et tendre à l'observation de sa discipline et de ses usages lui avait valu une place d'amateur honoraire. Il a donné à la Bibliothèque du Roi, le 8 novembre 1745, un exemplaire de ses mémoires écrits de sa main.* »

Quel est l'auteur de ces mémoires? M. de Montaiglon les a attribués à Henri Testelin, un des premiers secrétaires de la compagnie. Cependant, une forte objection se présentait. Les louanges accordées à Henri Testelin dans ces *Mémoires*, ne permettaient pas de croire qu'il en fut l'auteur. En effet, comment admettre que, même sous le voile de l'anonyme, Testelin ait osé écrire : *M. Testelin se surpassa en cette occasion. En peu de jours il minuta plusieurs plans d'une sagesse et d'une solidité admirables.* Si Testelin le pensait, il n'a pu le dire et surtout l'écrire.

D'un autre côté, le rapprochement de deux dates suffisait pour éloigner toute idée d'attribuer ces mémoires à Van Hulst. Il est clair que né en 1684, Van Hulst ne pouvait pas dire en parlant d'événements antérieurs de trente-six années : « *Il n'est aucun de ces faits qui ne me soit passé sous les yeux* ».

Il y avait là un problème; les recherches auxquelles je me suis livré m'ont permis de le résoudre.

Le registre VIII des procès-verbaux de l'Académie royale de peinture et de sculpture, conservés à l'École des Beaux-Arts, contient la mention suivante : *Aujourd'hui samedi, 1er février 1772, l'Académie s'est assemblée pour les conférences. Le secrétaire a continué la lecture des* MÉMOIRES DE M. TESTELIN, RÉDIGÉS PAR FEU M. HULST, *honoraire amateur, sous le titre de Mémoires pour servir à l'histoire de l'Académie royale de peinture et de sculpture.*

Grâce à cette mention, tout s'explique, et il demeure évident que si la première pensée des *Mémoires de l'Académie* appartient à Henri Testelin, s'il en a fait le brouillon, la rédaction officielle, la rédaction académique, les remaniements sont le propre de Van Hulst.

Deux manuscrits conservés à la bibliothèque de l'Arsenal sous les nos 822, 822 *bis*, contiennent la relation de l'établissement de l'Académie. Le manuscrit 822, à la fin duquel on lit « copié par Antoine Sauvageot », ne serait que la copie modifiée comme style du manuscrit 822 *bis* (voy. Paul Lacroix, *Revue universelle des arts*, t. III, p. 431), et le manuscrit 822 *bis* ne serait aussi lui-même que la copie de la première partie de l'*Histoire de l'Académie de peinture et de sculpture à Paris*, que Jean Rou avait entrepris de composer d'après les notes de son ami Testelin, et qu'il n'a pas sans doute achevée. Une note de M. Francis Waddington (*Loc. cit.*, p. 280), nous apprend que les liaisons de Jean Rou, secrétaire interprète des états généraux de Hollande, avec Henri Testelin, réfugié à la Haye peu après la révocation de l'édit de Nantes, sont, en quelque sorte, le point de départ de cette histoire : *composée*, dit-il, *en faveur d'un illustre membre de ce célèbre corps*, avec qui depuis longtemps il était lié d'une amitié fort étroite, et qui, étant secrétaire perpétuel de cette Académie, lui abandonna dans cette vue tous ses registres, d'après lesquels il rédigea son histoire. Notez que cette histoire n'a pas vu le jour. Il n'en a été publié que des fragments. Voy. Waddington dans la *France protestante* des frères Haag.

414. Mémoires inédits sur la vie et les ouvrages des membres de l'Académie royale de peinture et de sculpture, publiés d'après les manuscrits conservés à l'École impériale des Beaux-Arts, par MM. L. Dussieux, E. Soulié, Phil. de Chennevières, Paul Mantz, A. de Montaiglon, sous les auspices de M. le ministre de l'intérieur. — Paris, 1854, 2 vol. in-8 (10 à 12 fr.).

Il est à remarquer que les manuscrits publiés par M. Dussieux et ses collaborateurs sont restés enfouis cinquante ans dans les cartons de l'école avant d'avoir trouvé un éditeur. Ce fut en 1839 seulement (à cette époque on ne connaissait pas tous les noms des membres de l'académie) que M. Dussieux qui travaillait à un dictionnaire encyclopédique de l'histoire de France pour l'*Univers pittoresque* de MM. Firmin Didot, en compulsant ce qui restait des papiers de l'académie pour y chercher des dates certaines, trouva sur un assez grand nombre d'artistes des mémoires qui lui parurent de nature à faire connaître des faits et des travaux complétement ignorés. Il prit copie de ces documents, les publia et parvint à attirer l'attention de tous ceux qui s'occupaient de l'histoire de l'art français. De là, les *Mémoires inédits*.

415. VITET (Louis). L'Académie royale de peinture et de sculpture, étude historique. — Paris, 1861, in-8 (2 à 3 fr.).

M. Vitet a adressé cette étude aux vrais amis de l'école française pour leur bien faire comprendre les questions qui troublaient alors le domaine des arts et le genre de remède que l'académie seule pouvait y apporter. D'un trait aussi précis que rapide il a esquissé le tableau de la malheureuse situation des artistes quand, avant l'établissement de l'académie, ils ne voulaient pas prendre enseigne, se faire apprentis pendant sept ou huit ans et se soumettre aux règles de la maîtrise des peintres, sculpteurs, doreurs et vitriers. « Il est certain, dit M. Vitet, que la faveur des princes devint un abri contre la tyrannie jalouse et mercantile des membres de la maîtrise; à leur corporation on opposa une corporation supérieure, munie de priviléges et qui fut l'académie. »

Au moment même où M. Vitet publiait, dans le *Journal des Savants*, cette belle étude, dont l'objet est plutôt de démêler les origines de l'ancienne académie, de montrer qu'à sa naissance elle répondait à de sérieux besoins, que d'écrire son histoire et de la suivre jusqu'à sa suppression en 1793; à ce moment même, disons-nous, l'académie des Beaux-Arts dans son Dictionnaire (mars 1858), racontait de son côté les luttes de la compagnie dont elle est héritière avec la confrérie de Saint-Luc. « L'Académie des Beaux-Arts, a dit « à cette occasion un brillant critique, qu'elle allait « bientôt appeler dans son sein comme secrétaire « perpétuel, l'Académie parle de cette confrérie et

« de la maîtrise avec une sévérité qui touche parfois « à l'injustice ». — Mais cette sévérité s'explique : c'est le souvenir d'une guerre qui ne dura pas moins de cent trente ans, ou peu s'en faut, car le triomphe de l'Académie ne fut assuré que par la déclaration du 15 mars 1777.

416. Établissement de l'Académie royale de peinture, sculpture et architecture à Toulouse, par lettres patentes du roi, enregistrées au Parlement le 13 janvier 1751. — Toulouse, 1751, in-4.

417. ALGAROTTI (Francesco). *Saggio sopra l'Accademia di Francia che è in Roma.*—Essai sur l'Académie de France à Rome. —Dans ses *Opere scelte*, t. Ier : Milan, 1823, 3 vol. in-8 : — trad. en franç. (par J.-C. Pingeron), sous ce titre : Essai sur la peinture et sur l'Académie de France établie à Rome ; Paris, 1769, in-12 (1 fr.).

Suivant Algarotti, l'idée première de cette académie vint de Lebrun, idée accueillie avec faveur par Colbert et réalisée par l'édit de 1666 qui fonda définitivement cette noble succursale, sur le sol italien, de notre Académie royale de peinture et sculpture. Désorganisée le 25 novembre 1792, par un décret de la Convention qui supprima la place de directeur et mit l'Académie de France sous la surveillance de l'agent français près du saint-siège, elle fut rétablie le 25 octobre 1795 (3 brumaire an IV) par un décret du Directoire. Voir pour plus de détails, l'article *Académie de France* dans le *Dictionnaire de l'Académie des Beaux-Arts.*

418. BALTARD (Victor). Villa Médicis à Rome, dessinée, mesurée, publiée et accompagnée d'un texte historique et explicatif, par V. Baltard, architecte, ancien pensionnaire de l'Académie de France à Rome. — Paris, 1847, in-fol., fig.

Très-belle monographie exécutée avec le plus grand soin.

419. BEULÉ. L'École de Rome au XIXe siècle, par Beulé, secrét. perpétuel de l'Académie des Beaux-Arts. — Paris, Claye, 1863, in-8, 23 pp. (Extrait de la *Revue des Deux-Mondes.*)

420. Académie de France à Rome. Liste des premiers grands prix de peinture, sculpture, etc., depuis sa fondation par le card. Mazarin (1664) jusqu'en 1850 incl. — Paris, in-fol.

Cette liste se compose de six planches lithographiées.

4. *Académie d'architecture.*

421. Lettres patentes, portant établissement d'une Académie d'architecture, données à Paris au mois de février 1717 ; enregistrées au Parlement le 18 juin 1717. — Paris, impr. de Prault, in-4.

L'académie d'architecture établie sur la fin de l'année 1671, doit son origine à la création d'un conseil de bâtiments créé par Colbert vers 1665 ; mais ce qui n'avait été d'abord qu'une simple commission destinée à examiner les projets de Claude Perrault pour l'achèvement du Louvre, devint, entre les mains d'un homme tel que Colbert, vers la fin de l'année 1671, une académie : « préposée au rétablissement de la belle architecture et pour en faire des leçons publiques ». On se demande pourquoi les lettres patentes de cette académie lui furent accordées si tardivement, ainsi que les statuts et règlements qui lui manquaient et pourquoi il fallait attendre que le duc d'Antin songeât à les lui faire avoir. Disons ici, et comme renseignement, que les registres de l'Académie d'architecture déposés aux archives de l'Institut de France, forment onze volumes in-folio manuscrits, contenant les procès-verbaux des conférences de la compagnie depuis le 31 décembre 1771, jusqu'au 5 août 1793. Dans un pays où le goût des études sérieuses serait beaucoup plus enraciné, un pareil recueil aurait depuis longtemps trouvé un éditeur.

422. Lettres patentes en forme d'édit, portant création de huit nouveaux architectes de la seconde classe de l'Académie royale d'architecture ; données à Versailles au mois de juillet 1728. — Paris, 1728, in-4.

423. Lettres patentes, qui fixent le nombre des membres dont les deux classes de l'Académie royale d'architecture seront composées à l'avenir, du mois de juin 1756. — Paris, 1756, in-4.

424. Lettres patentes du roi, portant nouveaux statuts et règlements pour l'Académie royale d'architecture, etc. — Paris, 1776, in-4.

5. *Projets de réforme de statuts et règlements d'académie. — Considérations sur les sociétés des arts en France depuis 1790.*

425. Adresse et projet de statuts et de règlements pour l'Académie centrale de peinture, sculpture, gravure et architecture présentés à l'Assemblée nationale par la majorité des membres de l'Académie royale de peinture et de sculpture en assemblée délibérante. — Paris, 1790, in-8, 85 pp. (3 fr.).

426. DESEINE (Louis-Pierre). Réfutation d'un projet de statuts et règlements pour l'Académie centrale de peinture, sculpture, gravure et architecture, présenté à l'Assemblée nationale par la majorité des membres de l'Académie royale de peinture et sculpture, par M. D. — Paris, 1791, in-8.

427. Adresse à l'Assemblée nationale par les membres de l'Académie d'architecture soussignés, et projet de règlement pour une Académie nationale des arts. *Section d'architecture.* — Paris, 1791, in-4.

428. DESEINE (Louis-Pierre). Considé-

rations sur les académies et particulièrement sur celles de peinture, sculpture et architecture, présentées à l'Assemblée nationale, par M. Deseine, sculpteur du roi. — Paris, 1791, in-8, 35 pp.

Deseine, né à Paris en 1750, mort en 1827, a cela de particulier que ce fut sans maître, dit-on, qu'il étudia la sculpture. En 1780, il remporta le grand prix, et en 1785, il fut agrégé à l'ancienne académie.

429. DESEINE (Louis-Pierre). Notices historiques sur les anciennes académies royales de peinture, sculpture de Paris, et celle d'architecture; suivies de deux écrits qui ont déjà été publiés, et qui ont pour objet la restitution des monuments consacrés à la religion catholique. — Paris, 1814, in-8 (2 à 5 fr.).

430. LAGRANGE (Léon). Des sociétés des amis des arts en France. — Paris, 1861, in-4.

431. Notes sur la Société Schöngauer, fondée dans le Haut-Rhin, en 1847. — Colmar, *s. d.*, in-8, 7 pp.

Créer dans le chef-lieu du département du Haut-Rhin, un cabinet, ou musée d'estampes, afin de répandre la connaissance des maîtres, et par suite de faire naître le goût des arts, tel a été l'objet de la fondation Schöngauer. Cette société a cru convenable de se placer sous le nom d'un chef d'école, de Martin Schöngauer, inventeur, selon quelques-uns, de la gravure au burin. Grand artiste pour son temps, Schöngauer a travaillé à Colmar, où il est mort en 1488; or c'est de Colmar que sont sorties les plus belles estampes de toute l'Allemagne au XVe siècle.

432. Académie des Beaux-Arts. Statuts et règlements. — Paris, 1863, in-18.

6. *Académies et Corporations en Italie et en Espagne.*

433. ROSSI (G.). *Orazione inaugurale per l'apertura*, etc. — Discours pour l'ouverture et l'inauguration de l'Académie des Beaux-Arts à Bologne, année 1804. — In-4.

434. *Regolamenti, statuti*, etc. — Règlements, statuts et projet d'enseignement pour l'Académie royale des Beaux-Arts de Florence. — Florence, 1807, in-4.

435. *Descrizione dell' Accademia delle belle arti di Firenze.* — Description de l'Académie des Beaux-Arts de Florence. — Florence, 1817, in-8, avec le portrait de Michel-Ange (2 fr.).

436. *Memorie e documenti sull' Accademia ligustica delle belle arti, raccolti da Marc. Staglieno.* — Mémoires et documents sur l'Académie des Beaux-Arts de Gênes, recueillis par M. Staglieno. — Gênes, 186 -67, 3 part. in-8, avec pl. gr.

437. *Ordini dell'Accademia de' pittori e scultori di Roma.* — Règlements de l'Académie romaine des peintres et sculpteurs. — Rome, 1609, in-4.

438. ZUCCARO ou ZUCCHERO (Federigo). *Origine e progresso dell' Accademia del disegno dei pittori, scultori e architetti di Roma*, etc. — Origine et progrès de l'Académie de dessin des peintres, sculpteurs et architectes de Rome, avec plusieurs discours recueillis par Romano Alberti, secrétaire de cette Académie. — Pavie, 1604, in-4.

La première idée d'une Académie des Beaux-Arts à Rome appartient à Girolamo Muziano, peintre, graveur et mosaïste distingué. La charge de surintendant des travaux du Vatican lui donnant accès auprès de Grégoire XIII, il voulut en profiter pour remplacer par une compagnie jeune et vivace une confrérie vieille et inefficace, et à cette occasion il obtint un bref du Pape daté du 15 septembre 1577. Mais la mort arrêta l'exécution de ses projets; ce fut Federigo Zuccaro qui eut la bonne fortune de les réaliser seize ans plus tard. Le 14 novembre 1593, Sixte V confirma le bref de Grégoire XIII, et Zuccaro fut acclamé prince de l'académie de Saint-Luc par tous les artistes de Rome qui s'étaient réunis dans la petite église de Saint-Martin au pied du Capitole.

439. *Ordini e statuti dell' Accademia del disegno di San-Luca, corretti e confermati sotto Clemente XI.* — Règlements et statuts de l'Académie de dessin de Saint-Luc, revus et confirmés sous Clément XI. — Palestrina, 1716, in-4.

440. *Statuti dell' insigne Accademia del disegno di Roma, detta di San Luca Evangelista.* — Statuts de l'illustre Académie de dessin à Rome, dite de saint Luc, évangéliste. — Rome, 1796, in-4 (2 fr.).

441. *In lode delle belle arti orazione e componimenti poetici, relazione del concorso dall' Accademia del disegno in S. Luca*, etc. — Discours et compositions poétiques à la louange des Beaux-Arts et relation du concours de l'Académie de dessin de Saint-Luc, en mai 1792. — In-4.

442. MISSIRINI (Melchior). *Memorie per servire alla storia della Romana Accademia di San Luca*, etc. — Mémoires pour servir à l'histoire de l'Académie romaine de Saint-Luc, jusqu'à la mort d'Ant. Canova. — Rome, 1823, in-4 (8 à 12 fr.).

443. *Regolamenti e statuti*, etc. — Règlements et statuts de l'Académie royale de peinture et de sculpture. — Turin, 1788, in-fol.

444. *Statuto e prescrizioni della pubblica Accademia di belle arti, istituita in*

Venezia, etc. — Statuts et prescriptions de l'Académie publique des Beaux-Arts établie à Venise par décret du sénat. — Venise, 1782, gr. in-4.

445. SAGREDO (Agostino). *Sulle consorterie delle arti edificative in Venezia*, etc. — Des sociétés d'architectes à Venise ; études historiques, avec documents inédits.—Venise, 1856, in-8 (3 fr.).

446. SELVATICO (Pietro Estense, marchese di). *Intorno alle condizioni presenti delle arti del disegno e all' influenza che vi esercitano le accademie artistiche*, etc. — De la Condition présente des arts du dessin et de l'influence qu'y exercent les académies. — Venise, 1857, in-8.

447. *Estatutos de la real Academia de San-Fernando.* —Statuts de l'Académie royale de St-Ferdinand. — Madrid, 1757, in-8 (2 fr.).

448. *Distribucion de los premios concedidos por el rey nuestro señor á los discipulos de las tres nobles artes*, etc. — Distribution des prix décernés par le roi, notre maître, aux élèves des trois nobles arts, pour la royale Académie de San Fernando, dans la séance publique du 13 juillet 1796. — Madrid, s. d., in-4.

449. *Noticia historica de los principios, progreso y ereccion de la real Academia de las nobles artes*, etc. — Notice historique touchant les principes, les progrès, la fondation de la royale Académie des Beaux-Arts, sculpture, architecture, établie à Valence sous le nom de San Carlos et indication des prix qui y furent décernés dans la séance du 18 août 1773. — Valence, 1773, in-4.

450. *Constituciones para el gobierno de la junta de comision de arquitectura de la real Academia de S. Carlos.* — Règlements pour le conseil de la Commission d'architecture de l'Académie royale de S. Carlos. — Valence, 1791, gr. in-8 (1 fr.).

E. DE LA RÉGLEMENTATION DES BEAUX-ARTS EN FRANCE ET A L'ÉTRANGER : DÉCRETS, ORDONNANCES, ARRÊTÉS, ETC.

451. Pétition motivée de la commune des arts à l'Assemblée nationale pour en obtenir la plus entière liberté de génie pour l'établissement de concours dans tout ce qui intéresse la nation, les sciences et les arts ; pour réclamer contre l'existence des académies ou autres corps privilégiés, et contre la création d'un corps des ponts-et-chaussées. — Paris (1790-1791), in-8, 16 pp.

La commune des arts fut instituée par l'Assemblée constituante pour dresser l'inventaire de tout ce qui était venu s'entasser à Paris de livres et de tableaux par suite de la suppression des monastères? (Voyez ci-dessous le décret de la Convention nationale du 18 octobre 1792.) Cette pétition motivée est signée par Restout, président de la commune, Turcaty, secrétaire, et Léon Dufourny. Restout (Jean-Bernard) est de tous les peintres de cette famille celui qui obtint le moins de célébrité.

L'émotion universelle produite par la déclaration des droits de l'homme se retrouve dans cette pétition enflammée. « Législateurs, s'écrient les « pétitionnaires, le génie ne peut-être coercé « (*sic*); il règne ou il fuit. Vos immortels tra- « vaux n'opèrent la liberté, que parce qu'ils « sont eux-mêmes l'ouvrage du génie. C'est « donc dans le temple même du génie que le « génie des arts invoque la liberté. » Après un tel début la commune des arts ne pouvait manquer de déclarer : 1° que la formation de tout corps particulier exerçant une profession déterminée est contraire au droit naturel, au droit commun, à la constitution et attentatoire à la liberté; 2° que toutes les académies ayant un régime déterminé par des statuts pleinement aristocratiques, et étant entièrement opposés à tous les principes constitutionnels, ne peuvent subsister avec la liberté; 3° que l'organisation actuelle des écoles, loin de produire l'émulation la détruit, loin de développer le génie le force à suivre l'ornière de la routine, ou l'enferme dans les limites du système de quelque secte.

Enfin, après avoir attaqué vivement le corps des ponts et chaussées qui, sous l'apparence d'une simple direction administrative, est devenu quelque chose de formidable contre la liberté des arts; après avoir allégué que ce corps est si peu utile en réalité que les chemins dans les provinces qui ne sont pas grevées du privilége des ponts et chaussées sont aussi beaux que dans celles sur lesquelles pèse ce privilége, et après avoir combattu, comme fausse, l'idée que des hommes restreints dans un genre d'études l'approfondissent, comme si moissonner et glaner dans le vaste champ des connaissances humaines n'était pas le moyen de se perfectionner, les pétitionnaires, devançant la décision de l'assemblée, croyent entendre ce décret solennel :

« Génie des arts, sois pleinement libre. La « nature le veut, la raison le déclare, la loi le « prononce. Plane donc au-dessus de la France; il « n'est plus de corps, de priviléges, de conditions « ni de tarifs, les Français soumettent toute pen- « sée, toute découverte utile au foyer des con- « cours illimités; ils convoquent tous les hommes « pour cette sublime rivalité des talents. Génie, « prends ton vol, et sème sur eux les étincelles « de ton flambeau! »

452. JANSEN (H.-J.). Projet tendant à conserver les arts en France en immortalisant les événements patriotiques et les citoyens illustres, par H.-J. Jansen, sociétaire de la société nationale des Neuf-Sœurs. — Paris (1791), in-8, 16 pp. (Extrait du « Tribut de la Société nationale des Neufs-Sœurs ».)

L'auteur est très-frappé de l'influence du patriotisme sur les arts, et pour combattre les causes de ruine qui les menacent, il proposerait de consacrer l'immense galerie du Louvre à l'héroïsme du dévouement patriotique. Il serait heureux d'y promener ses regards sur les images des grands hommes qui ont bien mérité de la patrie et sur une suite de tableaux représentant les événements mémorables d'une révolution, l'étonnement et l'admiration de l'univers.

Mais comment arriver à réaliser ce projet ? En supposant, dit-il, que sur les vingt-cinq millions d'âmes qui composent la population de la France, il n'y en eût qu'un million qui voulût contribuer, seulement à vingt sols par tête, à former une caisse, on aurait un million de livres tournois dont voici l'emploi :

Six statues de marbre à 15,000 livres fait.	90,000 livres
Six tableaux d'histoire à 8,000 livr.	48,000 —
Six gravures d'après les statues de marbre.	3,600 —
Six gravures d'après les tableaux d'histoire.	60,000 —
A distribuer aux artistes qui auraient fait les meilleurs modèles, dessins, gravures, etc., d'objets relatifs à la Révolution et aux circonstances actuelles.	98,400 —
Total. . .	300,000 livres

Le reste de la recette serait employé à mettre la *galerie de la liberté* en état de recevoir les monuments qu'on y destinerait : et l'argent qu'on retirerait de la vente des gravures faites d'après les tableaux et les statues, et celui provenant des planches qu'on pourrait acquérir des artistes qui auraient traité des sujets analogues, servirait à exercer des actes de bienfaisance ou d'encouragement aux élèves qui en seraient jugés dignes.

Quel est ce Jansen ? Serait-ce le libraire, le traducteur infatigable (on connaît de lui trente-trois traductions), l'éditeur de l'histoire de l'art de Winckelmann, le bibliothécaire de M. Talleyrand, le censeur impérial ? Sans aucun doute ; et malgré la pauvreté des idées et le mauvais style de cette triste élucubration, nous sommes forcés de la lui attribuer.

453. Décret de la Convention nationale du 18 octobre 1792, l'an Ier de la République française. Réunion des commissions établies pour la conservation des monuments des arts et des sciences. — Paris, imprimerie nationale exécutive du Louvre, 1792, in-4, 4 pp.

« La Convention, dit un écrivain qui s'est chargé de montrer notre grande révolution du côté pacifique et intellectuel, et dans des créations en dehors des actes politiques (Despois, *Le Vandalisme révolutionnaire*), la Convention ne « s'était pas contentée d'édicter des peines sévères « contre ceux qui dégradaient ou détruisaient les « monuments des arts, elle avait chargé une com- « mission spéciale de dresser l'inventaire de tous « les objets précieux. »

Déjà une commission de ce genre avait été instituée par l'Assemblée constituante, dit M. Despois (ouvrage cité), « et ce fut elle qui forma le noyau de la commission des monuments des arts et des sciences, composée de trente-trois membres dont voici la liste : Ameilhon, Barthélemy, Boizot, Brequigny, Broussonnet, Camus, Cassard, Courtois, Dacier, David, Debure, Demonier, Desmarets, Dormesson, Doyen, Dufourny, Leblond, Masson, Mercier, Meunier, Mongez, Moreau, Mouchy, Mulot, Pajou, Poirier, Putod, Regnaud, Vandermont, auxquels furent joints Guyton, Barrère, Dusaulx et Sergent.

454. Décret de la Convention nationale, du 21e jour du 1er mois de l'an second de la République française, une et indivisible, qui accorde un fonds annuel de 100,000 livres, pour dépenses relatives au Musée de la République, et à d'autres objets qui intéressent et les sciences et les arts. — Paris, an 2e de la République (1793), in-4, 2 pp.

455. Décret de la Convention nationale du 6 février 1793, l'an second de la République française, relatif au payement des dépenses faites pour les travaux de la commission des monuments et à l'impression de l'état des gratifications et encouragements distribués pour les arts et les sciences. — Paris, imprim. nationale exécutive du Louvre, 1793, in-4, 2 pp.

Les dépenses de cette commission furent prises sur la somme de trois cent mille livres, assignée pour l'encouragement des arts et des sciences, par décret du 9 septembre 1791.

456. Arrêtés du Comité de salut public, relatifs aux monuments publics, aux arts et aux lettres. Extraits des registres des arrêtés du Comité de salut public de la Convention nationale, 25e jour de floréal, l'an second (1793) de la République française une et indivisible ; signé au registre : Robespierre, Carnot, C.-A. Prieur, B. Barrère, A. Couthon, R. Lindet, Billaud-Varenne et Collot-d'Herbois. — In-4, 21 pp.

Il nous a semblé utile et opportun, dans un moment où la destination et la restauration du palais des Tuileries sont discutées, de rappeler quelles étaient les vues du Comité de salut public sur ce palais. D'autres dispositions ou arrêtés nous montrent que les arts n'apparaissaient à cette époque que comme les messagers du génie révolutionnaire.

1o Mesures définitives pour l'embellissement du palais national (les Tuileries) et de ses accessoires. La cour du palais national, est-il dit dans cet arrêté, sera fermée du côté du Carrousel par un stylobate circulaire. Des figures, représentant les vertus républicaines, seront placées sur des socles portés sur une seule base, symbole de l'unité de la République. Sur la face de chacun des socles du côté de la cour, sera placée une étoile flamboyante qui éclairera le palais national pendant la nuit, etc...... Les deux galeries situées des deux côtés du pavillon de l'Unité, seront réunies en démolissant les murs qui obstruent le passage du côté du jardin. Ces galeries seront ornées des statues des grands hommes. . La terrasse dite des Feuillants sera élargie ; la partie du jardin située au-dessous de cette terrasse sera convertie en palestre qui servira aux exercices gymnastiques des jeunes gens. Il sera construit le long de cette terrasse un portique ouvert au midi dans toute la longueur du palestre. L'intérieur de ce portique sera orné de tableaux capables de développer et de diriger les passions généreuses de l'adolescence.

2o Appel du Comité de salut public aux artistes de la République à concourir à l'élévation d'un monument sur la place de la Victoire à la mémoire des citoyens morts pour la patrie le 10 août 1792. — Les ouvrages seront jugés par le jury des arts. (12 floréal an II.)

3o Arrêté du Comité de salut public par lequel la commission des travaux publics se concertera avec David, député, pour l'exécution la plus prompte du monument en bronze qui doit être élevé sur la pointe occidentale de l'île de Paris, d'après un décret du 27 brumaire et qui doit représenter le peuple français, le fanatisme, le royalisme et le fédéralisme. (5 floréal an II.)

4º Appel du Comité de salut public à tous les artistes de la République à concourir à l'exécution des monuments en bronze et en marbre, qui doivent retracer à la postérité les époques glorieuses de la Révolution française représentée dans la fête de la réunion du 10 août dernier. — Les objets du concours sont : *La figure de la Nature régénérée* sur les ruines de la Bastille. — L'arc triomphal du boulevard italien avec invitation aux architectes de le mieux placer. — La figure de la Liberté sur la place de la Révolution. — La figure du peuple français terrassant le fédéralisme. (5 floréal.)

5º Le Comité de salut public appelle tous les artistes de la République à représenter à leur choix sur la toile, les époques les plus glorieuses de la Révolution française. (5 floréal.)

6º Le Comité de salut public appelle les artistes de la République à concourir à l'exécution de la colonne qui doit être élevée au Panthéon en vertu d'un décret de la Convention nationale en l'honneur des guerriers morts pour la patrie. (5 flor.)

7º Appel du Comité de salut public à tous les artistes pour élever une statue de bronze à J.-J. Rousseau. Ce monument sera placé dans les Champs-Élysées. (5 floréal.)

8º Appel du Comité de salut public à tous les artistes pour transformer en arènes couvertes le local qui servait au théâtre de l'Opéra entre la rue de Bondy. Ces arènes seront destinées à célébrer les triomphes de la République, ainsi qu'aux fêtes nationales pendant l'hiver, par des chants civiques et guerriers.

9º Appel du Comité de salut public aux artistes pour qu'ils proposent des moyens simples et économiques de construire des fermes et des habitations plus salubres. (13 floréal an II.)

457. Rapport et projet de décret relatifs à la restauration des tableaux et autres monuments des arts, formant la collection du Muséum national; par G. Bouquier, au nom du comité d'instruction publique, imprimé par ordre de la Convention nationale. — Décret adopté le 6 messidor l'an deuxième de la République française une et indivisible. — In-8, 8 pp.

Le citoyen Bouquier, secrétaire de la Convention, président du club des Jacobins, commence par reconnaître que les monuments d'art du musée national « doivent servir de modèles aux jeunes républicains qu'un heureux génie entraîne dans la carrière »; mais, si c'est d'après ces monuments que les jeunes gens sont obligés de marcher, il faut que cette marche soit révolutionnaire et dans les sentiers nouveaux que la liberté vient de leur tracer. Le citoyen Bouquier s'élève ensuite avec force contre cette routine française et monarchique qui, asservissant les arts aux caprices du faux goût de la corruption et de la mode, avait rétréci leur génie, maniéré leurs procédés et dénaturé leur but. « Il est temps, dit-il, de substituer « aux enluminures lubriques qui paroient les ap« partements luxueux des satrapes et des grands, « les boudoirs voluptueux des courtisanes, les ca« binets de soi-disant amateurs, cabinets qui, loin « d'offrir, aux yeux, des collections dignes de « déposer en faveur des arts, ne leur présentoient « guère que des *ex voto* déposés par l'immoralité « dans le temple du libertinage; il est temps de « substituer à ces déshonorantes productions des « tableaux dignes de fixer les regards d'un peuple « républicain qui chérit les mœurs, honore et « récompense la vertu. »

Plus loin le citoyen Bouquier déclare que les peintures érotiquement maniérées des Boucher, des Vanloo et de leurs imitateurs doivent disparaître de nos musées, parce que leurs pinceaux efféminés ne sauraient inspirer le style mâle et nerveux qui doit caractériser les exploits révolutionnaires des défenseurs de l'égalité.

Et s'échauffant de plus en plus, le citoyen Bouquier s'écrie : « Retirons de la poussière ces su« perbes morceaux de peinture qui, qualifiés de « *tableaux noirs* par nos enlumineurs, ont dépéri « dans l'oubli; — qu'il ne soit désormais permis « qu'aux ignorants de qualifier de tableaux noirs « ces productions vigoureuses dont l'aspect re« doutable écrasa toujours les salons couleur de « rose, que naguère l'ineptie, la fatuité, la dé« pravation des courtisans proclamoient emphati« quement en présence d'un tyran imbécille, et « des messalines d'une cour infâme, d'une cour « qui n'accueillit jamais que l'ignorance impu« dente, rampant bassement à ses pieds, sous les « noms usurpés des talents ».

Suit le projet de décret ainsi conçu : « La Con« vention nationale, considérant combien il im« porte pour le maintien et le progrès des arts, de « pourvoir à la restauration des monuments pré« cieux qui forment la collection du Muséum na« tional, décrète : Il sera ouvert un concours pour « la restauration des tableaux, statues, bas-reliefs, « et généralement de tout monument de sculpture « formant la collection du Muséum national ».

458. Décret de la Convention nationale, du 12 août 1793, l'an second de la République française, qui ordonne l'apposition des scellés sur les portes des appartements occupés par les académies supprimées par décret du 8 du présent mois. — Paris, l'an II de la République (1793), in-8.

459. Décret de la Convention nationale, du 28e jour de frimaire, an second de la République française, une et indivisible, qui supprime la commission des monuments, et la remplace par une commission temporaire des arts. — Paris, an II de la République (1793), in-4.

Le zèle de la commission des monuments s'étant refroidi avec le temps, et la négligence ayant excité des plaintes, dont, au nom du comité d'instruction, le conventionnel Mathieu-Mirampal se fit l'organe, cette commission fut supprimée et remplacée par la commission temporaire des arts, chargée de l'exécution de tous les décrets concernant la conservation des monuments, des objets de science et d'art, leur transport et leur réunion dans des dépôts convenables. Elle fut chargée en outre de présenter à la Convention nationale des moyens d'assurer dans toute l'étendue de la République la conservation des monuments, objets d'art et de science et bibliothèques, sans autre déplacement que celui que peut nécessiter la conservation même des objets.

460. Compte rendu à la Convention nationale par la Commission supprimée des monuments. — Paris, s. d. (1793), in-8.

461. Procès-verbal de la première séance du Jury des arts nommé par la Convention nationale et assemblé dans une des

salles du Muséum, en vertu des décrets des 9e et 25e jours de brumaire an II de la République française une et indivisible, pour juger les ouvrages de peinture, sculpture et architecture mis au concours pour obtenir le prix. — Paris, an II, in-8.

L'intérêt de cette pièce réside dans les opinions motivées des membres du jury : Gérard, Prud'hon, Fragonard, Topino-Lebrun, Lesueur, Chaudet, etc.

462. Instruction sur la manière d'inventorier et de conserver dans toute l'étendue de la République tous les objets qui peuvent servir aux arts, aux sciences et à l'enseignement, proposée par la commission temporaire des arts et adoptée par le comité d'instruction publique de la Convention nationale. — Paris, an II (1794), in-4, 70 pp.

463. Projet d'organisation d'une nouvelle direction générale des arts, et moyens de les faire fleurir dans toutes les villes de l'empire français. Cette organisation, loin de rien coûter au gouvernement, lui rapportera quatorze millions par an, et mettra à la nomination de l'empereur six cent quatre-vingt-une places. — Paris, septembre 1805, in-8, XIV-44 pp.

L'auteur de ce projet d'organisation se nommait Bernard Dagesci. C'était un amateur qui s'efforça de répandre le goût des arts dans le département des Deux-Sèvres pendant les orages de la Révolution. Peu de temps après la fondation du premier empire, il conçut le projet dont nous donnons le titre. Selon Dagesci, l'empereur nommera un directeur général des arts. Cette direction se composera des membres de la classe des Beaux-Arts de l'Institut et elle aura le titre d'académie impériale de peinture, sculpture et architecture. L'académie choisira six de ces membres, le directeur six autres et dans ces douze noms, l'empereur en nommera six. Quatre de ces six artistes inspecteront la France. Les deux autres auront l'inspection de l'Italie. Lorsque les inspecteurs généraux auront visité les départements et les artistes qui y sont, examiné les services qu'ils ont rendus par leurs ouvrages et les écoles qu'ils y ont établies, ils présenteront un artiste pour être directeur des arts dans chaque département. Il sera établi dans chaque chef-lieu une école gratuite sous la conduite de ce directeur des arts. L'objet de ces écoles sera de pourvoir à l'instruction des élèves des lycées, externes comme internes, et à l'amélioration des arts dans les classes ouvrières dont le métier touche au dessin. Dans sa préoccupation l'auteur ne néglige rien, pas même l'indication du costume. Si les artistes qui sont membres de l'Institut conservent leur uniforme, les associés correspondants de l'Institut porteront sur leurs habits des boutons dorés. Les artistes qui ne seront point employés à la direction générale des arts, et qui payeraient un droit de licence pour l'exercer, porteront des boutons sur leurs habits ; il en sera de même des amateurs qui auraient obtenu ce droit de licence et des dames qui font leur état des arts : elles porteront un collier sur lequel sera une médaille avec les attributs de la section à laquelle elles appartiennent. Quant aux dames ou demoiselles qui exercent les arts pour leurs plaisirs, elles porteront sur leur collier un camée sur lequel est représenté un amour tenant les attributs de la section qui les concerne.

Nous indiquons ici seulement quelques traits de ce singulier projet, de ce casernement des Beaux-Arts. Pour les autres, nous renvoyons le lecteur à la brochure elle-même.

464. Rapport sur les encouragements, récompenses et pensions à accorder aux savants, aux gens de lettres et aux artistes, séance du 17 vendémiaire, l'an III (1795) de la République une et indivisible, suivi du décret de la Convention nationale, et imprimé par son ordre. — In-4.

465. EDWARDS (Edward). *The administrative Economy of the fine arts in England.* — De l'Organisation administrative des Beaux-Arts en Angleterre, par Ed. Edwards, attaché au Musée britannique. — Londres, 1840, in-8.

466. RUSKIN (J.). *The political Economy of Art.* — L'Economie politique de l'art. — Londres, 1857, in-8 (1 fr. 25.).

467. JULLIEN (Amédée). Les Beaux-Arts et leur administration. — Paris, Dentu, 1868, in-8, 171 pp. — 2 fr.

F. L'ART OFFICIEL (*).

SOLENNITÉS ET FÊTES ILLUSTRÉES.

1. Solennités civiles.

(*Entrées de villes. — Sacres. — Baptêmes. — Mariages. — Funérailles, etc.*)

A. Souverains et princes du sang.

1. *Généralités.*

468. *Pandectæ triumphales sive pomparum et festorum ac solemnium apparatuum, conviviorum, spectaculorum, etc., quæ in inaugurationibus, nuptiis... funeribus... Imperatorum, Regum, Principumque edita concelebrataque sunt (a Francisco Modio). Tomi duo.* — (In fine :) Francofurti ad Mœnum, ap. Joh. Feyrabend, impens. Sigismundi Feyrabendi. M.D.LXXXVI (1586), in-fol., fig. sur bois (40 à 50 fr.).

Dans cet ouvrage François Modius, jurisconsulte

(*) Les solennités civiles ont été classées dans l'ordre *historique* des personnages qu'elles concernent.

On n'a pas cru devoir copier servilement les titres des ouvrages anciens, en manière de *fac-simile*, système adopté dans les bibliographies à l'usage des bibliophiles seuls. Tout en observant strictement l'orthographe des originaux, je me suis permis, dans l'intérêt de la clarté, d'ajouter les accents et la ponctuation et de remplacer l'ancienne forme conventionnelle de certaines lettres (tels que les *u* pour les *v* et réciproquement, et les *i* pour les *j*) par leurs équivalents actuels. J'écris donc : *faict*, *feste*, etc., mais je substitue *livre* à *liure*, *jours* à *iours*, etc.

Pour les variations des prix et quelquefois pour certains détails de *bibliophilie* sur les ouvrages de cette série, on peut consulter le *Manuel* de Brunet et le *Trésor des livres* de Græsse. Mes notes signalent les articles qui sont omis dans ces deux grandes bibliographies générales.

et humaniste flamand, traite des triomphes chez les anciens; des jeux et des spectacles; des pompes funéraires, et à la suite de ces trois dissertations, on trouve non-seulement des relations des solennités pendant le moyen âge, mais aussi une quatrième dissertation sur les joutes, les tournois et les combats singuliers dans toute l'Europe. Les figures, finement exécutées, sont de Jost Amman, ou Aman, peintre, graveur sur cuivre et sur bois, né à Zurich en 1539, mort à Nuremberg en 1591. Nagler ne cite pas les *Pandectæ triumphales* dans sa liste des travaux de Jost. Amman, mais il indique le portrait de Sigismond Feyrabend, l'éditeur des *Pandectes*, comme étant l'œuvre de cet artiste aussi fécond qu'habile.

2. *France.*

a. Royaume de France.

469\. L'Entrée de la Royne en sa ville et cité de Paris, imprimée par le commandement du Roy, nostre Sire. — Paris, Geoffroy Tory, 1531, in-4, 28 ff., fig. s. bois (100 fr. et plus).

Joli volume avec encadrements par Geoffroy Tory et sa marque du *Pot cassé.* On y trouve une charmante gravure sur bois, représentant un candélabre offert à la reine par la ville de Paris, avec la mention suivante : *Deseign du present faict à la royne en deux chandeliers.* Sur le premier feuillet on lit ce qui suit : *Il est permis à maistre Geoffroy Tory de Bourges, marchand-libraire, demeurant à Paris, d'imprimer et mettre en vente le présent livre.*

Geoffroy Tory, né à Bourges vers 1480, mort à Paris en 1533, était une de ces brillantes et souples intelligences du seizième siècle, qui comprenaient tout, embrassaient tout et se pliaient à tout : aussi fut-il à la fois linguiste, philosophe, imprimeur, libraire et graveur. On lui doit la gravure d'un nombre considérable de vignettes, marques, frontispices, lettres ornées et devises qui ornent les publications de son temps.

La reine dont l'entrée à Paris est décrite dans cette plaquette, n'est autre qu'Eléonore d'Autriche, seconde femme de François Ier. Guillaume Bochetel a fait le texte.

470\. La Magnificence de la superbe et triomphante Entrée de la noble et antique Cité de Lyon, faicte au très-chrestien roy de France Henry, deuxiesme de ce nom, et à la royne Catherine, son espouse, le 23 septembre 1548. — Lyon, Guillaume Rouille, 1549, in-4, 58 ff., avec 15 grav. sur bois (200 fr. et plus rel. en mar.).

Les gravures qui ornent cette plaquette fort rare sont dues à Bernard Salomon, dit le Petit Bernard (voir *Archives de l'art français*, 2e série, t. Ier, p. 425). La composition est satisfaisante, mais l'exécution laisse à désirer. Le texte a été écrit par Maurice Scève, poëte et savant antiquaire, avec la collaboration de Claude de Taillemont.

Une traduction italienne de cette relation, ornée des mêmes gravures, fut publiée simultanément par le même éditeur, sous ce titre : *La magnifica et triumphale entrata del christianiss. re di Francia Henrico secondo*, etc., in-4, 58 ff.

471\. C'est l'Ordre qui a esté tenu à la nouvelle et joyeuse entrée que très-hault très-excellent et très-puissant prince le roy très-chrestien Henry, deuziesme de ce nom, a faicte en sa bonne ville et cité de Paris, capitale de son royaume, le sezième jour de juing, M.D.XLIX. — Paris, chez Jacques Roffet dict le Faulcheur (1549), in-4, 38 ff., avec 11 pl. sur bois (280 fr. cart. et plus).

Voici une véritable œuvre d'art. Brunet et Aug. Bernard ont supposé que ces onze belles planches pouvaient être attribuées à Geoffroy Tory, le célèbre graveur et imprimeur du roi. Cette hypothèse n'est pas soutenable, car au moment de la publication de ce livre Tory était mort depuis seize années (1533). M. Paul Lacroix, dans le Catalogue de la bibliothèque de Soleinne, soutient que ces figures « sont certainement dessinées par un des élèves du Primatice, sinon par le Primatice lui-même ». Renouvier (et cette opinion est partagée par M. Ambroise Firmin-Didot dans le *Catalogue raisonné* de sa bibliothèque; Paris, 1867, in-8) croit au contraire qu'il y a lieu de reconnaître ici la main de Jean Cousin, particulièrement dans les planches qui représentent *l'Hercule gaulois, la Seine, la Marne, le bon Evénement, l'Arc triomphal* et la figure de *Lutetia, nova Pandora* : « Le dessin, dit M. Renouvier, en « est pur, plein de qualités, et la gravure si ha« bilement ménagée qu'on ne peut la croire d'une « autre main. Il semble qu'un ciseleur seul a pu, « en aussi peu de tailles, fouiller ces têtes piquan« tes, modeler ces corps élégants, friper ces dra« peries; et le ciseleur, qui donc serait-il, sinon « l'auteur du mausolée de l'amiral Chabot? »

Le texte de cette entrée est de Hardouin Chauveau.

Une autre édition, qu'on croit l'originale et qui est identique à la précédente, a été donnée à Paris par Jehan Dallier, s. d., de 41 ff. (le dernier coté 37) et 1 f. blanc. Elle est fort rare et a été payée 710 fr. rel. en mar. à la vente Yemeniz.

472\. L'Entrée de Henri II, roi de France, à Rouen, au mois d'octobre 1550. Imprimé pour la première fois d'après un manuscrit de la bibliothèque de Rouen, orné de dix planches gravées à l'eau-forte par Louis de Merval, accompagné de notes bibliographiques et historiques par S. de Merval. — Rouen, 1868, in-4 obl., 3 ff., 20 pp., XXVII ff. et 10 pp. (Publié par la Société des bibliophiles normands. Tiré à cent exempl.) — 40 fr.

Un heureux coup de main qui rendait à la France les châteaux et les forteresses dont les Anglais s'étaient emparés dans le Boulonnais, une paix glorieuse, un roi jeune et brillant, et pour tout dire, le début d'un règne, une de ces dates où tout le monde espère et où tous les partis se taisent et se recueillent pour mieux observer, donnèrent à cette entrée un caractère particulier de splendeur et de goût. L'opulente bourgeoisie de Rouen voulut surpasser ce qui avait été fait les deux années précédentes à Lyon lors de la première entrée du roi, et à Paris pour son entrée après le couronnement de la reine Catherine de Médicis à Saint-Denis, et pour cela on chercha *de nouvelles et estranges inventions.*

Le souvenir de ces *estranges inventions* ne devait pas être perdu pour la postérité. L'année suivante (1551) parut à Rouen chez Robert le Hoy et Robert et Jehan dictz du Gord, une plaquette très-recherchée des bibliophiles et dont le titre commence ainsi : *C'est la déduction du sumptueux ordre, plaisantz spectacles et magnifiques théâtres, dressés*, etc. (voy. plus bas). Quelques années après, en 1557, Jean Dugord, Dugort ou du Gord qui, avec son frère Robert, avait acquis le partage du privilége concédé à Robert le Hoy pour la publication de l'entrée d'Henri II à Rouen, en fit réimprimer les planches et y ajouta un texte en vers qui paraît avoir été emprunté au manuscrit publié par la Société des bibliophiles. On y trouve cependant de nombreuses variantes et 250 vers de moins environ que dans le manuscrit. Le titre de cette publication, tellement rare qu'on n'en connaît que deux exemplaires, commence ainsi : *Les pourtres et figures du sumptueux ordre, plaisantz spectacles*, etc.

Le manuscrit de Rouen, dont la publication est due à l'intelligente initiative de M. André Pottier, est sur vélin, de 40 feuillets, 3 de garde et 27 de texte, et présente en outre dix miniatures à pleines pages, au bas de chacune desquelles on lit un distique latin en lettres d'or, qui explique le sujet. Huit de ces miniatures représentent le défilé du cortége devant le pavillon élevé à l'entrée du faubourg Saint-Sever, pavillon sous lequel sont abrités le roi, la reine et quelques autres personnages. La neuvième nous montre le cortége traversant le pont de Rouen pour entrer dans la ville. Le fleuve est couvert de barques, Neptune apparaît entouré de ses tritons et de ses tritonides, des canons placés sur la berge saluent de leurs salves le passage du roi. Rouen au fond semble sortir de derrière ses épaisses murailles, et les flèches aiguës de sa cathédrale et d'une dizaine d'églises s'élancent dans les airs. La dixième miniature représente les spectacles en plein vent élevés sur le passage du cortége.

L'auteur de ces petits tableaux où le talent se décèle, car les figures, bien dessinées, sont généralement bien groupées et toujours très-vivantes, serait resté inconnu sans M. Amb.-Firmin Didot, qui croit pouvoir les attribuer à Jean Cousin. L'opinion du premier collecteur de miniatures de notre époque méritant d'être prise en grande considération, nous dirons que M. Didot, dans son *Etude sur Jean Cousin*, s'appuie sur ce que, dans la préface de l'édition de cette entrée donnée par les libraires privilégiés en 1551 (voy. ci-dessous), il est dit que pour célébrer dignement cette *joyeuse et triomphante entrée dans sa bonne ville de Rouen, les échevins*, « *avec grande instance et prières, y mandèrent de loingtains pays souverains et excellentz maistres, en leur art consommez, quoique il y en eust grand nombre de suffisantz et expertz en cette ville* ». « Or, ajoute M. A.-F. Didot, « Jean Cousin fut très-probablement du nombre, « puisqu'il orna de ses gravures sur bois l'édition « imprimée à Rouen en 1551, où sont représentées « avec quelques variantes les principales scènes de « cette même cérémonie; quelques-unes sont « même presque identiques. » Et pour établir que ces mêmes gravures, au nombre de 29, sont de Jean Cousin, M. Didot invoque l'autorité de Papillon, qui, dans son *Traité historique et pratique de la gravure en bois*, Paris, 1766, s'exprime ainsi : « J'ai vu depuis quelques belles figu- « res de Jean Cousin, excellemment gravées en « bois et sans doute de sa main, dans un livre « in-4 de forme presque carrée, où il y a nombre « de planches de toute la grandeur des pages pour « la description de la magnifique entrée du Roi « Henri II et de Catherine de Médicis, sa femme, « dans la ville de Rouen; ce sont la plupart des « groupes de figures marchant quatre à quatre de « front et de la hauteur du doigt. Ce livre, assez « rare, a été vendu par le Hoy, libraire à Rouen ».

473. C'est la Déduction du sumptueux ordre, plaisantz spectacles et magnifiques théâtres dressés et exhibés par les citoïens de Rouen; ville métropolitaine du pays de Normandie, à la sacrée Majesté du Treschristian (*sic*) Roy de France Henry second, leur souverain seigneur, et à tresillustre Dame, ma Dame Katharine de Médicis, la Royne son espouze, lors de leur triumphant, joyeulx et nouvel advénement en icelle ville, qui fut ès jours de mercredy et jeudy, premier et second jours d'octobre 1550, et pour plus expresse intelligence de ce tant excellent triumphe, les figures et pourtraictz des principaux aornementz d'iceluy y sont apposez chascun en son lieu, etc. — Rouen, Robert Le Hoy, Robert et Jehan, dictz du Gord, 1551, pet. in-4, 68 ff. non chiffrées (y compris le carton d'un f.), avec 29 grav. sur bois (250 jusqu'à 800 fr., selon la condition).

Parmi ces planches nous signalerons particulièrement celle qui est intitulée les Captifs et dont l'énergie est remarquable; nous indiquerons aussi le portrait équestre du dauphin, trois chars de triomphe, deux arcs, divers groupes faisant partie d'un cortégé, et la représentation d'une fête brésilienne célébrée à Rouen en 1550.

Cette dernière planche a été reproduite dans une très-intéressante monographie de M. Ferdinand Denis sur cette même fête (Paris, 1850, in-4), fête vraiment brésilienne en effet, car elle eut pour principaux acteurs des sauvages brésiliens, amenés par la marine marchande de Rouen, qui, sous les yeux du roi et de la reine, se livrèrent entièrement aux jeux de leur pays.

M. Ambroise Firmin-Didot possède un exemplaire sur vélin de ce livre remarquable.

474. Bref et sommaire recueil de ce qui a esté faict et de l'ordre tenüe (*sic*) à la joyeuse et triumphante entrée de très-puissant, très-magnanime et très-chrestien prince Charles, IX de ce nom, Roy de France, en sa bonne ville et cité de Paris,... le Mardy sixiesme jour de mars, — avec le couronnement... de madame Elizabet d'Austriche, son espouse, le dimanche vingt-cinquiesme, et entrée de la dicte dame en icelle ville, le jeudi XXIX dudict mois de mars MDLXXI (par Simon Bouquet). — Paris, de l'imprimerie de Denis du Pré, pour Olivier Codoré, 1572, in-4, 54, 10, 28 (le dernier blanc) et 9 ff., avec 16 gravures sur bois par Olivier Codoré, tailleur et graveur de pierres précieuses (300 à 400 fr. rel. en mar.).

Volume divisé en quatre parties, portant chacune une pagination particulière.

Le véritable titre du sacre de la Reine est celui-ci : *C'est l'ordre et forme qui a esté tenu au sacre et couronnement de..... Madame Elizabet d'Austriche, Roine de France, faict en l'Eglise de l'abbaie Sainct Denis en France, le vingt cinquiesme jour de mars* 1571 (avec la date de 1571).

L'entrée de la Reine porte pour titre : *L'ordre tenu à l'entrée de... Madame Elisabet d'Austriche, Royne de France.*

Les deux entrées renferment seize gravures,

neuf pour l'entrée du Roi, sept pour l'entrée de la Reine. Elles représentent les arcs de triomphe, statues, décorations diverses, dressés et exécutés pour le Roi d'abord et plus tard pour la Reine. Médiocres quant à l'exécution, sauf une seule (la pl. 9), ces gravures ne manquent ni de style ni d'une certaine liberté; toutefois, malgré l'autorité de juges compétents, nous attendrons d'autres preuves ou indices pour reconnaître Jean Cousin dans le dessinateur de ces deux entrées.

ENTRÉE DU ROI: pl. 1re. Arc de triomphe, genre rustique, ouvrage toscan, dit le texte, orné des statues de Francion, Pharamond, etc. Cet arc était placé à la seconde porte Saint-Denis, la porte de l'enceinte de Charles V; — pl. 2. Fontaine du Ponceau. Au-dessus d'un groupe de femmes héroïques, Clœlie, Camille, Lucrèce, etc., la France (?) élevant les bras tient une carte sur laquelle on lit : *Gallia*;—pl. 3. Arc de triomphe de la porte aux Peintres. Cette porte, située à l'angle des rues Saint-Denis et Mauconseil, avait fait partie de l'enceinte de Philippe-Auguste; c'était l'ancienne porte Saint-Denis; — pl. 4. Statue de Junon, devant l'église du Saint-Sépulcre. Cette église a été remplacée par la *Cour Batave*; — pl. 5. Statue de l'Hymen, devant la fontaine des Innocents;—pl. 6. Peinture décorative de la place du Châtelet (grande planche, hors texte, pliée, non chiffrée et en dehors de la pagination); — pl. 7. Arc de triomphe du pont Notre-Dame; — pl. 8. Cavalier de la milice bourgeoise de Paris (cortége du Roi); —pl. 9. Grande pièce d'orfévrerie offerte au Roi par le prévôt des marchands, les échevins, etc., représentant le char de l'Olympe.

Comme les planches de l'Entrée de la Reine reproduisent, sauf quelques modifications de détail, les mêmes arcs de triomphe, les mêmes statues, les mêmes décors aux mêmes stations, on n'en parlera point et l'on renvoie le lecteur au livre même.

Codoré, le nom de l'auteur de ces seize gravures, ne serait suivant, Mariette, qu'un surnom, ou plutôt une sorte d'abbréviation de *Coldoré*, épithète donnée à Fontenay, valet de chambre et graveur en pierres fines de Henri IV, en raison du nombre de colliers d'or qu'il portait et dont il avait été décoré. La reine Élisabeth le préféra aux autres graveurs en pierres fines dans un concours qui eut lieu en 1563, concours dont Sa beauté devait être le type. — Voy. Mariette, *Traité des pierres gravées*, t. I, p. 135; — *Abecedario*, t. I, p. 385; — Renouvier, *Des Types et manières des maîtres graveurs*, XVIe siècle, p. 214; — Amb. Firmin-Didot, *Essai typographique et bibliographique sur l'histoire de la gravure sur bois*, p. 187.

475. La Somptueuse et magnifique Entrée du très-chrestien roy Henry III de ce nom, roy de France et de Pologne, grand duc de Lithuanie, en la cité de Mantoue, avec les portraicts des choses les plus exquises. Par B. D. Vigre (Blaise de Vigenère). — Paris, N. Chesneau, 1576, in-4, 48 pp., avec 8 pl. en taille-douce (200 à 400 fr.).

Les planches qui ornent cette relation représentent six arcs de triomphe, et la statue d'OEneus, fils de la nymphe Mantho et fondateur de la ville de Mantoue. On en attribue les dessins aux élèves de l'école du Primatice et la gravure à Jean Rabel.

476. La Joyeuse et magnifique Entrée de monseigneur Françoys, fils de France et frère unicque du roy, par la grâce de Dieu, duc de Brabant, d'Anjou, Alençon, Berry, etc., en sa très-renommée ville d'Anvers. — Anvers, Christ. Plantin, 1582, in-fol., 2 ff., 46 pp. et 1 f., avec 21 pl. à l'eau-forte (100 fr. et plus).

Cet ouvrage, dont les gravures représentent les diverses solennités de l'entrée triomphale du duc d'Anjou à Anvers, après l'heureuse issue de la campagne des Pays-Bas, le 19 février 1582, pour s'y faire couronner duc de Brabant, est important et curieux à plus d'un titre. Il nous montre le cortége du duc, les chars qui en faisaient partie, les arcs de triomphe, les feux d'artifice, le grand serment piété sur la place publique et les théâtres élevés à cette occasion. La magnificence déployée alors frappe d'autant plus que la préface nous apprend que la ville n'eut que six jours pour préparer cette réception pompeuse. On a supposé que ces estampes qui ne portent point de monogramme de graveur, pouvaient être attribuées à Abraham de Bruyn. Le rédacteur du catalogue Soleinne croit au contraire qu'elles devaient être gravées par Phil. Galle, dont le nom se trouve sur une gravure ajoutée à la fin. Or cette gravure ne se trouve pas dans tous les exemplaires.

477. Balet comique de la royne, faict aux nopces de monsieur le duc de Joyeuse et madamoyselle de Vaudemont, sa sœur, par Baltazar de Beaujoyeulx, valet de chambre du roy et de la royne sa mère. — A Paris, par Adrian le Roy, Robert Ballard et Mamert Patisson, imprimeurs du roy, 1582, in-4, 8 ff. prél., 75 ff. ch. et 1 f., 27 pl. gr. à l'eau-forte (300 à 700 fr.).

Livre rare, curieux et recherché.

Les noces du duc de Joyeuse avec la sœur de la reine Marguerite de Lorraine furent célébrées avec une magnificence dont on n'avait point encore eu d'exemple dans notre pays, et ne coûtèrent pas moins de douze cent mille écus. Baltazar, ou plutôt Baltazarini, dit Beaujoyeux, musicien italien, intendant de la musique d'Henri III, eut pour mission d'ordonner les fêtes dont ce mariage fut le prétexte. Le *Balet comique* qui nous donne une idée de ces somptueuses réjouissances, n'est point à proprement parler un ballet comme nous l'entendons. La danse, à cette date, ne jouait dans les ballets qu'un rôle très-secondaire. Celui-ci est plutôt une espèce de divertissement, un petit opéra mythologique, comme ceux que composait Molière pour amuser Louis XIV. Ici la musique et la poésie ont la part principale, et le sujet roule sur la fable de Circé. Les vers sont de la Chesnaye, aumônier du roi, la musique de de Beaulieu, assisté de Salomon et des musiciens de la chambre du roy, et la peinture du ballet, c'est-à-dire les décors, de Jacques Patin, peintre du roi. La planche la plus importante de ce livre, qui représente la *grande salle de Bourbon*, remplie de spectateurs et dans le milieu un seul personnage dansant, est d'un effet très-agréable. La touche est facile et la composition bien entendue.

478. Discours de la joyeuse et triomphante entrée de très-haut, très-puissant et très-magnanime prince Henri IIII de ce nom, très-chrestien roy de France et de Navarre.... faicte en sa ville de Rouen... le Mercredy seiziéme jour d'octobre CIↃIↃXCVI (1596), avec l'ordre et somptueuses magnificences d'icelle, et les portraicts et figures de tous les spectacles et autres choses y repré-

sentez. — Rouen, Raph. du Petit-Val, 1599, in-4, 4 ff. limin. et 88 pp.

Livre des plus rares, enrichi de 19 planches sur bois, dont la gravure marque déjà la décadence qui commence à se produire à cette époque. — Il y a des exemplaires avec l'adresse de Jean Crevel, à Rouen (2020 fr., Ruggieri), et autres (voir Brunet).

479. Les Deux plus grandes, plus célèbres et mémorables Resjouissances de la ville de Lyon. La première pour l'entrée de très-grand, très-chrestien, très-victorieux prince Henri IIII, roy de France et de Navarre. La seconde pour l'heureuse publication de la paix, avec le cours et la suite des guerres entre les deux maisons de France et d'Austriche (par Pierre Mathieu). — Lyon, Thibaud Ancelin, 1598, in-4, 4 ff. lim. et 104 pp., avec 1 gr. planche. = Les Causes, le cours et les effets des guerres entre les deux maisons de France et d'Austriche depuis l'an 1515 jusqu'au traité de paix de Vervins, 1598, avec les feux de joie de la ville de Lyon pour sa publication. — Lyon, Th. Ancelin, 1598, in-4, 2 ff. lim., 84 pp. et 1 gr. grav. (300 fr. et plus).

L'entrée de Henri IV à Lyon eut lieu le 4 septembre 1595, et la relation en a été publiée la même année sous ce titre : *L'Entrée de très-grand, très-chrestien, très-magnanime et victorieux prince Henry IIII*, etc.; Lyon, Pierre Michel, s. d., in-4. Elle est reproduite identiquement dans la première partie du volume ci-dessus, avec un simple changement au titre. On en avait également donné une édition in-fol. à Lyon, 1596.

480. Labyrinthe royal de l'Hercule gaulois triomphant sur le subject des fortunes, batailles, victoires, trophées, triomphe, mariage et autres faicts héroïques, et mémorables de... Henri IIII, roy de France et de Navarre, représenté à l'entrée triomphante de la royne en la cité d'Avignon, le 19 nov. l'an MDC, où sont contenües les magnificences et triomphes dressez à cet effect par ladicte ville. — Chez Iacques Bramereau, imprimeur en Avignon, s. date, gr. in-4, 12 ff. prél. et 244 pp., avec 12 fig. sur cuivre par Greuter, et deux portraits, l'un du roi, l'autre de la reine (100 fr. et plus).

Ce titre bizarre exige une explication. A la nouvelle de l'arrivée prochaine du Roi à Avignon et de l'embarquement de la Reine à Livourne, l'évêque d'Ancône, Charles de Conti, vice-légat à la légation d'Avignon, songeant aux préparatifs nécessaires pour recevoir dignement Leurs Majestés, donna des ordres aux consuls. Ceux-ci réunirent le conseil de la ville, qui chargea de ces préparatifs le collége des Jésuites. C'est donc aux révérends Pères qu'appartient l'idée d'un labyrinthe formé de sept replis ou détours, ornés de sept arcs de triomphe destinés à rappeler les plus glorieux travaux d'Hercule; idée fondée sur la renommée de vaillance d'Henri IV. En effet, par *sa personne, son estoc et sa race* (c'est ainsi que s'exprime l'auteur de cette relation), le Roi peut être appelé l'Hercule gaulois. Victorieux et triomphant, l'Hercule arrive à la majesté et à la gloire après avoir merveilleusement surmonté les plus grands obstacles; et cette comparaison avec Hercule lui paraît excellente, il faut croire, parce qu'il a soin de rappeler que « l'illustre maison de Navarre a « prins sa source de l'ancien Hercule, fils d'Osi- « ris, lequel ayant battu et combattu les Lomi- « niens, qui étaient les trois enfants de Géryon, « tyran des Espagnes, et ayant affranchi ce peuple « de leur servitude, establit en cette monarchie son « fils Hispalus, les nepveux duquel succédèrent « depuis à la couronne du royaume de Navarre ».

L'auteur de la relation où se trouve cette généalogie fantastique est André Valladier, abbé de Saint-Arnoul de Metz. Son texte a été réimprimé dans le *Cérémonial Françoys* de Godefroy, t. Ier, p. 958.

Deux portraits bien gravés; ils portent ces deux anagrammes : Henry de Bourbon, *roy né de Boneur*, et *Marie* de Médicis, [royne ; *je me dis mère d'un roy*.

Cette relation ne nous montre qu'un épisode de cette suite de triomphes qui marqua le passage de Marie de Médicis quand elle traversa la France venant d'Italie.

481. Voyage du roy à Metz, l'occasion d'iceluy : ensemble les signes de resjouissance faicts par ses habitans pour honorer l'entrée de Sa Majesté. Par Abraham Fabert (sieur de Moulins, échevin de Metz). — (Metz), 1610, pet. in-fol., 4 ff. prél. et 72 pp., avec fig. et front. gravés (80 jusqu'à 350 fr.).

L'auteur de la relation de cette entrée, qui eut lieu en mars 1603, fut aussi le plus célèbre imprimeur de Metz. Le volume renferme quinze planches gravées sur cuivre, sans compter le frontispice et les armoiries du duc d'Espernon, auquel l'ouvrage est dédié; l'une et l'autre portent la signature du graveur A. Vallée, ainsi que quatre vues ou cartes de Metz et du pays messin. Les 15 gravures peuvent se détailler ainsi qu'il suit : 2 planches de cortéges, 4 pl. d'arcs de triomphe, 3 pl. : grotte, portique et décoration; 2 pl. fort curieuses, représentant, l'une l'entrée de Henri IV, à cheval, sous un dais, l'autre la compagnie des enfants recevant la reine Marie de Médicis, portée dans une litière également sous un dais; 3 pl. nous montrent un magnifique vase en or ciselé, qui fut offert au roi; des pièces de monnaie de la ville de Metz, dont ce vase était rempli, et enfin un char triomphal « d'orfebvrie excellenment « labouré » qui fut offert à la reine. La dernière des 15 planches représente le combat nocturne et les feux d'artifice de l'invention du sieur Fabert, exécutés dans la grande cour de l'évêché. Cette planche offre un intérêt tout particulier.

Ce volume est devenu fort rare. M. Ambroise Firmin-Didot en possède un exemplaire soigneusement colorié et rehaussé d'or.

482. *Esequie d'Arrigo quarto christianissimo re di Francia e di Navarra, celebrate in Firenze dal ser. don Cosimo II gran duca di Toscana.* — Obsèques d'Henri IV, roi très-chrétien de France et de Navarre, célébrées à Florence par sa seigneurie don Côme II, grand duc de Toscane; décrites par Giuliano Giraldi. — Florence, Sermartelli, 1610, gr. in-4, 51 pp., avec 26 gr. sur cuivre (30 à 50 fr.).

Ce volume présente un grand intérêt historique, en ce que ses eaux-fortes retracent les principaux faits de la vie du roi Henri IV. La première planche porte cette inscription : *Severa pueritiæ disciplina et laconica institutio Henricum ad virtutem et militarem gloriam fingit.* La seconde représente le roi pardonnant à ses ennemis sur le champ de bataille de Coutras. Les autres représentent Henri IV au siége de Paris ; Henri IV à Dieppe ; la prise des faubourgs de Paris ; la défaite de ses ennemis ; la bataille de Jarnac ; la reddition de Chartres ; la victoire de Caudebec ; l'abjuration ; le pardon des rebelles ; l'entrée à Paris ; la reddition de Laon ; la bataille de La Fère et la reddition de la ville ; la réception des légats du Pape ; Amiens délivrée ; la Bretagne soumise ; la paix intérieure rétablie ; Montmelian rendu ; la France agrandie au-delà de la Saône et du Rhône ; le mariage du roi ; la religion protégée ; l'ambassade à la porte Ottomane ; le sacre de Marie de Médicis devenue régente. Toutes ces gravures sont signées A. B. (Bosaccio).

483. Réception de très-chrestien, très-juste et très-victorieux monarque Louys XIII, roy de France et de Navarre, premier comte et chanoine de l'église de Lyon, et de très-chrestienne, très-auguste et très-vertueuse royne Anne d'Austriche, par Messieurs les Doyen, Chanoines et Comtes de Lyon, en leur cloistre et église, le 11 décembre 1522 pour 1622). — Lyon, par Jaques Roussin, 1623, in-fol., 67 pp., avec 7 pl. gr., de C. Audran, Huret et Pierre Faber (100 fr. et plus).

Ce volume se trouve généralement joint au suivant.

483 *bis*. Le Soleil au signe du Lyon, d'où quelques parallèles sont tirez avec le très-chrestien, très-juste et très-victorieux monarque Louys XIII, roi de France et de Navarre, en son Entrée triomphante dans sa ville de Lyon. Ensemble un sommaire récit de tout ce qui s'est passé de remarquable en ladite entrée de Sa Majesté et de la plus illustre princesse de la terre Anne d'Austriche, Royne de France et de Navarre, dans ladite ville de Lyon, le 11 décembre 1622. —Lyon, Jean Jullieron, 1623, in-fol., 4 ff. lim. et 180 pp., avec 12 pl. grav. (50 fr. et plus).

Voilà encore un de ces titres dont la bizarrerie appelle un commentaire. Nous le trouverons dans la préface du livre dont l'auteur s'exprime ainsi : « Sache donc, amy lecteur, que tous nos portiques, pyramide, colonne, temple, fontaine et autres ornements qui ont été vus dans l'enceinte des murailles de la ville, n'ont eu d'autre objet dans l'intention de ceux qui ont conduit cette pompe royale, que de représenter par le soleil au signe du Lyon céleste, notre Roy, lequel parcourant les villes de son Royaume, comme le Roy des planettes sur les signes du zodiaque, est enfin arrivé dans celle laquelle tant pour le autres rapports que pour la ressemblance du même nom, mérite justement d'être appelée à terre le signe du Lyon. »

1re pl., arc de la rue du Pont ; 2° arc de la rue Raisin ; 3° fontaine de l'Hôpital ; 4° colonne du Puys Pelu ; 5° pyramide de la rue [Grenette ; 6° l'arc des Victoires et trophées de Sa Majesté ; 7° temple d'Apollon ; 8° portique à l'extrémité du Pont de Saône ; 9° portique de la place des Changes ; 10° portique de l'issue de la Croisette ; 11° portique de la place St-Nizier ; 12° théâtre et palais construits dans le parc du château de la Motte, situé à l'extrémité du faubourg de la Guillotière.

Ces planches ont été gravées par P. Lefèvre (Faber), Gr. Huret, Autguers, Welthem et Mallery.

L'année suivante, on donna une nouvelle édition de ce volume, avec les mêmes planches, mais avec quelques modifications dans le texte, et sous ce titre changé : *L'Entrée du Roy et de la Royne dans sa ville de Lyon : ou le Soleil au signe du Lyon, d'où sont tirées quelques parallèles*, etc. — Lyon, Jullieron, 1624, pet. in-fol., 4 ff. et 185 pp., avec 12 pl.

Omis par Brunet et par Grässe.

484. Entrée de Loys XIII, Roy de France et de Navarre, dans sa ville d'Arles, le vingt-neufiesme octobre mil six cens vingt-deux. — En Avignon, de l'impr. de Jean Bramereau, 1623, in-fol., 4 ff. prél. et 68 pp., avec 9 pl. grav. (200 fr.).

La première de ces planches représente Louis XIII à cheval avec une pompeuse inscription qui le compare à César. Il faut dire, pour excuser cette grossière flatterie, que la guerre contre les Huguenots durait depuis trois années et que le roi avait déployé un courage héroïque dans cette déplorable lutte contre des Français et des cités françaises. Les autres planches nous montrent six arcs de triomphe et la statue de Boson, roi d'Arles et duc de Bourgogne sous Charles le Chauve.

Le peintre-dessinateur de la fête et des planches était Jean Beuf. Toutes ces gravures, sauf la première, sont médiocres.

Omis par Brunet et par Grässe.

485. La Voye de laict, ou le Chemin des héros au Palais de la Gloire, ouvert à l'entrée triomphante de Louys XIII, roy de France et de Navarre, en la cité d'Avignon, le 16 de novembre 1622, etc. —Avignon, J. Bramereau, 1623, in-4, 6 ff. et 277 pp., fig. (60 à 100 fr.).

Volume fort rare, omis par Brunet et par Grässe, orné d'un frontispice, du portrait de Louis XIII et de huit grandes planches fort remarquables, gravées à l'eau-forte par Louis Palma, Portugais, artiste qui n'est pas cité dans Nagler. Ces huit planches représentent, entre autres, un arc de triomphe surnommé Le *Portail de la Félicité ;* une fontaine appelée *Fontaine de Justice ;* un palais, revêtu du beau nom de *Palais de la Gloire ;* le *Trophée de la Sagesse ;* etc.

486. Discours sur les arcs triomphaux dressés en la ville d'Aix à l'heureuse arrivée de très-chrestien, très-grand et très-juste monarque Louys XIII, roy de France et de Navarre (par de Chastueil-Gallaup). — Aix, par Jean Tholosan, 1624, in-fol., 16 pl. grav. (100 fr.).

Ouvrage rare et curieux, omis par Brunet, orné de huit planches d'arcs de triomphe, de sept planches de tableaux emblématiques et d'un plan d'Aix, le tout gravé par Maretz.

487. La France consolée, épithalamme (en vers) pour les nopces de très-chrestien Louys XIII, Roy de France et de Na-

varre, et d'Anne d'Autriche, Infante d'Espagne (par Favereau, précédé d'une lettre de Malherbe). — Paris, Jean Petit Pas (1625), in-8, 20 ff. prél., 98 pp. et 1 f., titre et vignettes grav. par Crispin de Pas (80 à 150 fr.).

Omis par Brunet et par Grässe.

488. Éloges et discours sur la triomphante réception du Roy en sa ville de Paris, après la réduction de la Rochelle (par J.-B. Machaud, jésuite), accompagnez des figures, tant des arcs de triomphe, que des autres préparatifs. — Paris, Pierre Rocolet, 1629, in-fol., avec 16 pl. gr., la première par A. Bosse, les autres par Melchior Tavernier et P. Firens (100 à 500 fr.).

« Cet ouvrage », dit son auteur, le jésuite Machaud, « est un éloge parfait des douze qualités « royales qui triomphent avec le Roy. L'on ne loue « que douze grandeurs dans un Hercule et le so- « leil n'a que douze signes à passer. Les Roys, « qui sont les flambeaux de l'univers, ceux que « Dieu nous donne pour nettoyer les vices et « maintenir les hommes en leur repos, doivent « pareillement avoir les douze excellences que « nous avons ici remarquées. »

Or, ces douze excellences furent glorifiées sur le passage du Roy revenant de la Rochelle, par douze arcs de triomphe reproduits dans douze planches. Ainsi : 1° L'arc de triomphe de la *Clémence* du Roi, érigé à l'entrée du faub. Saint-Jacques ; — 2° celui de la *Piété* du Roi ; — 3° la *Renommée* du Roi, au pont-levis de la porte Saint-Jacques ; — 4° l'*Amour du peuple*, à la porte de l'enceinte ; — 5° la *Justice* du Roi ; — 6° l'arc de triomphe élevé à la fontaine Saint-Benoist, en l'*honneur des batailles navales* du Roi ; — 7° l'arc de triomphe élevé à la fontaine Saint-Severin et dédié à la *Prudence* du Roi ; — 8° une façade dédiée à la *Majesté* du Roi, au Châtelet du côté de la tour Saint-Jacques ; — 9° le temple de la Force, dédié aux *Prouesses* du Roi, sous les voûtes du Châtelet ; — 10° l'arc de triomphe, pour les *Récompenses militaires présentées au Roy par l'Honneur* (façade du Châtelet du côté de Notre-Dame) ; — 11° l'arc de triomphe élevé à la *Magnificence* du Roi, sur la digue proche du Marché-Neuf ; — 12° l'arc de triomphe à *l'éternité de la Gloire du Roy* (pont Notre-Dame).

Ces douze planches sont précédées par une gravure d'Abraham Bosse, qui nous montre les députés de la Rochelle aux pieds de Louis XIII. Elle manque souvent.

Les trois dernières planches représentent trois chars qui figurent : l'Age d'or, — le Cirque romain, — le Vaisseau de la ville de Paris. Tous trois faisaient partie du cortège.

489. *Medicea Hospes, sive descriptio publicæ gratulationis qua serenissimam augustissimamque Reginam Mariam de Medicis excepit senatus populusque Amstelodamensis, auctore Caspare Barleo.* — Amstelodami, 1638, in-fol., 62 pp. de texte. — Edition française : Marie de Médicis entrant dans Amsterdam, ou Histoire de la réception faicte à la Reyne, mère du Roy très-chrestien, par les bourgmaistres et bourgeoisie de la ville d'Amsterdam. Traduicte du latin de Gaspar Barleus. — Amsterdam, Jean et Corneille Blaev, 1638, in-fol., 96 pp. — Edition hollandaise : *Blyde inkomst der allerdoorluchtigste Koninginne Maria de Medicis t'Amsterdam*, etc. — Ibid., 1639, in-fol. (20 fr. et plus).

Ces trois éditions sont ornées de mêmes planches gravées sur cuivre, au nombre de seize, plus un beau portrait de Marie de Médicis placé en tête du volume. Ces planches dessinées par Chr. L. Moyaert, par S. de Vlieger (pl. 6 et 14) et par Martsen de Jonge (pl. 16), et gravées en partie par S. Savry, ne représentent que des cortèges et des scènes allégoriques. Elles sont assez remarquables.

Il y a encore une dix-septième planche, dite des *quatre bourgmestres*, mais elle manque généralement.

« D'une chose puis-je vous assurer, » dit un jour Henri IV à Marie de Médicis, « c'est qu'étant « de l'humeur que je vous connais, et prévoyant « celle de votre fils, vous entière, pour ne pas dire « têtue, et lui opiniâtre, vous aurez assurément « maille à partir ensemble. » De là les malheurs de cette reine si peu digne d'intérêt. De là ces années traînées dans un exil supporté sans fermeté. Après avoir refusé obstinément de se retirer à Florence, Marie quitta les Pays-Bas pour se mettre sous la protection du prince d'Orange. Tel est le sujet de ce livre dont les allégories font songer à celles employées par Rubens pour éterniser la mémoire du mariage de Marie de Médicis avec Henri IV.

Si la réception fut pompeuse, l'hospitalité dont elle était en quelque sorte l'enseigne, ne fut pas de longue durée. Au bout de quelques mois, craignant d'être inquiétés par la France, les Hollandais prièrent la reine d'abréger son séjour parmi eux et la forcèrent pour ainsi dire de passer en Angleterre.

490. Histoire de l'entrée de la Reyne, mère du Roy très-chrestien, dans les provinces unies des Pays-Bas. Par le S. de la Serre. — Londres, par Jean Raworth, 1639, in-fol., 53 ff. 2 front., et 14 pl. (100 fr. et plus).

Volume fort rare, omis par Brunet, orné des portraits du prince et de la princesse d'Orange, et de 12 planches, dont une de très-grand format, par W. Hollar.

491. Histoire de l'entrée de la Reyne, mère du Roy très-chrestien, dans la Grande-Bretaigne. Enrichie de planches. Par le sieur de la Serre, historiographe de France. — A Londres, par Jean Raworth, pour George Thomason et Octavian Pullen, 1639, in-fol., 8 ff. prél., dont 1 front., 28 ff., 12 grav. de la grandeur de la page (non compris le front.) dans le texte et hors texte, et une planche double qui se déploie (150 fr.); — réimp. avec notes en anglais : Londres, 1775, in-4 (10 fr.).

Forcée, comme on l'a vu plus haut, de sortir de la Hollande, Marie de Médicis passa en Angleterre. Or les planches, au nombre de 10, du curieux et rare ouvrage dont nous parlons, représentent les faits et gestes de la mère de Louis XIII depuis l'instant où elle met le pied sur le sol anglais, jusqu'au moment où elle reçoit les hommages des magistrats de Londres. La planche 4 nous montre donc le débarquement de la reine à Harwich ; — la pl. 5, son entrée à Colchester ; — la pl. 6, Charles Ier, son gendre, venant au-devant d'elle à Midlemead la Salve; — la pl. 7, Marie de Médicis et Charles Ier quittant le château de Gidde Halle; — la pl. 8, l'entrée de Marie de Médicis à Londres; — la pl. 9, la reine d'Angleterre se jetant aux pieds de sa mère à l'entrée du palais de Saint-James; — la pl. 10, le cercle de leurs Majestés dans la chambre de présence à Saint-James; — la pl. 11, les feux d'artifice sur la Tamise la nuit qui suivit l'entrée de Marie de Médicis; — les pl. 12 et 13, les membres du conseil privé, le lord maire et les aldermans venant la saluer.

Sauf le front. et les pl. 1, 2 et 3, gravées sur cuivre, à ce qu'on croit par W. Hollar, dont l'une représente le roi couronné par la Justice; l'autre, la *Reine servant de miroir à la vertu*, deux fades allégories comme les aimaient nos pères, et la troisième, l'hommage à la reine par son gendre et sa fille, toutes les autres planches sont des eaux-fortes assez gauchement exécutées. La planche 8, qui est double, paraît être une fidèle et intéressante représentation d'une grande rue de Londres au XVIIIe siècle.

Jean Puget de la Serre, l'auteur de cette relation, était garde de la bibliothèque de Gaston, frère de Louis XV, historiographe de France et conseiller d'Etat. Saint-Amand disait de lui : « La Serre qui livre sur livre desserre ».

492. *Esequie di Maria regina di Francia e di Navarra, celebrate in Firenze*, etc. — Service funèbre de Marie, reine de France et de Navarre, célébré à Florence par ordre de Ferdinand II, grand duc de Toscane, et décrit par Simon di Giovanniberti. — Florence, Massi et Landi, 1643, in-4, titre gravé, 47 pp. et 3 pl. par Étienne Della Bella (10 fr.).

Omis par Brunet.

493. *Esequie della Maestà christianiss. di Luigi XIII, il giusto, Rè di Francia e di Navarra. Celebrate in Firenze*, etc. — Service funèbre en l'honneur de S. M. très-chrét. Louis XIII, le Juste, roi de France et de Navarre, célébré à Florence par Ferdinand II, grand duc de Toscane, et décrit par Carlo Dati. — Florence, 1644, in-4, 58 pp., titre et 3 gr. pl. grav. par Ét. Della Bella (5 à 10 fr.).

André Cavalcanti, Fr. di Raffaello Rondinelli, Girolamo Bartolomei, Mario Guiducci et Carlo Dati furent chargés d'ordonner et d'*historier* cette cérémonie funèbre.

Omis par Brunet et par Grässe.

494. Description et interprétation des portiques érigés à l'entrée de très-hault et très-puissant prince Louis de Bourbon, prince de Condé, etc., en la ville de Dijon, le 30 septembre 1632 (par Estienne Breschillet, avocat). — Dijon, par Guy-Anne Guyot, 1650, in-fol., 123 pp., plus 2 cahiers non paginés, et 6 fig.

Omis par Brunet et par Grässe.

495. *Feste theatrali per la* Finta pazza *drama del signor Giulio Strozzi*, etc. — Fête théâtrale pour la *Folie feinte*, drame du seigneur Giulio Strozzi, représenté sur le théâtre du Petit-Bourbon, à Paris, en 1645, et de Giacomo Torelli de Fano, inventeur, dédié à Anne d'Autriche, reine régnante de France. Avec privilége. — S. l. n. d. (Paris, 1645), pet. in-fol., avec un front. et 5 pl. grav. par Cochin.

En 1645, Mazarin fit venir de Venise des acteurs. C'était pour plaire à la reine Anne d'Autriche qui aimait les spectacles et les fêtes. Ils apportèrent une pièce célèbre dans toute l'Italie, *La Finta pazza*, dont le sujet était Achille à Scyros. Jacopo Torelli, que Mazarin avait attiré, dirigea le jeu des machines. Le succès fut universel, et le public, pris d'admiration, donna à Torelli le surnom de *grand sorcier*.

On sait que ce fut au théâtre du Petit-Bourbon, c'est-à-dire dans une vaste galerie restée debout après la destruction de l'hôtel du connétable de Bourbon, que fut représentée *La Finta Pazza*, devant la reine, devant Louis XIV enfant, devant toute la noblesse.

On joint quelquefois à cet ouvrage : Décorations et machines apprestées aux nopces de Tétis, ballet Royal, représenté en la salle du Petit-Bourbon par J. Torelli; Paris, 1654, in-fol., avec un front. et 10 pl. gravées par Israël Silvestre, d'après les dessins de Franquart et les inventions de Torelli.

496. *Balletti d'invenzione nella* Finta Pazza, di G.-B. Balbi. — Ballet composé pour la *Folie feinte*, par J.-B. Balbi. — Pet. in-4 obl., 12 pl.

Ballet d'un goût un peu hasardé, a dit un grand musicien, homme d'esprit, Fr. Halévy (*Dict. de l'Académie des Beaux-Arts*, au mot *Académie de musique*); ballet, qui n'était, d'ailleurs, qu'un moyen de faire trouver moins long les entr'actes de la pièce précédente, pièce à machines. C'était d'abord une entrée de balayeurs, puis une troupe de sauvages, avec chiens, oiseaux et ours. Mais, si le goût a dû souffrir du spectacle en lui-même, il ne peut qu'être satisfait de la reproduction qui en a été faite à l'eau-forte par le peintre-graveur Valerio Spada. Le titre est encadré de la façon la plus heureuse dans un cartouche composé des figures du ballet. Rien de plus joli, de plus vrai que les personnages du ballet lui-même. Callot, auquel ils font songer, n'aurait pas mieux fait. Nagler se trompe quand il attribue l'idée de ce ballet à Etienne Della Bella. Il est probable qu'il n'avait pas tenu comme nous le livre entre ses mains.

497. La Pompeuse et magnifique Cérémonie du sacre du Roy Louis XIV, fait à Rheims le 7 juin 1654, représentée au naturel par ordre de leurs Majestés (par le chevalier Avice). — Paris, impr. de Edme Martin, 1655, in-fol., 8 ff., avec 3 belles pl. d'après Le Pautre (40 à 50 fr. et bien plus, selon la condition).

498. Douze Tableaux du Roy très-chrestien Louis XIV auguste, de la Reine Anne d'Autriche, de Monsieur, frère unique du Roy, Philippe, duc d'Anjou, de l'éminentissime cardinal Jules Mazarin, exposés sur des arcs de triomphe après le sacre de Sa Majesté, etc., par M. N. Lescalopier (texte latin et français). — Paris, Louis Chamboudry, 1655, in-4, avec 13 figures.

Omis par Brunet et par Grässe.

499. Les Réjouissances de la Paix faites dans la ville de Lyon le 20 mars 1660. — A Lyon, par Guillaume Barbier, imprimeur, et Jacques Justet, aussi imprimeur, 1660, in-fol., 3 ff. lim. et 50 pp., avec 18 gr. pl. grav. par Auroux (60 fr.).

Cette paix, signée dans l'île des Faisans, le 7 novembre 1659, reçut le nom de Paix des Pyrénées. Elle eut pour résultat le mariage de Louis XIV avec l'infante Marie-Thérèse d'Espagne. Comment fut-elle proclamée à Lyon ? Voilà ce que nous apprend le livre de Guillaume Barbier et de Jacques Justet, qui nous offrent par cela même une piquante révélation sur la hiérarchie et la composition du conseil municipal de cette grande cité, il y a deux cents ans.

« L'après-dîné, dit l'auteur de la relation (le père « Menestrier, comme on le verra plus bas), on fit « cette même publication dans diverses places « de la ville en cet ordre : MM. du Siège présidial, vêtus de robes rouges, avec MM. les Prévôts « des marchands, échevins et autres officiers de la « ville, vêtus de leurs habits de cérémonie, commencèrent à publier la paix à la porte du palais « par Angoulême, vêtu de sa cotte d'arme, et « après quoi ils marchèrent tous en cavalcade en « bel ordre par toute la ville. » Quel est cet ordre ? C'est ce que nous indiquent les planches où l'on voit :

La compagnie du Guet, — les trompettes du Roy et de la ville, — le Héraut d'armes, — M. le greffier — les huissiers du Siége — les mendeurs de la ville ; — puis, par groupes de trois ou de quatre, le lieutenant-général de la sénéchaussée — le lieutenant criminel — le prévôt des marchands.

Dans le groupe suivant :

Le lieutenant particulier de la sénéchaussée — l'assesseur criminel ; — au troisième rang, le magistrat de la sénéchaussée et les deux conseillers à ladite sénéchaussée ; — au quatrième rang, deux autres magistrats de la sénéchaussée — le procureur de cette même snéchaussée ; — au cinquième rang, le contrôleur des rentes, l'avocat et procureur général de la ville — le secrétaire de la ville — une compagnie du Guet.

Là ne se bornèrent point les réjouissances. Un très-beau feu d'artifice fut tiré sur la Saône. La joie fut même si vive que chaque quartier tint à honneur d'avoir son feu d'artifice. De là seize feux et par suite seize planches.

Ce livre fut publié à l'insu du père Menestrier et sans son nom. Mais la même année, une nouvelle édition où il était nommé, et avec les mêmes planches augmentées d'une nouvelle, vint le rétablir dans ces droits. Cette deuxième édition porte l'adresse de Lyon, B. Coral, 1660 ; in-8°, 3 ff. prél., 54 et 32 pp. (voir Brunet, art. Menestrier).

500. *Pompa funebre nell' esequie celebrate in Roma al cardinal Mazarini*, etc. — Service funèbre célébré à Rome en l'honneur du cardinal Mazarin, à l'église de SS. Vincent et Anastase. Inventé, décrit et dédié par l'abbé Elpidio Benedetti à S. E. le duc Armand Mazarin, grand maître d'artillerie de France. — Rome, 1661, 5 part. en 1 vol. in-fol., 16, 16, 15, 18 et 22 pp., front. et 5 pl. dessin. par D. Barrière (20 à 30 fr.).

Un beau frontispice, représentant les trois Parques, dessiné et gravé à l'eau-forte par J.-Bapt. Gallostruzzi, Florentin. Les autres planches, non moins belles, représentent la décoration extérieure de l'église, un riche catafalque, et les décorations intérieures. Les quatre dernières parties du volume contiennent un éloge funèbre en quatre langues, italienne, espagnole, latine et française.

Volume rare, omis par Brunet et par Grässe.

501. L'Entrée triomphante de leurs Maiestez Louis XIV, roy de France et de Navarre, et Marie-Thérèse d'Austriche, son espouse, dans la ville de Paris..., au retour de la signature de la paix générale (26 août 1660) et de leur heureux mariage. Enrichie de plusieurs figures, des harangues et de diverses pièces considérables pour l'histoire, le tout exactement recueilly par l'ordre de messieurs de Ville (par Jean Tronçon, avocat au Parlement). — Paris, Pierre Le Petit, 1662, in-fol., avec 19 pl. grav. par J. Marot et Chauveau, d'après J. Le Pautre, et le portrait de Louis XIV, gravé d'après Mignard, par Van Schuppen (30 fr. et plus) ; — nouv. édit. sous ce titre : Histoire de la triomphante entrée du Roy et de la Reyne dans Paris, le 26 aoust 1660, avec la représentation des arcs triomphaux qu'on y avait élevés et toutes les autres magnificences. — Paris, 1665, in-fol., avec frontispice gravé par Chauveau, portrait de Louis XIV, texte gravé et 22 pl. d'après J. Le Pautre.

On sait que le mariage de Louis XIV avec Marie-Thérèse d'Autriche, fille de Philippe IV, roi d'Espagne, fut le couronnement de la paix des Pyrénées, signée en 1659. Le jeune roi alla chercher la jeune reine à la frontière et la ramena à Paris où ils firent une entrée solennelle, le 26 août 1660. Le cortége, les décors, les arcs de triomphe, le feu d'artifice, sans parler des harangues, donnèrent un si beau lustre à cette solennité que le conseil municipal de Paris, à cette date, c'est-à-dire le Prévôt des marchands et les échevins, ordonnèrent que « le tout serait recueilli et imprimé ». De là le livre que nous signalons et dont les gravures, au nombre de 24 dans la seconde édition, sont l'œuvre des premiers graveurs du temps : Chauveau, Jean Marot, Le Pautre, Cochin de Troyes, Flamen, et Nicolas Poilly. Ici ce dernier se distingue par un très-beau portrait de Louis XIV à l'âge de 20 ou 22 ans, d'après Mignard.

Le frontispice, fort bien gravé par Chauveau, nous montre le jeune roi assis sur son trône et auquel le prévôt des marchands et les échevins présentent, à genoux, la relation de l'*Entrée triomphale*.

Suit une épître dédicatoire au lecteur, gravée et encadrée dans des chiffres et des fleurons ; puis on arrive à la 3e planche qui représente Leurs Majestés passant en revue (entre le bois de Vincennes et la ville) la milice de Paris. Les autres planches nous montrent : l'arc de triomphe à l'entrée du faubourg Saint-Antoine (par J. Marot) ; — l'entrée du pont dormant de la porte Saint-Antoine (Marot) ; — l'arc de pierre sur le pont dormant de la porte Saint-Antoine (Marot) ; — la porte de la ville du côté de Saint-Antoine ; — le Parnasse, carrefour de la fontaine Saint-Gervais ; — le pont Notre-Dame réparé et enrichi (Marot) ; — l'arc de triomphe au bout du pont Notre-Dame du côté de la Cité ; — l'arc de triomphe au Marché-Neuf (Marot) ; — le plan de la place Dauphine (Marot) ; — l'amphithéâtre de la place Dauphine (Marot) ; — l'obélisque (Lepautre ?) ; — la façade de l'Hôtel de ville du côté de la place de Grève (Marot) ; — le trône élevé sur le vaste emplacement nommé aujourd'hui place du Trône (Marot); — l'hôtel de Beauvais, rue Saint-Antoine, d'où la reine-mère vit passer le cortége (Marot). Les 5 planches qui suivent, si elles étaient numérotées, répondraient aux nos 18, 19, 20, 21, 22; elles sont consacrées au cortége qui se déroule dans l'ordre que voici : Le clergé tant séculier que régulier, l'université, les magistrats de la ville, MM. du Châtelet, de la cour des monnoyes, de la cour des aides, les membres de la chambre des comptes, les membres du parlement, les équipages de son éminence le cardinal Mazarin, les écuries du roi, la chancellerie, la maison du Roy, les seigneurs de la cour, les officiers de la couronne, le Roy, les princes du sang, princes et ducs, la reine et sa suite, les gardes du corps à cheval et les gendarmes qui ferment la marche. La représentation de ce cortége offre le plus grand intérêt au point de vue des usages, du costume et de l'histoire. La vivacité spirituelle du burin, la variété, la justesse des attitudes, voilà ce qui caractérise cette œuvre remarquable. Tout porte à croire que ces planches sont l'œuvre de Cochin de Troyes dont le talent offre beaucoup d'analogie avec celui de Callot, le célèbre graveur lorrain.

L'avant-dernière se rattache au *Te Deum* chanté à Notre-Dame. Par dérogation à un ancien usage, ce *Te Deum* ne fut chanté que le lendemain, c'est-à-dire le 27 août. Des tapisseries occupent dans le chœur la place des belles boiseries qu'on y voit aujourd'hui. Cette planche est encore de Marot; enfin la dernière, toujours de Marot, représente une galère de 72 pieds de long, la pièce principale du feu d'artifice qui fut tiré le 29 d'août en face le Louvre.

502. *Il Mondo piangente e il cielo festeggiante nel funerale apparato dell' esequie celebrate in Roma nella chiesa di S. Luigi de' Francesi, alla gloriosa memoria di Anna d'Austria*, etc. — Le Monde en pleurs et le ciel en fêtes, à l'occasion de la cérémonie funèbre célébrée à Rome dans l'église de Saint-Louis des Français, en l'honneur de la glorieuse mémoire d'Anne d'Autriche, reine de France. — Rome, 1666, in-fol., avec un front. gravé par Vidman, et trois gr. pl. grav. par Flamen d'après Benedetti.

Omis par Brunet et par Grässe.

503. *Esequie d'Anna Maria Maurizia d'Austria, regina di Francia*, etc. — Service funèbre célébré à Florence en l'honneur d'Anne-Marie-Maurice d'Autriche, reine de France; décrit par Louis Rucellai. — Florence, 1666, in-4, avec une gr. planche (2 fr.).

Omis par Brunet et par Grässe.

504. Courses de testes et de bague, faites par le Roy et par les princes et seigneurs de sa cour en l'année 1662 (rédigé par par Ch. Perrault, avec une relation en vers latins, par Fléchier). — Paris, 1670, gr. in-fol., 96 pl. avec un texte (100 à 200 fr.). — Autre édition avec ce titre latin : *Festiva ad capita annulumque decursio*, etc. — Paris, 1660, gr. in-fol.

On connaît cette imitation toute pacifique des tournois du moyen âge, si fort à la mode en Italie, vers la fin du seizième siècle et au commencement du dix-septième. Je dis toute pacifique, car elle consistait principalement dans la formation d'un certain nombre de cavaliers divisés par groupes, chargés de représenter, sous un costume plus ou moins fantaisiste, les diverses grandes nations du globe. Enfiler des bagues au grand galop, enlever avec la lance ou l'épée des têtes de Turc ou de Maure, faites de carton ou d'osier, tels étaient d'ordinaire les exercices en honneur dans les carrousels. Parfois on y ajoutait des chars montés par des personnages mythologiques, et de là, suivant toute apparence, le nom de carrousel, car un char se dit en italien *carro, carroza*, d'où notre mot français : carrosse. Une reine, restée italienne, bien que reine de France, introduisit ce spectacle à Paris. Bassompierre parle dans ses Mémoires du très-beau carrousel que Marie de Médicis ouvrit, en 1622, à la place Royale, mais qui fut éclipsé par le carrousel que fit Louis XIV, en 1662, sur la place qui en a pris le nom. Cette fête fut une des plus magnifiques de la jeunesse du grand roi. Il est vrai qu'elle ne coûta pas moins de douze cent mille francs.

A cette date (1662), on remarquait entre les anciens murs de Paris et à l'est des Tuileries, des terrains vagues sur lesquels on éleva un vaste amphithéâtre, capable de contenir des milliers de spectateurs. Or le 9 juin de la même année, les Parisiens virent se déployer de grand matin les suisses et les troupes françaises dans les rues où devait passer le cortége, dont l'itinéraire fut tracé ainsi qu'il suit : la place Vendôme, point de départ; la rue Saint-Honoré, la rue de Richelieu et la rue Saint-Nicaise, par où l'on devait déboucher sur le Carrousel. Cinq quadrilles composaient le cortége : le quadrille des Romains, commandé par le roi; le quadrille des Perses, par son frère Gaston; le quadrille des Turcs, par le prince de Condé; le quadrille des Indiens, par son fils, et celui des Américains, par le duc de Guise. Rien de plus brillant, de plus fantasque que le costume des princes et seigneurs qui caracolaient au milieu des quadriges, et de plus extravagant que les panaches qui ornaient leurs têtes et qui égalaient presque ceux qu'exhibait l'Italie en pareille occasion.

S'il nous fallait maintenant parler des trompettes, des timballiers qui précédaient chaque quadrige, des palfreniers qui suivaient tenant en main des chevaux richement enharnachés, cette note deviendrait trop longue, et nous aimons mieux renvoyer à l'ouvrage lui-même, un des plus beaux volumes du *Cabinet du Roy*. Nous nous bornerons à dire que les sept premières planches nous montrent la marche du cortége de la place Vendôme au Carrousel; viennent ensuite trente planches consacrées à représenter, sur une plus grande échelle, tous les personnages dont se composait le cortége; enfin trois grandes planches doubles. — Nous ne dirons rien du grand nombre de celles qui représentent les devises et écussons des jouteurs, et nous montrent : 1o la disposition des quadrilles dans l'amphithéâtre; 2o la course de têtes; 3o la course de bagues.

Cette belle publication ne serait-elle pas traitée par des graveurs aussi habiles qu'Israël Silvestre, pour les vues et les ensembles, et Chauveau, pour les figures, qu'elle serait digne d'intéresser ceux que préoccupe l'archéologie parisienne. Ces planches mettent sous nos yeux le Paris de 1662 et révèlent en même temps de bien curieux détails.

En tête, on trouve un frontispice très-bien gravé par Rousselet. Le titre de l'ouvrage est inscrit sur un cippe surmonté d'un excellent buste de Louis XIV, et au pied duquel sont entassés pêle-mêle les attributs des exercices du carrousel et de l'hippodrome. Le fond représente la place Royale, le jour du Carrousel de 1662, à-propos historique heureusement trouvé.

505. Les Plaisirs de l'isle enchantée, course de bague, collation ornée de machines, comédie meslée de danse et de musique, ballet du Palais d'Alcine, feu d'artifice, et autres festes galantes et magnifiques, faites par le roy à Versailles le 7 may 1664, et continuées plusieurs autres jours. — A Paris, chez Robert Ballard, 1664, in-fol., 71 pp. pour les deux premières journées et 12 pp. pour la troisième, avec 9 gr. pl. dessin. et grav. par Israël Silvestre (50 à 80 fr.); — une autre édit., *ibid.*, 1673, in-fol. (30 à 40 fr.).

L'édition originale que possède M. A. F.-Didot, contient la première édition de la relation des trois premières journées qui se composent : la première, d'une course de bagues avec des vers de Benserade; la seconde, de la représentation de la *Princesse d'Elide* de Molière (dont cette journée nous donne l'édition originale complète, avec ses intermèdes et ses arguments); la troisième journée est l'édition originale du *Palais d'Alcine*, ballet dont les vers sont de Benserade.

Les Plaisirs de l'île enchantée que nous voyons ici publiés à part, forment le douzième volume de la grande et magnifique collection connue sous le nom du *Cabinet du Roy* (voyez plus loin). Les planches furent d'abord tirées sans texte avec cette indication : *Isr. Silvestre delineavit et sculpsit.*

506. Relation de la feste de Versailles. Du 18 juillet 1668 (par A. Félibien). — Paris, impr. roy., 1679, in-fol., avec 5 pl. grav. par Le Pautre (30 à 40 fr.).

Le 2 février 1668, le roi partait subitement de Saint-Germain pour la Franche-Comté et s'emparait de cette province. Le 2 mai 1668, la Hollande, l'Angleterre et la Suède, qui s'étaient liguées contre lui, le forçaient à signer le traité d'Aix-la-Chapelle, par lequel il conservait la Flandre et rendait la Franche-Comté. Le 18 juillet, il donnait une fête dans les jardins de Versailles « pour réparer dit Félibien, historiographe de France, ce que la Cour avait perdu dans le carnaval pendant l'absence du Roi ». Collation, comédie, etc., rien ne fut épargné pour satisfaire la Cour, et, du reste, les gravures de Le Pautre peuvent en témoigner. Ces gravures, au nombre de cinq, représentent : 1° la collation dans le petit parc; 2° la comédie : — c'est-à-dire *les Fêtes de l'Amour et de Bacchus*, le premier opera de Quinault; 3° le souper dans le petit parc; 4° le bal; 5° l'illumination.

507. Les Divertissemens de Versailles donnez par le Roy à toute sa Cour au retour de la conqueste de la Franche-Comté en 1674 (par Félibien). — Paris, impr. roy., 1676, in-fol., avec 7 pl. grav. par Le Pautre et des culs-de-lampe par Séb. Leclerc (30 à 40 fr.).

Dans le prologue du *Malade imaginaire*, la déesse Flore chante :

Vos vœux sont exaucés, Louis est de retour,
Il ramène en ces lieux le plaisir et l'amour.

En effet, Louis XIV était de retour de cette fameuse campagne dans laquelle il s'était dédommagé de la perte de la Hollande par la Franche-Comté conquise pour la seconde fois et définitivement conquise. Donner une fête à la Cour dans cette circonstance, c'était chose indiquée, car il y avait un précédent : le roi revenait, en 1674, vainqueur de la Franche-Comté, comme il en était revenu en 1668.

Cette seconde fête n'aurait été qu'une assez fade copie de la première, si elle n'avait été relevée par deux particularités de haut goût qui se rattachent à l'histoire de l'académie royale de musique et du théâtre français; nous voulons parler d'une représentation de l'*Alceste* de Quinault et de Lulli, dans la cour de Marbre, et de celle du *Malade imaginaire*, sur un théâtre de circonstance construit dans le parc. Louis XIV vit pour la première fois cette immortelle satyre des médecins, mais il la vit hors de la présence de Molière. Ce grand homme venait de mourir.

Quelle était donc la force d'abstraction de nos pères ! Pour eux, le décor, la mise en scène, la fidélité du costume, n'étaient point la condition impérieuse de l'illusion théatrale. *Alceste* fut représenté dans cette fête entre deux rangées de caisse d'oranger et deux rangées de piédouches chargés de girandoles. (Voy. la gravure de Le Pautre, pl. 1re. Telles étaient les coulisses ; la façade du château sur la cour de Marbre servit de toile de fond.

Le *Malade imaginaire* termina la troisième journée (19 juillet 1674). Le Pautre nous montre (pl. 3) Argon dans un fauteuil entouré de trois femmes : Angélique, Béline et Toinette (?). Un orchestre nombreux, au bas de la scène, nous rappelle que le *Malade imaginaire* porte le titre de *Comédie-Ballet.*

Un concert sous la feuillée dans le jardin de Trianon (pl. 2, grav. de Chauveau), un banquet dans la cour de Marbre (pl. 4), une illumination, un feu d'artifice, ces accompagnements obligés de toutes les fêtes, complètent ce souvenir des divertissements de Versailles, reproduits, du reste, dans le XIIe vol. du *Cabinet du Roy.*

508. *Roma festeggiante nel monte Pincio negli applausi alle glorie della pietà del christianissimo Lodovico il Grande, in occasione della da lui estirpata eresia, mediante l'Editto di Fontanabló*, 1685, etc. — Rome en fête au mont Pincio pendant les réjouissances faites à la gloire de la piété du roi très-chrétien, Louis le Grand, à l'occasion de l'hérésie extirpée par lui au moyen de l'édit de Fontainebleau de 1685, et aussi pour le recouvrement de sa santé; fêtes célébrées par le cardinal d'Estrées, duc et pair de France. Publié par le père Coronelli. — S. l. n. d., in-fol., 3 ff. et 70 pp., avec 5 gr. figures (30 à 60 fr.).

Volume peu connu et fort rare. Les historiens de Louis XIV ont paru ignorer ces fêtes célébrées à Rome en l'honneur de la révocation de l'édit de Nantes. Les cinq planches qui ornent cette relation sont de Vinc. Mariotti et de Petro Santi. A la suite du texte italien se trouve une traduction française. — Omis par Brunet et par Grässe.

509. Pompe funèbre du prince Louis de Condé à Paris, le 10 mars 1687. — Gr. in-fol., 6 pl. grav. par Dolivar et Le Pautre, d'après J. Bérain.

510. La Statue de Louis le Grand, placée dans le Temple de l'honneur. Dessin du feu d'artifice dressé devant l'hôtel de ville de Paris, pour la statuë du Roy qui doit y estre posée (par le sieur Beausire, architecte de la ville). — Paris, Nic. et

Ch. Caillou, 1689, in-4, 29 pp. et 1 f., avec 1 gr. pl. grav. par Le Pautre.

Fort rare.

511. Discours sur les arcs triomphaux dressés en la ville d'Aix, à l'heureuse arrivée de monseigneur le duc de Bourgogne et de monseigneur le duc de Berry (par Pierre de Chastueil-Gallaup).—Aix, Jean Adibert, 1701, in-fol., 5 ff. prél., 74 pp., et 4 grav. à l'eau-forte par J.-Cl. Cundier (30 à 70 fr.).

Le duc de Bourgogne, c'est Louis de France, fils du Grand Dauphin et père de Louis XV; le duc de Berry, c'est son frère cadet, Charles de France.

L'épître dédicatoire est signée : Chastueil Gallaup, tandis qu'un sonnet sur l'auteur est adressé à M. de Gallaup de Chastueil, écuyer. Dans la préface, il nous apprend que son père s'était chargé en 1622 d'organiser à Aix la réception de Louis le Juste, et que son aïeul avait travaillé aux dessins de la porte royale de la ville de Marseille.

Les eaux-fortes de ce volume sont d'une bonne exécution et chacune est consacrée à un arc de triomphe dont la décoration et les emblèmes méritent d'être signalés.

Pl. 1, l'*arc de l'avenue du faubourg des Cordeliers*. Cet arc s'élevait au milieu des orangers, des grenadiers, des citronniers; de chaque côté, deux statues, la *Provence*, et la ville d'*Aix*. — Pl. 2, l'*arc de la porte des Augustins*, surmonté de la statue de C. Sextius Calvinus, proconsul, fondateur de la ville d'Aix. Au-dessous, un grand tableau qui représente Raymond Béranger et son épouse, Louise de Savoye, félicitant Louis XIV de l'élévation de M. le duc d'Anjou au trône d'Espagne. — Pl. 3, au *bout du cours, allée du côté droit*. Trois tableaux dans l'attique. Celui du milieu représente une séance d'*une cour d'amour*. Des dames sont au nombre des conseillers de ce parlement provençal : Etiennette, dame des Baux, fille du comte de Provence; Adelasie, vicomtesse d'Avignon, etc. Les deux peintures à droite et à gauche représentent l'exécution des arrêts de la cour d'amour qui condamne à être passés par les verges ceux qui ont mal parlé des dames ou des dons d'amour. — Pl. 4, l'*arc de triomphe près du palais*. La peinture du milieu nous montre la statue de Thémis au milieu d'un temple orné des statues de huit rois qui ont fondé les tribunaux chargés de rendre la justice dans ce palais. Le tableau de droite représente Louis de Forbin, ambassadeur de Louis XII, plaidant pour la défense de certains droits ou privilèges de la ville. Le tableau de gauche montre la publication (devant le palais) de la confirmation, par Louis XIV, des privilèges de la ville, le roi déclarant en outre que *le Parlement d'Aix est le principal instrument de toutes les villes de son royaume en son obéissance.*

512. Décorations faites dans la ville de Grenoble, capitale de la province du Dauphiné, pour la réception de Mgr. le duc de Berry. Avec des réflexions et des remarques sur la pratique et les usages des décorations (par le P. Menestrier). — Grenoble, A. Fremon, 1701, in-fol., 70 et 24 pp., avec 7 pl. et 2 vignettes grav. par M. Ogier, d'après P. Sevin (50 fr.).

Six arcs de triomphe et un feu d'artifice.

513. L'Auguste piété de la royale maison de Bourbon, sujet de l'appareil fait à Avignon pour la réception de Monseigneur le duc de Bourgogne et de Monseigneur le duc de Berry, etc., par le P. J.-J. Boutous, de la Compagnie de Jésus. — Avignon, Franç.-Séb. Offray, 1701, in-fol., 5 ff., 138 pp. et 1 f., avec 6 grav. (20 à 40 fr.).

Ouvrage rare, à peine cité par Brunet (voir à l'art. DISCOURS). Le sieur Cotelle, de l'Académie royale, fournit les dessins des peintures et en conduisit les ouvrages avec P. Perru. Les costumes sont de l'invention de P. D. B. Daugard, dont une planche, gravée à l'eau-forte, fort belle, se trouve à la page 134 : elle représente un chevalier et un officier de l'arc de la compagnie de M. le marquis de Dorsan (?). Les cinq autres planches, gravées par L. David, représentent quatre arcs de triomphe, érigés à la mémoire d'Henri IV, de Louis XIII et de Louis le Grand, en comptant celui de la porte de la ville, et une statue.

514. Réjouissances faites à Lyon pour la naissance de Monseigneur le duc de Bretagne. Par le R. P. de Colonia, de la Compagnie de Jésus. — Lyon, Ant. Briasson, 1704, in-4, 38 pp., avec 3 fig., dont 2 arcs de triomphe grav. par Ogier, d'après Labe (30 à 50 fr.).

515. Relation du service solennel fait à Rome dans l'église royale et nationale de S. Louis, pour monseigneur Louis, dauphin de France, le vendredi 18 septembre 1711. — Rome, 1713, in-fol., pl. gr.

Ce volume est orné de neuf planches y compris le portrait et le frontispice, gravés par Jérôme Trezzo.

516. Le Sacre de Louis XV, roi de France et de Navarre, dans l'église de Reims, le dimanche 25 octobre 1722 (rédigé par Danchet). — (Paris, s. d.), très-gr. in-fol., avec 72 grav. des différents artistes et des plans levés et dessinés par Bullin (100 à 300 fr., selon la condition).

Louis XV n'avait que cinq ans quand il hérita de la couronne de France; douze ans quand il fut sacré. La plupart des historiens ne parlent point de ce sacre. Mais le souvenir, fort heureusement pour les curieux et les artistes, en est conservé dans le splendide volume dont nous venons de donner le titre et où il est dit que c'est en voyant la rareté des ouvrages de ce genre que l'on a conçu la pensée de le publier. « En effet, ajoute « l'auteur de la relation, ce qu'on connaît du « sacre d'Henri III ne se trouve que sur de « vieilles tapisseries qui le reproduisent d'une « manière inexacte. Trois planches de Lepautre et « une tapisserie d'après Lebrun : voilà tout ce « qu'on possède du sacre de Louis XIV. »

Si donc vous voulez avoir les notions les plus exactes sur une tradition, — je ne dirai point une institution, — condamnée par la marche des esprits, ouvrez le sacre de Louis XV.

Neuf grandes planches brillamment exécutées, et riches de détails, rendent sans doute avec fidélité tous les détails de ces cérémonies compliquées. Elles nous font comprendre que si la curiosité de l'assistance peut être excitée, la piété brille ici par son absence. Ces planches représentent le *lever du Roi* (par Duchange); — *le Roi allant à l'église* (par Larmessin); — *le Roi attendant la sainte ampoule* (par Beauvais); — *le Roi prosterné de-*

vant l'autel (par Cochin); — *la cérémonie des onctions* (par Larmessin); — *le couronnement du Roi* (par Tardieu); — *le Roi mené au trône* (par Tardieu); — *la cérémonie des offrandes* (par Desplaces). La dernière planche est consacrée au *festin royal* (par Dupuis).

Celles qui viennent après représentent tous les grands officiers de la couronne, tous les dignitaires de l'Église et de l'Etat dans des costumes préparés pour la cérémonie : par exemple le maréchal de Villeroy en connétable, le duc d'Orléans en duc de Bourgogne.

Le texte est gravé. De magnifiques bordures l'encadrent et des vignettes l'illustrent. Chaque vignette est une allégorie qui correspond à quelque cérémonie du sacre : ainsi la France couverte de son manteau, sur le char du Soleil sortant de l'Océan, nous annonce que le roi vient de se lever.

L'académicien Danchet, sous la surveillance de l'abbé Bignon et de M. de Boze, fut chargé, par le duc de Gesvres, de la composition et du choix des allégories, et toute une cohorte d'hommes de talent se virent appelés à illustrer ce livre monumental. Nous citerons : d'Ulin, de l'Académie Royale de peinture, chargé de la partie la plus considérable de l'ouvrage : des allégories, bordures, cartouches et devises ; — Perrot, peintre des Menus-Plaisirs ; Larmessin, Beauvais, Desplaces, Dupuis, Edelinck, Chéreau, Audrand, Petit, Haussard, Jaurat, Claude Drevet.

517. Relation des cérémonies observées à l'occasion du mariage du roy (avec Marie Leczinska). — Paris, 1725, in-4, avec une gr. planche représentant l'entrée de la reine à Versailles (40 fr.).

518. Description de la feste et du feu d'artifice qui doit être tiré à Paris sur la rivière au sujet de la naissance de Monseigneur le Dauphin, par ordre de Sa Majesté catholique Philippe V et par les soins de leurs excellences M. le marquis de Santa Cruz et de M. de Barrenechea, ambassadeurs extraordinaires et plénipotentiaires du roy d'Espagne, le 31 janvier 1730. — Paris, 1730, in-4, 31 pp. et 3 gr. pl. sur cuivre qui se déploient, par Servandoni (80 à 150 fr.).

Louis, Dauphin, fils de Louis XV et de Marie Leczinska, né à Versailles le 4 septembre 1729, mort à Fontainebleau le 20 décembre 1765. « Jamais nouvelle, dit l'auteur de la relation, ne « fut plus agréable à Leurs Majestés catholiques « que celle de la naissance du Dauphin. Dans les « temps les plus difficiles, le roi d'Espagne (Phi- « lippe V) a toujours conservé pour le Roy son « neveu cette tendresse paternelle dont il a donné « des marques dans toutes les occasions. » — Le Roi d'Espagne ordonna donc à ses plénipotentiaires de faire non-seulement une fête publique, mais même de la faire supérieure à tout ce qui serait fait en cette occasion. Trois grandes planches très-bien gravées représentent : 1° Le plan et la vue du feu d'artifice tiré sur la Seine en face du palais des quatre Nations ; — pl. 2. L'illumination de l'hôtel de Bouillon. Sur la façade on lit : *Hispaniæ Galliæque felicitas* ; — pl. 3. Vue de la salle de festin et de bal construite dans le jardin de l'hôtel de Bouillon.

Ouvrage omis par Brunet et par Grässe.

519. Description des festes données par la ville de Paris, à l'occasion du mariage de madame Louise-Élisabeth de France, et de Dom Philippe, Infant et grand amiral d'Espagne, les vingt-neuvième et trentième août mil sept cent trente-neuf. — Paris, P.-G. Le Mercier, 1740, gr. in-fol., 22 pp. et 14 pl. (dont 9 doubles et 5 simples), grav. par Blondel (et l'une par Cochin fils), d'après Salley, Gabriel, Servandoni et Bonneval (20 à 60 fr.).

Cet infant, Don Philippe, grand amiral d'Espagne, fils du roi d'Espagne Philippe V et d'Élisabeth Farnèse, obtint, par le célèbre traité d'Aix-la-Chapelle, la souveraineté des duchés de Parme, de Guastalla et de Plaisance (1748). Son mariage avec Madame Louise-Élisabeth, fille de Louis XV, précéda cet événement.

Les planches gravées par J.-Fr. Blondel représentent : 1° Le plan géométral de la partie de la Seine où fut donnée la fête ; — 2° le temple de l'Hymen, décor du feu d'artifice placé sur le terre plein du Pont-Neuf ; — 3° et 4° élévation géométrale du trône construit pour que Leurs Majestés voient la fête, exécuté sur les dessins de Gabriel ; — 5° le plan et l'élévation géométral du salon de musique élevé au milieu de la rivière entre le Pont-Neuf et le Pont-Royal ; 6° et 7°, les bateaux illuminés. La planche 8 donne l'élévation géométrale de la terrasse du bord de l'eau où se trouvaient les tentes pour la suite de Leurs Majestés. La planche 9 nous offre une vue générale de cette fête sur la Seine avec tous ses décors, illuminations et feux d'artifice. Les dernières planches nous montrent le bal de l'Hôtel de ville dans la nuit du 30 au 31 août, avec plans et coupes. Enfin, cette série se termine par la reproduction du décor de la terrasse du château de Versailles, décor occasionné par le mariage d'une fille de France.

En dehors de ces quatorze planches, on y trouve un fleuron (au frontispice) dessiné par Bouchardon et gravé par Soubeyran, et une grande vignette, servant d'en-tête, dessinée et gravée par Jac. Rigaud, représentant une joute sur la Seine. Omis par Brunet.

520. Représentation des fêtes données par la ville de Strasbourg, pour la convalescence du roi, à l'arrivée et pendant le séjour de Sa Majesté en cette ville : inventé, dessiné et dirigé par J. M. Weis, graveur de la ville de Strasbourg. — Imprimé par Laurent Aubert à Paris (1744), gr. in-fol., avec 12 pl. (20 à 70 fr. et plus).

La plupart des biographes ne parlent point de la réception de Louis XV à Strasbourg le 5 octobre 1744. Cette entrée, très-brillante, comme le montre le bel ouvrage dont nous donnons le titre, excite un nouvel intérêt quand on sait dans quelles circonstances cette entrée eut lieu. Le roi, qui, le 8 août, était si dangereusement malade à Metz qu'on le croyait perdu, par son retour à la santé fit éclater dans toute la France la joie la plus vive. Paris accueillit la nouvelle de sa guérison avec transport, et Strasbourg reçut Louis XV convalescent avec la même allégresse.

Un beau portrait équestre de Louis XV, gravé par G. Wille, d'après Parrocel (la tête peinte par Chevallier d'après un buste exécuté par J.-B. Le Moine), ouvre la série des gravures dues à l'invention de Weis et au burin de Le Bas. Elles nous montrent :

1° L'arrivée du Roi aux portes de Strasbourg ; — 2° l'entrée du Roi par le faubourg de Saverne ; — 3° la vue d'une place de Strasbourg, du côté du faubourg de Saverne ; — 4° le Roi devant la principale porte de la cathédrale; — 5° feu d'artifice tiré sur la rivière d'Ill en face du palais épiscopal; — 6° les réjouissances sur la place de l'Hôtel de ville; — 7° la vue de l'illumination de la cathédrale et notamment de la flèche; — 8° l'illumination de la façade du palais épiscopal; — 9° offrande du vin d'honneur à Sa Majesté par le corps des tonneliers de Strasbourg, leurs exercices et leurs jeux sur la terrasse du palais épiscopal; — 10° exercices de la bague et de l'oie par les bateliers et pêcheurs de Strasbourg; — 11° exercices à l'épée et danses sur la terrasse épiscopale par les boulangers de la ville.

Omis par Brunet et par Grässe.

521. Journal de ce qui s'est fait pour la réception du Roy dans sa ville de Metz, le 4 aoust 1744, etc. — Metz, veuve de Pierre Collignon, 1744, petit in-fol., 83 pp., avec 8 gr. pl. grav. par L.-F. Mangin (30 à 50 fr.).

Volume rare, mais dont les planches sont au-dessous du médiocre. Elles représentent des arcs de triomphe, des cortèges et des médaillons.

522. Fêtes publiques données par la ville de Paris à l'occasion du mariage de monseigneur le Dauphin (avec Marie-Thérèse, infante d'Espagne), les 23 et 26 février 1745. — Paris, 1745, gr. in-fol., texte gravé et 20 gr. pl. grav. par Le Bas, d'après Ch. Hutin (20 fr. et plus).

On a vu plus haut, n° 518, l'indication des fêtes qui furent données à l'occasion de la naissance de Louis, Dauphin, fils de Louis XV et de Marie Leczinska. Ici nous voyons de quelle manière la ville de Paris célébra le mariage du jeune prince français avec une princesse espagnole. Nous allons voir ci-dessous, n° 523, de quel genre de fêtes son mariage avec une princesse allemande fut l'occasion.

Appeler le plus grand nombre des habitants de la ville à se réjouir, tel a été le problème posé, dit l'auteur de la relation, et voici comment il a été résolu. De grandes salles couvertes, mais ouvertes de tous les côtés, furent élevées dans divers quartiers de Paris, pour le peuple, qui, le jour de la célébration du mariage à Versailles, le 22 février, eut toute liberté de manger, danser et s'ébattre dans ces halles de plaisir. Il usa largement de la permission, et les scènes d'ivresse et de gloutonnerie, rendues par le crayon de Hutin et le burin de Le Bas, le certifient.

Notez que pendant qu'on se grisait à Paris, toutes les pompes de la monarchie se déployaient à Versailles. La calcographie du Louvre, vol. 31, renferme quatre planches dessinées et gravées par les deux Cochin, père et fils, qui représentent: le mariage de Louis, Dauphin de France, avec Marie-Thérèse, l'infante d'Espagne, dans la chapelle du château de Versailles; la décoration de la salle de spectacle, dans le manége de la grande écurie de Versailles, pour la représentation de la *Princesse de Navarre*, comédie-ballet; la décoration du bal paré donné par le roi dans la même salle de spectacle; la décoration du bal masqué donné par le roi dans la grande galerie de Versailles.

Ce serait pécher par omission que d'oublier de dire que Paris voulut rivaliser avec Versailles. Les dernières planches du volume indiqué en commençant cette note nous montrent un bal paré et masqué donné dans la cour de l'Hôtel de ville, transformée en une salle magnifique, que sa grandeur rendait le centre de la fête.

523. Fête publique donnée par la ville de Paris à l'occasion du mariage de Monseigneur le Dauphin, le 13 février 1747 (avec Marie-Josèphe de Saxe). — Paris, 1747, in-fol., 2 ff. pour le titre et le front., et 12 pp. de texte, avec 7 gr. pl. (20 fr. et plus).

C'est au second mariage du Dauphin Louis, fils de Louis XV, que cette relation s'applique. La nouvelle épouse était fille d'Auguste II, électeur de Saxe et roi de Pologne, et de Marie-Josephe, archiduchesse d'Autriche. Sur huit enfants qu'elle donna à son mari, il n'en resta que trois: Louis XVI, Louis XVIII et Charles X.

Autorisés par le Roi, le prévôt des marchands et les échevins firent construire cinq chars : celui de *la Guerre*, de *l'Hymen*, de *Cérès*, de *Bacchus;* le cinquième figura le *Vaisseau de la ville*. Après avoir parcouru Paris, ces chars se réunirent sur la place Vendôme, firent le tour de la statue du Roi et rendirent plus agréable encore leur présence par des distributions.

Les gravures qui accompagnent cette relation en ont fait une véritable œuvre d'art, et, si la fête en elle-même peut paraître manquer d'ampleur, elle a été reproduite par les mains les plus habiles.

Les personnages et les chevaux sont touchés d'une manière vive et spirituelle. Rien de plus habile, de plus fin que la planche dernière qui montre les cinq chars tournant autour de la statue du Roi sur la place Vendôme. Le frontispice, largement traité, ouvre bien cette série de petits chefs-d'œuvre.

Le texte de cette solennité est de Lattré, encadré de bordures exécutées par P.-F. Tardieu. Le frontispice allégorique a été gravé par J.-J. Flipart, d'après le dessin de Michel-Ange Slodtz.

Il y a eu deux tirages de ce volume, dont le premier se distingue à la faute du titre qui porte: le 13 *février* 1742 pour 1747.

Omis par Brunet et par Grässe.

524. Plans et dessins des constructions et décorations ordonnées par la ville de Paris pour les réjouissances et à l'occasion de la publication de la paix, le 12 janvier 1749.—Pet. in-fol. obl. avec 6 pl.

Ces six planches représentent l'élévation et les décors du feu d'artifice de la place Dauphine, le dessin des orchestres et les buffets de distribution. Il faut en convenir, ces réjouissances paraissent aussi tristes que la paix qui leur sert de prétexte. En effet, cette paix, signée à Aix-la-Chapelle le 18 octobre 1748, fut l'abandon de toutes nos conquêtes, et la rupture de l'unité du corps germanique qui se partagea, dès lors, entre deux puissances prepondérantes, l'Autriche et la Prusse.

525. Relation de l'arrivée du roi (Louis XV) au Havre de Grâce, le 19 septembre 1749, et des fêtes qui se sont données à cette occasion. — Paris, 1753, gr. in-fol., 2 ff. et 16 pp., 6 pl. dessin. par Descamps et grav. par J.-Ph. Le Bas (20 à 60 fr.).

La paix étant rendue à l'Europe par le traité d'Aix-la-Chapelle (1748), Louis XV voulut en profiter l'année suivante pour visiter le Havre de Grâce, et y assister aux manœuvres de la marine. Deux hommes de talent, Descamps, professeur de dessin à l'académie de Rouen, et Le Bas, premier graveur du cabinet du roi, s'associèrent pour enrichir la description de ces fêtes dont l'insignifiance, du reste, est assez habilement voilée par le talent des artistes. Voici ce que représentent les planches :

1° L'arrivée du Roi au Havre; — 2° carénage

d'un vaisseau dans le bassin du Havre; — 3° le Roi sur le balcon des casernes de la marine du Havre; — 4° illumination de la grande rue de la ville du Havre et du vaisseau placé à l'entrée du port pour terminer la perspective; — 5° le Roi sur la plage de la rade du Havre; — 6° le Roi sur la hauteur d'Ingouville.

On y trouve en outre trois grandes vignettes gravées par Le Bas, d'après Slodtz.

Omis par Brunet et par Grässe.

526. *Beschreibung der Feyerlichkeiten welche bey Gelengenheit der Durchreise Ihrer Königl. Hohheit der durchleuchtigsten Frau Dauphine, Marien Antonien*, etc. — Description des fêtes qui ont eu lieu à Fribourg à l'occasion du passage de S. A. R. la dauphine Marie-Antoinette, archiduchesse d'Autriche. — Impr. par J.-Andr. Satron, 1770, in-fol., 9 ff. et 3 pl. dessin. et grav. par P. Mayr, de Fribourg (30 fr.).

Deux planches d'arc de triomphe et une d'illuminations de la cathédrale de Fribourg en Brisgovie. Volume omis par Brunet et par Grässe.

527. Description des fêtes et spectacles donnés à Versailles à l'occasion du mariage de Monseigneur le Dauphin. — Paris, Vente, s. d. (1770), in-8, 64 pp., titre gravé et vignettes.

528. Recueil de descriptions des pompes faites en l'église de Notre-Dame de Paris et dans celle de l'Abbaye Royale de Saint-Denis, depuis l'année 1760 jusqu'en 1774. — In-4, fig. (50 à 60 fr.).

Ces descriptions sont accompagnées chacune de trois ou quatre planches qui représentent : 1° l'élévation géométrale du monument, catafalque ou mausolée; 2° une partie latérale; 3° la coupe; 4° le soubassement et le plafond. Ces planches sont gravées d'après les dessins de Michel-Ange Challe ou Challes, peintre d'histoire et dessinateur du cabinet du roi, mort à Paris en 1778. Réputé très-savant en architecture, Challe eut la direction des fêtes publiques et par suite la direction des funérailles royales et princières. Malheureusement les grandes pompes de la mort ne lui ont rien inspiré. L'ancien élève de Boucher se retrouve au milieu de tous ces cercueils. Il reste froid, banal et ne songe nullement à rattacher son décor à l'admirable architecture de nos deux grandes basiliques. Voici la liste de quelques-uns des monuments que renferme ce recueil : à Notre-Dame : 1° mausolée du duc de Bourbon, infant d'Espagne; — 2° mausolée de Stanislas 1er, roi de Pologne; — 3° catafalque pour Elisabeth Farnèse, reine d'Espagne; — 4° mausolée pour Charlotte-Félicité Lesczynska, reine de Pologne (abbaye de Saint-Denis); — 5° à Notre-Dame : pour Charles Emmanuel III, catafalque de Louis XV dans l'église Notre-Dame (7 décembre 1774), etc., etc.

Si l'on voulait tout indiquer, il faudrait énumérer quatorze monographies! Le cadre de notre livre nous le défend.

529. Sacre et couronnement de Louis XVI, Roi de France et de Navarre, à Rheims, le 11 juin 1775 (par l'abbé Pichon), précédé de Recherches sur le sacre des rois de France depuis Clovis jusqu'à Louis XV (par Gobet), et suivi d'un Journal historique de ce qui s'est passé à cette auguste cérémonie. Enrichi d'un très-grand nombre de figures en taille-douce, gravées par le sieur Patas, avec leurs explications. — Paris, Vente, 1775, in-4, avec 57 fig. dont 11 grandes (80 à 100 fr.).

Les figures de cette relation ont été gravées par Patas, d'après celles qui ornaient déjà la description du sacre de Louis XV, et leurs ornements par Arrivet.

530. Le Sacre de S. M. l'empereur Napoléon, le dimanche 2 décembre 1804 (avec des inscriptions en style lapidaire par M. Louis Petit-Radel, et la description des tableaux et explications des costumes par Etienne Aignan. — Paris, gr. in-fol.

Ouvrage très-important et par l'exécution et par les souvenirs qu'il éveille. Les planches, au nombre de trente-neuf, représentent le moment où l'empereur quitte les Tuileries dans la voiture du sacre, l'arrivée à Notre-Dame et les diverses phases de cette pompeuse cérémonie dans l'église métropolitaine. Les planches qui suivent sont consacrées aux costumes des personnages qui ont figuré dans cette solennité. Ces planches ont été gravées d'après les dessins d'Isabey, Percier et Fontaine.

L'ouvrage n'était pas encore publié au moment de la chute de l'empire; l'édition presque entière fut mise sous le sequestre. Aussi quelques exemplaires d'artistes offerts à quelques hommes considérables, furent les seuls qui se trouvèrent dans la circulation : de là une grande élévation de prix qui cessa d'être maintenue le jour où des personnes attachées à la maison du roi répandirent un assez grand nombre d'exemplaires. Après avoir été payé jusqu'à 1,800 fr., le livre du sacre a été laissé dans certaines ventes pour 95, 87 et même récemment 71 fr.

531. Relation des fêtes données par la ville de Strasbourg à Leurs Majestés impériales et royales, les 22 et 23 janvier, à leur retour d'Allemagne. — Strasbourg, 1806, avec 5 pl. grav. au trait par Guérin, d'après B. Zix (8 à 10 fr.).

532. Description des cérémonies et des fêtes qui ont eu lieu pour le couronnement de Leurs Majestés Napoléon, empereur des Français et roi d'Italie, et Joséphine, son auguste épouse. Recueil de décorations exécutées dans l'église de Notre-Dame de Paris et au Champ-de-Mars, d'après les dessins et sous la conduite de C. Percier et P.-F.-L. Fontaine, architectes de l'empereur. — Paris, 1807, gr. in-fol., 24 et 4 pp., avec 12 gravures (15 à 20 fr.).

Ces décorations qui, loin d'orner un vénérable et magnifique édifice, le défiguraient plutôt, sont reproduites dans des gravures au trait dont voici le détail :

1° Frontispice; — 2° plan de l'église Notre-Dame et des dispositions qui ont été faites; — 3° vue de la façade principale de l'église Notre Dame et du portique qui la décorait le jour de la cérémonie du couronnement; — 4° vue de la galerie et du grand portique élevés à l'entrée de l'église; — 5° élévation géométrale du portique de la façade; — 6° vue du vestibule en forme de tente à l'entrée du palais archiépiscopal derrière l'église; — 7° vue intérieure de l'église en regardant le maître-autel; — 8° vue intérieure de l'église en regardant le trône; — 9° élévation générale du grand trône; — 10° plan des appartements de l'école militaire et des dispositions pour la fête de la distribution des Aigles; — 11° vue de la grande tribune et du trône élevés devant la façade de l'école militaire du côté du champ de Mars; — 12° élévation géométrale de cette grande tribune.

533. *Descrizione delle feste celebrate in Venezia per la venuta di Napoleone il Massimo, imperatore*, etc. — Description des fêtes célébrées à Venise pour l'arrivée de l'empereur Napoléon le Grand, empereur des Français, etc., mise au jour par l'abbé Morelli, bibliothécaire du roi. — Venise, Picotti, 1808, in-fol., 32 pp., avec un frontispice noir et 4 pl. grav. à l'*aqua tinta* par Albertolli, d'après Selva, Borsato et Rizzi (3 à 5 fr.).

Omis par Brunet et par Grässe. Le frontispice bien gravé, représente le grand canal le jour des régates, et notamment l'arc de triomphe élevé pour la fête. Les autres planches représentent les barques qui ont pris part à ces régates vénitiennes.

534. Description des fêtes données à Leurs Majestés les empereurs Napoléon, Alexandre et plusieurs autres têtes couronnées, les 6 et 7 octobre 1808, à Weimar et à Iéna, par Son Al. Sér. Charles-Auguste, duc de Saxe-Weimar, accompagnée d'un aperçu de leur mémorable entrevue à Erfort (Erfurt), avec 5 grand. pl. coloriées (texte allemand et français). — Weimar, 1809, in-fol., avec 5 pl.

Mal gravées, mal coloriées, ces planches n'en sont pas moins dignes d'attention, car elles ont trait à l'un des événements les plus remarquables du dix-neuvième siècle. La 1re représente une grande chasse aux cerfs organisée en l'honneur d'Alexandre et de Napoléon sur l'Ellesberg, près de Weimar, le 6 octobre 1808; — la 2e, les portraits des empereurs, rois, princes héréditaires réunis à Weimar; — la 3e, Napoléon sur le sommet du Landgrafenberg, près d'Iéna, montrant à Alexandre, sur la carte du pays que vient de lui donner le Grand-Duc, les principales dispositions de la bataille d'Iéna, car c'est de ce point que Napoléon avait tout dirigé. Au fond on voit un temple d'ordre dorique, élevé pour la circonstance, d'après les dessins du professeur Sturm; — la 4e, une vue de l'obélisque, érigé le 6 octobre 1808, devant le château de Weimar, en l'honneur des princes et des rois qui s'y trouvaient à cette époque; — la 5e, les médailles frappées en commémoration de ces fêtes.

Volume d'une grande rareté, omis par Brunet et par Grässe.

535. Fêtes à l'occasion du mariage de S. M. Napoléon, empereur des Français, roi d'Italie, avec Marie-Louise, archiduchesse d'Autriche. Recueil de gravures au trait, représentant les principales décorations d'architecture et de peinture, et les illuminations les plus remarquables auxquelles ce mariage a donné lieu, avec une description par M. Goulet, architecte. — Paris, L.-Ch. Soyer, 1810, in-8, avec 54 pl. au trait (10 fr.).

On remarque parmi ces planches, gravées par C. Normand, les figures allégoriques placées sur les colonnes de la décoration dressée sur la place de l'Hôtel de ville. Ces figures sont de Prudhon.

536. Description des cérémonies et des fêtes qui ont eu lieu pour le mariage de Sa Majesté l'empereur Napoléon avec S. A. I. Madame l'archiduchesse Marie-Louise d'Autriche. — Paris, Didot l'aîné, 1811, 13 pl. grav. au trait d'après Ch. Percier et P.-S.-L. Fontaine, dont 2 plans, in-fol. (5 à 10 fr.).

537. Relation des fêtes données par la ville de Paris, et de toutes les cérémonies qui ont eu lieu dans la capitale, à l'occasion de la naissance et du baptême de S. A. R. Mgr le duc de Bordeaux (publié par Alissan de Chazet). — Paris, Petit, 1822, in-12, fig. (30 à 40 fr.).

538. Sacre de Charles X dans la métropole de Reims, le 29 mai 1825. — Paris, 1825, gr. in-fol.

Un recueil de 30 planches représentant les cérémonies et les costumes, gravé par Lefèvre, Lignon, Muller, et faisant partie de la Calcographie du Louvre.

538 *bis*. Sacre de Sa Majesté Charles X dans la métropole de Reims, le 29 mai 1825 (rédigé par Hil. de Sazerac). — Paris, Sazerac et Duval, 1825, gr. in-fol., avec 11 lithogr. par Arnout, Deroy, Victor Adam, etc. (cérémonies, festins, etc.) (60 à 100 fr.).

Tiré seulement pour les souscripteurs.

539. Histoire du sacre de Charles X dans ses rapports avec les Beaux-Arts et les libertés publiques de la France,... par F.-M. Miel. — Paris, Panckoucke, 1825, in-8, avec 6 pl. (15 à 20 fr.).

540. Description des cérémonies et des fêtes qui ont eu lieu pour le baptême de S. A. R. monseigneur Henri-Charles-Ferdinand-Marie-Dieudonné d'Artois, duc de Bordeaux, petit-fils de France. Recueil de décorations exécutées d'après les dessins et sous la conduite de J. Hittorff et J. Lecointe. — Paris, 1827, in-fol., avec 12 pl. dont une de front. (10 à 20 fr.).

541. Translation des cendres de l'empereur Napoléon de Sainte-Hélène à Paris, et cérémonies faites à ce sujet à Paris en 1840. — Gr. in-fol., 15 pl. lith. par V. Adam et Arnoult (5 fr.).

541 *bis*. Sainte-Hélène. Translation du cercueil de l'empereur Napoléon à bord de la frégate la *Belle-Poule*. — Histoire et vues pittoresques de tous les sites de l'île

se rattachant au *Mémorial de Sainte-Hélène* et à l'expédition de S. A. R. M. le prince de Joinville, par M. Henri Durand-Brager, peintre de marine, embarqué sur l'*Oreste*. Dédié à M. le baron Gourgaud. — Paris, 1844, in-fol., 35 pl. lith. d'après M. Durand-Brager, par Eugène Ciceri, Sabatier, Delaplante (40 fr.).

Ces trente-cinq planches, où le crayon si exercé, si pittoresque, de trois dessinateurs distingués, nous donne l'horreur de Sainte-Hélène, de ses épouvantables rochers, sont précédées d'une tête de Napoléon mort, moulée sur nature et supérieurement gravée par Calamatta.

542. Hôtel de ville de Paris. — Fête donnée en l'honneur de S. M. B. la reine Victoria. — Paris, 1856, gr. in-fol., 15 pp. et 6 ff., avec 22 pl. photogr.

Fête magnifique et photographies médiocres. Quels changements n'amène pas la marche des idées! Il y a cent ans les artistes les plus célèbres auraient été appelés pour perpétuer le souvenir de pareilles somptuosités; de nos jours un gouvernement prodigue et les édiles d'une des plus grandes cités du monde se contentent de quelques images, à moitié effacées, car en 1856 les procédés pour la conservation des épreuves photographiques n'étaient point encore bien connus.

Deux albums, contenant les aquarelles de ces photographies, furent exécutés, l'un pour la reine Victoria, le seul existant aujourd'hui, car l'autre a disparu avec la bibliothèque de la ville de Paris. Les exemplaires photographiés n'ont été tirés que pour les membres du conseil municipal.

Voyez le *Catalogue raisonné* de la bibliothèque de M. A. Firmin-Didot, n° 904, pour l'indication du sujet de chaque planche.

542 *bis*. Hôtel de ville de Paris. — Fêtes et cérémonies à l'occasion de la naissance et du baptême de Son Altesse le prince impérial. — Paris, imprim. de Ch. Mourgues, 1860, gr. in-fol., 23 pp. et 3 ff., avec 12 pl. photogr.

Volume destiné, comme le précédent, aux seuls membres du conseil municipal. On en a fait colorier deux exemplaires, l'un pour l'impératrice, l'autre pour la bibliothèque de la ville de Paris.

b. Lorraine.

543. Cérémonie des obsèques de Charles III, duc de Lorraine et de Bar, suivies de l'Entrée de Henri II, duc de Lorraine à Nancy, dans les années 1608-10-11. — A Nancy, par Blaise André et Herm. de Loye (300 à 500 fr.).

Ce titre factice embrasse du moins l'ensemble de la publication qui est assez complexe. Voici un extrait du véritable titre : *Pompæ funebris... Pourtraict du convoy fait en pompe funèbre à Nancy, capitale de Lorraine, au trasport de feu sérénissime prince Charles III... ledit convoi figuré en 48 tables.* — Nanceii, cum privilegio... Claudius de la Ruelle, inventor... Fredericus Brentel fecit, Herman de Loye excudit. Gr. in-fol.

Cet ouvrage est au premier rang de ceux dont se compose la section de l'*Art officiel*. Les artistes qui ont concouru à son exécution, et dont quelques-uns sont renommés, l'excellence de l'œuvre, les costumes, les usages, le soin minutieux avec lequel tout est observé et rendu, se réunissent pour mettre ce livre hors ligne et en faire quelque chose d'alléchant pour la curiosité. Aussi M. Grässe lui a-t-il donné place sous la rubrique de Brentel dans son *Trésor des livres rares et précieux* (Dresde, 1859-69, 8 vol. in-4).

Brunet n'a point décrit cette pompe funèbre avec toute la netteté désirable. Le catalogue de M. Didot pourrait être un peu moins bref. Seul Weigel (*Kunstcatalog*, n° 17032, parce qu'il avait sous les yeux un exemplaire bien complet) nous paraît avoir décrit cette intéressante publication de manière à mettre les artistes en mesure de bien connaître le parti qu'ils pourraient en tirer. Nous allons le suivre, mais en nous réservant de mettre à profit les observations des bibliographes français.

Ire partie. Les *Obsèques* de Charles III. 10 pl. gravées à l'eau-forte, par Frédéric Brentel, miniaturiste et habile graveur, d'après les dessins de Claude de la Ruelle, peintre officiel et secrétaire d'état du duc de Lorraine, et Jean la Hiere (ou la Hire) qui fut chargé de la partie perspective.

Les noms de ces artistes sont indiqués depuis la première jusqu'à la sixième planche. — Ces planches sont précédées d'un avertissement en latin et en français. Voici ce que dit le français : « Dix grandes tables contenantes les pourtraictz des cérémonies, honneurs et pompes funèbres faitz au corps de feu sérénissime prince Charles, troisième du nom, etc. » A la suite de cet avertissement on trouve la 1re pl. ainsi désignée : *Pourtraict du lict du trespas de feue Son Altesse de Lorraine, monseigneur le duc Charles, troisième de ce nom. Pourtraict de la chambre du trespas*; seconde représentation de la même pièce avec quelques changements. — 2. *Pourtraict de la sale d'honneur, préparée à Nancy en l'hostel ducal.* — 3. *Pourtraict du service de table fait à la Royale en la sale d'honneur.* — 4. *Pourtraict de l'effigie de feue Son Altesse de Lorraine.* — 5. *Pourtraict de la sale funèbre* (nombreuses figures). — 6. *Pourtraict de l'assiette, faite en l'insigne église de Saint-Georges à Nancy* (nombreuses figures). — 7. *Pourtraict de l'enterrement du corps de feue Son Altesse*, etc. — 8 a. *Pourtraict de la chapelle ardante dressée en l'insigne église de Saint-Georges.* — 8 b. *Pourtraict de la chapelle ardante dressée en l'église Saint-François, à Nancy.* — 9. *Pourtraict des armoiries, ou banières des lignes Paternelles et Maternelles de feue Son Altesse, etc.* (6 planches entourées de légendes). — 9. *Pourtraict des quatre chevaulx qui ont esté menez à la pompe funèbre* (en 2 planches). — 10. *Comme le sérénissime prince Henry 2e du nom, par la grâce de Dieu 64e duc de Lorraine, fut envoyé retournant, le 19 janvier 1608, de l'église, après avoir esté proclamé duc, prince et seigneur souverain en ladite église* (une perspective remarquable de la rue de Nancy, avec une quantité innombrable de figures).

IIe partie. Le *Cortége*, 48 pl. avec des légendes explicatives, gravées principalement par Fréd. Brentel, d'après Claude de la Ruelle.

IIIe partie. L'*Entrée* de Henry II à Nancy, le 20 avril 1610, en 12 planches, par Mathieu Mérian, d'après Claude de la Ruelle, avec des légendes explicatives. La première planche porte cette mention : *L'ordre tenu au marcher parmy la ville de Nancy, capitale de Loraine, à l'entrée en icelle du sérénissime prince Henry, IIe du nom*, etc.

IVe partie. Le *Cortége* se dirigeant vers l'église; 4 planches avec cette inscription : *Comme Son Altesse de Lorraine, monseigneur le duc Henry, second du nom, va à l'église, y convoyé tant par les Evesques et les Princes de son sang que par les Comtes, Barons, Seigneurs et Gentilz-*

hommes, Ministres et Officiers de son Estat, estans en cour, et tous icy sans tenir rang. C. D. L. R. inventor, Fridericus Brentel fecit, Herman de Loye excudit. Nanceÿ in Majo 1611.

L'ouvrage est terminé par le plan de la ville de Nancy, comprenant quatre feuilles, avec des inscriptions latines et françaises, des armes, etc., et cette mention : *La ville de Nancy, capitalle de Lorraine pourtraicte au vif comme elle est en cette année* 1611. *Nancy cū privilegio, etc., Claudius de la Ruelle author, Fridericus Brentel fecit, Hermannus de Loye excudit.*

On remarquera que Weigel garde le silence sur le frontispice placé en tête de l'ouvrage et dont la partie inférieure, gravée par Mathieu Mérian, offre 15 petits sujets allégoriques, avec cette inscription : *Munera a Deo optimo maximo Lotharingiæ et Barri ducatibus elargita :* Bonté de la Providence envers les ducs de Lorraine et de Bar.

Brunet semble croire que c'est assez gratuitement que l'on attribue à Mérian la gravure de ce frontispice. Le savant bibliographe a oublié sans doute que Mérian, né à Bâle, fut appelé à l'âge de 20 ans à la cour de Lorraine pour y graver les dessins de Claude de la Ruelle. Sa part, dans cette œuvre digne de son talent précoce, ne saurait être médiocrement mesurée.

Disons en terminant que cette reproduction si splendide des obsèques d'un duc de Lorraine répond complétement aux mœurs et aux habitudes du défunt. On sait que Charles III enlevé à sa mère, nièce de Charles-Quint, par Henri II, roi de France, qui surveilla lui-même son éducation, et favorisé d'ailleurs par le plus heureux naturel, prit, au milieu d'une cour brillante, le goût des arts et des choses de l'esprit. Rentré dans son duché il le rendit prospère et sut se faire aimer de ses sujets.

544. Le Combat à la Barrière faict en cour de Lorraine le 14 febvrier, en l'année présente, 1627 ; represente par les discours et poésies du s^r Henry Humbert ; enrichy de figures du s^r Jacques Callot et par luy mesme dedié à madame la duchesse de Chevreuse. — A Nancy, par Séb. Philippe, imprimeur de Son Altesse, 1627, pet. in-4, 3 ff. prélim. et 58 pp. (70 à 100 fr.).

Cette fête, dont le talent de Callot nous a conservé le souvenir bien mieux que les vers d'Humbert, fut organisée par Charles IV, amoureux, disent les mémoires du temps (voy. Beaupré, *Recherches historiques et bibliographiques sur les commencements de l'imprimerie en Lorraine*, p. 382.), d'une grande dame qui se trouvait à sa cour, Marie de Rohan, femme de Claude de Lorraine, duc de Chevreuse, de la branche de Guise. Or, le portrait de la duchesse se voit en tête du livre, et Callot lui dédie les gravures.

La pointe spirituelle et légère du maître se retrouve dans ces planches qui représentent les entrées théâtrales de quelques seigneurs qui arrivent successivement dans la plus vaste salle du palais pour y débiter les vers d'Humbert : l'un comme Arion, monté sur un dauphin ; l'autre, en Minos escorté de la troupe infernale ; le troisième, en Jason qui court après la toison d'or. La dernière planche nous montre cette grande salle divisée en deux parties par une barrière ; l'une, où se trouvent les spectateurs et les loges ; l'autre occupée par les machines mythologiques qui ont amené les principaux acteurs de la fête. On voit de chaque côté de la barrière deux chevaliers en train de jouter et de briser une lance. De là le titre de l'ouvrage.

545. Le Triomphe de Son Altesse Charles III, duc de Lorraine. — S. l. (Nancy), 1664, in-fol., 34 ff. non chiffr.

Relation de l'entrée solennelle du duc de Lorraine à Nancy, le 6 septembre 1663, due à la plume de Phil. Bardin, conseiller d'Etat. Le frontispice gravé porte : *C. Deruet Inventor et designator. — P. Bardin litterarum auctor. — Sébastien le Clerc sculpsit. — J.-B. Hobrit excudit.* Claude Deruet ou de Ruet, gentilhomme lorrain et peintre et graveur de talent, très-attaché à la personne de son aventureux souverain, avait déjà, avant 1660, composé et fait graver à ses frais par Séb. Le Clerc une suite d'arcs de triomphe propres à figurer dans les solennités qu'occasionnerait nécessairement le retour tant désiré par lui de son prince alors dépossédé de ses États. Ces dessins servirent, en effet en 1663, pour l'ordonnance des édifices éphémères semés sur le passage de Charles à Nancy. Cette suite d'estampes a toujours été d'une extrême rareté. Le libraire Cayon-Liébault, de Nancy, possesseur, croyons-nous, des cuivres originaux, en a donnée une nouvelle édition, tirée à petit nombre, et contenant seulement les planches avec de courtes explications et sans le texte de Bardin (Nancy, 1848, in-fol., portrait, titre, frontisp. gravé, 1 f. de préface, 5 ff. pour les explic., et 11 pl. dont 2 doubles). En tête du volume figure un portrait équestre du duc, dessiné et gravé par Deruet lui-même. Les neuf autres planches représentent cinq arcs de triomphe et quatre fontaines d'où jaillissait le vin. Les deux dernières planches ajoutées représentent le palais ducal vu à vol d'oiseau ; l'autre : *La Carrière ou rue Neuve où se font les combats de barrière, courses de bague, joustes, tournois*, etc. Elles ont été gravées par Deruet. Toutes ces planches sont gravées à l'eau-forte.

Volume omis par Brunet et par Grässe.

546. Arrivée et passage de S. A. R. le duc Charles-Alexandre de Lorraine et de Baar, etc., gouverneur de Pais (*sic*)-Bas, par la ville d'Alost, le 17 mai 1749. Avec un Récit des Arcs triumphals et autres ornements fait (*sic*) à cette occasion, et le plan du feu d'artifice, exécuté par treize amateurs volontaires (*sic*), au retour de S. A. R. dans la ditte ville, le 21 du même mois. — Anvers, veuve de Jér. Verdussen, s. d., in-fol., 16 pp., avec 5 fig. dans le texte (20 à 30 fr.).

547. Recueil des pièces tant en vers qu'en prose, qui ont paru à l'occasion de l'inauguration de la statue de Son A. R. Monseigneur le duc Charles de Lorraine et de Bar, etc., avec une description de toutes les fêtes qui se sont données à ce sujet, et à laquelle on a ajouté un précis historique de la vie de ce prince. — Bruxelles, J.-B. de Boubers, 1775, in-8, figures.

2. *Espagne et Mexique.*

548. La Tryumphante et solemnelle Entrée faicte sur le nouvel et joyeux advénement de très-hault, très-puissant et très-excellent prince Monsieur Charles, prince des Hespaignes, archiduc d'Aus-

trice (*sic*), duc de Bourgogne, conte de Flandres, etc., en sa ville de Bruges, l'an mil v cens et xv (1515) le XVIIIe jour d'apvril après Pasques, rédigée en escript par maistre Remy du Puys, son très humble indiciaire et historiographe. — (Paris), Gilles de Gourmont (vers 1515), pet. in-fol. gothique, de 40 ff. (le dernier blanc), avec 33 figures sur bois (400 fr. et plus).

Le seul mérite de ce volume, d'une rareté excessive, c'est de nous offrir une des plus anciennes relations illustrées des solennités publiques. Gilles de Gourmont, éditeur, indique dans sa préface, et de la manière suivante, ce que renferme son livre :

» Je doncques pour cestes et aultres semblables considérations ay voulentiers obtempéré à l'instigation de plusieurs gens de bien à moi faicte d'icelle entrée sommairement rediger par escript soubz protestation toutes foys que je ne veux insister à la particuliere et specifique description des riches et somptueux habitz, ornemens et décorations des personnaiges representants les misteres ne pareillement des tres-ingenieux artifices des eschafautz, galeres, tours, colomnes (*sic*), arcx (*sic*) triomphaux et autres structures et divers édifices eslevez pour la monstre et exhibition d'iceux. »

Notez que les 33 gravures sur bois destinées à reproduire ces très-ingénieux artifices sont de l'enfance de l'art.

Une réimpression *fac-simile* en a été faite par la Société d'émulation de Bruges, sous les auspices de l'abbé Carton ; Bruges, 1850, in-4 (20 à 30 fr.).

549. Le Couronnement du très-puissant et très-redoubté Roy catholique Charles par la grâce de Dieu roy d'Espaigne, en sa bonne ville de Validolif (*sic*), avecq le nombre des prinches et grantz seigneurs dudit Castille le dimence VIIe jour de février, l'an de grace Mil cinq cens xvij (1517). — (*Sans lieu d'impression*), pet. in-4 goth., 4 ff. (100 fr. et plus).

Brunet conjecture que cette édition a dû être imprimée en Belgique comme la relation du couronnement du même prince à Aix-la-Chapelle.

550. Triumphe du Couronnement de Lempereur Et lentrée triumphante en la ville daquisgrane (*sic*). — (Au recto du dernier feuillet :) Imprimé en la ville Dauvers... par moy Guillamme (*sic*) Vorsterman, lan de grace 1520 le 19e jour de décembre. In-4 goth., 8 ff., avec 9 vignettes sur bois y compris le titre (200 fr. et plus).

Relation du couronnement de Charles-Quint à Aix-la-Chapelle devenue rare. Ce qui la rend surtout intéressante ce sont les bois dont elle est illustrée. Vorstermann a donné la même année cette même relation en langue flamande.

551. Le Triumphe de la paix célébrée en Cambray, avec la déclaration des entrées et yssues des Dames, Roix, Princes et Prelatz, faicte par maistre Jehan Thibault, astrologue de Limpériale Majesté et de Madame, etc. — (A la fin :) En Anvers par moy Guillaume Vorstermann (1529), pet. in-4 goth., de 12 ff. non chiffrés, sign. A.-C., avec fig. sur bois. (200 fr. et plus).

Opuscule rare.

552. La Magnifique et solennelle Entrée et entrevue de l'Empereur Charles V et du pape Clément VII dans la ville de Bologne le 5 novembre 1529. — (Anvers, sans date), in-fol., 13 pl. grav. sur bois.

Ce livre, ou plutôt cette suite de figures, dont nous donnons un titre factice, suite qu'il faut bien se garder de confondre avec la *Cavalcade de Bologne*, est tellement rare, qu'un homme très-spécial, très-expérimenté, conservateur de notre cabinet des estampes, feu Duchesne aîné, en ignora pendant longtemps l'existence. On ne l'a vue figurer dans aucune vente publique. Brunet ne l'a jamais eue entre les mains ; il invite cependant à la distinguer, et renvoie pour les détails à un article consacré à cette suite par un bibliophile belge, article que Brunet ne s'est pas donné la peine de lire, car il n'aurai pas manqué d'établir cette distinction, dont la valeur n'est pas médiocre.

M. Goetghebuer, tel est le nom de ce bibliophile plus heureux que Brunet, et possesseur de l'ouvrage, en a donné, dans le *Messager des sciences historiques, des arts et de la bibliographie de Belgique*, publié à Gand, année 1855, p. 75 et suiv., une description détaillée, et néanmoins laissant encore à désirer. Ainsi M. Goetghebuer ne nous dit point si son exemplaire a un titre ou s'il n'en a point ; il se tait sur le graveur et n'a pas cherché à le deviner. Quoi qu'il en soit, ce document est d'une grande importance et nous permet d'établir la différence qui existe entre l'*Entrée* de l'empereur Charles-Quint à Bologne et la *Cavalcade* qui se fit à l'occasion de son couronnement, suite d'estampes beaucoup plus nombreuse, comme on peut le voir ci-dessous.

En effet, l'*Entrée* à la date de 1529 ne se compose que de treize planches qui représentent uniquement l'arrivée de l'empereur devant Bologne. C'est la traduction plastique, s'il est permis de dire, d'une chronique contemporaine dont nous devons la reproduction à M. Goetghebuer. Ces planches *gravées sur bois* ont 44 cent. de hauteur sur 50 de largeur. Elles nous montrent les différents groupes qui forment le cortége, et bien que M. Goetghebuer ne le dise pas, ces groupes sont désignés par des inscriptions et peut-être coloriés. Voyons maintenant ce que représente chaque planche.

1re pl. trois cents chevaux-légers, ouvrant la marche, suivis de seigneurs espagnols richement armés et portant des étendards ; — 2o trois cents chevaliers couverts d'armures pareilles, et dont la coiffure est ornée de panaches, avec cette inscription : *In questo primo ordene sone chavalchado circa 300 chavalizien* (sic), etc. ; — 3o dix gros canons sur des chariots traînés par des chevaux ; — 4o cent pionniers portant des branches de laurier et suivis du grand maître de l'artillerie ; — 5o Antoine de Leyva, qui commandait à trois mille Allemands, porté par quatre hommes dans un fauteuil de velours ; — 6o quatorze compagnies d'infanterie allemande avec leurs drapeaux ; — 7o deux seigneurs à cheval, l'un portant le grand étendard impérial, l'autre un étendard orné d'une croix ; — 8o Adrien de Croy à la tête de la cavalerie allemande ; — 9o vingt-cinq seigneurs espagnols montés sur des chevaux richement caparaçonnés, et vingt-cinq pages de l'empereur montés sur des chevaux non couverts ; — 10o grands d'Espagne accompagnés de cent hom.

mes de garde impériale, armés de hallebardes en or et tenant des trompettes ; — 11° le grand maréchal portant l'épée impériale ; — 12° Charles-Quint monté sur un cheval blanc, recouvert d'une housse de drap d'or, ornée de brillants, avançant sous un dais porté par quatre gentilshommes délégués, et suivi du comte Henri de Nassau ; — 13° le grand maître des cérémonies de la cour, couvert d'une armure d'or et suivi de cent gens d'armes.

A cette époque, bien qu'il n'eût que vingt-neuf ans, Charles-Quint effrayait déjà l'Europe. Le connétable de Bourbon avait mis Rome au pillage, et Charles-Quint venait en Italie pour rassurer les esprits et donner un témoignage public de sa modération.

553. Représentation de la cavalcade et des réjouissances qui eurent lieu à Bologne (février 1530), à l'occasion du couronnement de Charles V, comme empereur des Romains, par le pape Clément VII ; par J.-N. Hogenberg (et F. Bruining?). — (Anvers, sans date), in-fol. obl., 40 pl. grav. à l'eau-forte.

Incontestablement cette œuvre est une des plus splendides et des plus intéressantes au point de vue de la représentation des solennités publiques au seizième siècle, et le grand succès qu'elle obtint quand elle parut est attesté par les éditions réitérées qui en furent faites. Elles sont très-rares et Brunet n'en a vu aucune, car les renseignements qu'il donne dans sa note (*voy.* art. HOGENBERG), sont puisés dans le catalogue des livres de Paelinck (Bruxelles, 1860, 2e partie, n° 466) où l'on a amplement décrit trois éditions de cette suite, 4e, 5e et 6e. L'édition originale est presque introuvable, et l'exemplaire imprimé sur peau de vélin et colorié, le diamant de la riche collection spéciale de M. Ruggieri, a pu à bon droit être considéré comme *unique* par son possesseur ; il s'est vendu récemment 4.000 fr., malgré un feuillet refait.

Cette suite de planches destinées à former un immense tableau, est gravée à l'*eau-forte*, ce qui ne permet pas de la confondre, cela s'est vu cependant, avec l'Entrée à Bologne de 1529, gravée *sur bois*. Elle se compose d'un feuillet de dédicace en vers latins à l'empereur, d'un feuillet d'exposition en vers de la cavalcade, dont le titre ci-dessus donne la substance, et de trente-huit planches, portant, en guise de numéros, les lettres de l'alphabet, sauf les onze dernières. Sur l'une des planches se lit le nom du graveur : *Nicolaus Hogenbergus, Monachensis, f.*

« Tous les personnages qui assistèrent à la cavalcade, dit le rédacteur du catalogue du cabinet de M. Paelinck, ont été dessinés avec exactitude et dans les moindres détails ; les groupes sont bien divisés, se suivent avec ordre, et l'ensemble de la composition donne l'idée la plus complète de la fête. Les derniers feuillets représentent les réjouissances qu'on ménagea au peuple et qui consistèrent, suivant les usages du temps, en distributions d'argent et de viande. »

A la vente de la bibliothèque de M. Borluut (1858) on vit passer un exemplaire de ce recueil, faussement intitulé *Entrée à Bologne le 5 novembre* 1529, et dans la description duquel le rédacteur du catalogue a accolé le nom d'Engelbert Bruining à celui de N. Hogenberg, considéré comme l'unique auteur de la représentation de la cavalcade de Bologne. La même attribution se trouve répétée dans le catalogue de Paelinck, bien que cette collaboration ne soit point constatée par des écrivains spéciaux, tels que Nagler et autres.

Brunet, de son côté, cite comme ayant été annoncé dans une vente en 1860 un exemplaire en 38 planches et 2 prospectus sous le titre de *Entrée de Charles V à Bologne*, et avec cette inscription : *Opus hoc absolutum est Nic. Rogenbergeo* (pour *Hogenbergeo*) *artifice Ingelberto Bruing* (sic) *socio impensarum* (sic), ce qui ferait croire que Bruining a réellement participé à cet ouvrage, et que son nom serait inscrit sur quelques planches des éditions postérieures à l'édition originale ; mais ce fait n'est point clairement établi.

En ce qui concerne les différentes éditions de ce recueil, les avis des iconographes sont partagés. Dans le catalogue de Paelinck on dit qu'elles ont été tirées toutes *sur les mêmes cuivres*, tandis que M. Ruggieri prétend qu'on a fait trois *reproductions* différentes des planches originales. Ainsi, la première de ces reproductions aurait été faite, selon M. Ruggieri, vers la fin du seizième siècle par un artiste hollandais ou belge, « peut-être Schrenck, dit-il, *à qui quelques iconographes ont attribué l'œuvre principale* ». M. Ruggieri aurait très-bien fait de nommer ces iconographes, au moins il aurait pu venir en aide aux curieux qui désirent s'éclairer sur le compte de Schrenck, pour lequel, à ce qu'il semble, les documents sont aussi difficiles à rencontrer que pour Bruining. Les modifications introduites à l'œuvre de Hogenberg dans cette première reproduction, que le catalogue Paelinck considère comme deuxième édition de l'original, consisteraient en additions, au haut des planches, des écussons ou des encadrements, contenant les noms des seigneurs du cortége, en latin dans le premier tirage, en flamand dans le second (3e édition de Paelinck) et en français dans le troisième (4e édition de Paelinck). La seconde reproduction, selon M. Ruggieri, « très-inférieure à la première, » est celle de H. Hondius, marchand d'estampes et graveur à la Haye au commencement du dix-septième siècle. D'après le catalogue de Paelinck, Hondius aurait acheté les cuivres originaux où il aurait effacé les écussons des éditions précédentes et ajouté au titre *H. Hondius excudit*. Cette assertion est la seule vraie. En effet, Hondius n'a fait que retoucher les planches originales, qui souvent, après avoir passé par son burin, deviennent méconnaissables. Il a du reste suivi le même procédé pour d'autres suites d'estampes, dont il possédait les cuivres et qu'il publiait avec sa signature, comme s'il en était l'auteur. Deux tirages ont été faits sur ces planches retouchées : le premier (5e édition de Paelinck) assez vigoureux ; le second (6e édition de Paelinck), très-inférieur ; les nuages y sont gravés de nouveau.

Enfin M. Ruggieri signale encore une troisième reproduction d'un graveur anonyme. « Cette reproduction, dit-il, se distingue des autres en ce que le graveur a imaginé de mettre une tête à l'un des trois combattants de la dernière planche, qui dans l'œuvre de Hogenberg n'en a pas, le haut du corps se trouvant en dehors de la planche. Il a mis des nuages au ciel, etc. »

554. La Couronnation de Lempereur Charles cinquiesme de ce nom, faicte à Boloigne la Grasse, le mardy vingt-deuxième de febvrier lan de grace mil cinq cens et trente. — Impr. en Anvers par Guilliaume Vorsterman. An 1530, in-4 goth., 8 ff. (150 fr. et plus).

Opuscule fort rare, orné de cinq gravures, y compris celle du frontispice.

555. *El felicissimo viaje d'el... principe don Phelipe, hijo d'el emperador D. Carlos Quinto, desde España á sus*

tierras de la baxa Alemaña, etc. — L'Heureux Voyage du prince Philippe, fils de l'empereur Charles-Quint, de l'Espagne à ses terres de la basse Allemagne; par J.-Chr. Calvete de Estrella.—Anvers, M. Nucio, 1552, in-fol., fig. sur bois (60 à 100 fr.).

Ouvrage rare, contenant la représentation des fêtes qui ont eu lieu lors de l'entrée dans les différentes villes d'Italie, de France et des Pays-Bas.

556. La Magnifique et sumptueuse Pompe funèbre faite aus obsèques et funérailles du tresgrand et tresvictorieux Empereur Charles V^{e}, célébrées en la vile (*sic*) de Bruxelles, le XXIXe jour du mois de décembre M.D.LVIII, par Philippes, roy catholique d'Espaigne, son fils. — A Anvers, de l'imprimerie de Christophle Plantin, 1559, pet. in-fol., avec 8 ff. de texte et 35 gr. pl.

Édition originale de ce précieux ouvrage dont les exemplaires sont devenus excessivement rares, même incomplets. Les auteurs des *Annales Plantiniennes*, et Brunet qui les a suivis l'ont mal décrit, n'ayant pas eu sous les yeux un exemplaire bien complet. La description que nous allons en donner a été faite sur un superbe exemplaire enluminé à l'origine en or et en couleur, exemplaire appartenant à M. Ruggieri (vendu 790 fr.). Nous allons rectifier également quelques légères erreurs de détail, commises dans le catalogue de la bibliothèque de cet amateur zélé, mais qui s'est trop pressé dans cette circonstance.

Bien que ce volume ait paru sous forme de livre, toutes les planches représentant en costume officiel les seigneurs d'Espagne et des Pays-Bas, ainsi que les grands dignitaires de l'empire qui figurèrent dans la cérémonie, sont disposées de façon à pouvoir être adaptées l'une à l'autre pour former une longue frise. C'est pourquoi même les feuillets de texte ne sont imprimés que d'un côté.

Le titre, orné des armoiries de Charles-Quint, est suivi de six pages de texte imprimées sur six feuillets et donnant la description de la marche du cortége funèbre. Viennent ensuite les planches, dont la première (qui n'est pas numérotée) présente les armoiries et les insignes de l'empereur défunt. Elle porte la date de 1558. Cette planche est suivie d'un feuillet de texte encadré, donnant la description de la chapelle ardente dont la représentation fait le sujet de la planche qui vient après et qui porte le n° 1. C'est avec la planche n° 2 que commence la représentation du cortége. Après la planche n° 4, on en trouve une très-grande, non numérotée, représentant un vaisseau symbolique et les colonnes d'Hercule (emblème de Charles-Quint) traînées par deux monstres marins. La pl. n° 6 est suivie d'un frontispice de quelques lignes de texte, indiquant la composition du reste du cortége représenté dans les vingt-six planches suivantes, numérotées de 7 à 32. Enfin une dernière planche, non numérotée, représente les pièces d'honneur qui furent placées au-dessus du grand autel de l'église Sainte-Gudule, où se fit la cérémonie. Toutes ces planches sont gravées à l'eau-forte.

La deuxième planche porte dans le haut l'inscription suivante : *Amplissimo hoc apparatu et pulchro ordine pompa funebris Bruxellis a Palatio ad divæ Gudulæ templum processit cum rex Hispaniarum Philippus Carolo V Rom. Imp., parenti mæstissimus justa solveret*, et au bas : *J. a Duetecom, Lucas Duetecom fecit*. Ces deux graveurs sont deux frères originaires de Deutecum ou Deutechom, dans le duché de Zutphen, mais dont le nom de famille est inconnu. La planche 32 est signée : *Hieronimus Cock invé*. 1559.

Il y a eu plusieurs tirages des planches originales, avec texte français, flamand et espagnol. Plus tard, on en fit d'autres tirages sans aucun texte, et toutes ces éditions sont devenues introuvables. Cette rareté insigne s'explique par ce fait que cette suite a été employée à l'ornement des frises des hauts lambris des maisons particulières. Collées au mur, enluminées et souvent vernies, ces planches ont disparu avec le temps.

Ce recueil est remarquable par l'exactitude des costumes, et très-intéressant parce qu'il nous a conservé les portraits de ceux des personnages marquants des Pays-Bas qui prirent part à cette imposante cérémonie. Il fut exécuté aux frais de Pierre Vernois, roi d'armes de Philippe II, et son exécution coûta plus de 9,000 florins.

Henri Hondius, dont on a parlé plus haut, acquit les planches originales, les retoucha au burin au point d'en altérer le caractère primitif, et en donna en 1619 une nouvelle édition composée de 37 planches, dont la première (la chapelle ardente) porte cette souscription : *Henricus Hondius excudit* 1619. *Hagæ Comit.* L'inscription latine de la planche n° 2 a été conservée pour servir de titre. La planche du vaisseau, sans numéro dans l'édition originale, porte ici le n° 5 et cette signature : *Gillis Hendricx excudit Antverpiæ*, qui n'existe pas dans le premier état. La pl. 6 embrasse les pl. 5 et 6 de l'édition originale. Les pl. 7 à 32 correspondent à celles portant les mêmes numéros dans la première édition. Le nom de H. Cock a été effacé sur la dernière planche. La planche d'armoiries qui se trouve en tête de l'édition originale, a été placée au n° 34. La planche 33, absente dans l'édition originale et qui figure néanmoins dans les tirages postérieurs, comme par exemple dans celui avec texte espagnol, représente le duc de Franqueville et les députés des états d'Espagne et d'Italie. Elle avait été faite après coup par un graveur anonyme. Les trois dernières planches, ajoutées par Hondius, reproduisent une danse macabre dans laquelle on voit la mort, suivant l'usage du temps, aux prises avec des personnes de tout âge et de toute condition.

557. La Tresadmirable, tresmagnifique et triumphante entrée du... Prince Philipes, prince d'Espaignes, filz de Lempereur Charles V^{e}, ensemble la vraye description des spectacles, théâtres, archz triumphaulx, etc., lesquels ou esté faictz et bastis à sa tresdésirée reception en la ville d'Anvers, anno 1549. Premièrement composée et descripte en langue latine, par Cornille Grapheus, Greffier de ladicte ville d'Anvers, et depuis traduicte en franchois. — (On lit à la fin :) Imprimé à Anvers pour Pierre Coeck d'Allost, par Gillis van Diest, 1550, pet. in-fol., 58 ff., fig. sur bois (20 à 30 fr., et même 250 fr. en 1870, relié par Trautz-Bauzonnet).

Le faux titre porte : *Le Triumphe d'Anvers.*

Ce livre, intéressant par certains détails que les artistes peuvent utiliser, contient, outre le titre et le dernier feuillet gravé, vingt-neuf gravures sur bois d'après les dessins de Pierre Coeck ou Kock d'Alost (en flamand Aelst) près de Gand.

Coeck naquit suivant les uns en 1490, et suivant les autres en 1500. Il fit le voyage d'Italie. Il poussa même jusqu'à Constantinople d'où il rapporta une suite de vues et de costumes qui furent gravées sur bois et dont il forma sept feuilles lesquelles parurent sous ce titre : *Les mœurs et fachon de faire des Turcz avec les regions apartenantes* (1553). Il écrivit sur l'architecture, traduisit en flamand Vitruve et Serlio, et par son talent comme peintre se fit remarquer de Charles V qui le prit à son service. Il y mourut.

L'entrée dont nous indiquons ici la relation fut occasionnée par la visite de Philippe II qui gouvernait l'Espagne en l'absence de son père, fixé dans les Pays-Bas. Philippe, accueilli partout avec la froideur que faisait naître son caractère défiant, fut reçu néanmoins par les Belges avec une magnificence inouïe. La ville d'Anvers dépensa seule 130,000 écus.

895 charpentiers, 234 peintres, 498 ouvriers de tous états travaillèrent aux arcs de triomphe et aux théâtres en plein vent élevés sur le passage de Philippe.

Inutile de donner le détail de ces nombreux décors à peu près semblables, et que reproduisent parfaitement les 31 pl. qui enrichissent cette relation. Nous dirons seulement que les étrangers qui habitaient la ville se groupèrent par nationalité, de manière à ce que chaque nation fût en mesure d'élever son arc de triomphe. Il y eut donc l'arc des Allemands, celui des Espagnols, des Anglais, des Florentins, des Génevois, auxquels travaillèrent les ouvriers allemands, espagnols, anglais, etc., qui se trouvaient à Anvers.

Plusieurs de ces décors sont intéressants, et particulièrement les théâtres, qui offrent aux spectateurs ce qu'on appelle des tableaux vivants.

Le même ouvrage, comme le titre l'indique du reste, avait été publié d'abord avec un texte en latin et les mêmes planches : *Spectaculorum in susceptione Philippi Hisp. prin. Divi Caroli. V. Cæs. f. an. M.D.XLIX. Antverpiæ æditorum mirificus apparatus. Per Cornelium Scrib. Graphicum, ejus urbis secretarium et vere et ad vivum accurate descriptus.* (In fine :) Excus. Antverpiæ, pro Petro Alosten, impressore Jurato typis Aegidii Disthemii. an. M.D.L. men. Jun.; pet. in-fol. — Et aussi en langue flamande la même année : *De seer wonderlicke, schoone, triumphelycke Incompst*, etc.; — Anvers, 1550, pet. in-fol. De même que l'édition française, elle porte sur le faux titre : *De Triumphe van Antwerpen.*

558. *Esequie della sacra cattolica e reale maestà di Margherita d'Austria, regina di Spagna*, etc. — Service funèbre en l'honneur de S. M. R. Marguerite d'Autriche, reine d'Espagne, célébré par S. A. Côme III, grand duc de Toscane, et décrit par Jean Altoviti. — Florence, B. Sermatelli, 1612, in-fol., 52 pp., fig.

Marguerite, archiduchesse d'Autriche, morte en 1611, était femme de Philippe III.

Ce volume rare est orné de vingt-neuf estampes à l'eau-forte, gravées par différents maîtres, d'après Ant. Tempesta, et dont quinze l'ont été par J. Callot. Omis par Brunet.

559. *Viagem da Cath. R. Magestade d'el rey D. Filippe II ao Reino de Portugal, e rellação do solemne recebimento que n'elle se lhe fez*, etc. — Voyage de S. M. C. le roi Philippe II (?) dans le royaume de Portugal, et relation de la réception solennelle qui lui fut faite; par J.-B. Lavanha. — Madrid, Th. Junti, 1622 (fin 1621), in-fol., 78 ff., titre et 15 pl. grav.

Ouvrage intéressant et peu commun, omis par Brunet. Les planches en taille-douce ont été gravées par Chorquens d'après D. Vieira. Une édition avec texte espagnol en a été donnée en 1622.

Nous n'avons pas vu l'ouvrage, mais nous croyons qu'il s'agit non pas de Philippe II, mais bien de Philippe IV, qui monta sur le trône précisément en 1621, et dont Lavaña, qui écrivait plus souvent en portugais qu'en sa langue maternelle, était précepteur et historiographe.

560. *Racconto delle sontuose esequie fatte alla Serenissima Isabella, reina di Spagna, nella chiesa maggiore della città di Milano, il giorno xxii Decembre dell' anno* 1644. — Relation du somptueux service funèbre célébré à la mémoire de S. M. Isabelle, reine d'Espagne, dans la cathédrale de la ville de Milan, le 22 décembre 1644. — Milan, Dionisio Gariboldi, s. d. (1645), in-fol., 3 ff. et 138 pp., avec un front. et 66 pl., dont une hors texte, grav. à l'eau-forte (30 à 40 fr. et plus).

La reine qui fut l'objet de cette solennité funèbre était Elisabeth de France, fille aînée de Henri IV, et épouse de Philippe IV, roi d'Espagne. Elle mourut le 6 octobre 1644.

Volume rare, omis par Brunet et par Grässe. Ses nombreuses planches méritent d'être signalées.

La première, hors texte et pliée, représente l'aspect général du catafalque dressé par Fr. Righino, architecte du roi : elle a été dessinée par J.-Chr. Storer, et gravée par J.-Bapt. Del Sole. La seconde offre les détails des pilastres et des chapiteaux funèbres. Sur 64 planches qui restent, 32 représentent les statues allégoriques, et 32 autres reproduisent les tableaux emblématiques et allégoriques qui ornaient le catafalque. Parmi ces dernières, il faut signaler plus particulièrement 14 planches représentant des scènes tirées de l'histoire et faisant allusion aux qualités du corps et de l'esprit de la défunte. La composition de ces planches est remarquable. Celles des statues leur sont encore supérieures pour la vigueur du dessin. Elles ont été dessinées toutes par J.-Chr. Storer et gravées en partie par J.-B. Del Sole, et en grande partie par Jean-Paul Bianchi, dont le nom se trouve au bas de l'épître dédicatoire, et qui a signé ses planches *Blanc.* ou *Blancus.* Ses biographes ont généralement passé sous silence sa collaboration à cette œuvre.

561. *La Pompa della solenne entrata fatta nella città di Milano dalla ser. Maria Anna Austriaca*, etc. — Cérémonie de l'entrée solennelle de Marie-Anne d'Autriche, fille de l'empereur Ferdinand III, et épouse de Philippe IV, roi d'Espagne, accompagnée de son frère Ferdinand IV, roi de Bohême et de Hongrie, dans la ville de Milan (en mai 1650), avec la description des appareils et des fêtes royales célébrées à cette occasion. — Milan, (1651), in-fol., 3 ff. et 65 pp., front. et 19 pl. grav. à l'eau-forte (15 à 20 fr.).

Omis par Brunet. Frontispice gravé par J. Cotta, d'après J.-C. Storer, et trois arcs de triomphe gravés par Jérôme Quadri, d'après l'architecte

Car. Butius. Ce qui distingue cette entrée, c'est la prodigalité des peintures. Un artiste de talent, J. Chr. Storer, a exécuté quinze tableaux d'histoire, dont les sujets, empruntés à l'histoire romaine, offraient quelques allusions à la maison d'Autriche. On retrouve ici la facilité et le goût maniéré de Storer. Le seizième tableau est d'Etienne Montalto. Ces seize planches ont été gravées par Cotta, Quadri et J.-Bapt. Del Sole.

562. *Esequie reali alla Catt. Maestà del Rè D. Filippo IV*, etc. — Service funèbre en l'honneur de S. M. C. le roi Philippe IV, célébré à Milan le 17 décembre 1665, par ordre de D. Louis de Guzman Ponze de Leon, etc. — Milan, Malatesta, s. d., in-fol., 4 ff. et 84 pp., avec un front. et 3 pl. grav. (15 fr.).

La première planche, double, représente un magnifique catafalque, dont deux autres, collées en une, donnent la décoration. Elles ont été gravées par Bianci Formant, d'après les dessins de l'architecte J.-Ambr. Pessina. Le texte est de Jean-Bapt. Barella. Volume omis par Brunet.

563. *Descripcion de las honras que se hicieron á la C. M. de D. Phelippe IV... que de horden de la reyna N. S...... dispuso*, etc. — Description des honneurs funèbres rendus à S. M. Philippe IV, par ordre de la reine, par D.-B. Barroso de Ribera, etc., avec un texte par D. Pedro Rodriguez de Montforte, etc. — Madrid, Nieto, 1666, in-4, 11 ff. prél. et 110 ff. chiff., avec 47 grav. par Pierre Villafranca (20 fr.).

Volume, peu commun, omis par Brunet et par Grässe. Les figures représentent le portrait du roi, un catafalque et des décorations allégoriques.

564. *La Caduta del Regno dell' Amazoni, festa teatrale fatta rappresentata in Roma per le nozze della M. di Carlo II, re delle Espagne*.—La Chute du royaume des Amazones, fête de théâtre représentée à Rome à l'occasion du mariage de S. M. Charles II, roi d'Espagne (avec Marie-Louise d'Orléans). — Rome, 1679, in-fol., avec 12 pl. (5 à 10 fr.).

Ces douze planches, représentant des scènes de théâtre, ont été gravées par A. Specchi, J.-F. Venturini, etc., d'après les dessins de Fontana. Volume omis par Brunet et par Grässe.

565. *L'Ossequio tributario della fedelissima città di Napoli per le dimostranze giulive nei regii sponsali di Carlo II colla principessa Maria Anna di Neoburgo, palatina del Reno*. — Soumission respectueuse de la très-fidèle cité de Naples, sous forme de démonstrations joyeuses, à l'occasion du mariage royal de Charles II [roi d'Espagne, de Naples et de Sicile] avec Marie-Anne de Neubourg, princesse palatine du Rhin; texte par D.-A. Parrino. — Naples, 1690, in-fol., avec 3 gr. pl. des solennités (20 à 25 fr.).

Marie-Anne de Neubourg, fille aînée de Philippe-Guillaume, comte-palatin du Rhin et duc de Neubourg, était femme de Charles II, dernier roi de la lignée de Charles-Quint. Volume omis par Brunet.

566. *Amore ed ossequio di Messina in solennizare l'acclamazione di Filippo quinto Borbone, gran monarca delle Spagne et delle Due Sicilie*, etc. — L'Amour et l'hommage de la ville de Messine, manifestés à l'occasion de l'acclamation de Philippe V de Bourbon, grand monarque des Espagnes et des Deux-Siciles. Décrits et présentés à S. M. Catholique par Nicolo-Maria Sclavo, protopape du clergé grec de Messine.—Messine, Vinc. d'Amico, 1701, pet. in-4, 67 pp. et 7 gr. pl. par Phil. Juvarra.

Omis par Brunet et par Grässe.

567. *Ragguaglio delle nozze delle Maestà di Filippo quinto e di Elisabetta Farnese*, etc. — Relation du mariage de Sa Majesté Philippe V et d'Élisabeth Farnèse, née princesse de Parme, roi et reine catholiques des Espagnes, solennellement célébré à Parme en 1714 et béni par le card. U. G. Gozzadini. — Parme, 1717, pet. in-fol., front., 4 gr. pl. et un plan de la cathéd. de Parme (10 à 15 fr.).

La première planche représente l'entrée à Parme du cardinal Gozzadini, légat à latere du Saint-Siége; — la deuxième, la façade du dôme de Parme; — la troisième, le chœur du dôme préparé pour la célébration du mariage; la quatrième, longue de quatre mètres, le cortège se rendant à l'église.

Elles ont été gravées par F.-M. Francia et T. Vercruysse. Volume omis par Brunet.

568. *Esequie di Luigi I, re delle Spagne*, etc. — Service funèbre célébré à Florence en l'honneur de Louis Ier, roi d'Espagne..., le 26 octobre 1724..., décrit par N.-M. Venuti, etc. — Florence, 1724, pet. in-fol., 23 pp. avec 5 pl. en taille-douce (10 à 15 fr.).

Plans et décorations de l'église. A la suite, une oraison funèbre de 12 pages. Volume omis par Brunet et par Grässe.

569. *Exequias hechas en Roma á la Magestad Catolica del rey nuestro señor D. Luis primero*, etc. — Service funèbre fait à Rome à S. M. C. le roi notre seigneur, D. Louis Ier, étant alors ambassadeur... D. F. de Acquaviva, etc. Décrit par son ordre par D. J. Gasp. de Cañas Trusillo. — Rome, Salvioni, 1725, in-fol., 35 pp. et 5 gr. pl. grav. par Ph. Vasconi, d'après Ant. Canevari (10 à 15 fr.).

Ces planches représentent le plan et les décorations de l'église et le catafalque. Rien de remarquable. Omis par Brunet et par Grässe.

570. *Relacion de las exequias que á la*

Mag. del rey catol. D. Fernando VI, se hicieron en la real yglesia de Sant Jago de los Españoles de Roma. — Relation des obsèques célébrées à l'église royale espagnole de Saint-Jacques, à Rome, à la mémoire de S. M. le roi catholique Ferdinand VI. — Rome, 1759, in-fol., avec 2 gr. pl. grav. (12 à 15 fr.).

Omis par Brunet et par Grässe.

571. *Tristes ayes de la aguila mexicana; reales exequias de Maria Magdalena Barbara de Portugal, reyna de España, celebradas en Mexico*, etc. — Tristes Plaintes de l'Aigle mexicaine à l'occasion du service funèbre de Marie-Madeleine-Barbe de Portugal, reine d'Espagne, célébré à Mexico les 18 et 19 mai 1759; par J. Rodriguez del Toro et D. Trespalacios. — Mexico, 1760, pet. in-4, fig.

La reine Marie-Madeleine-Josephe-Thérèse Barbe, était fille de Jean V, roi de Portugal, et femme de Ferdinand VI, roi d'Espagne.

Livre rare et curieux, orné d'une très-grande gravure en taille-douce par Moreno. Omis par Brunet et par Grässe.

572. *Reales exequias que á su augusta soberana D. Maria Amalia de Saxonia, reina de España, consagró el rendido amor y gratitud de la mui ilustre ciudad de Barcelona*, etc. — Service funèbre que la très-illustre cité de Barcelone, mue par un sentiment de piété et de gratitude, rendit à son auguste souveraine, D. Marie-Amélie de Saxe, les 23 et 24 avril 1761. — Barcelone, impr. Vendrell y Texido, in-4, 110 pp. et 5 pl. grav.

Marie-Amélie-Christine de Saxe, fille d'Auguste II, roi de Pologne, électeur de Saxe, et femme de Charles III, roi d'Espagne, mourut le 27 septembre 1760. Le service funèbre qui eut lieu à Barcelone pour le repos de son âme, fut célébré avec une grande magnificence, et le souvenir en a été perpétué dans le présent volume. Les cinq planches gravées en taille douce, dont il est orné, reproduisent la décoration intérieure de l'église, le plan général, deux bons portraits et le catafalque. Cette dernière gravure, de 53 centimètres de hauteur sur 31 de largeur, est surtout fort remarquable pour la beauté de composition d'un colossal cénotaphe au milieu duquel était placé le catafalque.

Les travaux d'architecture et d'ornementation sont l'œuvre des frères Francisco et Manuel Tramullas, peintres et architectes. François Boix a gravé les planches, à l'exception de la plus grande, dessinée par le sculpteur Ch. Grau, et gravée par Ignace Valls, de l'Académie de Barcelone.

Ce volume est fort rare en France. Je l'ai trouvé dans la riche bibliothèque de M. Ambroise Firmin-Didot. Il a été omis par Brunet et par Grässe.

Moins de deux ans auparavant, en octobre 1759, Barcelone avait célébré le débarquement du roi Charles III, et de la même princesse Marie-Amélie, son épouse. Une description de ces fêtes, ornée d'une grande planche gravée par Valls, a été publiée par la même imprimerie dont est sortie la présente relation (*Relacion obsequiosa de los seis primeros dias*, etc.; in-4°, de 210 pages).

573. *Llanto de la Fama. Reales exequias de Maria Amalia de Saxonia, reyna de las Españas, celebradas en la iglesia cathedral de la imperial corte mexicana*, etc. — La Renommée en pleurs. Service funèbre de la reine Marie-Amélie de Saxe, reine d'Espagne, célébré dans l'église cathédrale de la cour impériale du Mexique, les 17 et 18 juillet 1761; par Jos. Rodriguez del Toro et F.-V. Malo. — Mexico, 1761, in-4, avec 28 grav. en taille-douce et une pl. représ. le catafalque.

Omis par Brunet et par Grässe.

574. *Lagrymas de la paz, vertidas en las exequias de Fernando de Borbon, celebradas en el templo de Mexico.* — Larmes de la paix, versées au service funèbre de Ferdinand (VI) de Bourbon [roi d'Espagne], célébré à l'église de Mexico. — Mexico, 1762, in-4, fig.

Pièce d'une rareté excessive, ornée d'un grand nombre de gravures en taille-douce. Omise par Brunet et par Grässe.

575. *Reales exequias de D. Ysabel Farnecio, princesa de Parma y reyna de las Españas*, etc. — Service funèbre de D. Isabelle Farnèse, princesse de Parme et reine des Espagnes, célébré dans l'église cathédrale de la cour impériale du Mexique, les 27 et 28 février 1767; par D. Valcarcel et F.-V. Malo. — Mexico, 1767, in-4, 39 ff. avec 16 pl. grav.

Elisabeth Farnèse, fille d'Edouard Farnèse II, duc de Parme, était la seconde femme de Philippe V, fondateur de la maison des Bourbon d'Espagne. Elle mourut le 11 juillet 1766, vingt ans après son mari, presque jour pour jour.

Volume fort rare, omis par Brunet et par Grässe.

576. *Descripcion de los ornatos públicos con que la corte de Madrid ha solemnizado la feliz exaltacion al trono de los reyes nuestros de Carlos IV y Luisa de Borbon*, etc. — Description des solennités publiques par lesquelles la cour de Madrid a célébré l'heureux avénement au trône de nos rois de Charles IV et de Louise de Bourbon, et le serment prêté par D. Ferdinand, prince des Asturies. — Madrid, 1788, in-fol., avec 11 pl. pliées, grav. par Marti et Giraldo (5 à 10 fr.).

Omis par Brunet et par Grässe.

577. *Descrizione dell' apparato funebre per le esequie celebrate dalla nazione spagnuola*, etc.—Description des appareils pour le service funèbre célébré par les Espagnols en l'honneur de Charles III, à l'église de S. Jacques, à Rome.

— Rome, Pagliarini, 1789, in-fol., avec 10 gr. pl. grav. par Bossi, Volpato, etc. (5 à 10 fr.).

Ce volume se recommande par deux belles planches gravées par Volpato, d'après l'architecte Jos. Panini. La première nous montre la coupe de l'église Saint-Jacques avec le tombeau de Charles III; la seconde, l'élévation de ce même tombeau. Les autres planches représentent des bas-reliefs allégoriques, et sont médiocres. Omis par Brunet et par Grässe.

578. *In Funere Caroli III, Hispan. regis catholici, oratio habita in sacello pontificio a Bernardino Ridolfi.* — Parmæ, 1789, in-4, fig.

Cette oraison funèbre de Charles III, roi d'Espagne, mort le 14 décembre 1788, est ornée d'un beau frontispice gravé par Raph. Morgen, de cinq vignettes du même et de Volpato.

579. *Funerali per Carlo III, re delle Spagne e per l'infante di Napoli, D. Gennaro Borbone.* — Funérailles de Charles III, roi d'Espagne, et de Janvier Bourbon, infant de Naples. — Palerme, 1789, in-fol., avec 6 pl. grav. et vignettes (15 à 20 fr.).

Omis par Brunet et par Grässe.

580. *Relacion de la proclamacion del Rey Don Carlos IIII, y fiestas con que la celebró la ciudad de Sevilla,* etc. — Relation de la proclamation du roi Charles IV, et des fêtes qui ont été célébrées à cette occasion à Séville; par le père Manuel Gil. — Madrid, 1789, in-fol., fig. (6 à 10 fr.).

Omis par Brunet et par Grässe.

581. *Guatemala por Fernando VII, el dia 12 de diciembre de* 1808. — Guatemala à Ferdinand VII! Le 12 décembre 1808. — Guatemala, 1809, in-4, 166 pp. de texte et fig. (20 fr. et plus).

Description des fêtes célébrées à Guatemala lors de l'avénement au trône du roi Ferdinand VII, ornée de vingt et une planches gravées en taille-douce. Omis par Brunet et par Grässe.

582. *Relacion de lo ejecutado en la ciudad de Mexico... por la muerte de la reina D. Isabel de Braganza,* etc. — Relation des cérémonies funèbres faites dans la ville de Mexico pour la mort de la reine Isabelle de Bragance, les 9 et 10 juillet 1819. — Mexico, 1820, in-fol., 43 pp. avec 2 pl.

Marie-Isabelle-Françoise, morte le 26 décembre 1818, était fille de Jean VI, roi de Portugal, et femme de Ferdinand VII, roi d'Espagne. Omis par Brunet et par Grässe.

583. *Descripcion de la solemnidad funebre con que se honraron las cenizas del heroe de Iguala, D. Augustin de Iturbide, en octubre de* 1838. — Description du service funèbre célébré en l'honneur des cendres du héros d'Iguala, D. Augustin de Iturbide, en octobre 1838; par José-Ramon Pacheco. — Mexico, 1849, in-fol., 66 pp., avec portr. et 3 pl. lithogr.

Iturbide, auteur du célèbre plan d'indépendance proclamé à Iguala, libérateur du Mexique en 1821, élu empereur l'année suivante, déposé au bout d'un an et plus tard proscrit comme traître, a été fusillé, dès son retour au Mexique, par ordre du gouvernement républicain, le 19 juillet 1824. Le congrès de 1838, sur la demande du président Bustamente, décida la translation des cendres du malheureux empereur à Mexico, et la cérémonie se fit en grande pompe. Un récit circonstancié, écrit par le ministre de la justice, et publié en 1838, a été réimprimé en 1849, et c'est sans doute le même que celui dont nous avons rapporté le titre ci-dessus.

Volume rarissime en Europe, omis par Brunet et par Grässe.

584. *Noticia del recibimiento y permanencia de S. M. el Emperador y la Emperatriz de Mexico en la ciudad de Puebla.* — Notice sur la réception et le séjour de Leurs Majestés l'empereur et l'impératrice du Mexique dans la ville de Puebla. — Puebla, 1864, gr. in-4, 36 pp. avec 7 pl.

Nous savons maintenant, grâce à ce volume, à peine connu en Europe, qu'elle fut la réception *officielle* de l'infortuné Maximilien, assassiné par les Mexicains.

3. *Portugal.*

585. *Exequias feitas em Roma a Mag. fideliss. do Senhor Rey Dom João V por ordem do Senhor Dom José I, seu filho, e successor.* — Service funèbre fait à Rome à la mémoire de Jean V [roi de Portugal], par ordre de Joseph Ier, son fils et successeur. — Rome, 1751, gr. in-fol., avec 19 pl. grav. et vignettes (20 à 25 fr.).

Les dix-neuf planches ont été gravées par Vasi, Mazzoni, Gardhenghi, et autres. Omis par Brunet.

4. *Italie.*

a. États pontificaux.

586. *La Pompa funerale fatta dall' ill^{mo} et R^{mo} Sr Cardinale Montalto, nella trasportatione dell' ossa di Papa Sisto il quinto,* etc. — Service funèbre célébré par le cardinal Montalto, à l'occasion de la translation des cendres du pape Sixte-Quint. Décrit par Baldo Cattani. — Rome, Alde, 1591, in-4, 111 pp., fig. (20 fr. et plus).

Les quatorze gravures qui ornent ce volume sont d'une grande beauté. Elles ont été faites par Th. Krüger et Fr. Villamena, d'après Fontana, Josépin, Jac. Zucca, etc. Omis par Brunet.

587. *Descrizione degli apparati fatti in Bologna per la venuta di N. S. Papa*

Clemente VIII, con gli archi, statue e pitture, etc. — Description des apprêts faits à Bologne pour la venue de Notre Seigneur le Pape Clément VIII, avec les dessins des arcs de triomphe, statues et peintures, dediés au gouvernement de Bologne par Victor Bonacci, imprimeur de la chambre des comptes (*stampatore camerale*). — (Bologne), 1599, in-4, frontisp., 8 ff. de texte et 8 pl. gr. (20 fr.).

Cette plaquette renferme neuf eaux-fortes, touchées avec infiniment d'esprit et de verve, et qui représentent les arcs de triomphe élevés à cette occasion. En tête se trouve un frontispice que l'on croit avoir été composé par Le Guide. (Voir Cicognara, *Catal.*)
Omis par Brunet et par Grässe.

588. *Vero disegno dell' ordine tenuto da nostro Clemente VIII pontefice massimo nel felicissimo ingresso*, etc. — Véritable dessin de l'ordre tenu à l'heureuse entrée de S. S. Clément VIII, notre pontife suprême, dans la très-noble ville de Ferrare, en 1598. — In-fol. obl., 12 eaux-fortes par D. Rascicotti, avec texte gravé (10 à 20 fr.).

Omis par Brunet et par Grässe.

589. *Breve racconto della trasportatione del corpo di Papa Paolo V dalla Basilica di S. Pietro*, etc. — Court récit de la translation du corps du pape Paul V, de la basilique de Saint-Pierre à celle de S. Marie-Majeure. — Rome, Zannetti, 1623, in-fol., avec 18 pl. grav. par Th. Krüger.

Omis par Brunet et par Grässe.

b. Parme et Modène.

590. *Il Trionfo della Virtù, festa d'armi a cavallo rappresentata nella nascità*, etc. — Le Triomphe de la Vertu. Fête équestre représentée à l'occasion de la naissance du prince de Modène, en 1660. — Modène, Bart. Soliani, s. d. (1660), pet. in-fol., 47 pp. et 28 pl. dessin. et grav. à l'eau-forte par Franç. Stringa (40 à 50 fr.).

Cavalcades, joutes, ballets. L'ordonnateur de la fête et l'auteur du divertissement en vers fut le comte Gratiani; Ferrari fit la musique, et les architectes Giacomo Monti et Balthazar Bianchi construisirent les machines.
Volume omis par Brunet et par Grässe.

591. *La Gloria d'amore, spettacolo festivo fatto rappresentato dal Sig. duca di Parma, sopra l'acque della gran peschiera*, etc.—La Gloire de l'Amour, fête-spectacle représenté par ordre du duc de Parme, sur le grand vivier récemment fait dans son jardin, à l'occasion des fiançailles de son fils aîné, Odoardo (Édouard), avec la princesse Sophie de Neubourg. — Parme, 1690, gr. in-4, avec gr. pl. grav. par les frères Mauri (4 à 10 fr.).

Omis par Brunet et par Grässe.

592. *L'Età dell' oro. Introduzione al balletto della Ser. Principessa Margherita e delle Signore Dame fatto rappresentare dal Duca di Parma*, etc.— L'Age d'Or. Introduction au ballet de la princesse Marguerite (fille du duc de Parme) et des dames de la cour, que le duc de Parme fit représenter sur son nouveau théâtre, à l'occasion du mariage du prince Odoardo (Édouard), son fils aîné, avec la princesse Dorothée-Sophie de Neubourg. Par L. Lotti. Musique de Jos. Tosi. — Plaisance, 1690, in-4, avec 5 gr. pl. in-folio (10 à 15 fr.).

Le duc de Parme, c'est Ranuce II, Farnèse. Du mariage de son fils Édouard est née Élisabeth Farnèse, épouse de Philippe V, roi d'Espagne.
Omis par Brunet et par Grässe.

593. *Orazione funebre e descrizione del solenne funerale dell' A. Ser. Francesco I, duca di Parma*, etc. — Oraison funèbre et description des funérailles solennelles de S. A. Sér. François Ier, duc de Parme, célébrées par le collége ducal Aucarano, à Bologne, à l'église de Saint-Ignace des PP. Jesuites, le 12 novembre 1727. — Bologne, 1727, in-fol., avec 1 pl. (5 fr. et plus).

Omis par Brunet et par Grässe.

594. *Relazione del funerale di Elisabetta Farnese.* — Relation du service funèbre en l'honneur d'Élisabeth Farnèse. — Venise, Recurti, 1750, in-fol., avec 1 portr. et 3 gr. pl. grav. par Gius. Benedetti et Gius. Patrini, d'après Grassi (6 à 10 fr.).

Omis par Brunet et par Grässe.

595. *Descrizione delle feste celebrate in Parma, l'anno* 1769, etc. — Description des fêtes célébrées à Parme en 1769 pour le mariage du royal infant, Ferdinand de Bourbon, avec l'archiduchesse d'Autriche Marie-Amélie (texte italien par Paciaudi, et français par Millot). — Parme, s. d. (1769), gr. in-fol., 40 pl., vign. dans le texte (40 fr.).

L'infant dont il est ici question était fils de don Philippe d'Espagne et d'Élisabeth de France, fille de Louis XIV. Condillac, Millot et Mably concoururent à son éducation. Ce fut lui qui essaya de racheter le *Saint-Jérôme* du Corrège au prix d'un million, quand les troupes françaises entrèrent dans son duché. Marie-Amélie était fille de Marie-Thérèse.

Exercer les talents qui sont à Parme, tel a été le but du grand duc en faisant exécuter la présente relation.

Ce qui recommande surtout cet ouvrage exécuté avec luxe, ce sont les quarante planches gravées d'après Petitot, architecte et ingénieur de l'Infant, par Volpato, Ravenet, Bossi, Baratti et autres. Elles représentent le tournoi qui fut la partie principale de ces fêtes : le tournoi lui-même, le défilé des chevaliers, leur costume, leurs armoiries, enfin la fête arcadienne (gravée par Volpato), la foire chinoise et le feu d'artifice.

596. *Le Feste d'Apollo celebrate sul teatro di corte*, etc. — Fêtes d'Apollon, célébrées sur le théâtre de la cour en août 1769, à l'occasion des noces de l'infant D. Ferdinand et de l'archiduchesse Marie-Amélie (par Galliari et Fr. Grassi). — Parme, s. d., 4 part. en 1 vol. in-4, 15, 20, 27 et 28 pp., avec 5 pl. (scènes mythologiques) grav. s. cuivre d'après P.-A. Martini (4 à 5 fr.).

Omis par Brunet et par Grässe.

c. Savoie et Sardaigne.

597. *Funerale fatto nel duomo di Torino alla memoria di Vittorio Amedeo, duca di Savoia*, etc. — Service funèbre célébré à la cathédrale de Turin, à la mémoire de Victor-Amédée, duc de Savoie, le 18 décembre 1637 ; décrit par L. Giuglaris. — Turin, Tarino, 1638, in-fol., avec un front. et 2 gr. pl. pliées.

Omis par Brunet et par Grässe.

598. *Funerale celebrato nel duomo di Torino, all' Alt. R. di Carlo Emanuele II, duca di Savoia*, etc. — Funérailles de Charles-Emmanuel II, duc de Savoie, célébrées à la cathédrale de Turin ; décrites par G. Vasco. — Turin, Zapatta, 1675, in-fol., avec 7 pl. grav. par Piene et Tasnière (5 fr.).

Omis par Brunet et par Grässe.

599. *Relazione delle solenni esequie celebrate nel duomo di Milano*, etc. — Relation des obsèques solennelles, dans la cathédrale de Milan, de Sa Majesté la reine de Sardaigne, Polixène-Jeanne-Christine. — Milan, 1735, in-fol., 31 pp., avec 11 pl. (15 à 20 fr.).

Il s'agit ici des obsèques de la fille d'Ernest-Léopold, Landgrave de Hesse-Rheinfelss, et seconde femme de Charles-Emmanuel III, roi de Sardaigne. — Cette publication nous montre l'ornementation de la partie supérieure de la grande porte de la cathédrale ; une belle vue de la cathédrale elle-même et de la place où elle s'élève ; la vue d'un des côtés de la nef ; le plan du catafalque ; la vue de l'ensemble du catafalque ; etc.

Antonio dal Re a gravé les onze planches d'après les dessins de l'architecte Fr. Croce.

Volume omis par Brunet et par Grässe.

600. *La Sontuosa illuminazione della città di Torino, per l'augusto sposalizio delle reali maestà di Carlo Emmanuele re di Sardegna e di Elisabetta Teresa primogenita di Lorena.* — La Splendide Illumination de la ville de Turin à l'occasion de l'auguste mariage de Charles-Emmanuel, roi de Sardaigne, et d'Élisabeth-Thérèse, princesse aînée de Lorraine, etc. Décrite en italien et en français. — Turin, Chais, 1737, in-fol., 27 et 18 pp., front. et 14 pl. (20 à 30 fr.).

Ce volume, omis par Brunet, est composé de deux parties, italienne et française, avec une pagination distincte. Le titre de la dernière est ainsi conçu : *Description de ce qui s'est passé de remarquable à Turin, à l'occasion du mariage de LL. MM. Charles-Emmanuel, etc. Avec la relation de l'exposition du S.-Suaire.*

Il est orné d'un frontispice et de quatorze belles planches, gravées au burin et à l'eau-forte par Daudet, Giov.-Ant. Bielmondo, Cas. de Prenner, Caj. Bianchi et Hérisset, qui représentent des vues des palais, grottes, feux d'artifice, illuminations et l'exposition du S.-Suaire. La décoration des palais a été inventée et dirigée par les architectes Ign. Masson, Bern. Vitton. Jos.-Mas. Piovani, Ign. Agliandi et Jean Bernardi.

d. Sicile.

601. *Le Simpatie dell' allegrezza tra Palermo, capo del regno di Sicilia, e la Castiglia, reggia capitale della cattolica monarchia,.... per la vittoria ottenuta contro i collegiati*, etc. — Marques d'allégresse de Palerme, capitale du royaume de Sicile, et de la Castille, royale capitale de la monarchie catholique, manifestées par la présente relation des grandes pompes festivales des Palermitains, à l'occasion des victoires remportées sur les confédérés dans la campagne de Prihuega (*sic*), le 11 décembre 1710, avec les forces du très-fidèle bras de Castille, sa Royale Majesté Philippe V, roi d'Espagne et de Sicile. Fêtes décrites par le docteur Pierre Vitale. — Palerme, 1711, in-fol., 4 ff. prél. et 112 pp., front. et 15 pl. grav. (20 fr.).

Planches médiocres, gravées par Francesco Ciché, d'après Paolo Amato, Mario Cordua, Antonino Grano, représentant des arcs de triomphe, la vue de la place du Palais-Royal, une cavalcade, un char de triomphe et la façade du palais de la sainte Inquisition.

L'intérêt de ce livre réside surtout en ce qu'il rappelle une victoire de Philippe V dans la guerre de succession, victoire due en grande partie au duc de Vendôme. Nous voulons parler de la prise de Brihuega, défendue par cinq mille Anglais, et suivie le lendemain d'un succès plus complet et plus brillant, la défaite de Staremberg à Villaviciosa.

Volume omis par Brunet et par Grässe.

602. *Descrizione delle feste celebrate dalla fedelissima città di Napoli per lo glorioso ritorno dalla impresa di Sicilia della Sacra Maestà di Carlo di Borbone, re di Napoli, Sicilia*, etc. — Description des fêtes célébrées par la fidèle cité de Naples à l'occasion du re-

tour glorieux, après l'expédition de Sicile, de Sa Majesté sacrée Charles de Bourbon, roi de Naples, Sicile, etc. — Naples, 1735, in-fol., front. et 2 pl. (10 fr.).

Ce frontispice ovale, composé par l'abbé Mich. Foschini, et gravé par Roch Pozzi, représente, sous une forme mythologique, l'entrée du roi dans la baie de Naples. Un chœur de Néréïdes et de Tritons escorte la galère royale, et la nymphe Parthénope tend les bras au souverain.

Des deux autres planches, l'une donne la coupe du décor au débarcadère sur le môle de Naples; l'autre, la décoration élevée sur la place du palais. Toutes deux, composées par Nic. Tagliacozzi et gravées, la première par Bart. de Grado, la seconde par Ant. Baldi. Omis par Brunet.

603. *La Reggia in trionfo per l'acclamazione e coronazione di Carlo, infante di Spagna, re di Sicilia, Napoli, etc., ordinata dal senato Palermitano*, etc. — Le Palais du roi en triomphe, à l'occasion de l'acclamation et du couronnement de Charles, infant d'Espagne, roi de Sicile, de Naples, etc.; fêtes ordonnées par le sénat de Palerme et décrites par P. La Placa. — Palerme, 1736, in-fol., avec 23 pl. gr. (25 à 30 fr.).

Cortéges, décorations des palais, arcs de triomphe, etc.

Le héros de cette solennité est Don Carlos, infant d'Espagne, cinquième fils de Philippe V, roi d'Espagne. Il fut successivement duc de Parme, en 1731, roi des Deux-Siciles, sous le nom de Charles VII, en 1735, roi d'Espagne, sous le nom de Charles III, en 1759.

Omis par Brunet et par Grässe.

604. *Narrazione delle solenni reali feste fatte celebrare in Napoli da S. M. il re delle Due Sicilie, Carlo, Infante di Spagna*, etc. — Relation des fêtes célébrées à Naples par S. M. Charles, roi des Deux-Siciles, infant d'Espagne, etc., pour la naissance de son fils premier-né, Philippe, prince royal des Deux-Siciles. — Naples, 1749, in-fol., 20 pp., front. et 15 gr. pl. (30 à 40 fr.).

Quinze planches d'énorme dimension, gravées par Jos. Vasi, Louis de Lorraine, Jardin, etc. Les décorations architecturales sont de Vincent Rè.

Ce qu'il y a de plus intéressant dans cette publication, c'est qu'elle nous montre dans tous ses détails le théâtre San-Carlo, choisi pour célébrer ces fêtes : le plan, la coupe, et toutes les transformations de ce théâtre en salle de bal et en salle de concert, sous la direction de Vincent Ré (ou Roi) décorateur en renom à Naples à cette date. De plus, Giuseppe Vasi, si connu par ses travaux sur Rome, a gravé plusieurs des planches.

Volume omis par Brunet.

e. Toscane.

605. *Feste nelle nozze del serenissimo Don Francesco Medici, gran duca di Toscana, et della sereniss. sua consorte la sig. Bianca Cappello, composte da M. Raffaello Gualterotti*, etc. — Fêtes pour le mariage du séréniss. Don François de Médicis, grand-duc de Toscane, et de son épouse la signora Bianca Cappello, inventées par Raphaël Gualterotti; avec la description spéciale des joutes et des apprêts faits à cette occasion dans le palais Pitti; joutes soutenues par trois cavaliers Persans contre leurs adversaires. Nouvelle réimpression. — Florence, 1579, in-4, 58 et 24 pp. et 1 f., avec 15 pl. grav. à l'eau-forte par Accursio Baldi et Séb. Marsili, d'après les dessins de Gualterotti (150 fr. et plus).

Voici le portrait que trace Montaigne (*Journal de voyage*, t. II, p. 39) de Bianca Capello : « Elle « est belle à l'opinion italienne, un visage agréa- « ble et impérieux, le corsage gros et des tétins « à leur souhait. »

Cette beauté impérieuse, fille de Bartolomeo Capello, l'un des plus considérés parmi les patriciens de Venise, après une première aventure, devint maîtresse du grand-duc; puis, dans les trois mois qui suivirent la mort de Jeanne, archiduchesse d'Autriche, première femme de François (5 juin 1578), elle se fit épouser secrètement. Mais un mariage secret ne pouvait contenter une femme ambitieuse, et François, dégagé de tout lien, pouvait avouer sa passion. Aussi annonça-t-il au doge et à la république de Venise que son intention était de former avec eux la plus étroite alliance en prenant pour épouse une fille de Saint-Marc, proposition qui fut si bien accueillie que, le 16 juin 1579, une déclaration du sénat de Venise nomma Bianca fille véritable et particulière de la république. Deux ambassadeurs, suivis de quatre-vingt-dix nobles, furent envoyés à Florence pour célébrer en même temps l'adoption de Saint-Marc et le mariage. Les deux cérémonies furent célébrées le 12 octobre 1579, et les dépenses qu'elles occasionnèrent ne furent pas au-dessous de trois cent mille ducats.

Ce fut dans la vaste cour du palais Pitti, dite la cour d'Ammanato, du nom du célèbre architecte qui en conçut l'idée (conception imitée dans la cour de notre palais du Luxembourg) que se firent les joutes et qu'on vit les merveilles dont Raphaël Gualterotti nous a conservé le souvenir. Les trois portes de la belle grotte couverte de rocailles, au midi de cette cour, grotte dont l'emplacement exact et les dispositions différaient probablement de celle qu'on voit aujourd'hui, servirent tantôt de coulisses, tantôt de toile de fond, suivant les nécessités du spectacle. C'est de là qu'on vit sortir un char traîné par deux éléphants, un autre traîné par des lions, un dragon qui lançait des flammes, d'autres chars traînés, les uns par des cygnes, d'autres par des tritons, etc. Des toiles peintes, représentant la mer *mouvante et écumante*, vinrent ajouter à l'effet du spectacle, qui eut lieu aux flambeaux et sous un immense voile tendu sur la cour pour préserver les spectateurs de la fraîcheur de la nuit. Enfin, un tournoi sur la grande place de Florence, vint couronner ces fêtes. Voyez la dernière planche de cette intéressante publication.

606. *Descrizione del regale apparato, per le nozze della serenissima madama Cristina di Loreno, moglie del serenissimo Ferdinando Medici III, gran duca di Toscana, descritte da Raffael Gualterotti, gentil-huomo fiorentino.* — Description des royaux apprêts pour le mariage de la sérénissime madame

Christine de Lorraine, femme du sérénissime Don Ferdinand de Médicis, troisième grand-duc de Toscane; par Raphaël Gualterotti, gentilhomme florentin. — Florence, Antoine Paduani, 1589, in-fol., 176 pp. front. et 67 pl. à l'eau-forte, dont 8 doub. (800 fr., Ruggieri, rel. en m.).

Ce livre, oublié par Brunet et par Grässe, est un des plus rares et des plus intéressants des ouvrages signalés dans cette section. Et d'abord le mariage dont il reproduit les fêtes est celui d'un prince d'un mérite supérieur avec l'une des petites-filles de Catherine de Médicis. Mais ce qui est sans prix, ce qui en fait une œuvre hors ligne, c'est que les soixante-sept gravures à l'eau-forte dont il est orné nous montrent les peintures et sculptures décoratives dont le mariage de Ferdinand Ier de Médicis fut l'occasion. Parmi ces peintures, faites à la hâte, il en est de supérieurement composées; ce sont de fortes ébauches, savantes et ingénieuses, et qui prouvent à quel point les artistes du seizième siècle savaient plier leur génie aux volontés des grands. Disons aussi que toute une cohorte d'hommes de talent fut appelée à donner à cette solennité l'éclat dont elle était susceptible. Leurs noms peuvent suffire pour le prouver. En voici la liste :

Lorenzo Sciorini ou Sciorina. — Ludovico Cardi. — Andrea Commodi. — Alessandro Allori. — Gabriello Ughi. — Cosimo Gamberucci. — Valerio Marucelli. — Giovanni Balducci, surnommé Cosci. — Domenico Cresti, surnommé Pussignano. — Gregorio Pagani. — Giovanni-Antonio Posio (l'architecte des fêtes). — Giovanni-Baptista Lorenzi (sculpteur). — Pierre Francheville (sculpteur). — Giovanni Caccini. — Taddeo Landini (sculpteur et architecte). — Le Flamand. — Johannes Stradanus (dessinateur et peintre). — Francesco Terzo.

L'exemplaire du marquis d'Adda, à Milan, contient à la fin encore une 68e gravure, grand tableau à vingt et un compartiments, mais elle ne paraît pas faire partie intégrante de l'ouvrage; elle est signée : *Fr. Geffels del et sc.*

607. *Comedia rappresentata nelle nozze del Ser. Princ. di Toscana. — Battaglia navale rappresentata in Arno per le nozze del Ser. Princ. di Toscana l'anno* 1608. — Comédie représentée à l'occasion du mariage du sér. duc de Toscane (Côme II de Médicis, avec Marie-Madeleine, archiduchesse d'Autriche) en 1608. — Bataille navale représentée sur l'Arno (à la même occasion). — Recueil de 26 pl. in-4 oblong grav. à l'eau forte.

Ce recueil de planches consacrées à la représentation des solennités qui ont eu lieu au mariage du quatrième grand-duc de Toscane, a principalement pour auteur Giulio Parigi et Remigio Canta-Gallina, le premier comme inventeur, le second comme graveur.

La *Comédie* (*Le Jugement de Paris*, avec six intermèdes) se compose de sept planches dont deux inventées et gravées par G. Parigi lui-même et les cinq autres gravées par R. Canta-Gallina sur les dessins de Parigi.

La *Bataille navale*, qui a pour sujet l'*Expédition des Argonautes pour la conquête de la Toison d'or*, offre une suite de dix-neuf planches non numérotées, dont Bartsch donne la liste (t. XX, p. 61). Quatorze de ces planches sont de l'invention de G. Parigi, deux de Jacopo Ligozza et une de Lodovico L. C., portant toutes la signature de R. Canta-Gallina, sauf quatre où se trouve son monogramme composé des lettres R. C.

Dans le catalogue de la bibliothèque de M. Ruggieri, on a présenté cette suite d'estampes comme appartenant au volume de texte dont nous donnons le titre au numéro suivant : c'est une erreur. Les lettres qui figurent sur plusieurs planches, sans doute pour désigner les détails, font supposer l'existence d'un texte descriptif, mais qui demeure inconnu, et chacune de ces gravures contient au bas le titre général de la suite, reproduit en tête de cet article.

Un artiste français, Nicolas Bocquet, qui se trouvait à Rome en 1600, a reproduit dans le format in-12 oblong, dix-huit planches de la *Bataille navale*, en en omettant une intitulée *Periclemène*. Ces dix-huit planches, numérotées dans un autre ordre que celui de la liste donnée par Bartsch, sont précédées d'un faux titre et du titre gravé suivant : *Le maniflque* (sic) *Carousel fait sur le fleuve de l'Arno, à Florence, pour le mariage du Grand Duc. Dédié au Sr de Beaulieu... A Paris, chez Baltazar Moncornet*, s. d. (fin du dix-septième siècle). La pointe fine et légère de Bocquet rappelle à s'y méprendre la verve spirituelle de Callot, bien que ce ne soit qu'une copie de Canta-Gallina; mais il ne faut point oublier que le dessin maniéré de ce dernier artiste, que ses figures trop longues, que sa main ferme et légère ont beaucoup d'analogie avec les procédés de Callot, dont il fut le maître d'abord et dont il ne dédaigna pas plus tard de graver les dessins. Bocquet a-t-il reproduit aussi les sept planches d'intermèdes? Nous l'ignorons, car cette suite est aussi rare que l'original. M. Ambroise Firmin-Didot en possède deux états dans sa précieuse bibliothèque, l'un sans nom de graveur et avec les souscriptions en italien, l'autre signé de Bocquet et avec les légendes en italien et en français.

608. *Descrizione delle feste fatte nelle reali nozze de' Serenissimi principi di Toscana, D. Cosimo de' Medici*, etc.— Description des fêtes célébrées (en septembre, octobre et novembre 1608) à l'occasion du royal mariage du prince sérénissime de Toscane, Don Côme (II) de Médicis, avec Marie-Madeleine, archiduchesse d'Autriche (texte par Cam. Rinuccini). — Florence, Giunti, 1608, in-4, 2 ff. et 149 pp. avec 5 pl. à l'eau-forte par Greuter (10 à 20 fr.).

L'épître dédicatoire des imprimeurs au duc de Toscane est datée du 1er janvier 1608, c'est-à-dire 1609 de notre style, l'année florentine commençant à cette époque le 25 mars seulement. On y lit que c'est déjà la seconde édition de ce volume (la première n'avait que 100 pages). Il est généralement accompagné de cinq g avures à l'eau-forte, dont quatre doubles, exécutées par Mathieu Greuter, de Strasbourg, représentent : 1o l'entrée de l'épouse à Florence; — 2o un banquet; — 3o carrousel des vents; — 4o joute sur le pont (28 octobre 1608); — 5o vue générale de la bataille navale des Argonautes. Rien n'indique dans le volume que ces planches en fassent partie; on est même porté à croire qu'elles ont été publiées séparément, car chacune d'elles est dédiée à un personnage différent.

Volume curieux, omis par Brunet.

609. *Esequie fatte in Venetia dalla natione fiorentina al ser. D. Cosimo II*, etc. — Service funèbre fait à Venise par les Florentins en l'honneur de Côme II,

4e grand-duc de Toscane, le 25 mai 1621. — Venise, Ciotti, 1621, in-fol., 24 ff., avec 2 titres grav. et 17 pl. grav. par F. Valeggio (10 à 30 fr.).

Les planches de ce volume, omis par Brunet et par Grässe, représentent un bon portrait du duc, le catafalque, avec des détails de décorations, et huit tableaux allégoriques qui ornaient l'église. Ces peintures étaient de Mattio Ingoli, de Ravenne.

610. *Esequie del sereniss. principe Francesco, celebrate in Fiorenza dal sereniss. Ferdinando II*, etc. — Obsèques de S. A. le prince François, célébrées à Florence par S. A. Ferdinand II, grand-duc de Toscane, son frère, dans l'église collégiale de S. Laurent, le 30 août 1634 ; décrites par André Cavalcanti. — Florence, J.-B. Landini, 1634, in-4, 52 pp., front., portr. et fig. par Étienne Della Bella.

Huit figures imprimées dans le texte, et une représentant la catafalque.

A la suite se trouve généralement l'oraison funèbre : *In morte del sereniss. principe Francesco di Toscana. Orazione di Ferd. Bardi de' Conti di Vernio*, etc. ; Florence, Zanobi Pignoni, 1634. Omis par Brunet.

611. *Descrizione delle feste fatte in Firenze per le reali nozze di Ferdinando II*, etc. — Description des fêtes célébrées à Florence pour les noces de Ferdinand II et de Victoria d'Urbino, grande-duchesse de Toscane (par Ferd. Bardi, des comtes de Vernio). — Florence, 1637, in-4, avec 3 pl. par Étienne Della Bella, d'après Alph. Parigi (10 à 15 fr.).

Omis par Brunet.

612. *Le Nozze degli Dei. Favola dell' ab. Gio.-Carlo Coppola. Rappresentata in musica in Firenze nelle reali nozze de' Seren. Gran Duchi di Toschana* (sic) *Ferdinando II et Vittoria, principessa d'Urbino.* — Les Noces des dieux. Fable. Libretto de l'abbé Jean-Charles Coppola, mis en musique (par Ferd. Saracinelli) et représenté à Florence aux noces royales de S. A. le grand-duc de Toscane, Ferdinand II, avec Victoria, princesse d'Urbino. — Florence, Massi et Landi, 1637, in-4, 4 ff., 104 pp., et 51 pp. pour la 2e partie : *Relazione delle nozze*, etc., par Fr. Bondinelli (60 fr.).

Les huit gravures qui ornent cette célèbre représentation théâtrale ont été gravées par Etienne Della Bella, d'après Alphonse Parigi, inventeur des décorations et machines reproduites dans ces planches.

Une campagne avec Florence au fond ; — la forêt de Diane ; — les jardins de Vénus ; — la mer et les cieux, l'enfer ; — les forges de Vulcain, etc., voilà ce que nous montre la pointe libre et légère de Della Bella. Le frontispice (renseignement précieux) représente le théâtre et les spectateurs avant le lever de la toile, dans la grande cour du palais Pitti, comme cela est probable.

Ici nous croyons devoir réclamer contre une injustice. On vante beaucoup cette fête et les talents du décorateur et du graveur, et l'on oublie une publication bien supérieure, celle de *Il Pomo d'oro*, qu'on verra plus loin : trente années, à la vérité, séparent ces deux fêtes de théâtre ; on s'était perfectionné.

613. *Ercole in Tebe, festa teatrale rappresentata in Firenze*, etc. — Hercule à Thèbes, fête théâtrale représentée à Florence à l'occasion des noces royales des sérénissimes époux Côme III, prince de Toscane, et de Marguerite-Louise, princesse d'Orléans (par Giov.-And. Moneglia). — Florence, 1661, in-4, 4 ff. et 108 pp., front. et 12 pl. grav. à l'eau-forte par V. Spada (20 à 30 fr.).

Le frontispice est remarquable. Il nous montre, dans un ovale encadré par un riche motif d'architecture, une sorte de Parnasse florentin. Pégase prend son vol du sommet de la montagne. L'Arno est au pied appuyé sur son urne. Les principaux monuments de Florence se dessinent à l'horizon.

Les autres planches représentent des féeries, des scènes de théâtre, et la dernière, triple, pliée, une apothéose.

Volume intéressant, omis par Brunet.

614. *Il Mondo festeggiante. Balletto a cavallo fatto nel teatro congiunto al palazzo del seren. Gran Duca per le reali nozze de' seren. princ. Cosimo terzo di Toscana, e Margherita Luisa d'Orléans.* — Le Monde en fête. Ballet équestre qui a eu lieu au théâtre contigu au palais du grand-duc, à l'occasion du royal mariage du prince Côme III, duc de Toscane, avec Marguerite-Louise d'Orléans (par G.-A. Moniglia). — Florence, 1661, in-4, 66 p., avec 3 gr. fig. grav. à l'eau-forte par Étienne Della Bella.

L'inventeur du ballet et du tournois était Alex. Carducci.

La première planche représente la cavalcade d'Hercule, accompagné des chars du soleil et de la lune et suivi de cavaliers d'Europe, d'Asie, d'Afrique ; — la seconde, disposition générale pour les quadrilles autour du mont Atlas ; — la troisième, plan du tournoi et du ballet. La direction de cette solennité fut confiée, selon toute apparence, à l'ingénieur Ferd. Tacha, dont le nom figure sur les planches.

Omis par Brunet.

615. *Esequie del serenissimo Ferdinando II, gran duca di Toscana*, etc. — Obsèques de Ferdinand II, grand-duc de Toscane, célébrées à Florence par le grand-duc Côme III ; décrites par M. Macigni. — Florence, 1671, in-4, avec 2 gr. pl. grav. par Falda (5 fr.).

Omis par Brunet et par Grässe.

616. *I Numi a diporto su l'Adriatico. Descrizione della Regatta solenne disposta in Venezia a godimento dell' A. S. di Ferdinando III*, etc. — Les

Divinités en fête sur l'Adriatique. Description de la régate solennelle qui a eu lieu à Venise en l'honneur de Ferdinand III, duc de Toscane, etc. — Venise, Poletti, s. d. (1688), in-fol., 4 ff. prél. et 43 pp., avec un frontisp. et 14 pl. doubles grav. par Alex. Dalla Via, d'après Lod. Lamberti, Gasp. Vecchio et Giov. Carboncin, représentant des régates allégoriques (20 fr.).

Omis par Brunet et par Grässe.

617. *Esequie... di Giovan Gastone, gran duca di Toscana*, etc. — Service funèbre célébré à l'église de Saint-Laurent, à Florence, en l'honneur de Jean-Gaston, grand-duc de Toscane; décrit par Bindo Simon Peruzzi. — Florence, Tartini, 1737, in-4, avec une gr. pl. grav. par V. Franceschini, d'après F. Ruggieri (5 fr.).

Jean-Gaston était le dernier grand-duc de Toscane de la maison de Médicis. Volume omis par Brunet et par Grässe.

5. *Belgique*.

618. *Sommare beschrijvinghe van de triumphelijke incomst van den doorluchtighen ende hooghgheboren Aertshertoge Matthias, binnen die princelijke stadt van Brussele, in t'iaer ons Heeren* 1578 *den* 18 *dach januarij*, etc. — Description sommaire de l'entrée triomphale de S. A. l'archiduc Matthias dans la ville de Bruxelles, le 18 janvier 1578. Avec la représentation des spectacles, etc., qui ont eu lieu à cette occasion. Inventée et dessinée par Jean-Bapt. Houwaert, conseiller et maître des comptes du roi dans le Brabant. — Anvers (T'Antverpen), Chr. Plantin, 1579, in-4, 174 pp., fig. (80 fr.).

Pièce fort rare, dont un grand nombre d'exemplaires ont été détruits par ordre du roi d'Espagne.

Les nombreuses gravures sur bois dont cette description sommaire est remplie représentent des arcs de triomphe, des théâtres et autres décorations. Bien que n'étant pas signées, elles sont l'œuvre, selon les auteurs des *Annales Plantiniennes*, d'Antoine van Leest. Les inscriptions des arcs de triomphe sont entourées d'élégants cartouches. Le texte est imprimé en différents caractères, gothique, romain, etc. En tête du volume une belle planche gravée sur cuivre, de format grand in-4, nous montre les portraits de Matthias et du prince d'Orange. Omis par Brunet.

619. *Descriptio et explicatio pegmatum, arcuum et spectaculorum quæ Bruxellæ, Brabant., anno* 1594, *exhibita fuere sub ingressum Ser. Princ. Ernesti, archiducis Austriæ, ducis Burgundiæ*, etc. — Bruxellæ, Mommaert, 1594, in-fol., front. et 22 pl. gr. (70 fr.).

Les vingt-deux planches en taille-douce dont cet ouvrage se compose sont toutes très-médiocres. Une seule offre un intérêt de curiosité, c'est la planche où l'on voit dans le fond l'hôtel de ville de Bruxelles.

Volume omis par Brunet.

620. *Descriptio publicæ gratulationis, spectaculorum et ludorum, in adventu Sereniss. Principis Ernesti, archiducis Austriæ... anno* 1594, 18 *kal. Julias, aliisque diebus Antverpiæ editorum. Cui est præfixa, de Belgij Principatu a Romano in ea Provincia imperio ad nostra usque tempora brevis narratio... Cum Carmine Panegyrico in ejusdem Principis Ernesti, suscepto a Regia Majestate Catholica Belgicarum ditionum imperio in easdem Provincias adventum. Accessit denique Oratio funebris in Archiducis Ernesti obitum ijsdem Provincijs luctuosissimum. Omnia a Joanne Bochio S. P. Q. A. a Secretis conscripta.* — Antverpiæ, ex officina Plantiniana, M.D.XCV (1595), in-fol., 174 ff., et 1 f. pour l'approb. et la souscription, pl. gr. (50 fr.).

Les planches de cette entrée nous montrent les mêmes décors que pour l'entrée de Philippe II. On y voit également des arcs de triomphe et des théâtres. La représentation d'un vaisseau à voile (pl. 25), celle d'un éléphant portant une colonne (pl. 22), et un portique, appelé le portique des Douze-Césars (pl. 30), voilà les seules variantes. Il faut noter toutefois la pl. 31, qui représente un tournoi sur le *Pont-Marin*, et donne en même temps la notion de l'architecture privée à Anvers au seizième siècle.

Trente-cinq planches de grande dimension gravées par Pierre van der Borcht ornent cet ouvrage. Les deux dernières montrent les illuminations et les cavalcades sur la grande place de Bruxelles, car ce fut dans cette ville que l'archiduc d'Autriche Ernest fit son entrée solennelle le 30 janvier 1594, après avoir été nommé par Philippe II gouverneur des Pays-Bas. Il n'est peut-être pas inutile d'ajouter que ce prince, dont la mort, suivant Jean Bocchius, chargé de l'oraison funèbre de l'archiduc, excita de si vifs regrets dans les deux Flandres, *obitum ijsdem Provincijs luctuosissimum*, y était généralement méprisé comme étant faible et dissolu. On disait de lui qu'il n'était bon ni pour la guerre ni pour la paix.

Volume omis par Brunet.

621. *Historica Narratio profectionis et inaugurationis seren. Belgii principum Alberti et Isabellæ, Austriæ archiducum, et eorum optatissimi in Belgium adventus, rerumque gestarum et memorabilium, gratulationum, apparatuum et spectaculorum in ipsorum susceptione et inauguratione hactenus editorum accurata Descriptio. Auctore Ioanne Bochio.* — Antverpiæ, ex officina Plantiniana apud. Joann. Moretum, 1602, in-fol., 500 pp., plus 5 ff. pour la table (30 à 50 fr.).

Ce volume contient trente-cinq gravures dont les principales sont à l'eau-forte et font partie de l'œuvre de Pierre van der Borcht d'Anvers; les autres sont sorties, à ce qu'on croit, des mains d'un graveur qui travailla, à la fin du seizième siècle et au commencement du dix-septième, pour l'imprimerie Plantinienne. Mais ce qui est vraiment digne d'intérêt dans l'*Historica Narratio*, c'est qu'elle nous montre les fêtes et les solennités des Pays-Bas et notamment celles de deux riches cités : Anvers et Valenciennes.

Volume omis par Brunet.

622. *Pompa funebris optimi potentissimiq. principis Alberti Pii, archiducis Austriæ, Ducis. Burg., Bra., etc. Veris imaginibus expressa a Jacobo Francquart, Archit. Reg. Ejusdem principis morientis Vita, scriptore E. Puteano, Consil. et Historiogr. Reg.* — Bruxellæ (Lovanii, typis Henrici Hastenii), 1623, pet. in-fol. obl., 64 pl. numérotées (60 à 80 fr.)—2ᵉ *édit.*, même date, sans nom d'imprimeur à la fin des pièces limin.; — 3ᵉ *édit.:* Pompe funèbre du très-pieux et très-puissant prince Albert, archiduc d'Autriche, duc de Bourgogne, de Brabant, etc., représentée au naturel, en tailles douces, dessinées par Jacques Francquart et gravées par Corneille Galle, avec une dissertation historique et morale d'Eryce Puteanus, conseiller-historiographe du Roy. — Bruxelles, Jean Léonard, 1729, in-fol., avec 65 pl. (30 fr.).

Volume rare, curieux, intéressant surtout parce qu'il fait connaître les costumes du temps, car on voit reproduits dans ces soixante-quatre planches du cortége, tous les dignitaires, tous les notables et tous les corps d'état qui figurèrent dans cette imposante cérémonie célébrée dans l'église de Sainte-Gudule à Bruxelles le 20 mars 1622.

Le char que représente la planche 47, et sur lequel la *Libéralité* est assise, forme la partie la plus intéressante de ce cortége. Cette statue n'a pas moins de 12 pieds de haut; un aigle bat des ailes au-dessus de la tête, un globe est dans son sein. Elle montre d'une main 27 bannières de soie plantées sur le devant du char, et qui correspondent au nombre de provinces conquises par l'archiduc. L'attelage est magnifique. Six chevaux caparaçonnés de satin blanc sont conduits par la Bonté (*Benignitas*), la Noblesse (*Nobilitas*), la Prudence (*Prudentia*), l'amour de la vertu (*Amor virtutis*). Jacques Francquart, peintre et architecte, né à Bruxelles dans le seizième siècle, et attaché à la personne de l'archiduc Albert, fut l'inventeur non-seulement de ce char, mais de la chapelle ardente de Sainte-Gudule. Or, ce qui est digne de remarque, c'est que, d'après une lettre adressée à la veuve de l'archiduc, on est autorisé à croire que l'ordonnance et les décors de cette pompe funèbre furent mis au concours. Voici le texte de cette lettre : « A la sérénissime princesse « Madame Isabelle (Claire-Eugénie), infante d'Es« pagne. — Madame, entre les dessins de *plu« sieurs qui furent faicts* pour ériger la chapelle « ardente et le chariot de *Libéralité* servant à la « pompe funèbre du très-pieux et très-puissant « archiduc Albert, il a *pleu à Votre A. S. d'ac« cueillir* pour faire mettre en œuvre ceux que « par son commandement j'avais faicts, lesquels « approchaient le plus à la royale dignité de vos « AA. SS. En quoi votre A. S. a monstré sa gran« deur et affection envers son espoux plus que « nulle autre qui soit en mémoire, et afin que de « ce rare exemple la postérité aye souvenance, j'ai « faict graver et imprimer ladite pompe, et la « dédie à V. A. S. ».

L'édition de 1729 contient en outre une planche représentant le sarcophage de la princesse Isabelle, veuve de l'archiduc Albert, érigé le 3 mars 1654, dans l'église de Saint-Jacques, à Bruxelles.

On sait que le prince Albert, archiduc d'Autriche et gouverneur des Pays-Bas, était à la fois neveu et gendre de Philippe II, qui lui avait donné pour femme sa fille Isabelle-Claire-Eugénie. Il mourut le 13 juillet 1621. Le frontispice, ainsi que les planches, ont été gravées par Corn. Galle. Le texte explicatif des premières éditions est en latin, en français, en espagnol et en flamand.

623. *Description de la villa y sitio de Breda y entrada que hizo en ella S.A.S. la Señora infanta*, etc. — Description de la ville et du siége de Breda, et l'entrée qu'y fit S. A. S. Isabelle-Claire-Eugénie, infante d'Espagne, le 12 juin 1625. — Anvers, impr. Plantin, 1628, in-4, 39 pp., avec une gr. pl. par Jacq. Callot, d'après J.-F. Canta-Gallina.

La dédicace est signée de Callot, d'où quelques bibliographes concluent que cet artiste était rédacteur de cette description. Jean-François Canta-Gallina, frère du célèbre Remigio, était, de même que son second frère, Antoine, élève de J. Parigi. Nagler qui ne connaissait pas ce volume, prétend à tort qu'on ne peut attribuer avec certitude aucune œuvre à ce Jean-François.

Volume omis par Brunet.

624. *Viage del Infante cardinal D. Fernando d'Austria, desde 12 de abril 1632, que salió de Madrid*, etc. — Voyage du prince D. Fernand, infant d'Espagne, cardinal, depuis le 12 avril 1632, qu'il partit de Madrid avec S. M. Philippe IV, pour aller à Barcelone, jusqu'au 4 novembre 1635, jour de son entrée en la ville de Bruxelles. Par Diego de Aedo y Gallart.—Anvers, Cnobbaert, 1635, in-4, fig. (25 à 40 fr.); — trad. en français par G. Chifflet; *ibid.*, 1635, in-4, 8 ff. et 204 pag., fig. (15 à 20 fr.).

Les figures se composent d'un frontispice gravé par Marinus, d'après P.-P. Rubens, du portrait équestre de l'infant, du même graveur, d'après J. van den Hœcke, de la bataille de Nordlingue et de la figure du *Santo Clavo*.

Brunet cite de ce livre une réimpression de Barcelone, 1637, in-8°; mais il ne connaît, pas plus que Grässe, une édition de Madrid, 1637, plus complète que celle d'Anvers, car elle donne le récit jusqu'au 21 septembre 1636; elle n'a pas de gravures à notre connaissance. Voici son titre: *Viage, succsos y grerras* (sic) *del Infante*, etc.

625. *Pompa introitus honori serenissimi principis Ferdinandi Austriaci hispaniarum infantis S. R. E. card. Belgarum et Burgundionum gubernatoris, etc. A S. P. Q. Antverp. decreta et adornata; cum mox a nobilissima ad Norlingam parta victoria Antverpiam auspicatissimo adventu

suo bearet XV kal. maii anno 1635; *arcus, pegmata, iconesque a Pet. Paulo Rubenio equite inventas et delineatas, inscriptionibus et elogiis ornabat, libroque commentario illustrabat Casperius Gevartius, I. C. et archigrammatus antverpianus.* — Antverpiæ, veneunt exemplaria apud Theod. a Thulden qui iconum tabulas ex archetypis Rubenianis delineavit et sculpsit. — (In fine) : Antverpiæ, exc. Ioannes Meursius, typographus Juratus, anno salutis 1642. Gr. in-fol., 5 ff. prél., 189 pp. et 13 pp., avec 39 pl., y compris le front. et un portr. (60 fr.).

Le personnage politique dont Rubens a illustré l'entrée, en d'autres termes le cardinal-infant Ferdinand d'Espagne, gouverneur des Pays-Bas, était le troisième fils de Philippe III, roi d'Espagne et de Marguerite d'Autriche. Nommé fort jeune archevêque de Tolède, puis cardinal en 1631, il fut désigné par son frère Philippe IV pour succéder a l'archiduchesse infante Isabelle-Claire-Eugénie. A la mort de cette princesse, il partit de Milan avec un corps d'armée de dix à douze mille hommes, prit part à la victoire de Nordlingue et fit son entrée à Anvers le 4 novembre 1634.

Chargé de conserver la mémoire de cet événement, Rubens a fait de *l'Entrée* du cardinal-infant une des plus somptueuses parmi toutes celles qui ont été publiées. Ici nous avons une nouvelle preuve de la prodigieuse fécondité de ce puissant génie, et de l'habileté des élèves qu'il avait formés. Presque tous les cartons sont de sa main et gravés parfaitement par Théodore Van Thulden qui s'était assimilé si parfaitement la manière du maître. — Ces planches se composent : d'un portrait (ajouté) de l'auteur, Gasp. Gevaert, d'après Rubens; d'un frontispice; d'un portrait équestre de l'infant, gravé par Paul Ponce, portrait, dont l'original, de la main de Rubens, se voit au musée de Madrid, et qui est généralement remplacé par un autre portrait à mi-corps, gravé par J. Neefs, d'après Van Thulden; de la représentation de l'entrée du prince, à Anvers, à la tête de son armée victorieuse; de quatre sujets de chars ou cortéges, de plusieurs compositions d'architecture, toutes l'œuvre de Rubens, etc.

M. Ruggieri, comme on a pu le voir dans son Catalogue, a eu en sa possession un exemplaire des plus précieux de cette solennité. Ainsi on y trouve représentée deux fois, et d'une manière différente, l'entrée du cardinal-infant à Anvers. Or, l'une de ces planches, dont la composition est moins heureuse, ne paraît point terminée, tandis que l'autre est complète et d'un effet excellent. Que faut-il en conclure? Que Rubens mécontent de sa première planche en fit faire une seconde qui fut mieux réussie. On trouve aussi, dans le même exemplaire, une planche, que selon Brunet, on ne pourrait découvrir que dans les exemplaires sur vélin, composition très-intéressante, gravée par Bolswert, qui nous montre la Belgique livrée aux bourreaux et suppliant le prince de la sauver. Voir le *Manuel de Brunet*, t. II, p. 1575, pour certains détails purement bibliographiques ou plutôt matériels.

626. *Serenissimi principis Ferdinandi Hispaniarum infantis S. R. E. cardinalis triomphalis introitus in Flandriæ Metropolim Gandavum, auctore Guil. Becano, soc. Jesu.* — Antverpiæ, ex officina Joannis Meursii, 1636, gr. in-fol., 4 ff. prél., 68 pp. et 2 ff., front. et 42 pl. grav. en taille-douce (15 à 20 fr.).

Cette entrée, aussi bien exécutée typographiquement que la précédente à laquelle elle fait suite, est moins belle cependant comme illustration, bien qu'elle soit plus recherchée puisqu'elle est plus rare. Elle contient, outre un portrait de l'infant gravé d'après Rubens, quarante-deux grandes planches gravées par P. de Jode, A. Van der Does, Corn. Galle. etc., d'après Crayer et autres, dont un portrait-frontispice de Philippe, roi d'Espagne, neuf planches de spectacles et arcs de triomphe, deux de cortéges, et trente de sujets allégoriques et historiques.

627. Recueil des dévotions et divertissements de S. A. S. Marie-Elisabeth, archiduchesse des Pays-Bas autrichiens, etc., dans sa résidence à Bruxelles. — Bruxelles, G. Fricx, 1736, in-4 oblong, fig. (25 à 30 fr.).

Ouvrage curieux, omis par Brunet et Grässe. Il est orné d'un titre et de quinze planches entourées de bordures, représentant le portrait de Marie-Elisabeth, l'entrée à Bruxelles et à Mons, feux d'artifice, etc., gravées par Bertheram, Pilsen et P. Bouttats, sans autre texte que les souscriptions au bas.

628. Le Vœu exaucé des Brabançons, ou Description de la journée glorieuse où LL. AA. RR. (l'archiduchesse Marie-Christine et le prince Albert-Casimir) ont été conduites en triomphe, le 31 mai 1787. — En Brabant, 1787, in-8, fig.

Omis par Brunet et par Grässe.

629. Funérailles de S. A. R. Louise-Marie-Thérèse-Caroline-Isabelle, princesse d'Orléans, reine des Belges. — Bruxelles, Géruzet, 1850, in-fol., 19 pp., avec un portrait et 10 lithogr. (8 à 10 fr.).

Les planches représentent le cortége, et la dernière, le dessin architectural d'un beau catafalque. Volume omis par Brunet et par Grässe.

630. Grand Album historique du cortége organisé à l'occasion du mariage du duc de Brabant avec l'archiduchesse Marie-Henriette d'Autriche, dessiné et lithographié par van Hollebeke et Van de Pute. Accompagné d'un texte historique par Macquet. — Bruges, 1853, in-8, avec 16 pl. (15 à 20 fr.).

Volume omis par Brunet et par Grässe.

631. Album du cortége historique qui aura lieu à Bruges le 31 août 1853, à l'occasion du mariage du duc de Brabant, etc., dessiné par Léon Le Gendre, lithogr., à deux teintes, par Daveluys. — Bruges, 1853, gr. in-fol. obl. de 12 pl. et 1 vol. de texte, in-4.

Volume omis par Brunet et par Grässe.

632. Cérémonies et fêtes du mariage de Mgr le duc de Brabant et de Mad. Marie-Henriette-Anne, archiduchesse d'Autriche, célébré à Bruxelles le 22 août 1853. — Bruxelles, Géruzet, 1853,

in-fol., 30 pp., 3 portr., 1 pl. d'armoiries, et 16 chromolithogr., dont 2 de cérémonial et 14 pour une grande cavalcade historique (15 à 25 fr.).

Volume omis par Brunet et par Grässe.

633. Cérémonies et fêtes qui ont eu lieu à Bruxelles du 21 au 23 juillet 1856, à l'occasion du 25ᵉ anniversaire de l'inauguration de Léopold Iᵉʳ (roi des Belges) etc.; par Van Hasselt. — Bruxelles, 1856, in-fol., 41 pp., avec front., portr. et 25 pl. color. (20 à 30 fr.).

Cortéges, arcs de triomphe et une cavalcade historique représentant les provinces de la Belgique.
Volume omis par Brunet et par Grässe.

634. Fêtes de Gand en 1856, ou 25ᵉ anniversaire du règne de S. M. Léopold Iᵉʳ (texte franç. et flam.). — Gand, 1857, in-fol., fig.

Volume omis par Brunet et par Grässe.

635. Funérailles de S. M. Léopold-Georges-Chrétien de Saxe-Cobourg, premier roi des Belges. — Bruxelles, Géruzet, 1866, in-fol., 22 pp., portr. et 5 lith.

635 *bis*. Fêtes et cérémonies publiques qui ont eu lieu à Bruxelles de 1850 à 1865. — Bruxelles, 1850-65, gr. in-fol., portraits, blasons color. et pl. noires et color. (50 à 60 fr.).

Ce recueil contient : Cérémonies et fêtes au mariage du duc de Brabant, avec 29 planches; — Fêtes à l'occasion du 25ᵉ anniversaire de l'inauguration du roi, avec 24 planches de chars, arcs de triomphe, etc.; — Funérailles de la reine (en 1860), avec portrait et 10 planches; — Funérailles du roi Léopold (1865), portrait et 5 pl.

6. *Hollande.*

636. *Declaratie van die triumphante incompst vanden doorluchtighen ende hoogheboren prince van Oraingnien binnen die princelycke stadt van Brussele*, etc. — Relation de l'entrée triomphale de S. A. le prince d'Orange dans la ville de Bruxelles, le 18 septembre 1578. Décrite et composée par Jean-Bapt. Houwaert, etc. — Anvers, Christ. Plantin, 1579, in-4, 157 pp. et 14 grav.

Cette relation renferme quatorze gravures sur bois numérotées I-XV, qui occupent le verso d'autant de pages. Quelques-unes portent la marque du graveur A. van Leest. Elles représentent les barques composant le cortége du prince d'Orange, les décorations théâtrales élevées dans les rues et divers épisodes de l'entrée. Imprimée partie en caractères pseudo-gothiques, dits de civilité, partie en véritable gothique, partie en italique.
Volume omis par Brunet et par Grässe.

637. (Funérailles de Guillaume de Nassau, prince d'Orange.) — S. l. n. d. (1584), in-4 obl.

Ce volume, d'une grande rareté, se compose d'un titre gravé et de onze planches doubles représentant le cortége funèbre de l'illustre fondateur de la République batave, assassiné à Delft le 10 juillet 1584, à l'âge de 51 ans. Elles ont été gravées par P. Goos, d'après Goltzius. Le titre porte : *Hæc pompa funebris spectata fuit Batavorum Delphis, tertio die Augusti, a° 1584*, etc. Ces planches, qui étaient destinées à être collées ensemble pour former une frise, portent au-dessus l'inscription suivante : *Ordo apparatusque funebris Guilelmi illustr. pr. Auraicæ, comitis Nassaviæ.* — Omis par Brunet et par Grässe.

638. *Begraefnisse van S. H. Frederick-Henrick-Friso, prince van Orange.*— Funérailles de Frédéric-Henri-Friso, prince d'Orange, comte de Nassau. — Amsterdam, N. van Ravesteyn, 1651, gr. in-fol., 40 pp., avec 30 pl. de double grandeur, dessinées par P. Post et gr. par P. Nolpe (12 à 20 fr.).

Volume omis par Brunet et par Grässe.

639. *Het blyde Breda ofte kort verhaal van de plegtige intrede van den..... Willem Carel Hendrik Friso, prince van Oranje en Nassau... als heer en baron van Breda*, etc. — La Ville de Breda en liesse, ou Courte Relation de la solennelle entrée de... Guillaume-Charles-Henri-Friso, prince d'Orange et de Nassau... comme seigneur et baron de Breda, et de S. A. R. Anne, princesse royale d'Angleterre, etc., qui a eu lieu le 13 septembre 1737. — La Haye, ('s Gravenhage), 1737, in-fol., 60 et 11 pp., avec 6 pl., dont 5 doubles (5 arcs de triomphe et 1 feu d'artifice), grav. par J. Besoet d'après l'architecte P. de Swart (20 fr.).

Omis par Brunet et par Grässe.

640. *Naeuwkeurige Beschryving van alles wat de heeren studenten der Utrechter hoogeschole verrigt hebben*, etc.— Description de tout ce que les étudiants de l'université d'Utrecht ont fait à l'occasion de l'entrée et de l'inauguration de Guillaume-Charles-Henri-Friso, prince d'Orange, comme régent du pays d'Utrecht. — Utrecht, 1747, in-4, avec deux pl.

Omis par Brunet et par Grässe.

641. *Haga Comitis illustrata ; of het verheerlykt en verligt 's Gravenhage*, etc. — Haga Comitis illustrata, ou la Haye en gloire et en honneurs ; ouvrage consistant en cent seize figures gravées sur cuivre, représentant les décorations, emblèmes, réjouissances publiques et illuminations, à l'occasion de l'élection et de l'inauguration de... Guillaume-Charles-Henri-Friso, prince d'Orange et de Nassau, etc., comme stathouder, capitaine général et amiral de la Hollande et de la Frise occidentale, les 1ᵉʳ et 15

mai 1747, avec une description détaillée. — La Haye ('s Gravenhage), Ant. de Groot, 1751, in-fol., 24 pp. et 16 pl. contenant 116 sujets.

641 *bis*. *Nette Afbeelding en ampele Beschryving der Eere-Poorten, opgerecht by de blyde te rug Komst van wyle.... Willem-Karel-Hendrik*, etc. — Représentation exacte et description détaillée des arcs de triomphe qui ont été élevés à l'occasion de l'heureuse arrivée de... Guillaume-Henri-Friso, prince d'Orange et de Nassau, etc., notre bien-aimé stathouder héréditaire en Zélande, et de son entrée à la Haye le 6 juin 1747. Pour faire suite à l'ouvrage intitulé : *Haga Comitis illustrata*, etc. — La Haye ('s Gravenhage), A. de Groot, 1766, in-fol., 8 pp. et 10 pl. représentant 37 arcs de triomphe (15 à 20 fr.).

Omis par Brunet et par Grässe.

642. *Plegtige Inhuldiging van... Willem Karel Henrik Friso... als markgraaf van Veere*, etc. — Inauguration solennelle de Guillaume-Charles-Henri-Friso, prince d'Orange et de Nassau, comme margrave de Veere, le 1er juin 1751; décrit par A. Andriessen. — Amsterdam, Tirion, 1751, in-fol., 5 ff. et 52 pp., avec 11 pl. grav. (10 fr.).

Les planches de ce volume, omis par Brunet et par Grässe, gravées par C. Philips, d'après P. Beuckels, représentent des arcs de triomphe et la coupe d'argent de Maximilien de Bourgogne.

643. *Inhuldiging van... Willem Karel Hendrik Friso... als erf-heer van Vlissingen*, etc. — Inauguration de Guillaume-Charles-Henri-Friso, prince d'Orange et de Nassau, etc., comme seigneur de Vlissingue, le 5 juin 1751; décrit par D.-Th. Huet. — Amsterdam, Tirion, 1753, in fol., 10 ff. et 74 pp., avec 11 pl. grav. (5 à 10 fr.).

Beau frontispice gravé par Folkema, d'après A. Schouman, un portrait gravé par Houbraken, d'après Aved, et neuf planches gravées par Philips, représentant les cérémonies, des arcs de triomphe et des illuminations.
Volume omis par Brunet et par Grässe.

644. *Afbeelding van de zaal en 't praalbed waar op het lyk van... Willem Karel Hendrik Friso... is gesteld geweest*, etc. — Représentation de la chambre et lit de parade sur lequel le corps de... Guillaume-Charles-Henri-Friso, prince d'Orange et de Nassau, etc., a été exposé, etc.... Dessiné par de Swart, architecte de la cour, et gravé sur cuivre par Jean Punt. — Amsterdam, 1752, in-fol., 4 ff. de texte et 3 pl.

Ce volume se trouve généralement réuni au suivant.

645. *Afbeelding der Lijkstatie van Zijn D. H. Willem IV*, etc. — Représentation du service funèbre en l'honneur de S. A. Guillaume IV, prince d'Orange et de Nassau, à Delft, le 4 février 1752. — Gr. in-fol. obl. composé de 40 pl. gr. par J. Punt.

Cette suite n'a été publiée qu'en 1754.
Volumes omis par Brunet et par Grässe.

646. Funérailles de Guillaume-Charles-Henri-Friso, prince d'Orange et de Nassau, etc., célébrées le 4 février 1752. Dessiné par P. van Cuyk junior, et gravé sur cuivre par J. Punt (texte franç. et holl.). — Amsterdam, 1752, in-fol., avec 41 pl.; — nouv. édit.; La Haye, 1755, in-fol., 40 pp. et 41 pl. (20 à 30 fr.).

Le prince d'Orange, signalé ici, n'est autre que l'homme désintéressé et sage qui refusa la souveraineté des provinces, défendit l'aristocratie qui lui avait été hostile et réprima les excès du parti populaire qui voulait le faire régner. Ce bel ouvrage est composé de quarante et une planches gravées d'après Van Cuyck, dessinateur et peintre à la Haye, par Jean Punt, graveur et acteur à la fois, à Amsterdam. De cette heureuse association est sortie une œuvre remarquable. En effet, quand, après avoir vu défiler sous ses yeux un grand nombre de cortéges officiels, pour la plupart si maussades dans leur triste uniformité, on arrive au cortége qui suivit les restes de Guillaume de la Haye à Delft, l'esprit se réveille et se réjouit. Ces escadrons de cavalerie, cette infanterie, représentés par une main si ferme, avec une allure tantôt gouailleuse, tantôt franchement militaire, donnent de la vie à cette fête de la mort. La maison du prince, le clergé, les magistrats, nous montrent d'excellentes figures. Quelle bonhomie charmante chez les uns, quel comique sérieux chez les autres! Je citerai surtout, dans la maison du prince, les pâtissiers, les cuisiniers, les marmitons, dont la gravité est si amusante. Vraiment le peintre et le graveur hollandais semblent les précurseurs de Meissonnier et de Gavarni.

Il faut encore tenir compte d'une planche double (c'est la dernière) qui représente l'arrivée du cortége devant l'église sur la grande place du marché de Delft. Cette planche rend à merveille l'aspect général d'une cérémonie lugubre sous le ciel d'un hiver hollandais.

647. *Beschrijving der Lijkstatie van Maria Louisa*, etc. — Description de l'enterrement de Marie-Louise, princesse douairière d'Orange et de Nassau, le 13 mars 1765. — (La Haye), gr. in-fol. obl., 2 ff. de texte et 21 pl. grav. à l'eau-forte par P.-C. La Fargue.

Omis par Brunet et par Grässe.

648. *Plechtige inhuldiging van zyne doorluchtigste hoogheid Willem den V, prins van Oranje en Nassau, als erf-heer van Vlissingen*, 1766. — Cérémonie de l'investiture de Son Altesse Guillaume V, prince d'Orange, comme seigneur de Vlissingue; par J. W. te Water. — Middelbourg, 1767, in-fol., fig. (10 fr.).

Omis par Brunet et par Grässe.

649. *De statige Inhuldiginge van... Willem den V... als markgraaf van Veere*, etc. — Inauguration solennelle de... Guillaume V, prince d'Orange et de Nassau, comme marquis de Veere, le 28 mai 1766...., décrit par Josua van Ipereu. — Middelbourg, 1767, in-fol., 3 ff. et 80 pp., avec 10 pl. (arcs de triomphe), grav. par Sibelius, d'après P. Beuckels (5 à 10 fr.).

Omis par Brunet et par Grässe.

650. *'T verheugd Amsterdam ter gelegenheid van het plegtig bezoek... van Willem, prince van Oranje en Nassau.* — Réjouissances faites à Amsterdam, à l'occasion de l'entrée solennelle de S. A. Guillaume, prince d'Orange et de Nassau, stathouder des Pays-Bas, etc., et de son épouse Frédérique-Sophie-Wilhelmine, princesse de Prusse, le 30 mai 1768 et les jours suivants, par J. Wagenaar. — Amsterdam, 1768, in-fol., 74 pp., front. et 14 gr. pl. grav. à l'eau-forte par J. Smit, d'après S. Fokke et R. Winkeles (20 à 100 fr., selon la condition).

Les planches représentent des cortèges, illuminations, réunions officielles, spectacles, banquets et bal. La 14e planche, qui y est jointe habituellement, représente la loge princière au théâtre d'Amsterdam, le 1er juin 1768.

Volume rare, omis par Brunet et par Grässe.

651. *Afbeelding der vreugdebedryven en plegtigheden die by de aankomst en gedurende het verblyf van Willem, prince van Oranje, zyn voorgevallen.* — Représentation des joyeuses et splendides cérémonies qui ont eu lieu pour l'entrée de Guillaume, prince d'Orange, et pendant son séjour à Amsterdam. — Amsterdam, 1768, in-fol., avec 14 pl. gr. par J. Smit.

Omis par Brunet et par Grässe.

652. *Gedenkboek der inhuldiging en feesttogten van Zyne Majesteit Willem II*, 1840-42. — Souvenir de l'avénement au trône de Sa Majesté Guillaume II, et des fêtes qui ont eu lieu à cette occasion. — Bois-le-Duc (Hertogenbosch), s. d., in-8, 9 pl. lith. color.

Omis par Brunet et par Grässe.

9. *Allemagne.*

a. Empire d'Allemagne.

(Pour CHARLES-QUINT, voy. *Espagne*.)

653. *Sigismundi Augusti Mantuam adeuntis profectio ac triumphus,.... anno 1432. Opus ex archetypo Julii Romani a Francisco Primaticio Mantuæ in ducali palatio quod del T. nuncupatur plastica atque anaglyphica sculptura mire elaboratum.... cum notis Jo. Petri Bellorii, a Petro Sancti Bartoli ex veteri exemplari traductum ærique incisum.* — Romæ, J. de Rubeis, (1680), gr. in-fol., avec 26 fig. grav. en taille douce.

Suite d'estampes rares, omise par Brunet et par Grässe. Ce triomphe, composé de vingt-six sujets, gravés sur treize planches doubles, a été exécuté à Mantoue, dans le palais ducal du T, par Franç. Primatice, d'après les dessins de Jules Romain, et gravé par Pietro Sancti.

Il a été regravé depuis en vingt et une feuilles par Antoinette Bouzonnet-Stella.

C'est en souvenir de cette brillante réception que l'empereur Sigismond accorda l'année suivante la dignité de marquisat à la maison de Gonzague de Mantoue.

654. *Triumphwagen*, ou Char triomphal de l'empereur Maximilien. — 8 planches in-fol., jointes en largeur, avec texte explicatif au haut de six dernières. Sur la dernière planche on lit à droite : *Diser wagen ist zu Nürmberg erfunden gerissen unnd gedruckt durch Albrechten Thürer im jar M.D.XXII.* — Ce char a été imaginé, dessiné et imprimé par Albert Dürer, à Nuremberg, en 1522.

Nous sommes ici en présence d'un des chefs-d'œuvre de la gravure sur bois; d'une composition splendide où le talent éclate. Poëte fantaisiste, artiste de génie, énergique, charmant, mystérieux, naïf et fertile en contrastes, Albert Dürer s'impose et fait rêver.

Suivant l'opinion reçue, Jérôme Resch ou Rösch aurait été le graveur de cette magnifique composition. Toutefois (voyez Nagler), on en est réduit sur ce point à de simples conjectures. En outre, du moment où l'on admet que Resch est le graveur de l'*Arc de triomphe* de Maximilien (*Ehrenpforte*) (voyez plus loin), il est difficile de croire que ce soit lui qui ait gravé les planches du *Triumphwagen*. Dans *l'Arc de triomphe* la gravure sur bois est parfois rugueuse, les tailles y semblent indociles, souvent la finesse est absente. C'est tout le contraire dans le *Triumphwagen* où la gravure sur bois rivalise avec la gravure sur cuivre par la netteté, la régularité des tailles et la souplesse avec laquelle elles suivent les contours.

Du premier abord le *Triumphwagen* s'empare de vous. Imaginez un char immense en forme de barque; l'arrière est richement ornementé, l'avant a la forme d'un lion. A l'arrière s'élève une tige flexible surmontée d'un léger baldaquin que rehausse un soleil avec cette inscription : *Quod. in. celis. sol. Hoc. in. terra. Cæsar. est.* Sous ce baldaquin, la couronne au front, le manteau impérial ruisselant de pierreries, palme de la victoire et sceptre en main, Maximilien Ier est assis; noble, calme et imposante figure qui donne mieux que tous les discours du monde l'idée ou plutôt l'idéal de la puissance impériale au moyen âge. A ses pieds, sur un coussin, le globe surmonté de la croix et le glaive de justice; dix jeunes femmes, y compris la victoire qui le couronne, sont autour de lui; chacune d'elles nous offre une personnification morale et tient aussi une couronne destinée à l'empereur. La Raison, *Ratio*, sert de cocher; elle tient les rennes sur lesquelles on lit : *Nobilitas, Potentia.* Les roues, larges et épaisses et dont les moyeux représentent l'aigle impériale, portent ces mots : *Magnificentia, Dignitas, Honor*. La *Gravité*, la *Persévérance*, la *Sécurité*, la *Confiance* accompagnent le char, que traînent douze chevaux superbes accouplés deux à deux et caparaçonnés magnifiquement. Chaque paire est conduite par deux femmes dont voici les noms : la *Modération* et la *Prévoyance*, l'*Opportunité* et l'*Allégresse*, la *Rapidité* et la *Fermeté*, l'*Énergie* et la *Virilité*, l'*Audace* et la *Magnanimité*, l'*Expérience* et la *Sagacité*.

La grâce, l'élégance, la verdoyante jeunesse de ces figures allégoriques ne sauraient se dépeindre. Tout ce qu'on peut dire c'est qu'elles indiquent que Dürer avait vu l'Italie, qui lui fit des emprunts à son tour, comme le prouve la célèbre fresque de *l'Aurore* par le Guide dans le palais *Rospigliosi* à Rome (voyez l'*Essai sur l'histoire de la gravure sur bois*, par M. Ambr. Firm.-Didot, col. 28). Son énergie germanique se marque plus particulièrement dans les chevaux qui rappellent ceux de l'autre recueil attribués à Hans Burgkmair : nous voulons parler du triomphe de Maximilien.

On connaît quatre éditions tirées sur les planches originales ; elles sont toutes rares. La première est celle dont le titre est donné ci-dessus avec explications en allemand. La seconde porte à la suite de la souscription ces mots : *Cum Gratia et Privilegio Cesaree Majestatis*. La troisième avec explications en latin, et avec cette souscription : *Excogitatus et depictus est Currus iste Nurembergæ. Impressus vero per Albertum Dürer. Anno* MDXXIII (1523) (400 fr. et plus). La quatrième porte cette souscription : *Anno autem* MDLXXXVIII (1589) *Jacobus Chinig Germanus, tabulas hasce ab haeredibus Alberti Durerii aere proprio emptas iterum Venetiis divulgandas curavit. Kinig Germanus.*

Plusieurs copies sur bois en ont été faites : la première, de toute rareté, par Hans Guldenmundt de Nuremberg, avec la date de 1529 ; la seconde par Corn. Liefrinck, publiée par sa veuve à Anvers en 1545 ; la troisième, qui paraît être la même que la précédente, a été donnée en 1609 à Amsterdam, par Herm. Alard Koster et Dav. de Meyne. Cette suite a également été copiée sur cuivre. (Voy. pour les détails : Bartsch, Heller, Nagler, Passavant.)

L'idée de ce char de triomphe appartient à Bilibald Pirckheimer, conseiller de l'empereur, qui en a donné une description détaillée dans ses œuvres publiées après sa mort (*Opera*, Francfort, 1610, in-fol.). On y a ajouté la reproduction en taille-douce de ce char. Bartsch prétend que Dürer avait d'abord peint sa composition dans la salle de l'hôtel de ville de Nuremberg. Heller rectifie cette erreur et constate que ces peintures sont d'un artiste postérieur qui aurait prit pour modèle la suite gravée sur bois.

Nous n'ajouterons qu'un mot. Le superbe exemplaire d'après lequel nous donnons cette description fait partie de la bibliothèque de M. Ambroise Firmin-Didot. Il est de la seconde édition originale.

655. *Triumphwagen.*—Le Char triomphal est aussi le nom donné en Allemagne à une suite de gravures sur bois qui n'a pas moins de cinquante-quatre mètres de développement, et désignée également sous le titre de *Triomphe de Maximilien*. In-fol. obl.

Les planches du *Triomphe* ont eu plusieurs tirages, mais à des dates très-éloignées. Ainsi, d'après le témoignage de Bartsch, la bibliothèque impériale de Vienne ne posséda d'abord que 90 épreuves (101 selon Passavant) imprimées à une époque voisine de leur exécution. De son côté, Mariette acheta 87 de ces épreuves, d'une beauté surprenante, et qui sont aujourd'hui à notre cabinet des estampes ; selon lui, il y avait entre les mains du roi de Suède, un troisième exemplaire de ce premier tirage. Cet exemplaire qu'est-il devenu ?

L'œuvre restait incomplète lorsqu'en 1779 les bois originaux, trouvés au nombre de 95 dans un collége de jésuites à Gratz en Styrie, et de 40 dans le château d'Ambras en Tyrol, furent apportés à la bibliothèque impériale de Vienne. On numérota ces bois et on en tira un petit nombre d'épreuves. M. Ambroise Firmin-Didot (voyez son Catalogue) possède dans sa bibliothèque un de ces exemplaires, inférieur, pour la beauté du tirage, à l'exemplaire de Mariette, mais supérieur en nombre car il n'a pas moins de 107 planches. Nous ne nous arrêterons point à décrire les signes caractéristiques de ce tirage et d'un tirage postérieur ; nous renverrons le lecteur au catalogue si exact que nous venons d'indiquer, et nous nous bornerons à dire que, dix-sept ans après la découverte des bois originaux, un éditeur les réunissait et les publiait sous le titre suivant : *Le Triomphe de l'empereur Maximilien, en une suite de cent trente-cinq planches gravées sur bois, d'après les dessins de Hans Burgmair, accompagnées de l'ancienne description dictée par l'empereur à son secrétaire Marc Treitzsaurwein*. Imprimé à Vienne, chez Mathias-André Schmidt, 1796, gr. in-fol. (Vendu depuis 100 jusqu'à 320 fr.)

Le *Triomphe de Maximilien* est une œuvre de premier ordre. L'art germanique du commencement du seizième siècle s'y montre puissant, vivant, et parfois grandiose dans sa rudesse. Au point de vue des mœurs et de l'histoire, ce recueil réclame non moins vivement l'attention. On sait que sur la fin de sa vie, Maximilien Ier imagina une fête dans laquelle il passa en revue sa maison et ses principaux vassaux. C'est cette revue que la gravure sur bois nous montre d'une manière si brillante : officiers de bouche, capitaines des chasses, oiseliers, chars remplis de bouffons et de musiciens et traînés par des animaux, escadrons de chevaliers montés sur leurs palefrois et tenant haut leurs bannières, tout cela passe sous nos yeux silencieusement, fièrement, mais avec une admirable vérité de gestes et d'attitudes. Ce n'est pas tout. D'autres représentations sur lesquelles nous devons nous taire, pour abréger, et qui se rattachent aux grands événements d'un règne aventureux complètent cette collection magnifique et dont la rareté a fait plus d'une fois le désespoir des amateurs.

Peu de princes ont montré sur le trône de plus brillantes qualités et un plus grand amour des arts que Maximilien Ier ; ingénieux et inventif, savant et artiste, il sut, par cette protection intelligente qui féconde si bien quand elle tombe de haut, doter l'Allemagne de plusieurs chefs-d'œuvre et entre autres de celui dont nous venons de parler. Satisfait de la fête qu'il avait donnée, l'empereur voulut en perpétuer le souvenir. A cet effet, il fit exécuter de belles miniatures sur 109 feuilles de vélin, de trente-quatre pouces de long sur vingt pouces de haut, une sorte de frise pour tout dire (ce manuscrit est aujourd'hui à la bibliothèque impériale de Vienne), puis, voulant assurer au souvenir de cette solennité domestique une durée encore plus grande, il songea à faire graver ces miniatures sur bois. De là un recueil auquel plusieurs artistes habiles travaillèrent et notamment un artiste d'un rare mérite, Hans Burgkmair ou Burgmair.

L'empereur était pressé, il voulait jouir le plus tôt possible d'une conception qui venait de lui en partie. Aussi Hans Burgkmair, qui paraîtrait avoir été appelé à diriger cette superbe entreprise, réclama-t-il le concours d'un grand nombre d'hommes de talent qui travaillèrent d'après ses dessins : on cite Jérôme André, ou plutôt Resch ou Rösch, le même qui aurait gravé le triomphe signalé au numéro précédent, Jean de Bonn,

Cornelius, Hans Frank, C. et W. Liefrink, Alexis Lindt, Jost de Negker, H. Schauffelein et bien d'autres dont les noms ont été retrouvés au dos des bois qu'ils avaient gravés. C'est cette direction laborieuse qui a valu à Hans Burgkmair le droit d'être considéré comme l'auteur du *Char triomphal*. Au reste, Bartsch témoigne en faveur du génie d'invention d'Hans Burgkmair en disant que, loin d'être des copies serviles des miniatures, les gravures du *Char triomphal* en diffèrent par le dessin. Presque tous les groupes ont un autre aspect, chaque figure une autre attitude. Par conséquent Burgkmair paraît dans cet ouvrage en qualité d'auteur, d'autant mieux qu'il a surpassé son modèle en beaucoup de points.

L'exemplaire de la bibliothèque de Vienne, déjà cité, contient, selon Passavant, cent vingt-huit pièces, dont cent une sont des épreuves du premier tirage. Parmi ces dernières, il y en a deux dont les bois n'ont pas été retrouvés, et qui pour cette cause ne figurent point dans l'édition de 1796.

Ces deux pièces, dont la seconde représente un char de triomphe avec les figures de Maximilien et de Marie de Bourgogne, et fait suite à la planche 135 de l'édition de 1796, existent dans l'exemplaire Brentano, vendu 7,500 fr. en 1870, exemplaire unique, composé de cent trente-sept planches, dont 97 en épreuves du seizième siècle et 40 du tirage fait en 1777.

M. Thausing, savant conservateur de la collection Albertine de Vienne, a essayé de démontrer, dans une étude fort intéressante (*Mittheilungen der K. K. Central-Commission*, t. XIII, Vienne, 1868), que vingt-quatre de ces planches ont été données par A. Dürer. Ce sont celles des numéros suivants de l'édition de 1796 : 89 à 103, 89 (seconde pagination erronée) à 93, 130, 131, 135, et le char triomphal de l'exempl. Brentano. En effet, ces planches, qui représentent presques toutes des chars mûs par d'ingénieux mécanismes, ont un caractère tout particulier, et comme leur style grandiose rappelle celui du char décrit au numéro précédent, elles sont dignes d'être attribuées au grand artiste de l'Allemagne.

656. *Ehrenpforte.* — Arc triomphal de l'empereur Maximilien Ier, gravé sur bois d'après les dessins d'Albert Dürer. — Vienne, imprimerie de la veuve Alberti, 1799, gr. in-fol. (Vendu depuis 60 jusqu'à 500 fr.) — La 1re édition complète est de 1559.

Si vous feuilletez *l'Arc triomphal* dans l'édition de 1799, donnée par Bartsch, qui se compose de 53 feuillets in-plano, collées en onglets par leur milieu, vous aurez l'impression que peut produire une sorte de macédoine et le pêle-mêle des objets les plus divers. Mais si vous examinez l'exemplaire de la bibliothèque impériale de Vienne et les quatre-vingt-douze planches de rapport de grandeurs différentes qui, jointes ensemble, conformément à l'avis du relieur placé en tête de l'édition de Bartsch, donnent une gravure de dix pieds et demi de hauteur sur neuf pieds de longueur, vous éprouverez alors le plaisir que l'on ressent à la vue d'un grand ensemble bien ordonné.

Plusieurs de ces planches sont datées de 1515, mais Maximilien étant mort en 1519, ne put voir complet le travail gigantesque que son goût si prononcé pour l'art et surtout pour la gravure lui avait fait commander.

Au fur et à mesure de la préparation des planches, on en avait fait quelques tirages à très-petit nombre, mais l'ensemble n'a été publié qu'en 1559, et les exemplaires en sont devenus introuvables.

L'exemplaire de la bibliothèque de Vienne, de cette première édition complète, porte cette souscription en allemand : *Imprimé à Vienne, chez Raphaël Hofhalter, nommé en polonais Skrzetuski, MDLIX.* Déjà avant cette date plusieurs morceaux ou bois disparus avaient dû être gravés de nouveau. A la fin du siècle dernier, Bartsch n'a retrouvé que 71 planches originales, et il a été obligé de graver les 21 autres à l'eau-forte pour son édition.

Quel est l'auteur de cette immense composition ? Peut-on, d'après Bartsch, l'attribuer à Albert Dürer. Est-ce sous la direction de ce fécond et beau génie que Jérôme Resch de Nuremberg exécuta la plus grande partie d'une œuvre colossale ? Bartsch l'ayant cru et l'ayant dit, tout le monde l'a répété, et cependant, si nous ne consultions que les faits, nous serions amené à croire que Bartsch a pu se tromper ici, du moins en ce qui concerne le graveur; non-seulement le célèbre Conrad Peutinger, l'un des conseillers de Maximilien, lui écrit que Stabius a apporté de Nuremberg à Augsbourg la plus grande partie des *figures du triomphe* pour les faire graver pour l'empereur, dans cette dernière ville, mais dans la note des dépenses de Peutinger à la date de 1510, on lit ce qui suit : « J'ai payé à Hans Burkmaier, peintre, au menuisier, ainsi qu'aux deux graveurs sur bois (*Form-schneidern*), comme il appert du compte audit « peintre, la somme de fl. 113 kr. 24 pour les « 92 figures et autres. » D'après ce passage, il est évident, s'il s'agit ici des bois de *l'Arc triomphal*, que Jérôme Resch n'en est pas le graveur.

Si nous considérons maintenant la gravure en elle-même, le travail de Jérôme Resch dans le *Triumphwagen* d'Albert Dürer présente une supériorité incontestable. Rapprochez de cette œuvre splendide où la main est si habile, si ferme, où les tailles suivent si bien les contours, rapprochez les planches de l'*Ehrenpforte*, où le travail est rude ou hésitant, et vous serez peu disposé à attribuer à Jérôme Resch la gravure de ce dernier recueil. Il en sera de même de la composition attribuée à Albert Dürer. L'auteur du *Triumphwagen* est tellement au-dessus de l'auteur de *l'Ehrenpforte* que, contre l'opinion commune, nous aurions été entraîné à voir ici une autre main et une autre pensée que celle d'Albert Dürer, si l'Allemagne, à cette époque, eût possédé un génie capable de concevoir une composition aussi vaste et aussi riche dans les détails, malgré ce que la critique peut lui reprocher.

657. *Litorum Magistratum et primorum figuræ quæ a Germanis, Brugis constant qui adesse consacrationi imperatoris debent et sic forma et ordo postulat.* — Basileæ, ex off. Oporiniana, 1562, in-fol., avec 148 fig. sur bois.

Le couronnement dont il s'agit ici est celui de Maximilien II, empereur d'Allemagne, né le 1er août 1527, fils aîné de l'empereur Ferdinand Ier, gendre de Charles-Quint et cousin de Philippe II, comme roi de Bohême.

L'image des officiers, pages et consuls de la chambre impériale (composée d'Allemands, de Flamands, de Suisses) désignés pour assister au couronnement et sacre de l'empereur sous l'aspect et dans l'ordre obligé : voilà ce que nous montre ce livre divisé en quatre parties qui renferment chacune un certain nombre de planches dont le nombre total s'élève à cent quarante-huit. Chaque personnage est représenté en pied avec ses armoiries.

On a supposé que ces gravures en bois, exécutées avec l'heureuse hardiesse qui distingue cette époque et dont les personnages ont une grande tournure, pouvaient être de Jost Amman, de Zurich, l'un des plus renommés parmi les graveurs de son temps.

Volume fort rare, omis par Brunet et par Grässe.

Il n'est peut-être pas inutile d'ajouter que

l'exemplaire de notre Cabinet des estampes porte la mention suivante : n° 1234. *Vol. remis au Cabinet des Estampes par l'abbé Sallier ce 20 juin 1758.* Sallier, membre de l'Académie des Inscriptions, a travaillé activement au catalogue de la Bibliothèque royale.

658. *Parentalia divo Ferdinando Cæsari Augusto, patri Patriæ..... a Maximiliano imperatore, Ferdinando et Carolo ser. archiducibus Austriæ, fratribus, singulari pietate persoluta Viennæ, anno* 1565. — Excudebant Augustæ Vindelicorum (Augsbourg), Wolfgang Meyerperck et Joach. Sorg, 1566, in-fol., avec 32 pl. gr. en taille-douce.

Représentation du cortège funèbre de l'empereur Ferdinand Ier, mort le 25 juillet 1564, frère et successeur de Charles-Quint. Ce volume de la plus grande rareté (vendu 601 fr., relié en mar., à la vente Ruggieri) se compose d'un titre gravé sur une feuille double, de 5 ff. de texte, d'une grande planche pliée et de trente et une planches doubles.

Omis par Brunet et par Grässe.

659. *Ordentliche Beschreybung des christlichen, hochlöblichen und fürstlichen Beylags oder Hochzeit, so da gehalten ist worden durch den.... Herrn Carolen Ertzherzog zu Oesterreich*, etc. — Description en règle des cérémonies du mariage du prince et seigneur Charles, archiduc d'Autriche, avec haute demoiselle Marie, née duchesse de Bavière, qui ont eu lieu le 26 août 1571, à Vienne; faite en vers allemands par H. Wirrich. — Vienne, Bl. Eber, 1571, in-fol., 134 ff., fig. s. bois (200 à 400 fr.).

Volume de la plus grande rareté, omis par Brunet. On n'en connaît que deux ou trois exemplaires complets. Outre les blasons gravés, il contient vingt-deux grandes planches en manière criblée, dont les quinze premières représentent le cortége, la 16e réception de la fiancée au Danube, les 17e, 19e, 20e et 22e des tournois; la 18e, Diane et les nymphes, et la 21e, la cavalcade de Pluton. On croit que ces grandes planches avaient été publiées à part.

660. *Ordentliche Beschreibung mit was stattlichen Ceremonien und Zierlichkeiten die R. K. May... den Orden dess Güldin Flüss*, etc. — Description en règle des cérémonies et solennités observées à la réception par Sa Maj. Imp. et roy. Ferdinand d'Autriche, de l'ordre de la Toison d'or, en l'année 1585, à Prague et à Landshut. — Dillingen, J. Mayer, 1587, in-4, avec 17 pl. (100 fr. et plus).

Les eaux-fortes qui ornent ce volume rare, omis par Brunet, sont du peintre Ant. Boys, d'Innspruck. L'auteur de la relation, qui se nomme à la fin du livre, est Paul Zehendtner, de Zehendtgrub, secrétaire de la cour de l'archiduc Ferdinand.

661. *Actus electionis et coronationis, hoc est, historica et vera, omnium, quæ circa electionem et coronationem sereniss. Domini Matthiæ I, electi Rom. imperatoris... Germaniæ, Hungariæ, Bohemiæ, Dalmatiæ*, etc. — Francofurti, sumpt. Henr. Kroneri et Joh. Bringeri, 1612, in-4, avec 8 pl. grav. (15 à 20 fr.).

Omis par Brunet et par Grässe.

662. *Electio et coronatio sereniss. et invictiss. Principis D. Matthiæ electi Romani imperatoris aug., ejusque sereniss. conjugis Annæ Austriacæ.... Tabulis æneis adumbrata, per J.-Th. de Bry, Jac. de Zettra et Joh. Galle, carminice a Got. Arthusio, Dantiscano, descripta.* — Francofurti, prostat in officina de Bry, (1612), in-fol. obl., texte gravé, front. et 13 pl. grav. en taille douce (30 fr. et plus).

Volume rarissime, orné d'un frontispice et de treize planches gravées par J.-Th. de Bry et autres, représentant la cérémonie et fêtes célébrées à Francfort, le 14 juin 1612, au couronnement de l'empereur Matthias. Titre et souscription en latin et en allemand. Omis par Brunet.

662 *bis*. Couronnement de l'empereur Mathias Ier (texte allemand). — Augsbourg, Zimmermann, 1612, in-fol., avec front. et 15 gr. pl. pliées, grav. à l'eau-forte par Zimmermann (20 fr.).

663. *Esequie della maestà cesarea del imperadore Ferdinando II*, etc. — Service funèbre en l'honneur de S. M. I. Ferdinand II, célébré par S. A. Ferdinand II, grand-duc de Toscane, dans l'église collégiale de S. Laurent, le 2 avril 1637. — Florence, Massi et Landi, s. d., in-4, front., portr. et 3 gr. pl., le tout gravé par Étienne Della Bella.

664. *Applausi festivi fatti in Roma per l'elezione di Ferdinando III al regno de' Romani*, etc. — Réjouissances faites à Rome pour l'élection de Ferdinand III au trône de l'empire romain, par S. A. le cardinal Maurice de Savoie; décrites par L. Manzini. — Rome, P.-A. Facciotti, 1637, in-4, front. et 10 gr. pl. pliées (5 à 15 fr.).

Omis par Brunet et par Grässe. Les dix planches, représentant en général les feux d'artifice, ont été gravées à l'eau-forte par L. Ciamberlano et Horace Turiani, sur les dessins de l'architecte N. Torniolo.

665. *Cenotaphium piis manibus Ferdinandi III... adornatum a Cæsareo et Academico collegio S. J.* — Vienne, 1657, in-4, avec 48 pl. grav., y compris le front.

Ces planches ont été gravées par Melchior et Matthieu Küsel. L'ouvrage est rare et non sans mérite, et il ne s'est pourtant vendu que 2 fr. 25 à la vente Dinaux. Brunet et Grässe ne le citent pas.

666. *Beschreibung und Abbildung aller königl. und churfürstl. Einzüge, Wahl und Crönungs-Acta, so geschehen zu Franckfurt am Mayn im Jahr* 1658. — Description et représentation de toutes les entrées des rois et électeurs, qui ont eu lieu en 1658 à Francfort-sur-le-Mein pour l'entrée, l'élection et le couronnement de l'empereur Léopold Ier. — Francfort, Caspar Mérian, 1658, in-fol., avec 24 pl. grav. par C. Mérian (40 à 70 fr.).

Les planches représentent des portraits, cortéges et vues. Ouvrage rare, omis par Brunet et par Grässe.

667. *Solemnia electionis et inaugurationis*, etc. — Les Solemnités de l'élection et du couronnement de Leopolde (*sic*) (Ier), empereur des Romains..., ou la Description de la représentation de toutes les choses notables, mémorables et dignes d'estre veues, qui sont arrivées à Francfort-sur-le-Mein, l'an 1658, devant, pendant et après l'élection impériale. Avec les tables et tailles-douces, etc. (texte français et latin). — Francfort, Gasp. Mérian, 1660, in-fol., 79 pp., 8 portraits et 16 pl. grav. par Mérian (25 à 40 fr. et plus).

Les planches doubles et triples représentent le cérémonial du couronnement, des banquets, des festins populaires. La plus curieuse est celle qui offre un panorama de Francfort. Elle est sextuple et forme une frise.

668. Feux d'artifice faits à l'occasion des noces de Léopold Ier et de Marguerite, infante d'Espagne (avec texte en allem.). — Vienne, 1666, in-fol., front. et 3 pl. pliées grav. par M. Küsel (3 à 5 fr.).

669. *Il Pomo d'Oro, festa teatrale rappresentata in Vienna per le august. nozze delle S. C. R. M. Leopoldo e Margherita*, etc. — La Pomme d'Or, fête théâtrale représentée à Vienne pour le mariage auguste de Sa Catholique et Royale Majesté Léopold et de Marguerite ; inventée par François Sbarra, conseiller. — Vienne en Autriche, 1667, in-8, 15 ff. et 158 pp., avec 23 pl. obl. (50 fr.); — autre édition : Vienne en Autriche, 1668, pet. in-fol., avec 25 pl., dont deux représentent l'intérieur de la salle et l'avant-scène du théâtre de la cour.

Pour qui sait ce que la renommée raconte de Léopold Ier, dévot scrupuleux, ennemi du faste, ami de la retraite, une représentation théâtrale, une pièce à machines, un essai d'opéra, peuvent paraître un choix singulier, même pour les fêtes d'un mariage. N'oublions pas toutefois que Léopold épousait une jeune infante, Marguerite-Thérèse, que lui-même n'avait que vingt-sept ans et que, de plus, il protégeait les sciences et aimait les arts.

Il est difficile de ne pas le croire à voir le nombre et la beauté des décorations de la *Pomme d'or* qui égalent ce qui se fait de nos jours; brillantes inventions de l'architecte-décorateur Louis Burnaccini, que le graveur Mathieu Küsel a reproduites avec un merveilleux talent. La pomme d'or jetée par la discorde sur la table des dieux, le jugement de Pâris et ses conséquences, tel est le sujet assez complexe livré par François Sbarra à son collaborateur Burnaccini qui s'est donné carrière, car chaque acte, et même chaque scène, ont un nouveau décor : tantôt l'artiste montre aux spectateurs l'Enfer, tantôt les sommets du mont Ida, puis le Palais de Pâris, puis les jardins du Palais, ou bien encore la Caverne d'Éole, le Lac Tritonite, la vallée du Xanthus, le camp de Mars, le temple de Pallas à Athènes, etc. Le goût ne brille pas toujours dans ces décors, mais plutôt une imagination bien riche et un sentiment très-marqué du grandiose.

Volume omis par Brunet.

Le goût pour les machines régnait de même en France. Déjà en 1650, douze ans auparavant, le grand Corneille faisait représenter *Andromède* sur le théâtre du petit Bourbon et disait dans la préface :

« Il ne s'en va pas de même des machines, qui « ne sont pas, dans cette tragédie, comme les « agréments détachés; elles en font le nœud et le « dénouement, et y sont si nécessaires que vous « n'en sauriez retrancher aucune que vous ne « fassiez tomber tout l'édifice. »

Plus loin Corneille parle avec enthousiasme de Torelli qui s'est *surmonté*, dit-il, à exécuter les dessins des machines et à trouver des inventions admirables pour les faire marcher. Certes, Santarini, Burnaccini et leurs émules sont loin de jouir en France du renom de Torelli; mais, comme lui, ils ont contribué à ce mouvement musical, littéraire, pittoresque, dont le désir de renouveler la tragédie antique fut le point de départ, qui, sorti de la péninsule, se répandit par toute l'Europe, et dans lequel on doit reconnaître les origines de l'opéra français.

670. *Sieg-Streitt dess Lufft und Wassers, des Freuden-Fest zu Pferd zu dem glorwürdigen Beylager*, etc. — Combat de l'air et de l'eau, cavalcade faite à l'occasion des noces de Léopold Ier et de Marguerite, infante d'Espagne. — Vienne, 1667, in-fol., avec 28 pl. grav. par Ossenbeck, et 6 pp. de musique notée (5 à 10 fr.).

Il en a paru simultanément une édition avec texte italien : *La Contesa dell' Aria et dell' Acqua, festa a cavallo*, etc., par Fr. Sbarra, avec des planches dont la gravure est attribuée à Van den Steen. Sont-elles donc différentes de celles de l'édition allemande ? Omis par Brunet.

671. *Il Fuoco eterno custodito dalle Vestali; drama musicale per la felicissima nascità della Ser. archiduchessa Anna Maria*, etc. — Le Feu perpétuel gardé par les Vestales; drame en musique pour l'heureuse naissance de l'archiduchesse Anne-Marie, fille de l'empereur Léopold; mis en musique par A. Draghi, avec des airs par G.-E. Smelzer. — Vienne, C. Cosmerovius, 1674, in-fol., front. et 14 pl. gr. (5 à 10 fr.).

Volume omis par Brunet et par Grässe. Les quatorze planches, représentant des scènes de théâtre, ont été gravées en taille-douce par M. Küsel, d'après les dessins de L. Burnaccini.

672. (Réjouissances faites à Bruxelles pour la prise de Bude par l'empereur Léopold en 1686.)— In-fol. obl. de 9 pl. composées et gravées en taille douce par Romain de Hooghe.

673. *Kronen auf denen Häuptern Eleonoræ und Josephi*, etc. — Description du couronnement de l'empereur Joseph et de l'impératrice Marie-Eléonore, par S. Ferrarius. — Nuremberg, 1690, in-4, avec 23 pl.

Omis par Brunet et par Grässe.

674. *Das hochbeehrte Augsburg*, etc. — Augsbourg en honneurs; entrée dans cette ville des M. R. et Imp. et de S. M. le roi de Hongrie; couronnement d'Eléonore-Madeleine-Thérèse comme impératrice des Romains; couronnement de Joseph comme roi de Hongrie, etc. — Augsbourg, Kopmeyer, 1690, in-4, avec 14 pl. grav. par Ph. Neuss.

Eléonore-Madeleine-Thérèse était femme de l'empereur Léopold Ier, et Joseph était leur fils. Omis par Brunet et par Grässe.

675. *Erbhuldigung Josepho I von den gesamten Nider-Oesterreichischen Ständen als Ertz-Hertzogen zu Oesterreich*, etc. — Inauguration de Joseph Ier comme archiduc d'Autriche, par les États réunis de la basse Autriche, le 22 septembre 1705; avec un texte par L. von Gülich. — Vienne, 1705, gr. in-fol., titre gravé et 10 gr. pl. (dont 6 doubles) grav. sur cuivre par Pfeffel et Engelbrecht (5 à 10 fr.).

Omis par Brunet.

676. *Vollständiges Diarium alles dessen was vor, in und nach denen Wahl- und Krönungs-Solennitäten Caroli des VI passirt ist*. — Journal complet de tout ce qui s'est passé avant, pendant et après les solennités pour l'élection et le couronnement de Charles VI.—Francfort-sur-le-Mein, 1712, in-fol., avec 19 pl. grav. par Fehr et J.-A. Montalegre (8 à 10 fr.).

Omis par Brunet et par Grässe.

677. *Beschreibung was auf Ableiben weyland I. K. M. Josephi, bis nach vorgegangener Erb-Huldigung welche dem.. römischen Keyser Carolo VI*, etc. — Description de tout ce qui s'est passé de remarquable depuis la mort de l'empereur Joseph jusqu'à l'inauguration de Charles VI comme archiduc d'Autriche, le 8 novembre 1712, par les Etats de la basse Autriche; décrit par J.-B. von Mair von Mairsfeld. — Vienne, Kürner, s. d. (1712), in-fol., 7 ff. et 76 pp., avec un front. par B. Kenckel, d'après Beduzzi, et 10 pl. (dont 6 doubles) grav. par J.-A. Pfeffel et C. Engelbrecht d'après J.-C. Hackhofer (15 à 20 fr.).

Omis par Brunet et par Grässe. Les planches, très-bien éxécutées, représentent des cortéges, des cérémonies religieuses et cinq banquets.

678. Feux d'artifice, illuminations, arcs de triomphe en l'honneur de l'empereur Charles VI, faits à Nuremberg en 1712. —Très-gr. in-fol., 6 pl. avec texte allem., grav. par H. Bœlman, etc., d'après les dessins de Gehbardt et Preissler (15 à 20 fr.).

Omis par Brunet et par Grässe.

679. Relation de l'inauguration solemnelle de Sa Sacrée Majesté Charles VI, empereur des Romains... et 3e du nom roy des Espagnes, comme comte de Flandres, etc., célébrée à Gand le 18 octobre 1717. — Gand, 1719, in-fol., 32 pp., front. et 6 pl. grav. (10 à 15 fr.).

Frontispice par Heylbrouck, d'après B. van Volxsom. Planches curieuses, représentant le cérémonial, décorations et trois remarquables feux d'artifice, gravées par Berterham, d'après Eykens, Harrewyn et Heylbrouck. Omis par Brunet.

680. *Erb-Huldigung, welche dem... röm. Kayser Carolo VI... als Hertzogen in Steyer, von denen gesamten Steyrischen Land-Ständen.... abgeleget worden*. — Prestation de serment à l'empereur d'Allemagne Charles VI... comme duc de Styrie, par les États provinciaux de Styrie, le 6 juillet 1728, par G.-J. von Deyerlsperg. — Grätz, s. d. (1740), gr. in-fol., 2 ff. et 91 pp., avec 14 pl. grav. (12 à 15 fr.).

Ces quatorze planches ont été gravées par H. Storklin, d'après Jos.-Ign. Florer. L'entrée du roi et de la reine à Grätz, la grand' messe dans l'église de Saint-Ægidius, la prestation de serment par les Etats, le festin royal, celui des officiers de la maison de l'empereur, de très-belles vues de la ville de Grätz et des environs, un frontispice allégorique, très-bien composé et très-bien gravé, rendent cette publication fort intéressante. Omis par Brunet.

On sait que Charles VI était le père de Marie-Thérèse. Ce prince qui aimait tant la paix, fut toujours en guerre. Il mourut des suites d'une indigestion de champignons.

681. *Erb-Huldigung welche... Mariæ Theresiæ... als Ertzherzogin zu Œsterreich*, etc. — Inauguration de Marie-Thérèse comme archiduchesse d'Autriche, par les États réunis de la basse Autriche..., le 22 novembre 1740, etc., décrite par G.-Chr. Kriegl. — Vienne, Schilgen, (1741), gr. in-fol., 92 pp., avec portr. de l'impératrice et 11 gr. pl. (dont 7 doubles) grav. par G.-A. Muller, d'après Andr. Altomonte (10 à 15 fr.).

Les planches représentent des cortéges, le cérémonial et des banquets. Omis par Brunet.

682. Pompe funèbre de Charles VI, empereur des Romains. Contenant un détail des cérémonies observées pendant les vigiles et éxèques, célébrés les 3 et 4 janvier 1741. Orné d'une grande planche gravée sur cuivre. — Bruxelles, 1741, in-4 (5 fr.).

Cette planche représente le catafalque érigé à l'église de Sainte-Gudule.

683. *Relazione del funerale celebrato nella chiesa metropolitana di Milano*, etc.— Relation du service funèbre célébré à l'église métropolitaine de Milan, le 8 février 1741, par ordre de Marie-Thérèse, etc., en l'honneur de S. M. l'empereur Charles VI, etc. — Milan, Marc-Ant. Dal Rè, 1741, in-fol., 17 ff., front. et titre grav. et 20 pl. (5 à 10 fr.).

Six planches représentent la décoration intérieure et extérieure de la cathédrale, avec plans et cortéges, et les quatorze autres, des peintures décoratives et des médailles. Le tout gravé par Dal Rè, d'après Fabr. Galiani. Omis par Brunet et par Grässe.

684. *Drey Beschreibungen : 1° des königlichen Einzugs*, etc. — Trois descriptions : 1° de l'entrée royale à Prague (le 29 avril 1743)..., 2° de l'inauguration (le 11 mai 1743)... et 3° du couronnement de S. A. R. Marie-Thérèse... comme reine de Bohême (le 12 mai 1743)... décrites par Jean-Henri Ramhoffsky. — Prague, Rosenmüller, 3 part. en 1 vol. in-fol., 2 ff., 21, 12 et 70 pp., avec front. et 9 pl. grav. (30 à 40 fr.).

Le frontispice de ce volume, omis par Brunet et par Grässe, a été gravé par Dan. Herz. La première partie contient six planches doubles, triples et quadruples, représentant le cortège de l'entrée solennelle. Ce qu'elles offrent de plus intéressant, ce sont les monuments de Prague qu'elles reproduisent fidèlement. La deuxième partie ne contient qu'une planche double du cérémonial. La troisième en compte deux doubles, représentant l'intérieur de la cathédrale de Prague pendant le couronnement, et un banquet. Elles ont été gravées toutes d'après les dessins de J.-J. Dietzler, par J.-A. Pfeffel, M. Tyroff et M.-H. Rentz.

685. Relation de l'inauguration solemnelle de S. M. Marie-Thérèse, reine de Hongrie, etc., comme comtesse de Flandres, célébrée à Gand... le 27 avril 1744. — Gand, veuve de P. de Goesin, gr. in-fol., 43 pp., front. gravé par Pilsen d'après Marissal, et 1 gr. pl. grav. par le même d'après David t'Kindt (5 à 6 fr.).

Omis par Brunet et par Grässe.

686. *Triumphus virtutum in Funere Caroli VII, Romanorum imperatoris... et solemnium occasione Exequiarum in Electorali templo... Theatinorum Monachii X Kal. Aprilis, ac deinceps anno... 1745... celebratus.* — Munich, Vötter, 1745, in-fol., 5 ff. prél., 102, 59 et 29 pp. de texte latin et allem., front. dess. et gr. par G.-S. Rösch et 27 pl. grav. par Jungwierth d'après Nic. Stuber (10 à 20 fr.).

Un catafalque, et le reste, décorations emblématiques. Omis par Brunet.

687. *Vollständiges Diarium von der höchst-beglückten Erwehlung des.... Herrn Franciscus, Königs zu Jerusalem*, etc. — Journal complet de l'heureuse élection de S. A. S. François (Ier), roi de Jérusalem, etc., comme empereur des Romains, etc. — Francfort-sur-le-Mein, D. Jung, 1746, 6 parties en 1 vol. in-fol., 53 ff., 276 pp., 36 pp., 26 pp. ; —2 ff., 56 pp. et 4 ff. ; — 30 pp., front. avec portr. gravé par Reinhardt et le reste par M. Rössler, d'après J.-F. Le Clerc, plans et 6 pl. doubles, dont deux représ. le grand escalier de la salle d'élection, l'une la salle elle-même, et trois autres l'arrivée de l'élu, grav. par Reinhardt, M. Rössler, W.-C. Mayer, d'après les dessins de l'architecte J.-G. Fück. — *Vollständiges Diarium von der höchst-erfreulichen Crönung*, etc. — Journal complet du très-joyeux couronnement de... François, élu empereur des Romains, etc. — *Ibid.*, 1746, 5 part. en 1 vol. in-fol., 25 ff., 200 pp., 78 pp., 54 pp., 16 pp., 38 pp. et 24 ff., avec 30 pl. grav. sur cuivre (20 fr.).

Ces deux volumes doivent être réunis, car le faux titre les comprend tous les deux. Les planches du second volume consistent en vingt portraits, de l'empereur, de l'impératrice et des électeurs; ils sont fort bien gravés par Windter, Kleinschmidt, Müller, Reinhardt, Tyroff et P.-A. Kilian, d'après F. Lippoldt, F.-A. van Lon, Eichhorn et Ziesenis ; — trois planches de cortéges, dont deux doubles, gravées par Windter, Rössler et Mayer, d'après J.-N. Lentzner et Fück ; — les autres planches, gravées par Mayer, d'après Fück, représentent le cérémonial du couronnement, les réjouissances publiques, deux banquets, les joyaux de la couronne, une illumination et la réception de la municipalité de Francfort.

Omis par Brunet et par Grässe.

688. Description des principales réjouissances faites à la Haye à l'occasion du couronnement de... François Ier, etc. (texte franç. et holl.).— La Haye, 1747, gr. in-fol., 3 ff. prél., 18 pp. et 1 f., avec 7 pl. grav. par J.-C. Philips, d'après M. Schluymer (15 fr.).

Six planches de feux d'artifice et illuminations et une représentant un surtout de table du festin donné à la Haye par le ministre impérial. Volume exécuté aux dépens d'Ant. de Groot, *gazettier* de la Haye, qui a fait les frais, en 1745, d'une illumination et d'un feu d'artifice, la première pour l'élection du même prince, le second pour la fête de Marie-Thérèse, et qui sont représentés sur les deux dernières planches.

689. *Memoria funebris Mariæ Amaliæ augustæ rom. imperatricis, utriusque*

Bavariæ ducis, etc. viduæ, die 2 dec. 1756 pie defunctæ, anno 1757 die 17 jan. in electorali templo Theatinorum Monachii solemniter acta. — Munich, s. d., in-fol., avec 23 pl. (4 à 6 fr.).

Marie-Amélie, fille cadette de l'empereur d'Allemagne Joseph Ier, était femme de Charles-Albert, électeur de Bavière, élevé au trône impérial sous le nom de Charles VII.
Volume omis par Brunet et Grässe.

690. *Vollständiges Diarium der merkwürdigsten Begebenheiten*, etc. — Relation exacte des choses les plus mémorables qui ont eu lieu avant, pendant et après le couronnement de Charles VII comme empereur des Romains.—Francfort, 1782, 3 part. en 1 vol. in-fol., avec 37 pl., dont une représente l'entrée du comte de Montijo à Francfort.

Volume omis par Brunet et par Grässe.

691. *Vollständiges Diarium der römisch-königlichen Wahl und kaiserlichen Krönung Leopold II.* — Journal de l'élection et du couronnement de l'empereur et roi des Romains, Léopold II. — Francfort-sur-le-Mein, 1791, in-fol., avec front. et 10 pl. grav. par J. Abel, Chr. von Mechel, etc. (5 à 10 fr.).

Volume omis par Brunet et par Grässe.

692. *Omaggio alla Maestà di Carolina Augusta, imperatrice d'Austria, fatto dalle provincie Venete.* — Hommage des provinces vénitiennes à Sa Majesté Caroline-Auguste, impératrice d'Autriche. — Venise, 1818, gr. in-fol., avec 17 pl. grav. (8 à 10 fr.).

Caroline-Auguste, fille de Maximilien Ier, roi de Bavière, était femme de François Ier, empereur d'Autriche.
Volume omis par Brunet.

693. *Incoronazione di S. M. I. R. A. Ferdinando I a Rè del regno Lombardo-Veneto*, etc. — Couronnement de S. M. Ferdinand Ier (empereur d'Autriche) comme roi de Lombardie et de Vénétie, célébré en grande pompe à l'église métropolitaine de Milan, le 6 septembre 1838, décrit et représenté par A. Sanquirico, membre de l'Académie des beaux-arts de Vienne, Milan, Venise, etc. — (Milan, 1838), gr. in-fol., 13 ff. de texte, portr. de l'empereur (lithogr.) et 41 pl. grav. à la manière noire et au trait par Falckeisen, Campi, Citterio, etc. (10 à 20 fr.).

Les planches de ce volume représentent, les unes, des cortéges, le cérémonial du couronnement; d'autres, les détails des décorations des objets servant au cérémonial, des costumes, etc., et celles-là offrent un intérêt particulier. Omis par Brunet et par Grässe.

694. *Ferdinand I und Maria-Anna-Carolina im Küstenlande*, etc. — Ferdinand Ier et Marie-Anne-Caroline dans le pays de la côte. Album en souvenir du séjour de l'empereur et de l'impératrice d'Autriche à Trieste, en automne 1844. — Trieste, 1845, in-fol., titre et 17 pl. noires ou color., représentant des fêtes, feux d'artifice, etc., lithographiées d'après C. Dall' Acqua, J. Rieger et A. Tischbein, par Linassi. (Prix fort : noirs, 25 fr.; color., 50 fr.)

b. Prusse.

695. *Ordnung... Georgen Friderichs Margrafen zu Brandeburg in Preussen, etc... fürst. Leich-Begängniss*, etc. — L'Ordre des funérailles de feu S. A. Georges-Frédéric, margrave de Brandebourg en Prusse, etc., qui a eu lieu le lundi 13 juin 1603, à Onoltzbach, du château du prince à l'église, et le jour suivant au couvent d'Haylssbrun, etc.— (A la fin :) Imprimé à Schwobach, par Paul Böhm, et se trouve à Nuremberg chez Henri Virich; in-fol., titre et 44 pl. simples et doubles, grav. à l'eau-forte (40 fr.).

Ouvrage rare, curieux pour les costumes et le cérémonial, sans autre texte que l'explication en allemand, imprimée au bas de chaque planche, en caractères mobiles.
Omis par Brunet et par Grässe.

696. *Beschreibung und Abriss der fürstlichen Leich-Procession wie dieselbe bey ... Christiani Marggraffens zu Brandenburg... fürstlicher solenner Leich-Bestätigung*, etc. — Description et représentation du cortége funèbre aux funérailles de feu... Chrétien, margrave de Brandebourg, de Magdebourg, en Prusse, etc., qui ont eu lieu avec pompe le 11 septembre 1655, à Bayreuth, etc. — S. l. n. d., in-4 obl., titre gravé et 39 pl. (cortége) grav. par Lucas Schnitzer, sans autre titre que la souscription au bas (50 fr.).

Volume fort rare, omis par Brunet et par Grässe.

697. *Justa funebria Ser. Electricis Brandeburgicæ Ludovicæ Auriacæ*, etc. — S. l. n. d. (1667), in-fol. obl., avec 45 pl. grav. par Bartsch (30 fr. et plus).

Louise-Henriette, princesse d'Orange, était femme de Frédéric-Guillaume de Brandebourg, dit le Grand-Electeur.
Volume rare, omis par Brunet.

698. *Davids des Königs in Israel heilige Fürbereitung zum Tode und kräfftige Anspruch an seinen Sohn und Nachfolger Salomo, betrachtet bey dem*

höchstbetrübten Todes-Fall des... Friderich Wilhelmen, etc. — La Sainte Préparation à la mort de David, roi d'Israël, et l'exhortation énergique a Salomon, son fils et successeur, méditées à l'occasion du décès de... Frédéric-Guillaume, de Brandebourg (dit le grand électeur), le 12 septembre 1688; publié par C. Coch. — Berlin (Cölln an der Spree), Liebpert,(1688), gr. in-fol., 4 ff., 230 pp. et 5 ff., et plusieurs autres parties ajoutées, avec 88 pl. doubles, grav. par J.-Ulric Crause, d'après C.-F. Blesendorff (40 fr. et plus).

Les planches représentent le cortége funèbre, et la dernière, un arc de triomphe. Volume fort rare, omis par Brunet et par Grässe.

699. *Preussische Krönungs-Geschichte oder Verlauf der Ceremonien mit welchen Friderich der Dritte die königliche Würde angenommen*, etc. — Histoire du couronnement prussien ou Relation des cérémonies observées à l'inauguration de Frédéric III, comme roi de Prusse, le 18 janvier 1701 à Königsberg (par Joh. von Besser). — Berlin (Cölln an der Spree), 1702. — *Der Königlich-Preussischen Crönung Solemnitäten*, etc. — Solennités du couronnement du roi de Prusse (à Königsberg, en 1701), représentés sur 20 (lisez : 28) planches sur cuivre, par J.-G. Wolffgang. — Berlin, 1712. Ensemble, 2 vol. in-fol. (90 fr. et plus).

Bel ouvrage devenu rare. Le premier volume contient le texte, et le second, les planches, parmi lesquelles les portraits du roi et de la reine. Omis par Brunet.

699 *bis*. Couronnement de Frédéric Ier, roi de Prusse, en 1701. — In-fol. obl. de 17 pl. gravées (150 fr.).

Ces dix-sept planches, fort bien gravées en taille-douce, ne sont accompagnées d'aucun texte et ne contiennent que des souscriptions gravées. Elles étaient destinées à être collées ensemble, de façon à former une seule frise d'environ 8 mètres de longueur.

700. *Christ-Königliches Trauer-und Ehren-Gedächtniss der weyland..... Frauen Sophien Charlotten, Königin in Preussen*, etc. — Souvenir de deuil et de respect de feu... Sophie-Charlotte, reine de Prusse.... à l'occasion des cérémonies qui ont eu lieu le 1er février 1705 et ensuite le 28 juin pour son enterrement à l'église cathédrale de Berlin. — Berlin (Cölln an der Spree), Liebpert, s. d. (v. 1723), in-fol. en 3 part., 2 ff., 114 pp. et 10 ff., avec front., portr. et 87 pl. grav.

Sophie-Charlotte était seconde femme de Frédéric Ier, roi de Prusse.

Les planches qui illustrent la description de cette cérémonie funèbre se composent d'un frontispice double d'après de Coxii, d'un beau portrait de la reine, portant la date de 1723, des quatre planches non numérotées, représentant, l'une le mausolée, deux autres les décorations de l'église (de l'invention de l'architecte Eosander de Göthen), et la quatrième, une apothéose d'après Terwesten, de quatre-vingt-deux planches numérotées, doubles, sauf la dernière, représentant le cortége, et d'une planche qui offre la vue de sarcophage. Toutes ont été gravées sur cuivre par J.-G. Wolffgang.

Volume omis par Brunet et par Grässe.

701. *Christ-Königliches Trauer-und Ehren-Gedächtniss des... Friderichs, ersten christ. Königs in Preussen*, etc. — Souvenir de deuil et de respect de feu... Frédéric, premier roi chrétien de Prusse, margrave de Brandebourg, etc., qui ont eu lieu le 2 mai 1713, pour son enterrement, etc. — Berlin, s. d. (1723), in-fol., front., 2 ff., 112 pp. et 6 ff. de texte, avec front., portr. et 120 pl. (100 fr. et plus).

Le roi Frédéric-Guillaume Ier, dit un de ses biographes, ne fit preuve de magnificence que lors de la célébration des funérailles de son père, grand électeur de Brandebourg et le premier roi de Prusse. Quelle fut cette magnificence? Voilà ce que ce gros livre nous apprend.

Le frontispice, très-bien gravé par J.-G. Wolffang, a été composé par Samuel-Théodore Gerike, directeur de l'Académie des beaux-arts de Berlin, académie créée par l'électeur. C'est une composition à fracas, comme on les aimait à cette date où la clarté n'était pas de rigueur. La statue de l'électeur, vêtue à la romaine, se dresse devant une pyramide. Elle s'élève au milieu d'un temple rond, peuplé de figures allégoriques. Le portrait de l'électeur, portant la date de 1718, vient après le frontispice. Il a été gravé d'après Frédéric-Guillaume Weideman, le peintre favori de Frédéric Ier et le successeur de Gerike dans l'Académie des beaux-arts. La troisième planche représente la cérémonie funèbre et la décoration de l'église faite par l'architecte Eosander de Göthen; toutes les autres, et notez qu'il y en a cent dix-huit, doubles ou triples, représentent le cortége funèbre.

Cinquante-deux planches sont consacrées aux régiments de cavalerie qui ouvraient la marche. Le civil vient ensuite. Les colléges, les pasteurs français, allemands. Un corps de trompettes au nombre de 24. *Les réfugiés françois* (ceci fait songer à la révocation de l'édit de Nantes), les députés des diverses provinces, l'université, l'académie de Berlin, le conseil de guerre, le char funéraire traîné par six chevaux, caparaçonnés et entourés de MM. les grands dignitaires, enfin les princesses, puis les femmes de la maison, enveloppées dans de longs voiles à la manière orientale.

Dans les nombreux cortéges dont nous avons à peine indiqué les groupes principaux, deux noms frapperont l'attention des lecteurs français. Ces noms sont ceux d'Auguste et de Georges de Bismark.

La dernière planche représente le sarcophage. Volume omis par Brunet et par Grässe.

702. *Die Weihe des Eros Uranios. Ein festlicher Aufzug mit Tänzen*, etc. — Cavalcade triomphale et ballets qui ont eu lieu dans la salle blanche du château royal, à l'occasion des noces du prince

Frédéric de Prusse; texte par Ch. Bruhl. — Berlin, Wittich, 1818, gr. in-4 obl., 21 pp. avec 12 pl. color. et une noire (10 à 15 fr.).

Ce mariage, suivant toute apparence, serait celui du prince Frédéric, cousin-germain de l'empereur actuel Guillaume, avec Wilhelmine-Louise, duchesse d'Anhalt-Bernbourg, célébré le 21 novembre 1817. Omis par Brunet et par Grässe.

703. Lettres sur les fêtes du couronnement à Königsberg et Berlin, par Ch. Lallemand. Octobre 1861. — Strasbourg, Silbermann, 1861, in-fol., 28 pp., avec 6 pl. grav. sur bois.

C'est le couronnement du roi Guillaume, aujourd'hui empereur d'Allemagne. Les planches représentent la salle du couronnement, l'entrée à Königsberg, le grand chapitre de l'Aigle noir, l'entrée à Berlin (sous un arc de triomphe), un concert et un banquet. Chose digne de remarque! La dernière planche nous montre la fête donnée au roi de Prusse par le maréchal *de Mac-Mahon*, alors notre ambassadeur à Berlin, qui devait quelques années après combattre contre ce souverain. Un célèbre imprimeur strasbourgeois, ardent patriote français, a eu le triste honneur de perpétuer le souvenir de l'avénement au trône de l'homme sous le règne duquel la capitale de l'Alsace a été livrée à la destruction.

c. Anhalt.

704. *Umständlicher Auffsatz und Beschreibung, wie bey der am 8ten Februarii anno* 1681 *beschehener Abführung der... Fr. Sophien Augusten*, etc. — Description circonstanciée de l'enlèvement du corps, le 8 février 1681, de Sophie-Augusta, princesse douairière d'Anhalt, née duchesse de Schleswig-Holstein, etc., ainsi que de sa translation de la résidence de Cosswig à Zerbst, et de son enterrement, etc., etc. — Zerbst, s. d. (1682-83), plusieurs parties en 1 vol. in-fol., front., un beau portrait et une gr. pl. (mise dans le cercueil), grav. par C. Romstet d'après A. Bodan.

Volume omis par Brunet et par Grässe.

d. Bavière.

705. *Kurtze doch gegründte Beschreibung des... Fürsten und Herren Wilhalmen* (sic), etc. — Description abrégée des fêtes célébrées à l'occasion du mariage de Guillaume V, duc de Bavière, avec Renée, duchesse de Lorraine et de Bar... dans la ville de Munich, le 22 février 1568 et les jours suivants (par Hans Wagner). — Munich, chez Adam Berg, s. d. (1568), in-fol., 67 ff. chiff., avec 15 pl. doubles grav. à l'eau forte (100 à 300 fr.).

Cicognara disait de ce livre : « C'est un des plus précieux que je connaisse. » En tout cas, c'est un des plus rares, et l'un de ceux qui peuvent le mieux servir à vous donner l'idée des coutumes et des plaisirs de l'Allemagne princière au seizième siècle. Les quinze gravures à l'eau-forte dont il est orné, gâtées dans quelques exemplaires par une enluminure maladroite, malgré leur imperfection, n'en sont pas moins dignes d'exciter vivement la curiosité. Elles sont, en effet, fort instructives pour l'histoire du costume, et nous montrent plusieurs particularités extrêmement piquantes; nous citerons notamment le Tournoi équestre sur des chevaux de carton ou d'osier dans une des salles du palais, genre de cavalcade reproduit maintes fois sur nos scènes secondaires. La planche qui représente la cérémonie même du mariage offre un grand intérêt, en ce qu'elle nous montre la métropole de la ville de Munich dans son premier état et avant les constructions de l'époque de Maximilien Ier. Le bal des princes dans la grande salle de l'hôtel de ville à Munich; le bal masqué dans la salle principale du château; le tournoi sur la place publique, etc., et bien d'autres détails qu'il serait trop long de mentionner, offrent un curieux sujet à l'artiste et à l'historien.

Il paraît certain que l'N et l'S entrelacés donnent le monogramme, non pas de Nicolas Schlnagel, comme quelques-uns le croient, mais de Nicolas Solis, frère du célèbre Virgile Solis; et ce qui semble le confirmer, c'est que cet artiste travaillait à la cour de Guillaume V de Bavière. Nagler ne paraît point mettre en doute cette attribution.

Le même éditeur a publié simultanément une relation italienne de cette fête, par Massimo Troiano. Elle fut traduite en espagnol et publiée à Venise en 1569, in-4, avec fig. sur bois.

706. *Ordentliche Beschreybung der fürstlichen Hochzeyt, die da gehalten ist worden durch Herrn Wilhelm, Pfaltzgraf beym Rheyn, Hertzog inn Obern und Nidern Bayern*, etc. — Description en règle des noces princières de Guillaume, palatin du Rhin, duc de la haute et de la basse Bavière, avec Renée, duchesse de Lorraine, qui ont eu lieu le 21 février 1568, dans la ville ducale de Munich; faite en vers allemands par H. Wirre. — Augsbourg, Phil. Ulhart, 1568, in-fol., 22 ff. non chiff., 55 ff. chiff. et 1 f., fig. sur bois (150 à 400 fr.).

Ce volume rare et fort recherché, omis par Brunet, nous offre une autre représentation figurée des mêmes solennités qui font le sujet de l'ouvrage précédent. Il contient cinq planches pliées représentant des tournois et une grande planche de plus de trois pieds figurant la mascarade de l'archiduc Ferdinand d'Autriche.

707. *Beschreibung der Reiss, Empfahung des ritterlichen Ordens, Vollbringung der Heyrath und glücklicher Heimführung*, etc. — Description du voyage, de la réception de l'ordre des chevaliers, de la célébration du mariage et de l'heureux retour, ainsi que des tournois et fêtes donnés à cette occasion en l'honneur de Frédéric V, comte-palatin du Rhin, et de la princesse Elisabeth d'Angleterre, fille de Jacques Ier. — S. l. (Leipzig), G. Vögelin, 1613, in-4, avec

25 pl. grav. par J.-Th. de Bry (30 à 40 fr.).

Volume rare, omis par Brunet.

708. *Kurtze und eigentliche Beschreibung alles dessen was bei dem Eintritt dess..... Friederich, Hertzog in Beyern, mit.... Elizabethen*, etc. — Relation sommaire de l'entrée et du mariage de Frédéric, duc de Bavière, avec Élisabeth, princesse de la Grande-Bretagne, à Franckenthal. — Franckenthal, 1613, in-4, avec 20 pl. grav. à l'eau-forte (305 fr. exempl. Ruggieri, rel. en maroq.).

Volume fort rare, représentant les fêtes qui ont eu lieu pour le mariage de Frédéric V, comte Palatin du Rhin, avec Élisabeth, fille de Jacques Ier, roi d'Angleterre. Omis par Brunet et par Grässe.

709. *Beschreybung der fürstlichen Hochzeit des Herrn Wolffgang Wilhelm, Pfaltzgraff bey Rhein, Hertzog in Bayrn; mit Magdalena, Pfaltzgräfin bey Rhein.* — Description du mariage de Wolffgang-Guillaume, comte-palatin du Rhin, duc de Bavière, avec Madeleine, princesse palatine. — Augsbourg, P. Zimmer, 1614, in-fol., 6 ff. et 11 pl. doubles grav. à l'eau-forte (201 fr. exempl. Ruggieri, rel. en maroq.).

Les planches de ce volume rare représentent toutes les cérémonies du mariage, bal, spectacles, tournois, etc. Omis par Brunet et par Grässe.

710. *Applausi festivi rappresentati in Monaco alla venuta quivi dell' Invitissimo Cesare Leopoldo Augusto*, etc. — Réjouissances qui ont eu lieu à Munich, au grand théâtre, près de la résidence de S. A. Ferdinand-Marie, duc de Bavière, à l'occasion de l'arrivée dans cette ville de l'invincible empereur Léopold-Auguste; texte par G.-B. Maccioni. — Munich (Monaco), 1658, in-4, fig. (20 fr.).

Volume fort rare, omis par Brunet et par Grässe, orné de vingt-deux grandes planches pliées, gravées à l'eau-forte par J. Schinagl, et représentant la mascarade.

711. *Churfürstlich bayrisches Frewden-Fest, das ist : Aigentliche Fürbildung in schönen Kupfferstücken der Comedi gennant die gecrönte Fedra, gehalten bey den vorgangnen Tauff-Ceremonien dess.... Maximilian Emanuel Ludwig Maria Joseph*, etc. — Fête joyeuse dans l'électorat de Bavière, reproduction, par de belles gravures en taille-douce, de la comédie intitulée : *La Phèdre couronnée*, de la cavalcade et des feux d'artifice exécutés à l'occasion des cérémonies du baptême de Maximilien Emanuel-Louis-Maria-Joseph, fils du prince Ferdinand-Marie et de Henriette-Marie-Adélaïde, etc. — Munich, 1662, in-fol. obl., 36 pl. grav. par Küsel (15 à 20 fr.).

La *Phèdre couronnée*, titre suggéré par celui de la tragédie grecque *Hippolyte couronné*, fut évidemment ce que nous nommons aujourd'hui une pièce-féerie. Quand on examine les trente-six planches qui ornent ce volume, planches si bien gravées (quelques-unes d'après C.-Amort) par les frères Küsel, surtout par Mathieu, on comprend l'étonnement et le plaisir du public de Munich, pour lequel l'architecte et peintre vénitien Francesco Santurini inventa une machine si compliquée, des trucs si variés, de si beaux décors. En effet, scènes infernales, palais enchantés, jardins délicieux, voilà ce que nous montrent ces six actes en dix *tableaux* (comme on dit aujourd'hui), suivis de huit autres tableaux destinés à représenter la vengeance de Médée. Ces derniers rentrent dans la catégorie des feux d'artifices à décor, comme le jardin de Tivoli en offrait à ses abonnés dans les premières années de ce siècle.

M. Küsel devait graver, quelques années plus tard, d'après Burnaccini, les décors de *Il Pomo d'oro*, représentée à Vienne (voy. n° 669).

711 *bis*. *Fedra incoronata, drama regio musicale. Attione prima de gli applausi fatti alla nascità di Maximiliano Emanuele*, etc. — La Phèdre couronnée, drame en musique. Première série de réjouissances faites à l'occasion de la naissance de Maximilien-Emmanuel, fils aîné de Ferdinand-Marie et de Henriette-Marie-Adélaïde, duc et duchesse de Bavière, par P.-P. Bissari. — Munich (Monaco), 1662, in-4, avec 12 pl. (?) représentant des scènes de théâtre, grav. par Küsel, d'après F. Santurini.

712. *Servio Tullio, drama per musica per le nozze di Massimiliano Emmanuele, duca di Bavaria*, etc.— Servius Tullius, drame en musique, représenté à l'occasion des noces de Maximilien-Emmanuel, duc de Bavière, avec Marie-Antoinette, archiduchesse d'Autriche. — Munich, 1685, in-4, avec figures des ballets et scènes de théâtre (5 fr.).

Omis par Brunet et par Grässe.

713. Réjouissances et fêtes magnifiques qui se sont faites en Bavière, l'an 1722, au mariage de S. A. S. Mgr le prince électoral (Charles), duc de la haute et basse Bavière, etc., avec S. A. S. Mme la princesse Marie-Amélie, née princesse rojale (*sic*) de Bohême et d'Hongrie, archiduchesse d'Autriche, etc., et une description abrégée des palais de S. A. S. électorale où ces fêtes se sont passées. (Par F. Pierre de Bretagne, augustin.) — Munique (*sic*), impr. de Riedline

veuve, 1723, pet. in-fol., 4 ff. et 20 pp., avec 22 gr. pl. grav. (30 à 40 fr.).

Volume fort rare, omis dans toutes les grandes bibliographies. Les vingt-deux planches de cette solennité, dont deux représentent les feux d'artifice, et les autres, les châteaux de Nymphenbourg, Schleissheim, Staremberg, et autres résidences ducales, ont été gravées : six par J.-A. Corvinus, deux par F.-J. Spätt, et les autres par Remshart, d'après Math. Disel, et les feux d'artifice par Schömvetter.

714. *Feier des 25 jährigen Regierungs Jubiläums S. M. Maximilian Joseph I, König von Baiern, in München.* — Fête pour le jubilé de 25 ans de règne de Maximilien-Joseph Ier, roi de Bavière, célébrée à Munich. — Munich, 1824, in-4 obl., avec 44 pl. lith.

e. Brunswick.

715. *Aulico-Politica darin gehandelt wird von Erziehung und Information junger Herrn,* etc. — De l'Éducation d'un jeune prince... par G.-E. Löhneyss. — Remlingen, 1621 (à la fin : 1622), gr. in-fol. ; — *ibid.* 1625, gr. in-fol. — Francfort, 1679, gr. in-fol., fig. (20 fr. et plus).

Ouvrage intéressant, omis par Brunet. Il contient le portrait de l'auteur, gravé à l'eau-forte, d'autres portraits gravés sur bois par Moses Tym, et une grande planche gravée sur bois, de 1m04 de largeur sur 40 centimètres de hauteur, représentant l'enterrement du duc Henri-Jules de Brunswick. Elle a été gravée par Val. Weiss.

716. *Die Triumphirende Liebe, umgeben mit den Sieghafften Tugenden, in einem Ballet, auff dem hochfürstlichem Beylager H. Christian Ludowigs,* etc. — L'Amour triomphant entouré de vertus victorieuses, représenté dans un ballet à l'occasion du mariage de Chrétien-Louis, duc de Brunswick et Lunebourg, avec Dorothée, duchesse de Schleswig-Holstein, etc., qui a eu lieu à la résidence ducale de Zelle, le 12 octobre 1653. — Lunebourg, Stern, in-fol., 39 ff., avec 24 grav. et 20 pp. de musique (120 fr.).

Ce volume rarissime, signalé par M. T.-O. Weigel, était resté inconnu aux bibliographes. Les belles gravures dont il est orné représentent le ballet, la scène et le feu d'artifice. Le nom du graveur est inconnu, mais les quatre dernières planches sont de C. Buno.

717. *Justa funebria Ser. Pr. Joanni Friderico Brunsvicensium et Luneburgæ duci persoluta* (avec un texte allem. par H. Berchaus). — Rinteln, 1685, gr. in-fol., avec 86 pl. grav. par Lange.

Volume fort rare, omis par Brunet.

718. *Giuochi festivi e militari, Danze, Serenate, Machine, Boscareccia artificiosa, Regatta solenne,* etc. — Jeux de fête et jeux militaires, danses, sérénades, machines, bocages artificiels, régates solennelles et autres appareils somptueux d'allégresse, donnés à la satisfaction universelle par la générosité de S. A. Ernest-Auguste, duc de Brunswick et Lunebourg, etc., pendant son séjour à Venise. Le tout décrit et exposé en figures par Gio. Matt. Alberti, médecin de S. A. S. — Venise, Poletti, 1686, in-fol., 34 pp., avec 13 gr. pl., dont 2 simples et l'une formant une longue frise (80 à 100 fr.).

Ces treize planches sont assez bien gravées par Alexandre della Via, un Véronais suivant les uns, un Vénitien suivant les autres, et par A. Portio. Ce que ce recueil offre de plus remarquable, c'est une vue de l'ensemble des régates sur le grand canal. C'est un véritable panorama qui n'a pas moins de neuf feuilles, et qui forment frise. Les autres planches représentent les diverses barques ou galères qui ont concouru pour le prix. Volume omis par Brunet.

719. *Monumentum gloriæ Ernesti-Augusti, principis electionis Brunsvicensis, justis funebribus persolutis.... Hannoveræ, anno Domini* 1698 (texte en allemand). — Hanovre, 1698, avec 7 pl. grav. par J.-U. Kraus, et un beau portrait du duc par Drevet.

Omis par Brunet.

720. *Abrahams, des Fürsten Gottes letzte und beste Glückseligkeiten bei solennester Leichbegängniss des Weyland Durchl. Fürsten und Herrn, Herrn Georg Wilhelms,* etc. — La Dernière et la Meilleure Félicité d'Abraham, prince de Dieu, à l'occasion de l'enterrement solennel de S. A. Georges-Guillaume, duc de Brunswick et de Lunebourg, le 9 octobre 1705 ; texte par J.-J. Binder. — Celle, 1705, gr. in-fol., avec un portr. et 4 gr. pl. par Berningroth et Ulr. Kraus (5 fr.).

Omis par Brunet et par Grässe.

721. *Alls die Fürstliche Leiche des... Herrn August Wilhelm, regierenden Herzogs zu Braunschweig und Luneburg... von dem Schlosse nach der Haupt-Kirche... abgeführt wurde,* etc. — Description de la translation de la dépouille mortelle d'Auguste-Guillaume, duc régnant de Brunswick et de Lunebourg, le 23 mars 1731, du château à la cathédrale ; avec un texte par Ph.-L. Dreissigmark. — Wolfenbüttel, Bartsch, (1731), 6 part. en 1 vol. in-fol., 30 pp., 24 pp., 3 ff. et 34 pp., 28 pp., 12 pp. et 12 pp., avec un portrait grav. par J.-G. Wolfgang, et 4 pl. dessin. et grav. par J.-G. Schmidt, de Brunswick.

Omis par Brunet et par Grässe. Deux planches

représentent des cercueils ornés, et deux autres, le catafalque avec des emblèmes.

f. Duché de Clèves et Juliers.

722. *Beschreibung derer fürstlicher Cüligscher Hochzeit, so.... zu Düsseldorf mit grossen Freuden, fürstl. Triumph und Herrligkeit gehalten worden*, etc. — Description des noces de Guillaume, duc de Clèves et Juliers, et de Jacoba de Bade, célébrées en grande pompe à Dusseldorf, le 10 juin 1585. — Cologne, 1587, pet. in-fol., 142 ff. non chiff., front. et 37 pl. grav. (50 fr. et plus).

Il y a eu plusieurs éditions de ce volume de toute rareté, omis par Brunet. Le premier état, publié sans date en 1585, se compose de 10 planches gravées à l'eau-forte par Hogenberg, avec texte gravé, en vers allemands, par Th. Gramjn. Le second tirage se compose de 36 feuilles gravées. Le troisième est le présent, publié en volume, avec un texte allemand, imprimé en caractères mobiles, et avec des planches doubles tirées dans le texte.

Arrivée à Düsseldorf, cérémonies du mariage, repas de noces, bal, buffet, mascarade, joutes d'animaux fantastiques sur le Rhin, combat à la barrière sur la place du Marché à Düsseldorf, voilà en gros ce que donnent ces planches.

Nous signalerons particulièrement la pl. 5. Elle montre un service de table au seizième siècle, service seigneurial avec toutes ses pièces d'orfèvrerie, ses surtout de table et autres ornements du goût le plus étrange ; nous mentionnerons même le frontispice, richement composé et où le sacré et le profane se mêlent ou plutôt se heurtent mutuellement.

723. *Todtenfeier Herzog's Wilhelm von Güllich*, etc. — Service funèbre de Guillaume, duc de Clèves et Juliers, décrit par D. Graminæus. — Cologne, 1588, in-fol., avec 10 pl. pliées.

Fort rare. Omis par Brunet.

724. *Spiegel und Abbildung der Vergänglichkeit*, etc. — Miroir du passé, etc. Enterrement du duc Jean-Guillaume, duc de Juliers, Clèves et Berg, fait à Dusseldorf le 10 mars 1592; avec un texte par Th. Gramjn. — S. l. n. d. (Dusseldorf, 1592), in-fol., 60 ff., front. et 13 pl. doubles dans le texte, grav. sur fer par Hoghenberg (10 fr. et bien plus).

Planches et cortéges, avec blasons des personnages. Volume rare, omis par Brunet.

725. *Beschreibung der Begrebniss*, etc. — Description de l'enterrement de Jean-Guillaume, duc de Clèves et Bergues, fait à Dusseldorf le 30 octobre 1628; avec un texte par A. vom Kamp. — Dusseldorf, 1629, in-fol. obl., front. et 39 pl. finement gravées (15 à 20 fr.).

Volume rare, omis par Brunet et par Grässe.

g. Hambourg.

726. *Eine Collection curieuser Vorstellungen in Illuminationen und Feuer-Werken so in denen Jahren 1724 biss 1728 inclusivè, bey Gelegenheit einiger Publiquen Festins und Rejouissances in Hamburg*, etc. — Collection des curieuses illuminations qui ont été faites à Hambourg, de 1724 à 1728 inclusivement, à l'occasion de certaines fêtes et réjouissances publiques... sous la direction et de l'invention de Th. Lediard... gravé en seize [dix-huit] grandes planches sur cuivre..., avec des descriptions particulières, etc., etc. — Hambourg, Stromer, 1730, in-fol., 11 part. en 1 vol. in-fol., 4 ff., 4 ff., 4 ff., 2 ff., 4 ff., 5 ff., 2 ff., 6 ff., 5 ff., 2 ff. et 7 ff. (15 à 20 fr.).

Volume bien plus curieux au point de vue historique qu'à celui de l'art, car les planches en sont généralement médiocres. Les sujets qui ont donné lieu à ces fêtes sont les suivants : Naissance de Georges Ier, roi de la Grande-Bretagne, célébrée le 8 juin 1724 (2 pl.) ; — mariage de Charles-Frédéric, héritier de Norvége, duc de Holstein-Gottorp, avec Anna Pétrovna, fille du tzar Pierre le Grand, 7 février 1725 (3 pl.) ; — mariage de Louis XV avec Marie Leczinska, 17 septembre 1725 (1 pl.) ; — naissance de Frédéric-Louis, prince de Galles, 31 août 1726 (1 pl.) ; — anniversaire de la naissance de Georges Ier, roi de la Grande-Bretagne, 9 juin 1727 (2 pl.) ; — naissance de deux filles de Louis XV, 9 septembre 1727 (1 pl.) ; — couronnement de Georges II, roi de la Grande-Bretagne, et de Wilhelmine-Caroline, 21 octobre 1727 (2 pl.) ; — couronnement de Pierre II, de Russie, 12 mai 1728 (3 pl.) ; — naissance de Pierre III, de Russie (1 pl.) ; — couronnement d'Anne-Ivanovna, impératrice de Russie, 10 avril 1730 (2 pl.). Quatre de ces planches ont été gravées par Brühl, deux par Krügner, une par Böcklin et les autres par Fritzsch.

Volume omis par Brunet et par Grässe.

h. Hanovre.

727. *Authentische Beschreibung aller Feyerlichkeiten, welche in Hannoverschen Lande*, etc. — Description exacte de toutes les solennités qui ont eu lieu dans le pays de Hanovre à l'occasion de la visite de S. M. le roi Georges IV ; par H. Dittmer. — Hanovre, 1822, in-4, portr. et 21 planches.

Omis par Brunet et par Grässe.

i. Hesse.

728. *Historiche Beschreibung der fürstlichen Kindtauf Fräwlein Elisabethen zu Hessen*, etc. — Description historique du baptême d'Élisabeth, princesse de Hesse, en août 1596. — Cassel, W. Wessel, 1598, 2 part. en 1 vol. in-fol. (50 fr.).

Première édition, fort rare, omise par Brunet et par Grässe. Elle contient deux frontispices et 77 (?) planches gravées par Guill. Dilich, et représentant des entrées, tournois, mascarades, feux d'artifice, etc., donnés en l'honneur de la reine Elisabeth d'Angleterre et à l'occasion du baptême en question.

Une nouvelle édition de ce volume a été donnée sous ce titre : *De equestri certamine, quod in honorem Elisabethæ reginæ Angliæ, ab illustr. Cattorum principe, Domino Mauritio, landgravio Hessiæ, etc., ...dum ejusdem celsitudinis illustr. natam D. Elisabetham sacro baptismi offerebat, est institutum et à W. Dilichio figuris adumbratum. Campestris egloga de ludis equestribus, cum D. Mauritii filius secundus Maurizius, baptizatus esset; a W. Dilichio figuris adumbrata;* Cassel, W. Wessel, 1601, in-fol. Malgré ce titre latin, l'explication des planches est en allemand. Il y a aussi des exemplaires avec titre allemand : *Beschreibung und Abriss der Ritterspiel so Herr Moritz Landgraff zu Hessen auf die fürstlichen Kindtauffen Frewlein Elisabethen, und dann auch Herrn Moritzen des anderen Landgraffen zu Hessen, am fürstlichen Hoff zuCassel angeordnet und halten lassen;* Cassel, 1601, 2 part. in-fol. Cette seconde édition se compose : 1re partie (baptême d'Elisabeth) : 5 ff. prél., portrait de Dilich, gravé sur bois, titre gravé daté de 1598, 5 ff. (Eclogue), 81 pp. avec 47 gr. planches gravées à l'eau-forte, parmi lesquelles on remarque celles de la grande mascarade à huit inventions (Jason et Persée, les Vices, les Quatre-Saisons, Evergète, le Soleil et la Lune, le Jugement de Pâris, les Sept Arts libéraux, les Quatre Parties du monde) ; —2e partie (baptême de Maurice) : titre gravé, 4 ff. prél., 53 pp., 1 feuillet et 27 gr. planches, parmi lesquelles une autre mascarade à huit inventions (chevaliers romains, Hongrois, Maures; Actéon et Diane; Nigritiens, Turcs; l'Amour, l'Etat. (100 fr. Weigel.)

729. *Ehren-Gedechtniss des durchleuchtigen Fürsten und Herren, Ludwigen Landgraven zu Hessen*, etc. — Enterrement du prince Louis, landgrave de Hesse. — Marbourg, N. Hampelius et C. Chemlinus (1626), in-fol., avec grand nombre de planches, portraits et cérémonies (5 à 10 fr.).

Omis par Brunet et par Grässe.

730. *Monumentum sepulcrale ad Principis Mauritii Hassiæ Landgravii memoriam gloriæ sempiternam erectum Cassellis*, etc. — Francofurti, apud J. Ammonium, 1635-40, 4 part. in-fol., 418, 134, 262 et 90 pp., 4 ff. de table, avec 33 belles planches grav. par J. von der Heyden et S. Schweitzer (20 à 40 fr.).

Volume rare, omis par Brunet et par Grässe. Première édition.

731. (Enterrement du prince Georges II, landgrave de Hesse, etc., qui a eu lieu à Darmstadt en juin 1661). — Darmstadt, Abel, 1661, in-fol., 3 part. en 1 vol. in-fol., 3 ff., 480 et 238 pp., avec pl. grav. (20 à 30 fr.).

Volume sans titre général. Il commence par une suite de 56 pages gravées, contenant dix portraits en pied des cinq landgraves et de leurs femmes, des armoiries, des inscriptions, un arc de triomphe et le cortége funèbre de Georges II. Ces planches, dessinées par J. Tackig, Corn. Drault et Sal. Duarte, ont été gravées par J. Schweizer et en partie par Adr. Haelwegh. Elles sont suivies de trente-quatre planches doubles, gravées par les mêmes artistes, et représentant le cortége funèbre du même prince. Le texte se compose d'oraisons funèbres en allemand et en latin, avec une foule de poésies, inscriptions, etc.

Omis par Brunet et par Grässe.

j. Hohenzollern.

732. *Drey schöne und lustige Bücher von der Hohen Zollerischen Hochzeyt welcher gestalt: der Her Eytel Friderich, Graff zu Hohen Zollern*, etc. — Trois beaux et divertissants livres sur le mariage d'Eitel-Frédéric, comte de Hohenzollern-Sigmaringen et Veringen, avec Françoise, fille de Frédéric, comte de Dhaum et Cobourg, célébré à Hechingen le 11 octobre 1598; avec texte en vers allemands par J. Frischlin. — Augsbourg, V. Schönigk, 1599, in-4, 251 pp., avec 26 figures sur bois (25 à 90 fr. et plus.).

Volume de toute rareté, omis par Brunet et par Grässe. Les gravures sur bois sont intéressantes pour l'histoire du costume.

k. Saxe.

733. *Gründliche Beschreibung der Herrn Johanns Georgen I zu Dresden und Freyburg gehaltener Leichenbegängnisse.* — Description exacte des cérémonies funèbres en l'honneur de Jean-Georges Ier, électeur de Saxe, célébrées à Dresde et à Fribourg. — Dresde, 1657, in-fol., avec 7 pl. grav. par Durr (5 fr.).

Omis par Brunet et par Grässe.

734. *Wolverdiente Ehren-Seule dem weyland durchläuchtigsten Fürsten und Herrn Herrn Ernst, Hertzogen zu Sachsen, Jülich, Cleve undt Bergk... aufgerichtet zum Friedenstein.* — La Statue bien méritée érigée en l'honneur de feu prince sérénissime Ernest, duc de Saxe, de Juliers, de Clèves et de Berg, à Friedenstein. — Gotha, Reyhern, s. d. (1678), gr. in-fol., 2 ff., 378 pp., 108 pp. et 10 ff., avec un front., un beau portrait gr. par Jacques Sandrart, et 8 gr. pl. (1 de médailles, 3 de lits de parade et 4 de cortéges.)

735. *Die durchläuchtigste Zusammenkunft der Herren Gebrüder S. Churf. Durchl. Joh. George II, oder Historische Erzählung*, etc. — La Visite des parents de S. A. Jean-Georges II, électeur de Saxe, ou Description historique des fêtes, mascarades, tournois, ballets, etc., qu'il a fait faire à Dresde à cette occasion, au mois de février 1678; avec

un texte allemand par G. Tzschimmer. — Nuremberg, Hoffmann, 1680, 2 vol. in-fol., avec 4 portraits et 45 pl. grav. (30 à 60 fr.).

Ouvrage rare, omis par Brunet, mais dont les figures sont assez médiocres. Le premier volume contient quatre portraits gravés par Ph. Kilian, et vingt-neuf grandes planches pliées, représentant des chasses, tirs, scènes de théâtre, etc. ; le second compte seize planches représentant des figures mythologiques en médailles. Ces planches ont été gravées par Harms, Hipschmann, etc.

736. *Die allergnädigste Sorgfalt des Hernn Johann Georgen des Andern von Sachsen*, etc. — Enterrement du duc Jean-Georges II de Saxe, au château de Freudenstein, à Freyberg. — Dresde, 1680, in-fol., avec un grand nombre de pl. grav. par Kilian.

Omis par Brunet et par Grässe.

737. *Beschreibung der Illumination zu Dresden bey der königlichen Sicilianischen in Vollmacht vollzogenen Vermählung*, etc. — Description des illuminations qui ont eu lieu à Dresde à l'occasion du royal mariage sicilien, avec d'autres représentations qui y ont rapport et différentes gravures sur cuivre. — Dresde, Hekel et Walther, 1738, in-4, 140 pp., front. et 9 pl. simples et doubles, grav. par C.-P. Lindemann et M. Bodenehr.

Omis par Brunet et par Grässe.

l. Wurtemberg.

738. *Repræsentatio der fürstlichen Aufzug und Ritterspil*, etc. — Représentation des cavalcades et tournois qui, le 6 novembre 1609, se firent à Stuttgart en grande pompe, à l'occasion du mariage de Jean-Frédéric, duc de Wurtemberg..., avec Barbe-Sophie, née margrave de Brandebourg; pl. grav. par B. Küchler, citoyen et peintre de la ville de Gmünd, en Souabe. — S. l. n. d. (1611), in-fol. obl., front. gr., 1 f. de texte et 253 pl. (60 à 80 fr.).

Volume rare, omis par Brunet. On le trouve généralement incomplet. D'après la table, il doit se composer de trente séries de cavalcades; les planches de chacune sont numérotées à part et forment un ensemble de deux-cents-cinquante-trois. Des chevaux, des chars montés par des personnages allégoriques : la *Foi*, la *Liberté*, la *Justice*, la *Sagesse*, voilà tout ce que montre cette série nombreuse : mais une si grande monotonie est rachetée soit par l'excellence, soit même par l'inégalité de l'exécution. En somme, on trouve ici ce que vainement on chercherait dans des œuvres plus modernes : la liberté, la franchise, la vie. On sent qu'on n'est pas loin d'Albert Dürer. Le frontispice est remarquable par la richesse de la composition et la précision savante du burin. — Suivant Nagler, les dernières planches de cet ouvrage ont été gravées, également à l'eau forte, par Frédéric Brentel, de Strasbourg.

Le texte de cette solennité a été donné par J. Œtinger : *Warhaffte historische Beschreibung der fürstlicher Hochzeit*, etc.; Stuttgart, 1610, in-fol. On le trouve souvent réuni aux planches de Küchler.

739. *Repräsentatio der fürstlichen Aufzug und Ritterspiel*, etc. — Représentation des cavalcades, tournois et fêtes qui ont eu lieu à Stuttgart avec une grande solennité, du 10 au 17 mars 1616, à l'occasion du baptême de Frédéric, fils du duc Jean-Frédéric, duc de Wurtemberg, etc., le tout publié avec un soin particulier par Es. van Hulsen. — S. l. n. d. (Stuttgart, 1616), in-fol. obl., titre gravé, 1 f. de texte et 79 pl. grav. par Math. Mérian père (30 à 50 fr.).

Volume rare qu'on trouve encore plus rarement complet.

Les planches représentent des cavalcades historiques et mythologiques, des chars de triomphe, des machines de théâtre. Elles sont divisées en quatre parties, chacune avec un titre gravé. La dernière planche représente un feu d'artifice. — On joint à ce volume un texte publié sous ce titre : *Warhaffte Relation und historischer-politischer-höfflicher Discours über des... Herren Johann Friderichen... jungen Sohns Prinz Friderichen... Kindtauff, durch Philopatrida Christinum*; (Stuttgardt), J. Weyrich Rösslin, 1616, in-fol. obl., en 2 part., 40 et 65 pp.

Mathieu Mérian père fut, comme on sait, un des meilleurs graveurs de la première moitié du dix-septième siècle. Nagler, dans l'énumération de l'œuvre de Merian, œuvre si considérable, a omis la *Repräsentatio der fürstlichen Aufzug.*

740. *Aigentliche Wahrhaffte Delineatiō unnd Abbildung aller fürstlichen Auffzug ung Ritterspilen*, etc. — Représentation fidèle et véritable des fêtes celebrées à Stuttgart les 13, 14, 15, 16 et 17 juillet 1617, à l'occasion du baptême du prince Ulrich de Wurtemberg et du mariage de Louis-Frédéric, duc de Wurtemberg, avec Madeleine-Elisabeth de Hesse, publiée et préparée par Isaïe de Hulsen. — S. l. n. d. (Stuttgart, 1618), 2 part. in-fol. obl., titre gravé, 1 f. de dédicace et 92 pl. grav. (50 fr.).

Ouvrage remarquable par ses belles planches qui représentent un cortége et par les entourages ou cartouches variés qui paraissent au commencement de chaque partie. Les figures de la première partie sont au nombre de quatre-vingt-douze, dont les deux dernières non numérotées. Ces planches ont été gravées par Frédéric Brentel, de Strasbourg, dont le nom figure aux pl. 16 et 19, et les initiales sur plusieurs cartouches des faux-titres, datés tantôt de 1617 tantôt de 1618. La série de planches de 23 à 30 a été gravée par M. Mérian, dont le nom apparaît sur le faux-titre. A la suite des planches on trouve le texte allemand imprimé sous ce titre : *Kurtze Beschreibung dess zu Stutgarten*, etc. (Courte description des fêtes célébrées à Stuttgart à l'occasion du baptême et du mariage princiers; par Georges-Rodolphe Weckherlin.) ; Tubingue, 1618, in-fol. obl. de 71 pp. Il faut joindre à ce volume une seconde partie intitulée : *Aufzug zum Balet*, etc. (Ballet fait en l'honneur d'Anna, duchesse de Wurtemberg, le 4 mars 1617.) Elle se compose de onze planches et d'un feuillet de dédicace d'I. de Hulsen.

741. *Vorstellung Stuttgartischer jüngst gehaltener hochfürstl. Würtemberg-Hessischer Heimführungs Begängnis*, etc. — Représentation des fêtes qui ont eu lieu à Stuttgart, etc. (à l'occasion du mariage de Guillaume-Louis, duc de Wurtemberg, et de Madeleine-Sibylle, née landgravine de Hesse). — Stuttgart, Weyrich Rösslin, 1675, in-fol., avec 4 portraits par Kilian et 3 gr. pl. grav. par Franck et Wolffgang, d'après J.-A. File (20 fr.).

Les quatre portraits sont remarquablement gravés par Bart. et Phil. Kilian, trois d'après J.-A. File et l'un d'après M. Mérian. Les deux premières planches représentent des cortéges, et la dernière un feu d'artifice. Volume omis par Brunet et par Grässe.

742. *Sechs christliche Leich-Predigten über dem... Ableiben weiland des... Herrn Wilhelm Ludwigen*, etc. — Six oraisons funèbres chrétiennes, prononcées aux funérailles de Guillaume-Louis, duc de Wurtemberg..., les 15 et 19 juillet 1677, etc. — Stuttgart, J. Weyrich Rösslin, 1677, 10 part. en 1 vol. in-fol., 2 ff. et 8 pp., 28, 121, 35, 24, 40, 32, 16, 76 pp. et 4 ff., front. gravé, 8 portr. et 2 gr. pl. pliées (15 à 20 fr.).

Volume omis par Brunet et par Grässe. Les portraits ont été fort bien gravés par Barth. Kilian, deux par Phil. Kilian, et un par Elias Hainzelman, cinq d'après J.-A. File, deux d'après J.-G. Wagner et un d'après Duart. Les trois planches, représentant l'exposition du corps du défunt, le cercueil orné et le cortége, ont été gravées par Barth. Kilian, F.-D. Daniel et J. Franck, d'après J.-A. File.

743. *Fünf christliche Leich-Predigten über dem Ableyben Georg Friderichen Hertzogen zu Wurtemberg*, etc. — Cinq oraisons funèbres chrétiennes, prononcées à l'enlèvement du corps de Georges-Frédéric, duc de Wurtemberg, avec la description du convoi et de l'enterrement. — Stuttgart, 1686, in-fol., avec 6 gr. planches grav. par Kilian, Krauss, etc. (5 à 10 fr.).

Omis par Brunet et par Grässe.

744. *Sieben christliche Leich Predigten*, etc. — Sept oraisons funèbres prononcées à l'enterrement de Marie-Dorothée, duchesse de Wurtemberg, avec la relation des cérémonies funèbres] — Stuttgart, 1699, in-fol., avec 6 pl. grav. par J.-U. Krauss (4 à 10 fr.).

Marie-Dorothée-Sophie était femme d'Eberhard III, duc de Wurtemberg.
Volume omis par Brunet et par Grässe.

745. *Ausführliche Beschreibung des zu Bayreuth im September 1748 vorgegangenen hochfürstlichen Beylagers*, etc. — Description exacte des fiançailles du prince, qui ont été célébrées à Bayreuth en septembre 1748, et des solennités qui ont eu lieu au commencement d'octobre suivant, dans les pays de Wurtemberg, et aussi à Stuttgart et à Ludwigsbourg, à l'occasion des noces de S. A. Charles, duc régnant de Wurtemberg... et de Elisabeth-Frédérique-Sophie... née margravine de Brandebourg-Bayreuth... publié... par Guill.-Fréd. Schönhaar. — Stuttgart, 1749, in-fol., 2 ff., 144 pp. et tabl. généalog., titre gravé et 4 gr. pl. grav. par Jac. Wangner, de Vienne (20 à 30 fr.).

Ces planches, bien gravées, représentent une chasse, un feu d'artifice, une énorme planche d'entrée solennelle à Stuttgart, avec tout le cortége, et un arc de triomphe. Volume peu commun, omis par Brunet.

10. *Angleterre.*

746. *Beschrivinge van de blyde inkoomste, ;rechten van zeege-bogen en ander toestel op de welkoomste van H. M. van Groot-Britanien, Vrankryk en Ierland, tot Amsterdam, den 20 may* 1642. — Description de l'entrée solennelle, des arcs de triomphe et autres appareils faits pour la bienvenue de Sa Majesté (Charles Ier) roi de Grande-Bretagne, de France et d'Irlande, dans la ville d'Amsterdam, le 20 mai 1642. Amsterdam, Ravesteyn, 1642, in-fol., 4 ff. et 36 pp., avec 11 pl. grav. par P. Nolpe, d'après P. Potter et J. W. (cortéges, arcs de triomphe et scènes allégoriques) (20 à 30 fr.).

Volume omis par Brunet et par Grässe.

747. Relation en forme de journal de voyage et séjour que le sérén. prince Charles II, roy de la Grand'Bretagne, a fait en Hollande, depuis le 25 may jusques au 2 juin 1660. — La Haye, Vlacq, 1660, in-fol., 2 ff. et 108 pp., portr. du roi par C. van Dalen, et 6 gr. pl. grav. (15 à 20 fr.).

Les planches représentent deux cortéges, un banquet, deux séances et une cavalcade. Elles ont été gravées : trois par Philippe, une par N. Venne, et deux par Matham, d'après les dessins de Dav. Philippe. J.-T. vi et et N. Venne.

La même relation a été publiée simultanément en hollandais sous ce titre : *Verhael in forme van Journael*, etc.

Volume omis par Brunet.

748. *Afbeeldinghe op wat wyse haere Hoogheden Maria Stuart en haren Soon zyn ingeleyt*, etc. — Description de l'entrée de Leurs Altesses [Henriette] Marie Stuart et de son fils (plus tard

Guillaume III), à Amsterdam, le 15 juillet 1660. — In-fol. obl. (160 fr.).

Suite d'une grande rareté, composée de sept planches gravées à l'eau-forte, par P. Nolpe, et formant ensemble une frise d'environ neuf pieds de long. Elle n'est citée ni par Brunet ni par Grässe.

Guillaume III, premier roi constitutionnel d'Angleterre, était fils de Guillaume II, de Nassau, prince d'Orange et stathouder des Provinces-Unies, et de Henriette-Marie-Stuart, fille de Charles Ier, roi d'Angleterre. Il n'avait que dix ans à l'époque de cette entrée.

749. *History of the Coronation of.... James II and of his Royal consort Queen Mary*, etc. — Histoire du couronnement de très-haut et très-puissant monarque Jacques II, par la grâce de Dieu roi d'Angleterre, d'Ecosse, de France et d'Irlande, et de sa royale épouse la reine Marie, célébré dans l'église collégiale de Saint-Pierre, cité de Westminster, le 23 avril 1685, et description exacte des dispositions, processions et fêtes magnifiques qui eurent lieu à ce sujet dans Westminster-Hall. Publié, conformément aux ordres de Sa Majesté, par François Sandford, Esq., héraut d'armes.— Imprimé par Thomas Newcomb, imprimeur de Sa Majesté, en Savoie (Londres), 1687, in-fol., 4 ff. prél., 135 pp., avec 28 pl. grav. (60 fr.).

Le 2 février 1685, Charles II mourut subitement à Whitehall; le 23 avril 1685, Jacques II se faisait couronner avec Marie d'Este, à Westminster. C'est le cérémonial de ce double couronnement que nous montre le bel et ra e ouvrage publié par Sandford.

Les trois planches les plus importantes sur les vingt-huit qui illustrent cette relation représentent : 1° les préparatifs dans Westminster; 2° le cérémonial du couronnement; 3° le banquet royal dans la grande salle de Westminster. Cette planche est d'un intérêt extrême. Très-bien exécutée d'abord, elle représente dans ses mille détails un repas officiel au dix-septième siècle en Angleterre. Les autres planches font défiler le cortége royal sous nos yeux.

Le principal auteur de cet ouvrage est Grég. King.

750. Le Triomphe royal, où l'on voit décrits (*sic*) les arcs de triomphe, pyramides, tablaux (*sic*) et devises, au nombre de 65, érigez à la Haye en l'honneur de Guillaume III, roy d'Angleterre, Ecosse, France et Irlande. — La Haye, s. d. (1691), in-8, avec 65 fig. grav. par Schoonebeck et Romain de Hooghe (25 fr.).

750 *bis*. *De Koninchlyke triumphe vertoonende alle de eerporten in s'Gravenhage 1691 opgerecht ter eere van Willem de III*. — Le Triomphe royal, ou Description des arcs de triomphe dressés à la Haye en 1691, en l'honneur du roi Guillaume III. — La Haye (s'Gravenhage), Beecx, 1691, in-8, fig.

Mêmes figures que celles du numéro précédent. Volumes omis par Brunet et par Grässe.

751. *Beschryving der Eerporten*, etc.— Description des arcs de triomphe érigés à la Haye à l'occasion de l'entrée de Guillaume III, roi de la Grande-Bretagne.—Amsterdam, Allard, 1691, in-fol., avec 4 pl. grav. par Luyken et Allard (4 à 5 fr.).

Omis par Brunet et par Grässe.

752. Relation du voyage de Sa Majesté britannique en Hollande et de la réception qui lui a été faite, enrichie de planches très-curieuses, avec un récit abrégé de ce qui s'est passé de plus considérable depuis l'arrivée de Sa Majesté en Hollande, le 31 janvier, jusqu'à son retour en Angleterre au mois d'avril 1691, et l'heureux succès de l'expédition d'Irlande par les armes toujours victorieuses de Sa Majesté (par Tronchin Du Breuil).—La Haye, Leers, 1692, in-fol., 108 pp. et 16 pl. grav. sur cuivre (40 à 50 fr.).

Guillaume III entreprit ce voyage pour conférer à la Haye avec les princes ligués avec lui contre Louis XIV, qui de son côté travaillait énergiquement à replacer Jacques II sur le trône d'Angleterre, où Guillaume avait été appelé par le vœu de la nation. Ce prince, que cinq des provinces unies avaient nommé stathouder, que la Hollande allait accueillir avec autant d'enthousiasme qu'il est permis aux Hollandais d'en avoir, entreprit, nous le répétons, cet important voyage entre la bataille de la Boyne, où il avait battu les Irlandais, et le combat de la Hogue, qui devait être si funeste à la marine française.

Seize planches enrichissent cette remarquable publication, dont le frontispice (une allégorie composée et gravée par Romain de Hooghe, et qui ne serait point indigne de Rubens) l'annonce dignement. Le portrait de Guillaume III, dessiné par Jean Brandon et gravé en taille-douce avec le burin le plus souple par P. von Gunst, vient ensuite. Les autres planches sont l'œuvre de Romain de Hooghe, graveur et dessinateur incorrect et sans goût, mais plein de feu, d'invention, de vie, et qui suivrait Callot de près, si sa pointe avait plus de finesse. Elles représentent : 1° l'arrivée de Guillaume à Honstardijk; 2° sa réception dans la *cour* (à la Haye); 3° réception de Guillaume au pont de Westland (une des entrées de la Haye); 4° illumination et décoration de la maison de ville; 5° arc de triomphe sur le marché; 6° arc de triomphe sur la place; 7° peintures du dedans de l'arc de triomphe sur la place et du côté du vivier; 8° entrée de Sa Majesté par-dessous l'arc de triomphe placé devant la cour (peut-être le cours, *Corso*); 9° arc de triomphe devant la cour; 10° statues, devises et emblèmes à l'intérieur de cet arc; 11° peintures des côtés; 12° feu d'artifice du vivier; 13° représentation des deux pyramides placées au milieu du feu d'artifice.

Cette entrée se distingue entre toutes par la profusion des peintures et figures allégoriques, des emblèmes et devises qui couvrent et surchargent les arcs de triomphe. Il y a là un luxe inouï. L'arc de la *place* (et il n'est pas le seul) peut être appelé justement une page d'histoire. L'état de l'Europe alors, ses craintes, ses espérances; les perfidies de la France ; l'Angleterre et la Hollande demandant à Guillaume III de les protéger ; les fureurs de la guerre ; les douceurs de la paix, tout est exprimé, signalé, abordé sous le voile de l'allégorie, mais avec de nombreuses devises latines pour soulager l'entendement des spectateurs.

M. Didot a parlé de ce livre avec éloge (*Catalogue*, n° 951). « C'est, dit-il, un monument « somptueusement exécuté, élevé par les états de « Hollande à Guillaume III. Il contient seize planches très-pittoresques, et d'un très-grand éclat, « dues à Romain de Hooghe qui y a déployé toutes les ressources d'un talent qu'on ne peut vraiment apprécier que dans ces grandes compositions. »

L'éditeur Leers a donné simultanément une édition avec texte hollandais par Bidloo : *Komste van Zyne Majesteit Willem III in Holland*, etc.

Volume omis par Brunet.

753. *Sacra exequialia in funere Jacobi II, Magnæ Britanniæ regis, exhibita ab... Carolo... card. Barberino..., descripta à Car. de Aquino.*— Rome, Barberini, 1702, in-fol., 43 pp., avec un beau front. et 18 pl. (dont plusieurs très-grandes) grav. par Alex. Specchi, d'après les dessins de l'architecte Seb. Cipriani (30 à 40 fr.).

Bien que Jacques II soit mort à Saint-Germain le 16 septembre 1700, on lui fit à Rome, en 1702, un magnifique service funèbre.

Les deux premières planches nous montrent l'aspect du cénotaphe de Jacques II dans l'église Saint-Laurent in Lucina, et la façade de cette église. Le reste se compose d'emblèmes officiels. De tous ces emblèmes, nous n'en citerons que trois, parce qu'ils offrent une allusion ingénieuse aux principales circonstances de la vie, comme aux principes religieux de Jacques II. Le premier représente le soleil se levant sur Londres, avec cette inscription : *emergit nitidissimus;* le second le montre se couchant sur Paris, et on lit au bas : *mergitur et fulgit*; dans le troisième, il éclaire Rome tout au haut du ciel, et on lit : *pergens fervet et clarescit meridie splendidissimo.*

Omis par Brunet et par Grässe.

754. *Vollständige Beschreibung der Ceremonien, welche sowohl bey den Englischen Crönungen überhaupt vorgehen, besonders aber bey dem... Crönungs-Fest*, etc. — Description complète des cérémonies observées au couronnement des rois d'Angleterre, et plus particulièrement à celui de Georges II et de Wilhelmine-Caroline, roi et reine de la Grande-Bretagne, France, Irlande, etc., le 11/22 octobre 1727, etc. — Hanovre, Förster, 1728, in-4, 4 ff. et 144 pp., fig. sur bois dans le texte et 5 pl. médiocres (cortéges et joyaux de la couronne) grav. en taille-douce par Brühl (20 fr.).

Omis par Brunet et par Grässe.

755. *Parentalia Mariæ Clementinæ Magn. Britan. Franc. et Hibern. Regin. jussu Clementis XII Pont. Max.* (texte latin et italien).— Rome, Salvioni, 1736, in-fol., 31 pp., front., 14 vignettes dans le texte et 2 gr. pl. (5 à 10 fr.).

Volume orné d'un beau frontispice avec le portrait de la reine, gravé par Jér. Frezza, d'après J.-P. Pannini, d'une planche de cortége, gravée par R. Pozzi, d'après Pannini, et d'une autre planche représentant la décoration de l'intérieur de l'église et le catafalque, de l'invention de l'architecte Fuga, gravée par B. Gabbugiani.

Marie-Clémentine, petite-fille de Jean Sobieski, roi de Pologne, était femme de Jacques Stuart, dit le premier prétendant, qui prit le titre royal de Jacques III. Elle mourut en 1735.

756. Description de la chambre et lit de parade sur lequel le corps de... Anne, princesse royale de la Grande-Bretagne..., a été exposé en février 1759, le tout sous la direction de M. de Lage, etc. Exactement dessinés par M. de Swart, architecte de la cour, et gravés sur cuivre par M. S. Fokke (texte franç. et holl.). — La Haye, P. Gosse, 1759, gr. in-fol., 2 ff. et 4 pp. de texte, avec 4 pl.

Les planches représentent le lit de parade et la décoration de la salle. Ce volume se trouve généralement réuni au suivant.

756 *bis*. Convoi funèbre de Son Altesse royale Anne, princesse royale de la Grande-Bretagne, etc., exécuté le 23 février 1759. Dessiné exactement par P.-C. La Fargue et gravé sur cuivre par Simon Fokke (texte franç. et holl.). — La Haye, P. Gosse, 1761, in-fol., 2 ff. et 27 pp., avec 16 belles pl. (cortége) (30 fr. avec le préc.).

757. *Funerali di Giacomo III, re della Gran Bretagna*, etc. — Service funèbre célébré en l'honneur de Jacques III, roi de la Grande-Bretagne, par ordre du pape Clément XIII. — Rome, 1766, gr. in-fol., avec 2 gr. pl. grav. par P. Posi (10 à 15 fr.).

Omis par Brunet et par Grässe.

758. *Ceremonial of the coronation of his Majesty George the fourth in the abbey of St-Peter, West-Minster, including the names of the archbishops, bishops, peers, knigths, and principal officiers who assisted in that magnificent ceremony.* — Cérémonial du couronnement de S. M. George IV dans l'abbaye de S.-Pierre de Westminster, avec les noms des archevêques, évêques, pairs, chevaliers et principaux officiers qui ont été présents à cette magnifique cérémonie. — Westminster, 1823, gr. in-fol. (300 à 400 fr.).

Livre de luxe, publié par John Whitaker et tiré à petit nombre, pour les souscripteurs seulement. Ce qui le rend intéressant pour une certaine classe de lecteurs, ce sont les portraits en pied des personnages qui ont figuré dans cette brillante cérémonie, portraits coloriés avec soin. L'ouvrage comprend quarante tableaux précédés d'un frontispice qui représente le trône, avec un titre et une dédicace imprimés en or. Le prix primitif de cette publication était de 1,250 fr.

759. *The Coronation of His Majesty king George the fourth solemnized in the collegiate church of Saint Peter Westminster*, etc. — Le Couronnement de Sa Majesté le roi George IV, célébré dans l'église collégiale de St-Pierre de Westminster, le 19 juillet 1821, et publié par sir George Nayler, premier roi d'armes. — Londres, impr. de Brentley, 1824, 2 part. gr. in-fol. — (Les deux dernières parties, avec un nouveau titre développé:)... publié par l'ordre spécial de Sa Majesté, par feu sir George Nayler, premier roi d'armes, et complété à l'aide du manuscrit de l'auteur par sir William Woods, second roi d'armes, et C.-G. Young, Esq., Héraut d'York et archiviste du Collége des armes. — Londres, H.-G. Bohn, 1837 (ou 1839), 2 part.; ensemble 4 part. en 1 vol. gr. in-fol., avec 45 pl. (publié à 1,260 fr., réduit à 315 fr.; se vend aujourd'hui 150 à 200 fr.).

Ouvrage de luxe, resté inachevé à la mort de l'auteur et complété depuis.

Dans son catalogue de 1841, le libraire H.-G. Bohn consacre un article fort élogieux à cet ouvrage édité par lui; il l'appelle « le plus séduisant qu'on puisse imaginer », et « le monument le plus remarquable de la splendeur royale qui ait jamais été publié ». Il donne la liste des portraits fidèlement reproduits en couleur « avec le fini de la miniature » et dont le nombre n'est pas moins de soixante-sept. Parmi d'autres détails que nous passons sous silence, il note que sir Nayler, bien qu'il fût aidé par une grande souscription de 5,000 livres sterling, a perdu à cette entreprise une somme considérable.

Ces planches ont été coloriées sur des gravures de Chalon, Stephanoff, Pugin, Wild, etc.

La vérité nous commande de dire que ce « séduisant ouvrage » est trop surfait. Ces personnages officiels, si mal fagottés dans leur costume historique, frisent la caricature. La coloration en est détestable. Jamais, dans aucun pays, un outrage au bon goût n'a été payé si cher. Il n'en restera pas moins intéressant pour l'iconographie et l'histoire du costume et du cérémonial. Un grand nombre de ces planches sont des reproductions de celles de l'ouvrage précédent qui est bien supérieur.

760. *Visit of William, the fourth, when duke of Clarence, as lord highadmiral, to Portsmouth, in the year* 1827. — Visite de Guillaume IV, alors duc de Clarence, en qualité d'amiral en chef, au port de Portsmouth, en 1827, avec des vues de l'escadre russe, par H. Moses. — Londres, Ackermann, 1840, pet. in-fol., 2 ff., 23 pp., avec 17 pl. grav. sur acier par Moses.

Les planches, genre album pittoresque, ne représentent que des vues marines et des vaisseaux.

761. *Souvenir of the Bal costumé given*, etc. — Souvenir du bal costumé donné par sa très-gracieuse Majesté la reine Victoria, au palais de Buckingham, le 12 mai 1842; costumes dessinés d'après nature par M. Coke Smyth, avec préface, introduction, histoire et description, par J.-R. Planché, Esq. — Publiés sous le patronage tout spécial de Sa Majesté et du prince Albert, par Paul et Dominique Colnaghi, Londres, 53 pl. en couleur, in-fol.

Très-belle publication, exécutée avec goût et d'autant plus intéressante que tous les costumes sont historiques.

762. *A Memorial of the Marriage of H. R. H. Albert Edward Prince of Wales and H. R. H. Alexandra Princess of Denmark*, etc. — Mémorial du mariage de Son Altesse Royale Albert-Edouard, prince de Galles, et de Son Altesse Royale Alexandra, princesse de Danemark; par W.-H. Russel. Les particularités de ce mariage et les parures nuptiales illustrées par Robert Dudley. — Londres, Day et fils, s. d. (1867), petit in-fol., avec 41 pl. en lithochrom., 9 grav. sur bois et 15 pl. lith. pour la reproduction des bijoux.

11. *Danemark.*

763. *Typus Pompæ funebris habitæ Roeschildii in exsequiis D. Friderici II, Daniæ, Norvegiæ, etc., regis, opera et consilio Henrici Rantzovii, D. Christiano IV dedicatus a Francisco Hogenbergio et Simone Novellano.* — S. l., 1588, in-fol., figures (160 fr. et plus).

Volume rarissime, omis par Brunet. Il se compose d'un frontispice gravé et de vingt et une planches doubles gravées *sur étain*, représentant les cérémonies des obsèques de Frédéric II à Roeskilde, où se trouvent les tombeaux des anciens rois de Danemark.

764. *Nordens Glaede da Kong Frederich den Femte tilligemed Dronning Louise deres Kongelike Salving*, etc. — La Joie du Nord au couronnement du roi Frédéric V et de la reine Louise, dans l'église du château de Frédéricsbourg, par P. Hersleb. — Copenhague (Kjöbenhavn), Höppener (1747), in-fol., avec 2 beaux portraits par J.-M. Preissler, et 4 vignettes par O.-H. de Lohde.

Rare. Omis par Brunet et par Grässe.

12. *Suède et Norvége.*

765. *Festlicher Aufzug bey der Krönung König Karl des XI*, etc. — Description du cortége à l'occasion du couronnement de Charles XI, roi de

Suède, le 20 décembre 1672. — *Georg Christoph Eimmart sculpsit Norimbergæ.* In-fol. obl. de 25 pl. grav. (40 à 50 fr.).

766. *Das grosse Carrosel und prächtige Ring-Rännen nebst dem was sonsten fürtrefliches zu sehen war, als der.... Carl der eylfte die Regierung.... antrat,* etc. — Le Grand Carrousel et les magnifiques courses de bague et tout ce qui s'est passé de remarquable à Stockholm, à l'occasion de l'avénement au trône de Charles XI, le 18 décembre 1672. — Stockholm, Eberdt, s. d. (1673), in-fol. obl., 2 ff., 13 pp. de texte, titre gr. et 62 pl. grav. par G.-C. Eimmart et D. Klöcker, de Nuremberg (60 à 100 fr.).

Volume fort rare. Le frontispice, orné du portrait du roi, porte comme titre : *Certamen equestre cæteraque solemnia Holmiæ Suecorum 1672 m. decembri celebrata cum Carolus XI omnium cum applausi aviti regni regimen capesseret.*

Ce combat équestre ou tournoi, et ces solennités eurent pour objet de célébrer dignement la majorité de Charles XI, roi de Suède, qui savait à peine lire quand il monta sur le trône, mais qui racheta son ignorance par une sage fermeté. La 1re planche représente le moment où la régente Hedwige, mère du roi, et les tuteurs de Charles XI lui confèrent, en présence des Etats, la suprême autorité. Quatre planches sont consacrées aux réjouissances publiques et aux illuminations. Cinquante-cinq planches nous montrent les chevaux qui ont figuré dans les jeux équestres. La 60e planche représente la salle où a eu lieu le *certamen equestre*; la 61e représente le feu d'artifice tiré sur la mer, le 20 décembre, au moment où le roi va souper. Cette planche est remarquable et rend à merveille les effets de la lumière sur les eaux. La 62e nous montre le festin royal dans une des salles du palais.

Gravures excellentes, mal appréciées par Brunet.

A la suite de ce volume, on trouve souvent ajoutée la représentation des obsèques de Charles XI : *Exequiarum justa Carolo IX, Sueciæ quondam regi... 24 nov.* 1697, en sept planches. Sébastien Le Clerc a gravé le catafalque et montré l'ensemble de la cérémonie, vue du bas de la nef. Deux autres planches, gravées par Le Pautre, représentent le chœur de l'église.

767. Solemnités qui se sont passées à Stockholm, capitale du royaume de Suède, dans les années 1771 et 1772; consistantes (*sic*) en des décorations, emblèmes, inscriptions, plans, élévations et processions, tant à l'enterrement de feu Sa Majesté le roi Adolphe-Frédéric à l'église de Riddarholmen, qu'au sacre de Leurs Majestées (*sic*) regnantes le roi Gustave III et la reine Sophie-Marguerite, à l'église de Saint-Nicolas, avec l'acte de l'hommage. On y a joint le discours de S. M. le roi lors de sa nouvelle forme du gouvernement, reçue et jurée par les États du royaume, avec le plan de la salle des États à cette occasion, etc. Recueillies et mises au jour par P. Floding, graveur du roi et professeur de son académie royale de peinture et de sculpture.—Stockholm, 1772, in-fol., avec 15 pl. gr. (10 à 15 fr.).

Texte gravé en suédois et en français ; 8 planches pour l'enterrement et 7 pour le couronnement. Volume omis par Brunet.

768. Enterrement du roi Charles XIV-Jean à Stockholm, le 8 mars 1844. Grande planche imprimée sur toile, en couleur, de 3 mètres de longueur et de 20 centim. de hauteur (25 fr.).

769. *Krönung und HuldigungOscar's I, Königs von Schweden und Norwegen,* etc. — Couronnement et prestation de foi et hommage d'Oscar Ier, roi de Suède et de Norvége, et de la reine Joséphine... à Stockholm, le 28 septembre 1844. — In-4, avec 15 pl. color.

Ces quinze planches, au dessous du médiocre, ne montrent nullement la cérémonie ; elles représentent seulement quelques-uns des costumes qui y ont figuré, par exemple les commandeurs de la grande-croix de l'ordre de Suède, les Hérauts de l'ordre de Wasa, etc., etc.

13. *Pologne.*

770. *Entrata in Roma dell'Ecc. Ambasciatore di Polonia, l'anno 1633. Al Ser. Lorenzo de'Medici, Stefano della Bella.* — Entrée de S. E. l'ambassadeur de Pologne à Rome, en 1633. Étienne Della Bella à S. A. Laurent de Médicis. — Rome, Rossi, 1633, in-fol. obl., 6 pl. avec texte gravé (50 à 60 fr. *avant l'adresse*, et 30 à 40 fr. *avec l'adresse*).

771. *Festa fatta in Roma alli 25 di febraio 1634, e data in luce,* etc. — Fête donnée à Rome le 25 de février 1634, publiée par Vitale Mascardi. — Rome (1635), in-4, 4 ff. et 135 pp., titre et 12 pl. grav. (30 à 40 fr.).

Voulant donner en l'honneur du jeune prince Alexandre-Charles Wasa, fils de Sigismond III, roi de Pologne, une fête chevaleresque, le cardinal Antoine Barberini s'adressa au marquis Cornelio Bentivogli, nouvellement arrivé d'Allemagne, et dont la compétence en fait de joutes et de tournois était universellement reconnue. Après avoir convoqué toute la jeune noblesse et désigné la place Navone comme le champ clos, Cornelio Bentivogli organisa six quadrilles : le quadrille des Rois, le quadrille Romain, le quadrille Provençal, un autre quadrille, dit la *Constance pertinacia*, le quadrille Egyptien, enfin le quadrille Scythe. Lui-même ouvrit la marche en qualité de tenant du tournois, suivant le désir du cardinal Barberini. Chaque quadrille s'avançait dans l'ordre suivant : quatre trompettes montées, quatre chevaux de main, une troupe d'estafiers, les pages, les patrons et les chevaliers.

La fête se termina par une de ces machines que l'on aimait tant à cette époque néo-mythologique, par l'arrivée du vaisseau de Bacchus rempli de musiciens couronnés de lierre, et suivi d'un esquif monté également par des musiciens dont l'un jouait de l'orgue et l'autre du théorbe ou de la viole. Le monogramme d'Andrea Sacchi qui se trouve sur la planche qui représente la place Navone, et le témoignage de l'éditeur, mettent hors de doute la participation de ce grand artiste. Les figures ont donc été gravées d'après ses dessins par F. Collignon.

Si la vue générale du tournoi, en d'autres termes de la place Navone, remplie de spectateurs, dont beaucoup sur les toits environnants, offre un tableau plein de vie, la planche intitulée le *Ballet* n'est pas moins curieuse. Elle nous montre une des salles du palais Barberini : au premier plan, un orchestre composé de musiciens et de chanteurs ; au second plan, les acteurs du ballet ; au fond de la salle, toutes les dames assises sur une même ligne ; derrière, les hommes debout, le chapeau sur la tête ; six ou huit candélabres concourent, avec des espèces de bougies collées contre des coquilles appliquées sur les murs, à l'éclairage de cette salle immense. Tous ces détails sont intéressants et par la date, et par le lieu et par les artistes qui nous les ont transmis.

Volume omis par Brunet et par Grässe.

772. *Kurtze Beschreibung und Entwurff alles dessen was bey der... Frewlein Ludovicæ Mariæ Gonzagæ, Hertzogin zu Mantua und Nivers, königl. Majestät zu Polen und Schweden Gespons geschehenen Einzuge in die Stadt Dantzig sich denkwürdiges begeben*, etc. — Relation succincte de tout ce qui s'est passé lors de l'entrée à Danzig de Louise-Marie Gonzague, duchesse de Mantoue et de Nevers, épouse de S. M. R. de Pologne et de Suède, et de tout le voyage de Danzig à Varsovie, par A.-J. Martini.—Dantzigk, G. Rhete, 1646, in-4, avec figures sur bois (40 fr. et plus).

Volume rarissime et peu connu. Omis par Brunet et par Grässe.

773. *Freuden-Bezeugung der Stadt Dantzig, über die Wahl und Krönung Augusti, II Königs von Pohlen*, etc.— Démonstration de joie de la ville de Danzig à l'occasion de l'élection et du couronnement d'Auguste II, comme roi de Pologne, avec son entrée dans cette ville..., par G.-R. Curicke. — Dantzig, J. von Waesberge, 1698, in-fol., avec 9 pl. grav. (50 fr. et plus).

Volume fort rare, omis par Brunet et par Grässe. Les planches représentent des arcs de triomphe, l'entrée du roi, des feux d'artifice, etc.

774. *Ragguaglio delle solenni Esequie, celebrate in Roma per Frederico, Re di Polonia*. — Relation des obsèques solennels de Frédéric, roi de Pologne, célébrées à Rome.— Rome, 1732, in-fol., avec 4 pl. gr. et le portrait du roi.

14. *Russie.*

775. Description en figures de la fête célébrée le 5 février 1626 (ancien style), au mariage du Tzar et grand duc Michel Théodorovitch avec la tzarine Eudochie, fille de Lucien Striechnieff (en russe). — Moscou, 1810, in-fol., 136 pp., avec 64 pl. color.

Reproduction, avec planches en fac-simile, d'un manuscrit de l'époque, conservé à la bibliothèque du collége des affaires étrangères à Moscou. Livre très-utile à tous ceux qui s'occupent d'histoire et d'iconographie, car il présente des particularités très-curieuses en ce qui concerne les cérémonies usitées à la cour de Moscou ; on y voit les costumes de cour et les costumes du clergé.

776. *Umständliche Beschreibung der hohen Salbung und Krönung der allerdurchlauchtigsten, grossmächtigsten Fürstin und Grossen Frauen Anna Joannowna*, etc. — Description détaillée du sacre et du couronnement de la sérénissime et puissante princesse et haute dame Anna Joannovna, impératrice et autocrate de toutes les Russies, etc., qui ont eu lieu le 28 avril 1730, dans la capitale et résidence de Moscou, etc. Traduit en allemand sur l'original russe, et illustré des planches en cuivre tirées du même ouvrage. — Saint-Pétersbourg, 1731, in-fol., 3 ff., 28 pp., avec un portrait et 15 pl. grav., et vignettes dans le texte.

Volume peu commun, omis par Brunet et par Grässe, mais qui n'offre malheureusement que l'intérêt historique, à cause de la médiocrité des planches exécutées à l'époque où l'art en Russie était encore dans l'enfance. Il contient un assez bon portrait de la souveraine, gravé par l'académicien C.-A. Wortmann, d'après le peintre L. Caravaque. Les autres planches, de différentes grandeurs, représentent les insignes, les joyaux de la couronne et les ustensiles du sacre, l'arrivée à l'église, le cérémonial du sacre, des plans, des médailles et deux feux d'artifice, dont le dernier gravé par C. Elliger.

777. *Lalla Rükh. Ein Festspiel mit Gesang und Tanz*, etc.— Lalla Roukh. Spectacle avec chant et ballet ; texte par Ch. Bruhl. — Berlin, Wittich, 1822, gr. in-4, 1 f., 28 pp. et 27 pl. col. par Stummer.

Fête donnée à la cour de Berlin, le 27 janvier 1821, pour célébrer l'arrivée du grand-duc Nicolas de Russie. Les personnes les plus haut placées de la Prusse prirent part à ce ballet, dont le sujet a été tiré du poëme de Th. Moore. Volume omis par Brunet et par Grässe.

778. Vues des cérémonies les plus intéressantes du couronnement de Leurs Majestés Imp. l'empereur Nicolas Ier et l'impératrice Alexandra, à Moscou, dessinées sur les lieux par les meilleurs artistes de Paris, lithogr. par L. Courtin et V. Adam et imprimées par Engelman.—Paris, Didot, 1828, gr. in-fol., 14 pp. de texte (par H. Graf) et 14 pl.

Ces cérémonies eurent lieu le 3 septembre 1826. Proclamation du couronnement sur la place publique ; — cérémonies du couronnement dans la

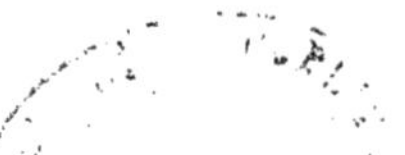

cathédrale de l'Assomption au Kremlin (l'artiste a choisi le moment où l'empereur embrasse le grand-duc Constantin dont la renonciation l'a placé sur le trône) ; sortie de la cathédrale ; fête et repas donnés au menu peuple par l'empereur, tels sont les sujets les plus intéressants de ce recueil de planches, où le crayon de Victor Adam, toujours si alerte et si bien aiguisé, surtout pour les choses militaires, se montre avec tant d'avantages.

On trouve ici représenté le trône en or du tzar Michel Théodorovitch (grand-père de Pierre le Grand), sur lequel l'impératrice vint s'asseoir, orné de 1,500 rubis, de 800 turquoises et perles fines, de deux grandes topazes et de quatre améthystes.

779. *Beschreibung des Festes : Der Zauber der weisen Rose,* etc. — Description de la fête : L'Enchantement de la Rose blanche, qui eut lieu à l'occasion de l'anniversaire de la naissance de S. M. l'impératrice de Russie, le 13 juillet 1829. — Berlin, 1829, gr. in-fol., avec 24 pl. dont 13 color.

Ouvrage de luxe qui n'a pas été mis dans le commerce. Omis par Brunet.

780. *Giostra corsa in Torino addi* 21 *di febbraio* 1839, *nel passaggio di S. A. I. Alessandro, gran duca di Russia,* etc. — Carrousel qui a eu lieu à Turin le 21 février 1839, au passage de S. A. I. Alexandre, grand-duc héritier de Russie. — Turin, Chirio et Mina, 1839, gr. in-fol., 66 pp., avec 7 pl. lith. par F. Gonin (10 fr.).

781. *Ricordo del soggiorno della corte imp. Russa in Palermo nell' inverno* 1845-46. — Souvenir du séjour de la cour impériale de Russie dans l'hiver 1845-46, par L'Olivuzza. — Palerme, 1846, in-fol., avec 17 pl. grav. (4 à 6 fr.).

782. Description du sacre et du couronnement de LL. MM. II. Alexandre II et de l'impératrice Marie Alexandrowna, en 1856. (Ouvrage publié par ordre de l'empereur de Russie.) — (St-Pétersbourg), 1856, gr. in-fol., fig. sur bois et chromolith.

Bien que ce livre si luxueux appartienne ostensiblement à la Russie, il n'en reste pas moins français par un côté, par la lithochromie qui y joue le principal rôle. La justesse, la variété et la richesse des tons font des seize planches dont nous allons parler de véritables tableaux. Qu'on leur conteste le titre d'œuvre d'art, si l'on veut, elles resteront œuvre d'industrie, mais d'industrie de premier ordre, et parlent éloquemment en faveur de l'habileté rare de M. Lemercier, notre excellent lithographe parisien.

Ces planches représentent les principaux épisodes du couronnement et du sacre d'Alexandre *II*, le 7 septembre 1856, à Moscou, et ceux des fêtes dont les détails moins importants sont reproduits par 28 vignettes en bois ou eaux-fortes.

Planche 1, les ornements impériaux : elle sert de frontispice ; — 2, les portraits de l'empereur et de l'impératrice ; — 3, leur arrivée à Moscou ; — 4, la proclamation du couronnement sur la place Rouge ; — 5, le couronnement de Sa Majesté l'impératrice ; — 6, les félicitations de la famille impériale après le couronnement ; — 7, prière pendant laquelle l'empereur se tient seul debout ; — 8, le sacre de Sa Majesté l'empereur ; — 9, la sortie processionnelle de la première enceinte du Kremlin ; — 10, l'empereur saluant le peuple du haut de l'escalier rouge ; — 11, le banquet impérial dans la salle du palais à facettes ; — 12, le déjeuner du corps diplomatique dans la salle dorée ; — 13, les félicitations adressées à l'empereur dans la salle du trône par les officiers cosaques ; — 14, le spectacle gala ; — 15, les réjouissances populaires hors de la ville ; — 16, le feu d'artifice.

Le texte, en gros caractères, encre rouge, sort des presses de l'académie impériale des sciences de Saint-Pétersbourg.

B. Personnages illustres, Sociétés, etc.

783. Combat d'honneur concerté par les IIII élémens sur l'heureuse entrée de madame la duchesse de La Valette en la ville de Metz. Ensemble la resjouyssance publicque concertée par les habitans de la ville et du pays sur le mesme subject (par le P. Jean Motet, de Briançon). — S. l. n. d. (Metz, A. Fabert, 1624), in-fol., 4 ff. prél., 129 pp., titre gravé, 3 pl. de blasons, 10 pl. hors texte et 9 fig. dans le texte, le tout gravé sur cuivre (150 fr. et plus).

Ouvrage rare et qu'on trouve généralement incomplet de quelques planches. Elles représentent deux cortéges, des chars et plusieurs arcs de triomphe.

784. Les Armes triomphantes de Son Altesse Monseigneur le duc d'Espernon pour le sujet de son heureuse entrée faite dans la ville de Dijon le 8 may 1656 (par Benigne Grignette). — A Dijon, chez Philibert Chavance, 1656, pet. in-fol., 7 ff. et 77 pp., titre gravé et 18 pl. gr. à l'eau-forte par Mathieu, d'après Godran (80 à 100 fr. et plus).

Le personnage principal de cette entrée n'est point, comme on pourrait le supposer à première vue, le favori de Henri III, mais bien son fils, Bernard de Nogaret, de la Valette et de Foix, duc d'Espernon, pair de France, comte de Candale, gouverneur de Guienne jusqu'en 1651, et ensuite gouverneur de Bourgogne et de Bresse, colonel général de l'infanterie française, mort en 1661.

Cette entrée fut magnifique. La noblesse entière de la Bourgogne accourut. Huit cents gentilshommes accompagnèrent le duc. Les planches qui ornent la relation de cette entrée représentent quatre arcs de triomphe, avec des emblèmes, une colonne érigée pour la fête dans la rue Saint-Etienne, et le feu d'artifice qui fut tiré sur la place de la Sainte-Chapelle.

Volume omis par Brunet et par Grässe.

785. Décoration du feu d'artifice que messieurs les comtes de Lyon font dresser sur la Saône, à l'occasion de leur quatrième jubilé, avec une explication suivie des images symboliques, etc. (par le P. Domin. Colonia, de la Comp. de Jésus). — Lyon, J.-B. Roland, 1734, in-8,

avec une gr. planche de Lebrun (10 à 15 fr.).

Volume rare, omis par Brunet et par Grässe.

786. Description de la fête des vignerons, célébrée à Vevey le 5 août 1819. Précédée d'une notice sur l'origine et l'institution de cette société, qui porte maintenant le nom d'Abbaye des Vignerons. Avec beaucoup de figures. — Vevey, Lœrtscher, s. d. (1819), in-8, avec 8 gr. pl. contenant de nombr. figures (30 à 40 fr.).

Volume très-curieux et devenu rare. On fait remonter cette solennité aux fêtes païennes de Cérès et de Bacchus.

787. Description de la fête des vignerons célébrée à Vevey les 8 et 9 août 1833, etc. — Vevey, Steinlen, 1833, in-8, avec 30 pl. color. (15 à 20 fr.).

788. *Teatro della Gloria, consagrato all' exc. Signora D. Felice Sandoval Enriquez, duchessa d'Uceda*, etc. — — Théâtre de la Gloire, consacré à S. E. D. Félicie Sandoval Enriquez, duchesse d'Uceda, défunte épouse de D. Gaspar Tellez Giron, duc d'Ossuna... au service funèbre célébré en son honneur à Milan (texte latin et italien). — Milan, 1671, in-fol., avec 9 gr. pl. grav. par C. de Fiori, A. Bisuti et J.-B. Bonacina (10 à 20 fr.).

Omis par Brunet et par Grässe.

789. *Relacion de funeral entierro de el señ. D. M. Rubio y Salinas*, etc. — Relation des funérailles de Mgr Rubio y Salinas, archevêque de Mexico, par J. Becerra. — Mexico, 1766, in-4, 83 ff. et une gr. planche pliée représentant le catafalque (15 fr.).

Volume rare, non cité par Brunet et par Grässe.

790. *Il Sontuoso Apparato fatto dalla magnifica città di Brescia nel felice ritorno dell' ill. et rever. vescovo suo, il cardinale Morosini*, etc. — L'Appareil somptueux fait par la ville de Brescia, à l'occasion de l'heureux retour de son évêque, le cardinal Morosini, avec l'exposition de son sens symbolique (par Alphonse Cauriuolo). — Brescia, V. Sabbio, 1591, in-fol., front. et 11 pl. grav.

Ces planches ont été gravées par Léon Pallavicino. Publio Fontana et Antonio Martinengo, comte de Villachiara, furent les inventeurs et ordonnateurs de la fête. Volume rare, omis par Brunet et par Grässe.

791. *Il Funerale d'Agostino Carraccio fatto in Bologna sua patria dagli Incaminati*, etc. — Funérailles d'Augustin Carrache, faites à Bologne, sa patrie, par l'académie des *Acheminés* (c'était le nom de l'école de peinture fondée par les Carraches), etc. — Bologne, 1603, in-4, fig.

Le Guide a composé et gravé les sept planches à l'eau-forte de ce livre, ce qui lui donne beaucoup de prix. Omis par Brunet et par Grässe.

792. *Guerra di Bellezza. Festa a cavallo fatta in Firenze per la venuta*, etc. — Guerre de beauté. Fête équestre donnée à Florence pour l'arrivée du duc d'Urbino, en octobre 1616; décrite par A. Salvadori. — Florence, 1616, in-4, avec 5 pl. grav. par J. Callot (30 fr.).

Volume rare, omis par Brunet.

793. *Amore prigioniero in Delo. Torneo fatto da sign. Academici Torbidi in Bologna*, etc. — Amour prisonnier à Délos. Tournoi fait par MM. les Académiciens *Torbidi*, à Bologne, le 20 mars 1628 (par Hyac. Lodi). — Bologne, Benacci, s. d., in-fol., 3 ff. prél. et 123 pp., avec 15 pl. grav. par Giov.-Batt. Coriolano (5 à 10 fr. — 41 fr. exempl. Ruggieri, non rogné).

Fête théâtrale, avec une grande mise en scène. Volume omis par Brunet et par Grässe.

794. *Vero Disegno della nobilissima cavalcata in questa città di Napoli*, etc. — Véritable Dessin de la cavalcade qui a eu lieu dans la ville de Naples pour l'entrée du vice-roi, duc d'Alcala, en 1629. — 6 pl. in-fol. obl., grav. par A. Baratta.

Suite non citée par Brunet et par Grässe.

795. *Kenotaphio nelle funerali pompe di monsignor Alberto*, etc. — Cénotaphe érigé pour le service funèbre de Mgr Albert, évêque de Vérone, par son neveu G.-L. Valiero. — Vérone, 1639, in-fol., avec portr., vignettes et 2 gr. pl. grav. (5 fr.).

Volume omis par Brunet et par Grässe.

796. *L'Esequie trionfali del marchese Guido Villa*, etc. — Le Service funèbre triomphal du marquis Guido Villa, lieutenant général des armées de la sainte Eglise, du roi très-chrétien d'Italie, et général de LL. AA. RR. de Savoie, célébré, par ordre du marquis Guronfrancesco, à l'église de Saint-François à Ferrare, le 22 février 1649. Composé et décrit par F. Berni. — Ferrare, 1656, in-fol., 4 ff., 106 pp. et 10 ff., front. et 5 gr. pl. (décorations de l'église) grav. par J.-B. Cavazza, d'après Nic.-Mart. Fierlans (20 fr.).

Volume rare, omis par Brunet et par Grässe.

797. *Le Pompe funebri celebrate da sign. accademici Infecondi di Roma*, etc. — Pompes funèbres célébrées par

MM. les académiciens dits *Inféconds* de Rome, à la mort de Mme Hélène-Lucrèce Cornara Piscopia, académicienne, dite l'*Inaltérable*. — Padoue, Cadorino, 1686, in-fol., 6 ff. et 188 pp., avec un portr. gr. par J.-Fr. Cassioni, 5 pl. de décorations grav. par Th. Gardani (15 à 20 fr.).

Omis par Brunet.

798. *Ammirabile Promozione all' arcivescovato di Milano ed alla sagra porpora del cardinale D. Gios. Pozzobonelli*, etc. — Promotion du cardinal D. Jos. Pozzobonelli à l'archevêché de Milan et à la sacrée pourpre, et son entrée solennelle le 21 juin 1744; par G. Perabò. — Milan, 1744, in-fol., portr. et 4 gr. pl. grav. (12 à 15 fr.).

Volume omis par Brunet et par Grässe.

799. *Le Solenni Esequie di Mgr Filippo Visconti, arcivescovo di Milano*, etc. — Le Service funèbre solennel en l'honneur de Mgr Ph. Visconti, archevêque de Milan, célébré à l'église métropolitaine; décrit par L. Cagnola. — Milan, 1802, gr. in-fol., front. gr., portr., et 4 pl. grav. par Albertonelli.

Volume omis par Brunet et par Grässe.

800. Caravane du sultan à la Mecque, mascarade turque donnée à Rome par Messieurs les pensionnaires de l'Académie de France et leurs amis, au carnaval de l'année 1748, dédiée à messire Jean François de Troy, directeur de l'académie de St-Luc de Rome et dessinée par Joseph Vien. 30 pl. gr. à l'eau-forte et coloriées. — Paris, Jesson et Poignant, marchands d'estampes, in-4 (20 à 30 fr.).

Ce recueil rare de costumes gravés à l'eau-forte, et qui nous montre avec quel talent le réformateur de l'Ecole française savait manier la pointe, l'aiguiser, la rendre spirituelle et gaie, est précédé de la lettre suivante adressée à messire Jean-François de Troy, directeur de l'Académie de France à Rome :

« Monsieur, — La mascarade que nous avons « donnée au peuple romain, le carnaval dernier, « a eu un tel applaudissement que j'ai pris la ré« solution d'en dessiner et graver toutes les figures « qui la composaient. Le devoir et la reconnais« sance m'obligent, monsieur, à vous les dédier. « Les secours que vous nous avez contribués, soit « par vos conseils dans l'exécution de notre pro« jet, soit par vos libéralités dans les dépenses que « nous avons faites et dans lesquelles vous avez « bien voulu entrer, exigent de moi ce tribut de « gratitude et de respect, avec lequel j'ai l'honneur « d'être votre très-humble et très-obéissant ser« viteur, VIEN; peintre pensionnaire de la dite « académie. »

Il y a des exemplaires avec planches coloriées et rehaussées d'or.

801. *Il Carnavale di Roma*. — Le Carnaval de Rome. — Rome, 1820, gr. in-fol. obl., avec 10 belles planches.

802. Souvenirs d'une fête donnée par la Société du commerce de Bruxelles; par Poelart. — Bruxelles, 1846, gr. in-fol. oblong, avec 5 pl. lith. par Stroobant.

Volume non cité par Brunet, Grässe et O. Lorenz.

803. Souvenirs de la fête donnée le 26 septembre 1848 par le Cercle artistique et littéraire, sous le patronage du roi, du gouvernement et de la ville de Bruxelles, aux artistes exposants et aux membres du Congrès agricole, dessinés et lithographiés par MM. Billoin, Fourmois, Huart, etc., et publiés sous la direction de M. Balat, architecte, par Dero Becker. — (Bruxelles), 1849, gr. in-fol., avec 16 belles pl. noires et color. (15 à 20 fr.).

Publication tirée à petit nombre, omise par Brunet, Grässe et O. Lorenz.

804. *Beschryvinge vande begraefnisse van Hoog. Ged. den welgebooren Heere, Heer Walraven, Heere tot Brederoede, Vrij-Heere van Vianen, Grave van Goye, Burch-Grave van Utrecht*, etc. — Description de l'enterrement de très-haut et noble seigneur Valraven, seigneur de Brederode, baron de Vianen, comte de Goye, burgrave d'Utrecht, etc., qui a eu lieu dans la ville de Vianen le 29 janvier 1615. — S. l. n. d., in-4 obl., titre gr., avec portr. et 11 belles pl. doubles grav. à l'eau-forte par H. Hondius (50 fr.).

Volume fort rare, omis par Brunet et par Grässe.

805. *Secularia sacra Academiæ Regiæ Viadrinæ, quibus sub auspiciis Regis Borussiæ natalem tertium celebravit et secularum annum tertium aperuit et clausit*. — Francfort-sur-Oder, 1706, gr. in-fol., figures (10 à 20 fr.).

Volume orné d'un grand nombre de portraits et de plusieurs gravures représentant des illuminations, feux d'artifice, etc., à l'occasion du troisième centenaire de la fondation de l'université de Francfort-sur-Oder. Omis par Brunet et par Grässe.

806. *Beschreibung der Feierlichkeiten am Jubelfest der Universität Leipzig*, etc. — Description des solennités à l'occasion du jubilé de l'Université de Leipzig, avec de courtes notices biographiques des professeurs, par H.-G. Kreussler. — Leipzig, 1810, in-4, avec 27 portr. et 11 pl. color. (30 fr.).

Volume omis par Brunet et par Grässe.

807. *The Order and ceremonies used for the interment of George, duke of Albemarle*. — L'Ordre et cérémonies observés aux funérailles de Georges, duc

d'Albemarle. — S. l. n. d. (Londres, 1670), in-fol., 3 ff. et 11 pl. grav. par R. White (30 fr.).

Volume fort rare, omis par Brunet, Grässe et Lowndes.

808. *Ragguaglio della solenne comparsa fatta in Roma... dall' Signor conte di Castelmaine* (sic), *ambasciadore straordinario*, etc. — Notice sur la réception solennelle à Rome, le 8 janvier 1687, du comte de Castelmaine, ambassadeur extraordinaire de Sa Majesté Royale Jacques II, roi d'Angleterre, etc., à l'audience de Sa Sainteté notre seigneur le pape Innocent XI; par J. Michel Writ (*sic*), etc. — Rome, Ercole, s. d. (1687), in-fol. obl., front. et 15 pl. dess. par Giov.-Batt. Leonardi, grav. par Arn. Van Westerhout (30 à 40 fr.).

Les premières planches de cette relation, très-curieuse à plus d'un titre, représentent, sous divers aspects, de face, de côté, les carrosses de gala de lord Castlemaine, semblables à des cénotaphes, tant ils sont chargés de sculptures. D'autres planches nous montrent des décors placés devant le palais de l'ambassadeur; la planche neuf, la table pour le repas officiel, couverte de pièces d'orfévrerie du plus riche travail et dont les sculptures seraient à leur place sur un autel; les planches 10 à 15 donnent le détail de cette splendide argenterie.

On sait ce qui est advenu de tout ce faste et de cette ambassade extraordinaire, extraordinaire en effet, car elle fut fatale à celui qui l'avait ordonnée. La loi anglaise défendait de correspondre avec Rome. Or on peut juger de l'effet produit sur les esprits en Angleterre par la pompe que déploya dans la ville pontificale un ambassadeur aussi gauchement vaniteux qu'indiscret.

Cette relation a été traduite en anglais, par l'auteur lui-même, Michel Wright, avec des éclaircissements et des additions, sous ce titre : *An Account of His Exc. Roger, earl of Castlemaine's, Embassy from his S. M. James the II*, etc.; Londres, Snowden, 1688, in-fol., fig. (50 à 60 fr.).

Volumes peu communs, omis par Brunet et par Grässe.

2. Solennités sacrées.

809. Ordre de la cavalcade qui se fait à Rome lors de la visite du pape à l'église Saint-Jean de Latran, après sa création, par A. Tempesta. — Paris, P. Mariette.

Sept estampes en largeur formant une grande frise.

810. *Relatione intorno all' origine, solennità, traslatione e miracoli della Madonna di Reggio*, etc. — Relation touchant l'origine, la solennelle translation et les miracles de Notre-Dame de Reggio, par Alf. Isachi. — Reggio, 1619, in-4, avec 11 pl. grav. (15 à 20 fr..)

Chars de triomphe des confréries, façade et intérieur de l'église de Reggio.
Volume omis par Brunet.

811. Les Honneurs et applaudissements rendus par le collége de la Compagnie de Jésus, Université et Bourgeoisie de Pont-à-Mousson en Lorraine, l'an 1623, aux SS. Ignace de Loiola et François Xavier. A raison de leur canonization faicte par nostre S. P. le pape Grégoire, d'heureuse mémoire, le 12 de mars 1622. Enrichie de plusieurs belles figures en taille-douce. — Pont-à-Mousson, Séb. Cramoisy, 1623, pet. in-4, 48 pp., avec 13 fig. grav. sur cuivre.

Volume rarissime, presque introuvable, donnant la description et la représentation des fêtes magnifiques célébrées en l'honneur de deux saints. Onze figures sont tirées dans le texte, et les deux autres à part. On en attribue la gravure à Appier Hanzelet, calcographe de l'Université. Cette relation française est due au P. Wapy, jésuite. Elle a été traduite en latin par le P. Perin et publiée dans la même année sous ce titre : *Sacra atque hilaria Mussipontana ob relatos a Gregorii XV autoritate apostolica in ecclesiasticum Sanctorum Album et Canonem Ignatium Loyolam et Franciscum Xaverium*, etc.; Mussiponti, S. Cramoisy, 1623, pet. in-4, 65 pp. (voir pour les détails : Beaupré, *Recherches sur l'imprimerie en Lorraine*, p. 356). Ces deux éditions ne sont point citées ni par Brunet ni par Grässe.

812. *Descrizion delle feste fatte in Firenze per la canonizzazione di santo Andrea Corsini*. — Description des fêtes qui ont eu lieu à Florence pour la canonisation de saint André Corsini (par Bén. Buommattei). — Florence, Zanobi Pignoni, 1632, in-4, 3 ff., 86 pp., 1 f. et 20 pl. (101 fr., Ruggieri).

Volume rare, orné de vingt remarquables figures d'Etienne Della Bella, dont quelques-unes, surtout le titre, pourraient être attribuées plutôt à Callot.

813. *Il Fuoco trionfante. Racconto della translatione della mirac. Imagine detta la Madonna del Fuoco*, etc. — — Le Feu triomphant. Récit de la translation de l'image miraculeuse dite de Notre-Dame de Feu, célébrée à Forli le 20 octobre 1636 (par G. Bezzi). — Forlì, 1637, in-4, avec 15 pl. grav. (15 fr.).

Ces planches représentent les arcs de triomphe, la procession, le char triomphal, etc.
Volume omis par Brunet.

814. *Brusselsche eer-triumphen dat is eene waerachtighe beschriivinghe van alle de hertoghlijcke Huldinghen*, etc. — Triomphe d'honneur de Bruxelles, ou Description exacte des solennités, réjouissances et tournois à l'occasion du jubilé de trois cents ans du Saint-Sacrement, etc. — Bruxelles, P. de Dobbeleer, s. d. (1670), in-fol., front. et pl. grav. par Gasp. Bouttats (50 fr. et plus).

Volume omis par Brunet et par Grässe.

815. *Fiestas de la S. Iglesia metropolitana y patriarcal de Sevilla al nuevo culto del señor rey S. Ferdinando el tercero*, etc.— Fêtes célébrées à l'église métropolitaine et patriarcale de Séville à l'occasion du culte attribué au roi S. Ferdinand III de Castille et de Léon, etc., décrites par D. Fernando de la Torre Farfan, prêtre de Séville. — Séville, Rodriguez, 1671, in-fol., 4 ff. et 343 pp., avec 20 pl. dont 12 doubles (70 à 100 fr.).

Volume d'une grande rareté, omis par Brunet et par Grässe. Il est orné d'un frontispice, des portraits de Ferdinand III et de Charles II, et de dix-huit planches gravées à l'eau-forte, par Mathieu Arteaga et par François Arteaga, d'après Murillo, Valdès, Herrera et Luisa Moralès.

Le 11 février 1671, Clément X mit au nombre des saints ce prince qui fut presque un grand homme au moyen âge, malgré sa cruauté et peut-être à cause de cette cruauté envers les Albigeois.

Les fêtes données à l'occasion de cette apothéose chrétienne du prince qui reprit Séville sur les Maures et qui planta la croix sur la mosquée de Cordoue, n'intéressent pas seulement ceux qui aiment le détail dans l'histoire, mais aussi ceux qui étudient l'histoire de l'art. Sur les vingt planches qui enrichissent ce rare ouvrage, il en est une douzaine de doubles, lesquelles sont des eaux-fortes (d'après Herrera, par Mathieu Arteaga, peintre d'histoire et de paysage, et graveur. Or, on sait quelle est la réputation des belles eaux-fortes de M. Arteaga. Ces planches nous montrent l'intérieur de la cathédrale de Séville, vue de divers côtés, les décors pour la fête, le mausolée érigé pour la circonstance à Ferdinand le saint, et surtout ce qui est digne de remarque, un beau portrait de Ferdinand III, gravé par M. Arteaga, d'après Murillo, un autre de Charles second enfant, encadré par une composition allégorique, enfin un frontispice où l'on voit Ferdinand au milieu des rayons d'une gloire céleste.

En terminant, nous signalerons aux architectes le plan de la cathédrale de Séville, plan où toutes les parties de l'édifice sont mesurées et cotées, depuis la nef et le chœur jusqu'aux dernières chapelles, dont un cartouche indique les noms. Ce plan, daté de 1672, mérite l'attention.

816. *Maria Vergine coronata. Descrizione e dichiarazione della devota solennità fatta in Reggio*, etc. — Le Couronnement de la sainte Vierge. Description des solennités religieuses célébrées à Reggio le 13 mai 1674, composée par l'abbé Jacques Certani. — Reggio, Vedrotti, 1675, in-fol., 6 ff., 137 pp. et 3 ff., avec 15 gr. pl. à l'eau-forte (15 à 20 fr.).

Les planches de ce volume, omis par Brunet et par Grässe, consistent en un frontispice, un portrait de François II, duc de Modène, et treize planches de solennités.

Ces planches sont dignes d'intéresser tous ceux qui veulent connaître jusqu'où, au dix-septième siècle, pouvait aller la fougue décorative italienne, et ce que la rivalité des confréries arrivait à produire en ce genre. Ici nous en avons cinq : de la Sainte-Trinité, de Saint-Roch, de l'Invention de la Croix, del Carmine, de Saint-Augustin, qui prodiguent à qui mieux mieux les chars et les arcs de triomphe, les trônes splendides, et ces machines théâtrales dont on ne se sert en France qu'à l'Opéra ou dans les pièces à féerie ; et il suffira d'en citer une, par exemple : *Moïse frappant le rocher de sa verge*, invention qui appartient à la confrérie de l'Invention de la Croix. La dernière planche représente la procession qui escorte la couronne de la Vierge portée en grande pompe à la Madone *della Ghiara* sous l'invocation de laquelle est placée la plus belle église de Reggio. Cette composition est l'œuvre d'Horace Talami, peintre célèbre à Reggio, et on la doit à un artiste bolonais très-distingué et surtout très-fécond, Joseph-Maria Mitelli, qui a gravé presque toutes les planches de ce volume, d'après Giac. Carboni, Christ. Cattelli, Franç. Torri, Draghi et Prosp. Manzini. Une des eaux-fortes de ce bel ouvrage est fort appréciée des connaisseurs ; elle représente une bataille navale romaine, par Jacob Cotta.

817. Description du jubilé de sept cents ans de S. Macaire, patron particulier contre la peste, qui sera célébré dans la ville de Gand, à commencer le 30 de mai jusqu'au 15 juin 1767, etc.— Gand, Meyer, s. d., in-4, 4 ff., XII-84 pp., avec 15 pl. grav. à l'eau-forte par Heylbrouck, Wauters, etc. (8 à 10 fr. et plus).

Les planches représentent les chars de triomphe, les ornements et les feux d'artifice. Elles sont très-médiocres et leur seul mérite est de montrer le goût et la dévotion des Gantois. Le même ouvrage a été publié simultanément avec texte flamand.

Omis par Brunet et par Grässe.

818. Train triomphal orné de cavalcades, chars de triomphe, symboles et autres ornemens, à l'occasion du Jubilé de mille ans de saint Rombaut, martyr, évèque, apôtre et patron de la ville et province de Malines, qui sera exécuté les 26 et 27 de juin, 3 et 10 de juil. 1775, sous la protection du magistrat et l'assistance de la noblesse et citoyens de la dite ville, par l'école latine sous la direction des prêtres de la congrégation de l'Oratoire de N. S. Jésus. — Malines, J. Fr. Van der Elst (1775), in-fol., 5 ff. et 24 pp., avec 18 pl. simples et doubles.

Des eaux-fortes par de la Rue, de Bruxelles, et des tailles-douces par Franz Klauber, de Vienne, d'après G. Herreyns et les Suetens, et l'une gravée par J.-W. Campenhoudt, constituent ce volume. Elles portent les dates de 1771, 1773 et 1775. Omis par Brunet.

819. Explication des cérémonies de la Fête-Dieu d'Aix en Provence, ornée des figures du lieutenant de prince d'amour, du Roi et Bâtonniers de la Bazoche ; de l'abbé de la Ville, et des Jeux des Diables, etc. (par Gasp. Grégoire). — Aix, E. David, 1777, in-12, avec 12 pl. à l'eau-forte et un portr. de René d'Anjou (15 à 30 fr.).

Les planches qui accompagnent la relation de

cette cérémonie religieuse instituée par le roi René, ont été dessinées par Paul Grégoire, et gravées par son frère Gaspar Grégoire, négociant à Aix et auteur du texte. Volume omis par Grässe.

820. Album descriptif des fêtes et cérémonies religieuses à l'occasion du jubilé de 700 ans du saint Sang, à Bruges..... par l'abbé C... (Carton).—Bruges, 1850, gr. in-8 oblong, avec 27 pl. lith. et color. (cortèges) (12 à 15 fr.).

Volume omis par Brunet.

LA LITTÉRATURE.

A. — POINTS DE CONTACT ENTRE L'ART, LES LETTRES ET LA SCIENCE.

821. DUBOS (l'abbé J.-B.), membre de l'Acad. franç. Réflexions critiques sur la Poésie et la Peinture.— Paris, 1719, 2 vol. in-12 (10 a 15 fr.); — *ibid.*, 1732, 2 vol. in-12; — *ibid.*, 1733, 3 vol in-12; — Utrecht, 1732-36, 3 vol. in-8; — 4e édition, Paris, 1740, 3 vol. in-12; — 5e édit., *ibid.*, 1751, 3 vol. in-8; — 6e édit., *ibid.*, 1755, 3 vol. pet. in-4, fig. (4 à 8 fr.), ou 3 vol. in-12; — trad. en angl. par Th. Nugent, sur la 5e éd. (?); Londres, 1748, 3 vol. in-8; — trad. en allem. (par G.-B. Funk); Copenhague, 1760-61, 3 vol. in-8; — autre trad.; Breslau, 1768, 3 vol. in-8.

Six éditions en français, une en anglais, deux en langue allemande, en tout neuf éditions, nous donnent la mesure du succès et de la célébrité du livre de l'abbé Dubos. « Ce livre, dit Voltaire, « dans son *Siècle de Louis XIV*, est le plus utile « qu'on ait écrit sur ces matières chez aucune « des nations de l'Europe. Ce qui fait la bonté de « cet ouvrage, c'est qu'il n'y a pas d'erreurs, et « beaucoup de réflexions vraies, nouvelles et « profondes. Ce n'est pas un livre méthodique, « mais l'auteur pense et il fait penser. » Cet éloge aujourd'hui paraît exagéré. La critique moderne dans sa large indépendance a laissé bien loin derrière elle l'esthétique du doux abbé. On se demande toutefois si l'Allemagne ne lui a pas emprunté l'idée fondamentale d'un de ses meilleurs livres, de celui qui a contribué à lui rendre son indépendance intellectuelle. Avant Lessing, avant son *Laocoon*, l'abbé Dubos avait déjà cherché qu'elles étaient les limites respectives de la poésie et de la peinture. « Il est, dit-il (t. Ier, sect. XIII, 6e éd.) des sujets plus avantageux pour les poëtes que pour les peintres. » Nous trouvons là, comme on le voit, le germe d'une idée développée par Lessing avec une rare sagacité. Quand Lessing publia son livre, celui de l'abbé Dubos était depuis quarante ans connu de toute l'Europe. Pourquoi n'en a-t-il pas parlé? Une idée aussi conforme aux siennes et qui battait en brèche la brillante antithèse de Simonide: « la peinture est une poésie muette, et la poésie une peinture parlante », cette idée devait le frapper. Serait-ce parce qu'il se laissait aller déjà à ce parti pris, à cet esprit d'exclusion que témoigne l'Allemagne d'aujourd'hui et qui fausse ses jugements?

822. SPENCE (Jos.). *Polymetis; or an Enquiry concerning the Agreement between the Works of the Roman Poets, and the Remains of the ancient Artist*, etc.— Polymetis, ou Recherches sur les concordances qui existent entre les œuvres des poëtes latins et ce qui reste de l'art antique, concordances à l'aide desquelles on cherche à les interpréter mutuellement.— Londres, 1747, in-fol., portr. et pl. (30 jusqu'à 200 fr.); — *ibid.*, 1755 ou 1774, in-fol. (20 à 30 fr.); — N. Tindal en a donné un Abrégé; Londres, 1763, in-12, fig.; — trad. en allem. par J. Burkard et A. Hofstätter; Vienne, 1774-76, 2 part. in-8.

Ce livre d'un membre de l'Église anglicane, d'un professeur de poésie à Oxford, obtint un grand succès. Malgré sa célébrité, le *Polymetis*, que recommandent à peine une vieille érudition classique et une très-médiocre connaissance des monuments, n'est point un livre utile. Lessing, l'esprit le plus juste et le plus pénétrant, a reproché vivement à l'auteur: « cette manie bizarre « d'ôter aux poëtes anciens leur propre imagina- « tion, pour y substituer la connaissance de l'ima- « gination des artistes. Je suis fâché, dit-il, que « Spence ait eu ici pour précurseur un homme « tel qu'Adisson qui, entraîné par un désir « louable d'employer la connaissance des monu- « ments antiques à expliquer les anciens auteurs, « n'a pas mieux discerné les cas où l'imitation « d'un artiste sied bien au poëte, de ceux où elle « ne peut que l'abaisser. » (Voy. Lessing, *Laocoon*, ch. 7-8. — Cf. Adisson, *Dialogue upon the usefulness of ancient Medals.*)

823. HARRIS (James). *Three Treatises. I. Art. II. Music, Painting and Poetry. III. Happiness.*— Trois Traités: I. Art. II. La Musique, la Peinture et la Poésie. III. Le Bonheur.— Londres, 1765, in-8; — *ibid.*, 1768, 1772, 1774, 1784, in-8; — trad. en allem. (par J.-G. Müchler): *Drei Abhandlungen*; Danzig, 1756, in-8; — nouv. trad. d'après la 3e édit. (par C.-F. Schatz); Halle, 1780, in-8.

824. LESSING (Gotthold-Ephraim). *Laokoon, oder über die Grenzen der Malerei und Poesie*, etc. — Le Laocoon, ou des Limites respectives de la Peinture et de la Poésie, avec des éclaircissements sur divers points de l'histoire de l'art des anciens. — Berlin, 1766, in-8; — 2e éd. augm. des Fragments laissés pour le second volume; *ibid.*, 1788, in-8 (2 fr.); — nouv. édit. (3e), publiée par K.-G. Lessing; *ibid.*, 1805, in-8; — 4e édit., revue; *ibid.*, 1832, in-8 (3 à 4 fr.); — nouv. édit.; Stuttgart, Göschen, 1870, gr. in-16, VI-168 pp.; — trad. en franç. par Ch. Vanderbourg; Paris, 1802, in-8, fig. (2 fr.); — trad. en italien par C.-G. Londonio: *Del Laoconte*, etc.; Milan, 1833, in-8; *Frammenti della seconde parte; ibid.*, 1841, in-8; — trad. en angl., avec notes, par William Ross;

Londres, 1836, in-8, — et par E.-C. Beasley, avec une introduction par T. Burbidge; Londres, 1853, in-8; — trad. en russe par E. Edelsohn; Moscou, 1859, in-8 (5 fr.).

Les allemands voyent dans Lessing, le réformateur de leur littérature nationale, celui qui a donné à leur vie intellectuelle une nouvelle impulsion. Le Laocoon est resté et restera comme ayant ouvert à l'esthétique et à la critique des vues nouvelles, et comme un modèle de bonne dialectique, de justesse et de finesse d'appréciation.

824 *bis*. MURR (Chr.-Gottl.). *Anmerkungen über Lessing's Laokoon, nebst ein. Nachrichten die deutsche Literatur betreffend*. — Remarques sur le Laocoon de Lessing, avec des réflexions sur la littérature allemande. — Erlangen, 1769, in-8 (50 c.).

825. ARNAUD (Franç.), abbé de Grandchamp, membre de l'Académie des inscriptions et belles-lettres et de l'Académie française. Réflexions sur les sources et les rapports des Beaux-Arts et des Belles-Lettres. — S. l. n. d., in-8, 40 pp.

Extrait des *Variétés littéraires, ou Recueil de pièces tant originales que traduites, concernant la philosophie, la littérature et les arts;* Paris, Lacombe, 1768, 4 vol. in-12.

826. PARISINI (Gius.). *De' Principj delle Belle Lettere*, etc. — Des Principes des Belles-Lettres; deux parties. Des mêmes principes fondamentaux et généraux appliqués aux Beaux-Arts. Ouvrage de Parisini, publié et illustré par François Reina. — Milan, 1804, in-8.

827. SOBRY (Jean-Fr.). Poétique des arts, ou Cours de peinture et de littérature comparées. — Paris, 1810, in-8.

L'auteur de ce livre a été successivement architecte, avocat, employé aux finances, juge de paix, secrétaire, greffier de la commune à Lyon, employé au ministère de l'intérieur (division des belles-lettres), membre de plusieurs sociétés littéraires, etc. Il est mort doyen des commissaires de police de Paris le 3 février 1820. Sobry a écrit sur une foule de sujets. Sa *Poétique des arts* est peut-être de toutes ces productions médiocres, la seule qui restera.

828. TOELKEN (Ernst-Hein.). *Ueber das verschiedene Verhältniss der antiken und modernen Malerei zur Poesie*, etc. — De la Différence des rapports de la peinture ancienne et moderne avec la poésie. Appendice au Laocoon de Lessing. — Berlin, 1822, gr. in-8.

Né à Brême le 1er novembre 1785, Tœlken fit partie en 1814 de la commission royale relative aux ouvrages d'art que les alliés reprenaient à la France. Nommé professeur titulaire en 1823 de l'université de Berlin, et secrétaire de l'Académie des Beaux-Arts en 1827, il fut appelé en 1832 aux fonctions de conservateur du Cabinet des antiques de Berlin.

829. MOLBECH (Chr.-K.-F.). *Om Billedhuggerkonsten og dens Poesie, oplyst ved Beskrivelse over plastiske Konstværker of Thorwaldsen og Freund*. — De la Sculpture et de la Poésie, expliquées au moyen de la description des œuvres plastiques de Thorwaldsen et de Freund. — Copenhague, 1841, in-8, VIII-104 pp.

830. EASTLAKE (Sir Charles-Lock). *Contributions to the Litterature of the Fine Arts*, etc. — Contributions à la littérature des Beaux-Arts. — Londres, 1848, in-8 (15 fr.). — *A New Series of Contributions*, etc. — *Ibid.*, 1868, in-8.

Très-distingué comme peintre, sir Charles Eastlake ne le fut pas moins comme littérateur. L'art anglais l'a perdu en décembre 1865. De son vivant, il fut président de l'Académie des Beaux-Arts, directeur du *National Gallery*, chevalier à vie, *Knigth Bachelor*, et même chevalier de la Légion d'honneur.

831. BOLLMANN ( ). *Ueber der Kunstprincip in Lessing's Laocoon und dessen Begründung*. — Du Principe de l'art dans le Laocoon de Lessing et de sa justesse. — Berlin, 1852, in-4 (1 fr.).

832. SARCUS (le vicomte de). Étude sur le développement artistique et littéraire de la société moderne pendant les quinze premiers siècles de l'ère chrétienne. — Dijon, Lamarche, 1861, in-8. — 4 fr.

833. RATHGEBER (Georg). *Laokoon. Geschrieben als Gegenstück zu Lessing's Laokoon*. — Le Laocoon, réfutation de celui de Lessing. — Leipzig, R. Weigel, 1863, gr. in-4. — 15 fr.

834. WISEMAN (Card. Nic.). *Points of contact between Science and Art*. — Points de contact entre la Science et l'Art. — Londres, 1863, in-8; — trad. en allem. par F.-H. Reusch : *Berührungspunkte zwischen Wissenschaft und Kunst*, etc. — Cologne, Bachem, 1863, in-12, 2 ff. et 96 pp. — 1 fr.

B. — Symboles, allégories, emblèmes, devises, iconologie.

835. *Viri clarissimi D. Andreæ Alciati juriconsultiss. Mediol. Emblematum liber*. — (A la fin :) Augustæ Vindelicorum (Augsbourg), Henr. Steyner, 1531 (il y a deux édit. a cette date), pet. in-8, 44 ff. et 94 fig. s. bois (25 à 30 fr.).

De cette première édition à celle de Padoue, 1626, on en compterait plus de cinquante, soit réimpressions, soit traductions. Les figures de l'édition d'Augsbourg sont au trait et d'une exécution médiocre. En 1534, Chr. Wéchel publia à Paris une édition latine, pet. in-8, avec 115 fig. du style bâlois et dont quelques-unes sont même attribuées à Holbein (40 à 50 fr.). Ce livre eut en France un grand succès, car Wéchel en donna successivement quatre éditions latines, pour le moins, et autant d'éditions avec texte français; les dernières ont été augmentées de deux gravures. On remarquera que les illustrations de ces éditions ne portaient que sur le premier livre des emblèmes d'Alciat. Les fils d'Alde firent illustrer le second livre seul et ce petit volume, publié en 1546, à Venise, et orné de 84 fig. sur bois rappelant la manière des maîtres italiens, est d'une très-grande rareté (60 fr. et plus). Vient ensuite le tour des éditeurs lyonnais, si actifs et si habiles à cette époque. Jean de Tournes fit dessiner de nouveau par le Petit Bernard les 113 figures de l'édition de Wéchel. La première édition, petit in-16, parut à Lyon en 1547, et les figures y sont d'une très-petite dimension (40 fr. et plus). Ces planches sont remarquables par la composition, le dessin et la finesse du burin. Jean de Tournes fit de ces emblèmes un livre d'art : son confrère Roville en fit une publication de luxe. Il agrandit le format qui devint gr. in-8°, et donna pour bordure aux pages un encadrement aussi riche que varié. Les figures furent refaites, et successivement leur nombre s'augmenta. Le maître P. V., — son nom est inconnu (Pierre Vingle, dit-on), — fut le dessinateur, comme l'indiquent ses initiales que l'on aperçoit dans plusieurs encadrements. La première édition parut en 1548 avec 128 figures (40 à 50 fr. et plus). La traduction française publiée l'année suivante compte déjà 163 fig. (40 à 50 fr. et plus). Les autres éditions à partir de celle de 1550 (10 à 40 fr.) sont ornées de 211 fig., et par là tous les emblèmes se trouvent illustrés. La vogue des éditions françaises stimula les éditeurs étrangers. Le célèbre Virgile Solis illustra la traduction allemande publiée à Francfort en 1566, pet. in-8° (20 à 40 fr.). En même temps (1566), Plantin à Anvers donna une édition d'Alciat avec figures sur bois (20 à 40 fr.), nullement inférieures aux figures des éditions lyonnaises, et en fit plusieurs réimpressions (1574, 1577, 1581). Enfin, les éditions de Padoue (Patavii, apud P. Tozzium), 1621 in-4, et (Padova) 1626, in-8°, sont les dernières et aussi les plus complètes de toutes : elles comptent 213 fig. bien dessinées et bien gravées (10 à 15 fr.).

Ce prodigieux succès démontre à quel degré le XVIe siècle fut amoureux du symbole et de l'allégorie. On prétend que c'est Alciat qui le premier se servit, pour désigner des sentences morales illustrées par la gravure, d'un mot employé chez les anciens pour désigner certaines espèces d'ornements qui décoraient les vases enrichis de ciselures, ou de toute espèce de reliefs; ornements parlants, dont la propriété était d'indiquer le tout en montrant la partie : par exemple, une charrue indiquait le labourage, des armes signifiaient la guerre, et ainsi de suite. Ce langage figuré s'est perpétué jusqu'à nos jours dans la peinture et la sculpture, qui en ont fait bien souvent le plus heureux emploi.

836. Le Théâtre des bons engins, auquel sont contenuz cent emblèmes moraulx, composé par Guillaume de la Perrière, Tolosain, et nouvellement par iceluy limé, reveu et corrigé. Avecq privilége. — De l'imprimerie de Denys Janot, imprimeur et libraire, (Paris), 1539, pet. in 8, 106 ff. avec 100 fig. s. bois; — nouv. édit. identique avec la première, sauf quelques différences dans le choix des caractères (60 à 100 fr. et plus.); — nouv. édit.; Paris, de l'imprim. d'Estienne Groulleau, 1550 ou 1554, in-16, de 56 ff., avec 100 fig. s. bois; — nouv. édit.; Lyon, par Jean de Tournes, 1583, in-16, de 56 ff. dont le dernier blanc, avec 100 fig. s. bois.

L'édition de D. Janot contient un privilége du 31 janvier 1539. Une épître dédicatoire à Marguerite de Valois se trouve dans toutes les éditions. Les vignettes sur bois, gravées au trait et légèrement ombrées, marquent déjà la transition de la xylographie archaïque à un art plus avancé, et très-souvent, malgré leur naïveté, elles ne manquent ni de caractère ni de dessin. C'est dans l'invention qu'elles sont plus faibles. Cette invention, dépourvue de finesse, est parfois si transparente, que ce n'est plus de l'allégorie, néanmoins quelques-uns de ces emblèmes sont ingénieux, par exemple celui qui nous montre Bacchus et Vénus à la chasse et prenant Minerve dans leur filet : c'est l'interprétation de ce dicton populaire : *Que vin et femme attrapent le plus saige.* Un parvenu orgueilleux est représenté par un cheval richement caparaçonné, se cabrant et foulant aux pieds un homme. Les intrigants qui pêchent en eau trouble, ont pour emblème un pêcheur qui remue l'eau d'un ruisseau et y prend des anguilles. Toutes ces gravures sont encadrées d'ornements variés et d'une composition charmante.

L'édition de Groulleau contient les mêmes figures, mais sans les entourages. Celle de de Tournes n'en offre que des imitations grossièrement exécutées, et indignes de cet habile éditeur.

837. Hecatomgraphie. C'est-à-dire les descriptions de cent figures et hystoires, contenant plusieurs appophtegmes, proverbes, sentences et dictz, tant des anciens que des modernes (en vers par Gilles Corrozet). — Paris, D. Janot, 1540, in-8, 104 ff., fig. s. bois (100 fr. et plus); — *ibid.*, 1541 et 1543, in-8; — nouv. édit.; Paris, E. Groulleau, 1548, in-16.

Toutes ces éditions ont les mêmes vignettes sur bois, de dimension très-petite, et qui, au point de vue de l'art, offrent beaucoup d'analogie avec les figures de l'ouvrage précédent.

838. Orus Apollo de Ægypte (*sic*) de la signification des notes hieroglyphiques des Ægyptiens, c'est-à-dire des figures par lesquelles ils escripvoient leurs mystères secretz, et les choses sainctes et divines. Nouvellement traduict de grec en francoys (par Jean Martin, Parisien), et imprimé avec les figures à chascun chapitre. — Paris, J. Kerver, 1543, pet. in-8, 104 ff., fig. s. bois (25 à 60 fr.); — édit. lat. : *Ori Apollinis Niliaci de sacris notis et sculpturis libri duo*, etc. (gr. et lat.). — *Ibid.*, 1551, in-8, fig. (20 à 50 fr.); — nouv. édit. franç. : Les Sculptures ou Graveures sacrées d'Orus Apollo, Niliaque, etc.; *ibid.*, 1553, in-16, 112 ff., fig.; — édit. avec texte latin et franç. : *Ori Apollinis Niliaci de sacris Ægyptiorum notis*, etc.; Parisiis, apud Galeotum a Prato et Joannem Ruellum, 1574, pet. in-8, 8 ff. prél., 107 ff. et 1 f., fig. (20 à 30 fr.); — *Hori Apollinis selecta Hieroglyphica*,

etc. (gr. et lat.); Romæ, apud A. Zannettum, 1597, in-16, fig. s. bois (10 fr.); — réimpr.; *ibid.*, Car. Vulieltus, 1606, in-16, fig.

Malgré l'affirmation du titre, ces emblèmes n'ont presque aucun rapport avec les hiéroglyphes des Égyptiens. A ce propos, il n'est pas inutile de dire ici ce que l'on pense généralement du livre qui nous est parvenu sous le nom d'Horus, Orus, ou Horapollon. Cet Horus, qui serait, suivant une vieille tradition, un écrivain égyptien antérieur à Homère, aurait écrit sur les hiéroglyphes, et son livre aurait été traduit en grec par un certain Philippe, sur lequel nous ne savons absolument rien. Tout cela est erroné : l'ouvrage n'est pas traduit de l'égyptien, il ne donne pas la clé des hiéroglyphes. Il explique simplement les emblèmes et les caractères des dieux à une époque où la religion égyptienne s'était incorporée dans la mythologie grecque.

Le graveur y a fidèlement interprété, quelquefois avec une finesse de burin remarquable, des compositions dont le dessin est si correct, que Papillon et d'autres les ont attribuées à notre J. Cousin. Le nombre de sujets formant la série complète est de 190 : l'édition de 1551 contient 195 figures à cause de cinq répétitions ; celle de de 1574, qui donne les mêmes bois, en compte 194, dont sept répétées, de sorte qu'elle n'a que 187 sujets, soit trois de moins que l'édition précédente; mais, en échange, elle a le titre entouré d'un large cadre représentant les dieux de l'Olympe, cadre dessiné de main de maître et qui n'est pas indigne de J. Cousin auquel on l'attribue. Nous n'avons pas eu l'occasion de voir les gravures des éditions romaines.

839. Le Premier livre des emblèmes composé par Guill. Guéroult.— Lyon, Balt. Arnoullet, 1550, in-8, 72 pp., fig. sur bois.

Cet ouvrage paraît ne point avoir été continué au-delà du premier livre. Il contient 29 figures dont six, à peu près, pourraient être attribués à Bernard Salomon dit le Petit Bernard. Ce sont plutôt des fables illustrées que des emblèmes.

840. Devises héroïques, par M. Claude Paradin, chanoyne de Beaujeu. — A Lyon, par Jean de Tournes et Guill. Gazeau, 1551, in-16, 118 ff., fig. s. bois, sans texte (100 à 150 fr.); — *ibid.*, 1557, in-8, 261 pp., 182 fig. (80 à 100 fr. et plus); — nouv. édit. avec les Devises du seigneur Syméon et autres auteurs; Anvers, Chr. Plantin, 1561, in-16, 176 ff., fig. s. bois; — Anvers, Guill. Sylvius, 1563, in-16, fig. (30 à 50 fr.); —Douay, de l'impr. de Estienne Lagache, 1563, in-16, 176 ff., fig.; — Anvers, Chr. Plantin, 1567, in-16, 317 pp., fig. (20 fr.); — trad. en lat. : *Symbola heroica*, etc.; Antverpiæ, ex off. Chr. Plantini, 1567, in-16, 316 pp. et 2 ff., fig. s. bois; — *ibid.*, 1583, in-16, 319 pp., 217 fig. (5 fr.); — *ibid.*, 1600, in-16; — Les Devises héroïques, etc.; Paris, pour Jean Ruelle, 1571, in-16, 317 pp., 217 fig. s. bois; — *ibid.*, J. Millot (1614), in-8, titre gravé, 1 f., 340 pp. et 2 ff., 175 fig. s. cuivre (25 à 30 fr.); — *ibid.*, Rolet Boutonné, 1621, in-8, fig. s. cuivre.

Recueil fort intéressant, le premier où l'on ait donné l'explication et la représentation des devises des personnages historiques. Les gravures sur bois des éditions lyonnaises sont attribuées au Petit Bernard. Elles ont paru d'abord sans texte et au nombre de 118, tandis que l'édition complète en compte 182, avec un texte explicatif, et un joli encadrement du titre. Les éditions de Plantin donnent d'assez bonnes copies de ces figures, généralement de dimensions plus petites : elles sont au nombre de 180 pour les devises de Paradin (2 ont été omises), figures reproduites presque servilement et très-grossièrement dans l'édition de Ruelle. Les éditions de 1614 et 1621, qui ne contiennent, comme l'édition originale, que les devises de Paradin, sont très-importantes à cause d'utiles additions historiques au texte. Les figures en taille-douce dont elles sont ornées ont été assez bien exécutées sur le modèle de celles de l'édition de Lyon, mais elles sont incomplètes de sept sujets, et n'en comptent que 175.

841. La Morosophie de Guillaume de la Perrière, Tolosain, contenant cent emblèmes moraux, illustrez de cent tétrastiques latins, reduitz en autant de Quatrains françoys. — A Lyon, par Macé Bonhomme, 1553, in-8, 112 ff., avec 100 fig. s. bois (40 à 50 fr.).

Encadrements variés, vignettes dans le style lyonnais, bien dessinées, mais dont la gravure laisse à désirer.

842. Le Pegme de Pierre Cousteau mis en françoys par Lanteaume de Romieu, gentilhomme d'Arles. — A Lyon, par Macé Bonhomme, 1555, pet. in-8, 114 pp. et 2 ff., fig. s. bois (40 à 60 fr. et plus); — édit. originale : *Petri Costalii Pegma cum narrationibus philosophicis*; Lugduni, apud Matthiam Bonhomme, 1555, in-8, fig. (20 à 50 fr.); — deux éditions françaises en 1560, in-8 : Lyon, par M. Bonhomme, et Lyon, Barth. Molin (imprimé par M. Bonhomme) (15 à 20 fr.).

Les figures sur bois de ce volume et les bordures qui entourent les pages, sont dans le style lyonnais proprement dit, inférieur à ce qui se faisait dans cette ville à la même époque. La première édition française est fort rare.

843. *Achillis Bocchii Bonon. Symbolicarum quæstionum de universo genere quas serio ludebat libri quinque.* — Bononiæ, 1555, pet. in-4, 10 ff., 347 pp. et 20 ff., portr. et 302 fig. s. cuivre (150 à 200 fr. et plus); — *ibid.*, 1574 et 1583, in-4 (40 à 50 fr. et plus).

Livre peu commun et fort recherché pour les figures sur cuivre, gravées, dans la manière de Marc-Antoine, par Jules Bonasone. Pour la seconde édition, les planches ont été retouchées par Aug. Carrache.

844. *Le Imprese heroiche et morali*, etc. — Les Devises et Emblèmes héroïques et morales, inventées par le Sgr Gabriel Symeoni. — Lyon, Roville, 1559, in-4, 51 pp., 36 fig. s. bois; — trad. en franç.; *ibid.*, 1559, in-4, 50 pp., fig.

845. *Dialogo dell'Imprese militari et amorose di Mons. Giovio*, etc. — Dialogue des devises d'armes et d'amours du S. Paul Giovio, évêque de Nocera, avec un Discours de L. Domenichi sur le même sujet. — Lyon, Roville, 1559, in-4, 194 pp., portr. et 102 fig. s. bois; — *Le Sententiose imprese*, etc. — Devises et Sentences de Mons. Paul Giovio, et du Sgr Gabr. Symeoni, réduites en vers par le même Symeoni ; *ibid.*, 1560 et 1562, in-4, 134 pp. et 126 fig. (30 à 40 fr.), et 1574, in-8, 135 fig.; — trad. en franç. par Vasquin Philieul (avec les Devises de Symeoni) ; *ibid.*, 1561, in-4, fig.; — trad. en esp. par Alonso de Ulloa ; *ibid.*, 1561 et 1562, in-4, fig. (30 à 40 fr.).

Volume orné d'assez jolies figures sur bois, entourées d'encadrements variés, et d'un goût excellent. Il est encore plus riche en devises des personnages historiques que l'ouvrage de Paradin. Le même éditeur, qui a publié simultanément les devises de Symeoni, avec figures de la même main (voy. le no précéd.), les a fondues ensemble pour l'édition de 1560 et suivantes. Celle de 1562, que nous avons sous les yeux, ne reproduit que 90 figures de l'édition originale de Giovio, au lieu de 102, et, à la place du texte historique très-développé et fort précieux, elle ne donne que des quatrains en vers italiens.

846. *Emblemata cum aliquot nummis antiqui operis Joannis Sambuci Tirnaviensis Pannonii.* — Antverpiæ, ex off. Chr. Plantini, 1564, in-8, 240 pp., 167 fig. s. bois et 46 médailles (20 à 30 fr.) ; — 2e édit., *ibid.*, 1566, in-8, 272 pp., 223 fig. et 90 médailles; — trad. en flam.; *ibid.*, 1566, in-16 ; — trad. en franç.: Les Emblemes du signeur (*sic*) Jehan Sambucus; *ibid.*, 1567, in-16, 237 pp., 165 fig. (30 à 50 fr.); réimpr. en 1568; — 3e édit. lat.; *ibid.*, 1569, in-8 et in-16, 352 pp. (15 à 20 fr.) ; — 4e édit. lat.; *ibid.*, 1576, in-16, 352 pp., 221 fig. (15 à 20 fr.); — 5e édit. (par erreur appelée 4e); *ibid.*, 1584, in-16, 352 pp.

On le voit, ces emblèmes ont joui d'une grande vogue au XVIe siècle. Généralement fort bien composées, les planches sur bois de ce volume sont loin d'atteindre la finesse des travaux du Petit Bernard. Le plus grand nombre porte le monogramme A S liés, d'autres C J, C et G : le premier désigne le graveur Antoine Bosch, dit Silvius; le second est attribué à Jean Croissant; les deux derniers sont inconnus. Les figures de l'édition originale sont entourées d'encadrements variés, remplacés dans la seconde édition par une simple bordure uniforme; dans toutes les autres éditions le cadre est supprimé. La seconde édition, très-augmentée, est la seule qui contienne la totalité des figures. L'édition française n'en a que 165 sur 223, et les trois dernières éditions, qui sont identiques, n'en donnent que 221.

Il est hors de doute que les éditeurs d'emblèmes illustrés de ce temps n'avaient d'autre but que d'offrir un agrément aux yeux et de recréer l'esprit. Plantin seul — c'est la première fois que la remarque aura été faite, — a reconnu tout le parti que l'industrie pourrait tirer de ces emblèmes, dans l'intérêt de la morale et de la bonne direction des esprits. Dans sa préface au lecteur en tête de l'édition française de 1567, ci-dessus, on lit : « Ceux qui aiment les lettres, ou la lecture « de choses bonnes et utiles à la vie humaine, y « trouvent en quoy exercer leur industrie, et y « proffiicter en la doctrine des meurs : les pein« tres et verriers de quoy remplir, orner et enri« chir leurs toilles, tableaux, parois et verrières : « les orfebvres, argentiers, graveurs et autres « gens de marteau, leurs bagues, joyaux, vais« selles, armeures, targes, boucliers, planches et « autres leurs ouvrages : les entrepreneurs d'édi« fices, tailleurs [de pierre] et menuisiers, leurs « bastiments et menuiseries : les bordeurs et ta« pissiers, leurs ornements, borderies et tapis« series. »

847. *Hadriani Junii medici Emblemata. Eiusdem Ænigmatum libellus.* — Antverpiæ, ex off. Chr. Plantini, 1565, 2 part., in-8, 152 pp. et 8 ff., 58 fig. sur bois (20 à 40 fr.) ; — *ibid.*, 1566, in-8 et in-16 (20 à 30 fr.); — *ibid.*, 1569, in-16, 143 pp. et 58 fig. (15 à 25 fr.) ; — *ibid.*, 1585, in-16, 157 pp. et 62 fig.; — trad. en franç.: Les Emblesmes du S. Adrian le Jeune, etc.; Anvers, Plantin, 1568, in-16, 78 pp. et 57 fig. (30 à 50 fr.) ; — *ibid.*, 1570 et 1575, in-16.

Un des plus charmants volumes qui soient sortis des presses de Plantin. Les vignettes sont bien supérieures pour le dessin et la gravure à celles des emblèmes de Sambucus. Plus d'une rappelle la manière des maîtres italiens, et en effet elles ont dû être exécutées en Italie et pour un ouvrage italien, car un certain nombre portent une légende gravée en cette langue. Le monogramme G, appartenant à un artiste inconnu, figure sur plusieurs figures. Les quatre dernières vignettes ajoutées dans l'édition de 1585 sont très-médiocres et d'une main différente.

848. *Le Imprese illustri*, etc. — Les Devises illustrées de Jérôme Ruscelli. — Venise, Rampazzetto, 1566, in-4, 235 fig. (50 à 100 fr.); — *ibid.*, 1572, in-4, 288 ff. (15 à 20 fr.); — *ibid.*, 1580 et 1583, in-4, 496 pp. (10 à 15 fr.) ; — *ibid.*, Fr. de Franceschi, 1584, in-4 (20 à 30 fr.).

Ce livre renferme de jolies figures gravées à l'eau-forte par Giac. Franchо, selon les uns, et par G. Porro, selon d'autres; elles représentent les armes, cartouches et devises des papes, rois, princes, princesses et autres grands personnages des XVe et XVIe siècles. Cicognara appelle ce volume : « *Opera ben eseguita et eruditamente illustrata.* » La dernière édition est la plus complète.

849. Emblesmes ou Devises chrestiennes, composées par Dam. Georgette de Montenay. — Lyon, J. Marcorelle, 1571, in-4, 8 ff. prél., 100 ff. et 8 ff., portr. et 100 fig. en t. d. (60 à 100 fr.); — *Emblematum christianorum centuria*, etc. (texte lat. et franç.). — Tiguri (Zurich), Froschover, 1584, in-4, portr. et 100 pl. (60 à 80 fr.); — nouv. édit.; Heidelber-

gæ, 1602; — *Monumenta emblematum christianarum virtutum*, etc. — S. l. (Francofurti), Unckel, 1614, in-8, portr. et 100 fig.; — Livre d'armoiries en signe de fraternité, contenant cent comparaisons de vertus et emblêmes chrestiens, etc. (texte en sept langues). — *Ibid.*, 1619, in-8, portr. et 100 pl. — Emblêmes ou Devises chrestiennes, etc. — La Rochelle, J. Dinet, 1620, in-4, 100 pl. (60 à 100 fr.).

Ces emblèmes, appliqués aux devoirs de la vie chrétienne, au nombre de cent, ont été gravés avec talent par Pierre Woeiriot, désigné dans le privilége de la première édition comme sculpteur (c'est-à-dire graveur) du duc de Lorraine. Toutes ces éditions ont été faites avec les mêmes planches.

850. *Emblematum Tyrocinia, sive Picta poesis latino germanica*, etc. (en allem.). — Par Matthias Holtzwart. Avec une préface par Fischart sur l'origine et l'usage des Emblèmes. Imprimé pour la première fois. — Strasbourg, Jobin, 1581, in-8, 112 ff. et 71 fig. s. bois.

Livre rare, non cité par Brunet.

851. *J.-J. Boissardi, Vesuntini, Emblemata cum tetrastichis latinis.* — S. l. (Metz), Jani Aubrii typis, s. d. (1584), pet. in-4; — *Emblematum liber.* — Emblèmes latins de J.-J. Boissard, avec l'interprétation françoise de J.-Pierre Joly, Messin (en lat. et en franç.). — Metz, Faber, 1588, pet. in-4, 95 pp., front., portr. de l'auteur et 42 pl.; — *Emblematum libellus cum interpretatione germanica; ipsa emblemata ab auctore delineata: a Theod. de Bry sculpta et nunc recens in lucem edita.* — Francofurti, 1593, in-4, 55 pl. (50 à 100 fr. et plus); — édit. franç.; Metz, Fabert, 1595, pet. in-4, 117 pp. et 52 pl. (30 fr.).

On sait que Boissard, à la fois antiquaire et poëte, apprit à dessiner lorsqu'il était en Italie et qu'il forma un recueil des monuments les plus curieux de Rome et des villes voisines. Boissard a dessiné les emblèmes de son livre, et Théodore de Bry, ou plutôt les fils de ce dernier, se sont bornés au rôle de graveur. Les éditions de Metz, et surtout la première, sont fort rares.

852. *Imprese illustri de'diversi, coi discorsi.* — Emblèmes illustrés de divers personnages, avec les discours de Camillo Camilli et les figures gravées sur cuivre par Gir. Porro. — Venise, F. Ziletti, 1585 ou 1586, 3 part. en 1 vol. in-4, 108 fig. (15 à 25 fr.).

Suivant Cicognara, Porro n'a rien fait de mieux. Jérôme Porro, né à Padoue en 1590, à la fois graveur sur cuivre et sur bois, s'est rendu célèbre par le goût et l'admirable finesse de son burin. Il y avait en lui un reste de la patience et de la persévérante ardeur des moines artistes du moyen âge, comme le prouve la fameuse estampe du Christ, conservée à Parme, dont les tailles ne sont autres que la copie de l'Evangile de la passion de saint Jean, écrite avec une prodigieuse finesse. Porro était borgne.

853. *A Choice of Emblemes and other Devises*, etc. — Choix d'Emblèmes et de Devises, tirés pour la plupart des divers auteurs, mis en anglais et accompagnés de réflexions morales, et divers autres de l'invention de Geffrey Whitney. — Leyde, Raphelengius, 1586, 2 part., in-4, x ff. et 230 pp. (100 à 250 fr.); — Reproduction en fac-simile, publiée par H. Green, avec une introduction, un essai littéraire et bibliographique et des notes explicatives (en angl.); — Londres, 1866, pet. in-4, pl. photolith.

L'édition originale est difficile à trouver en bon état, d'où vient son prix élevé.

854. *Nicolai Reusneri Leorini Aureolorum emblematum liber singularis Thobiæ Stimmeri iconibus affabrè effictis exornatus*, etc. — Argentorati (Strasbourg), apud Bern. Jobinum, 1587, in-8, 88 ff. et 140 fig. s. bois.

Charmant volume, orné des figures de T. Stimmer, un des meilleurs dessinateurs xylographes de son temps. De jolies bordures encadrent toutes les pages. Il n'y a rien de commun entre ces emblèmes et ceux de l'édition de Francfort, 1581, pet. in-4, où l'éditeur Sig. Feyerabend employa de vieux bois qui avaient déjà servi pour d'autres volumes, bois dessinés par Virgile Solis et Jost Amman.

855. *Delle Imprese*, etc. — Des Emblèmes. Traité de Guill.-Cés. Capaccio, divisé en trois parties. — Naples, Carlino, 1592, in-4, avec 300 jolies fig. s. bois (10 à 15 fr.).

856. *Emblemata nobilitate et vulgo scitu digna... Omnia recens collecta, inventa et in æs incisa a Th. de Bry, Leodiense.* — Francofurti, 1592, pet. in-4, 4 ff., 26 pp. et 107 pl. (souvent seulement 85 pl.) (40 à 60 fr.); = *Emblemata secularia, artificiose in ære sculpta recenterque publicata per Joh. Theod. et Joh. Isr. de Bry; ibid.*, 1596, pet. in-4, 101 pl. (60 à 100 fr.); — *Emblemata secularia*; Oppenhemii, 1611, in-4, fig.; = Pourtraict de la cosmographie morale, etc.; Francfort, J.-Théod. de Bry, 1614, pet. in-4, fig.; = *Proscenium vitæ humanæ, sive Emblematum secularium*, etc.; *ibid.*, 1621 pet. in-4, front., 72 embl. et 1 pl.

Il faudrait pouvoir comparer toutes ces éditions entre elles et avec les emblèmes de Boissard, pour établir leurs rapports réciproques. Pour plus de détails, voir Brunet, art. Boissard et Bry.

Graveur, dessinateur, imprimeur et libraire, Théodore de Bry est un des plus remarquables exemples de cette alliance entre l'esprit commercial et le sentiment de l'art l'un des traits caractéristiques du XVIe siècle. Rien de plus fin, de plus délicat que le burin et la pointe de Théodore de Bry; rien de plus énergique que sa personnalité, comme le témoignent ses vastes entreprises de librairie, notamment la publication, en trois langues, des *Grands et des petits Voyages*, avec le concours de ses deux fils.

857. *Dion. Lebei-Batillii* (Le Bey de Batilly) *Emblemata, a J. Boissardo delineata et a Th. de Bry sculpta.* — Francofurti, 1596, in-4, 63 fig. en t. d. (30 à 50 fr.).

858. *Symbola divina et humana Pontificum, Imperatorum, Regum, et Symbola varia diversorum Principum sacrosanc. Ecclesiæ et sacri Imperii romani. Ex musæo Octavii de Strada. Accessit brevis et facilis Ysagoge Jac. Typotii et Anselmi de Boodt.* — Egidius Sadeler excudit Pragæ, 1601, 1602 et 1603, 3 part. en 1 vol. pet. in-fol., 891 fig. s. cuivre (20 à 30 fr.); — nouv. édit., Francofurti, 1642; — Arnhemiæ, 1666, in-12; — Amstelodami, 1686-97, 3 vol. in-12 (8 à 10 fr.); — *Symbola varia diversorum Principum*, etc. — Arnhemiæ, 1679, in-12, 218 fig. (8 à 10 fr.); — Amstelodami, 1686, in-12, fig.

Recherché pour les figures finement gravées par Gilles Sadeler.

859. RIPA (Cesare). *Iconologia, overo Descrittione di diverse imagini*, etc. — Iconologie ou Description de diverses images tirées de l'antiquité ou de l'invention de l'auteur, etc. — Milan, 1602, in-8, fig. s. bois; — nouv. édit., augm. de plus de 400 fig.; Rome, 1603, in-4; — corrig. par P.-P. Tozzi; Padoue, 1611, in-4, fig.; — Sienа, 1613, in-4, fig.; — Parme, 1620, 3 vol. in-4, fig.; — augm. par G. Zaratino Castellini; Padoue, 1630, in-4, 355 fig.; — Venise, 1645 et 1649, in-4 (7 à 8 fr.); — avec nouv. images et annotations de Ces. Orlandi; Pérouse, 1764-67, 5 vol. in-4, fig. (20 à 30 fr.); trad. en franç. (ou plutôt compilé d'après), par J. Baudoin (voir plus loin, n° 868); — trad. en allem.: *Des berühmten Italiänischen Ritters Ces. Ripæ allerley Künsten und Wissenschaften, dienlicher Sinnbilder... Historia*, etc.; Augsbourg, s. d., 2 vol. pet. in-4, 200 pl. grav. s. acier (7 à 8 fr.); — nouv. trad.: *Erneuerte Iconologia*, etc.; Francfort, 1669-70, 2 vol. in-4 (5 à 6 fr.); — trad. en angl. par P. Tempest: *Iconologia, or moral Emblems*; Londres, 1709, in-4, 326 pl.; — trad. en holl. par D.-P. Pess: *Iconologia of uytbeeldingen*, etc.; Amsterdam, 1644, in-4, fig. sur bois (7 à 8 fr.).

« L'érudition de C. Ripa, dit Winckelmann (*Essai sur l'Allégorie*, trad. de Jansen, p. 67), est « empruntée à Pierius Valerianus. Le reste est « tiré des auteurs qui traitent des emblèmes, par « exemple d'Alciatus, de Typotius, etc. Cependant une grande partie est de sa propre invention. Ses images sont raisonnées et esquissées « de manière à faire croire qu'il n'a pas eu la « moindre notion des statues, des bas-reliefs, des « pierres gravées, des médailles et autres anciens « monuments. »

860. *Q. Horatii Flacci Emblemata. Imaginibus in æs incisis notisque illustrata studio Othonis Væni Batavolugdunensis.* — Antverpiæ, ex off. Hier. Verdussen, auctoris ære et cura, 1607, in-4, 103 fig. s. cuivre (40 à 50 fr.); — *ibid.*, Lissert (en cinq langues), 1612, in-4 (20 à 30 fr.); — Bruxelles, Foppens (en quatre langues), 1683, in-4, portr. d'Horace et de Vænius et 103 fig. (20 fr.); — *Emblemata Horatiana*, etc. (en quatre langues); Amstelodami, Wetstein, 1684, in-8, 103 fig. (15 à 20 fr.); — en lat. et ital.; Florence, 1777, in-4, 20 grav. en coul. (10 fr.).

Illustrer les pensées d'Horace, telle est l'idée qui a présidé à l'exécution de ce beau livre où le crayon du dessinateur (Vænius ou Van Veen) n'est pas au-dessous du langage du poëte. N'oublions pas que ce dessinateur était maître de Rubens. Les figures ont été gravées, non pas par Venius, comme on le dit souvent, mais par Boël, Corn. Galle et Pierre de Jode. La première édition donne les meilleures épreuves. Les mêmes planches ont été employées dans l'ouvrage suivant: *Théâtre moral de la vie humaine, représenté en plus de 100 tableaux, tirés d'Horace par Otho Venius*, etc.; Bruxelles, 1672 ou 1678, in-fol., portr. et 103 pl. (20 fr. et bien plus). Il avait d'abord paru en espagnol: *Theatro moral de toda la philosophia de los antiguos y modernos*; Bruxelles, 1669 ou 1672, in-fol., et ensuite sous ce nouveau titre: *Theatro moral de la vida humana*, etc.; Anvers, 1723 ou 1733, in-fol. (40 à 60 fr.). Trad. de nouveau en français: *Le Spectacle de la vie humaine*, etc.; La Haye, 1755 ou 1765, in-4, 103 pl. (10 à 20 fr.).

861. *Amorum Emblemata figuris æneis incisa studio Othonis Vænii* (texte lat., ital. et franç.). — Antverpiæ, 1608, pet. in-4 obl., 8 ff. et 247 pp., avec 125 fig. s. c. (10 à 15 fr.); — *ibid.*, 1609, in-4 (texte lat., angl. et ital.); — Emblèmes de l'amour humain (texte franç., lat. et ital.); Bruxelles, 1667 ou 1668, in-4 obl. (10 à 12 fr.).

Ce volume contient cent vingt-cinq médaillons ou emblèmes, plus un frontispice. Chaque emblème représente l'amour dans une situation différente et qui fait allusion à cette passion. Tous sont traités avec infiniment de finesse et de talent.

862. *Amoris divini Emblemata studio et ære Oth. Vænii concinnata.* — Antverpiæ, ex off. Plant., 1615, in-4, 60 pl. s. cuivre (15 à 25 fr.); — *ibid.*, 1660,

in-4, 60 pl. (10 à 12 fr.); — trad. en flam.: *Zinnebeelden*, etc.; Amsterdam, 1726, pet. in-8.

863. *Nucleus Emblematum selectissimorum quæ Itali vulgo Impresas vocant, studio singulari undique conquisitus... a Gabr. Rollenhagio.* — Coloniæ, ex musæo cælatorio Crisp. Passæi, 1611-13, 2 vol. in-4, portr. et 200 fig. s. cuivre (100 à 120 fr.); — Harlemiæ, 1615, in-4; — Les Emblêmes de Me Gabr. Rollenhague, mis en vers françois, etc.; Coloniæ, 1611, in-4, 100 fig. (30 à 40 fr.).

Belles gravures de Crispin de Pas. La traduction française ne contient que la première partie.

864. *Minerva Britanna, or a Garden of heroical Devises*, etc. — Minerve Britannique, ou Jardin des Devises héroïques, orné d'emblèmes et devises en tout genre, récemment inventé, accompagné des réflexions morales et publié par Henry Peacham. — Londres, Dight, 1612, in-4, fig. s. bois (100 à 200 fr.).

Ouvrage rare et recherché en Angleterre.

865. *Teatro d'Imprese*, etc. — Théâtre d'Emblèmes, par Giov. Ferro. — Venise, 1623, 2 part. en 1 vol. in-fol., environ 1000 fig. s. cuivre (25 à 40 fr.).

866. *Imprese sacre con triplicati discorsi illustrate et aricchite*, etc. — Emblèmes sacrés illustrés et enrichis des triples explications, par P. Aresi. — Venise et Tortona, 1630-49, 9 part. en 7 vol. in-4, fig. s. cuivre (60 à 80 fr.).

Livre fort rare, peu connu des bibliographes, et peut-être le répertoire le plus vaste d'emblèmes. Les nombreuses figures ont été gravées en taille-douce par G. P. Bianchi.

867. *De Symbolis heroicis libri IX. Auctore Silvestro Petrasancta Romano e Soc. J.* — Antverpiæ, ex off. Plant., 1634, in-4, LXXX-480 pp. et 18 ff., avec 290 fig. s. cuivre (15 à 30 fr.); — réimpr.; Amstelodami, 1682, in-4, fig. (10 à 15 fr.).

Volume important pour les emblèmes des personnages historiques. Frontispice gravé par C. Galle d'après Rubens, et portrait de l'évêque Caraffa. Chaque emblème est dans un cartouche différent.

868. BAUDOIN (J.), de l'Acad. franç. — Iconologie ou Explication de plusieurs images touchant les vices et les vertus représentées sous diverses figures, tirée de C. Ripa. — Paris, 1636, in-fol., fig. — Iconologie ou Explication nouvelle... tirées des recherches et des figures de C. Ripa, moralisées par J. Baudoin, desseignées et gravées par Jacques de Bie; Paris, 1644, in-fol., ou 1677, in 4, fig. sur acier (15 fr.); — Iconologie, ou la Science des emblèmes, devises, etc., enrichie et augm. d'un grand nombre de figures avec moralités tirées la plupart de C. Ripa, par J.-B.; Amsterdam, 1698, 2 vol. pet. in-8, 480 fig. (8 à 15 fr.).

869. LE MOYNE (Le P.). De l'Art des Devises, avec divers recueils de devises du même auteur. — Paris, Cramoisy, 1666, in-4, front. et fig. s. cuivre (10 à 15 fr.).

Le frontispice a été gravé par Le Pautre, et les figures par J. Le Clerc.

870. MENESTRIER (Le P. C.-F.). La Philosophie des images, avec un recueil de devises et un jugement de tous les ouvrages qui ont été faits sur cette matière — devises des princes, cavaliers, dames, savans et autres personnages illustres de l'Europe. — Paris, 1682-83, 2 vol. in-8 (25 à 30 fr.); — trad. en lat.: *Philosophia imaginum, id est Sylloge symbolorum amplissima*, etc.; Amstelodami, 1695, in-8, fig. s. cuivre (20 à 25 fr.).

L'auteur y a rapporté, dit-on, les sentiments de *deux cents écrivains* (?) qui se sont occupés de cette matière.

871. VERRIEN. Recueil d'emblêmes, devises, médailles et figures hiéroglyphiques, au nombre de plus de douze cents, avec leurs explications. Accompagné de plus de deux mille chiffres fleuronnez, simples, doubles et triples, d'une manière nouvelle et fort curieuse pour tous les noms imaginables. Avec les tenants, supports et cimiers servans aux ornemens des armes. Cet ouvrage, qui est enrichy de deux cent cinquante planches en taille-douce, est très-utile aux graveurs, peintres, sculpteurs, etc.; par le sieur Verrien, maître-graveur. — Paris, 1724, in-8, avec portr. de Nicol. Verrien (20 fr.); — 1e édit., avec le nom d'Aubert Verrien; Paris, s. d. (1685), in-8; — édit. suiv., *ibid.*, 1696, in-8; 1698, in-4 et in-8.

872. *Symbolographica, sive de arte symbolica sermones septem, auctore Jac. Boschio, S. J. Accessit ejusdem Sylloge celebriorum symbolorum bis mille iconismis expressa.* — Augustæ Vindelicorum (Augsbourg), 1702, in-fol., 171 pl. grav. s. acier (15 à 20 fr.).

Ces emblèmes, au nombre de 2052, ont été gravés par J. Müller, J.-J. Wolfgang, etc., sur les dessins de J.-F. Schalck.

873. *Symbola et Emblemata jussu S. Maj. Imper. Moschoviæ Petri Alexeidis... excusa.* — Amstelodami, H. Wetstein, 1705, in-4, 839 fig.

Le tzar Pierre le Grand fit exécuter à ses frais ce volume destiné à être offert en présent en souvenir de son séjour dans les Pays-Bas. Le texte est en neuf langues : hollandais, russe, français, allemand, anglais, italien, espagnol, latin et flamand. Les exemplaires en sont fort rares, car ils ont été presque tous détruits par le naufrage du navire dans la traversée pour la Russie. Ces emblèmes auraient été gravés par Mulder.

874. *Laur. Wolffg. Woyttens Emblematischer Parnassus*, etc. — Parnasse emblématique, etc. — Augsbourg, 1727-30, 3 vol. in-4, avec 1500 fig. s. cuivre (10 à 20 fr.).

875. Science hiéroglyphique, ou Explication des figures symboliques des anciens, avec différentes devises historiques. Ornée de nombreuses figures. — La Haye, 1746, in-4 (5 fr.).

876. BOUDARD (Giovanni-Batt.). *Iconologia tirata da varj autori antichi.* — Iconologie tirée de divers auteurs anciens (texte ital. et franç.). — Parme, 1759, 3 vol. pet. in-fol., fig. ; — texte franç. seul.; Vienne, 1766, 3 vol. in-8, fig. (5 fr.).

Peu d'images, suivant Winckelmann, sont de l'invention de l'auteur; la plupart sont de Ripa, et composées de figures grêles dessinées dans le style et dans le costume moderne. — Boudard était sculpteur de l'infant duc de Parme.

877. WINCKELMANN (Joh.). *Versuch einer Allegorie besonders für die Kunst.* — Essai sur l'Allégorie principalement à l'usage des artistes. — Dresde, 1766, in-4 ; — nouv. édit. : publiée par Alb. Dressel, d'après l'exemplaire de l'auteur annoté de sa main, accompagnée des lettres inédites de Winckelmann et des détails sur ses derniers moments. Avec un Avant-propos par Const. Tischendorf; Leipzig, Mendelssohn, 1866, in-4, XVI-180 pp., portr. et fac-sim. — 10 fr.; — trad. en franç. par Jansen : De l'Allégorie ou Traités sur cette matière par Winckelmann, Adisson, Sulzer, etc.; Paris, an VII (1799), 2 vol. in-8.

Dans ce livre ingénieux et original, l'auteur entend par allégorie l'expression des idées par le moyen des images : c'est la langue universelle. En voici un exemple : pour symboliser la paix entre deux puissances, cimentée par un mariage, Winckelmann propose de représenter deux colombes faisant leur nid dans un casque.

878. LAFOSSE (J.-Ch. de). Nouvelle Iconologie historique ou Attributs hiéroglyphiques qui ont pour objet les quatre éléments, les quatre saisons, etc. — Paris, 1768, in-fol., fig. (5 à 6 fr.).

879. PETITY (l'abbé J.-R. de). Manuel des artistes et des amateurs, ou Dictionnaire historique et mythologique des emblèmes, allégories, énigmes, devises, attributs et symboles, relativement au costume, aux mœurs, aux usages et aux cérémonies, etc. — Paris, 1770, 4 vol. in-8 (6 fr.).

880. *A Letter to Count *** on Poetry, Painting and Sculpture*, etc. — Lettre sur la poésie, la peinture et la sculpture, dans laquelle on examine s'il est nécessaire de faire emploi de l'allégorie dans la peinture et la sculpture. 2ᵉ édit. — Londres, 1771, in-12.

881. RICHARDSON (George). *Iconology, or a Collection of emblematical Figures.* — Iconologie, ou Recueil des figures emblématiques, morales et instructives, gravées d'après les dessins originaux coloriés et accompagnées d'explications d'après les auteurs classiques; choisies parmi les meilleurs emblèmes des Égyptiens, Grecs et Romains et dans les compositions de C. Ripa. — Londres, 1777-79, 2 vol. gr. in-4, 109 pl. avec 424 fig. (40 à 50 fr. et plus).

882. GRAVELOT (Henri-Fr. BOURGUIGNON, dit) et COCHIN (Ch.-Nic.). — Iconologie par figures, ou Traité complet des allégories, emblèmes, etc., ouvrage utile aux artistes et aux amateurs et pouvant servir à l'éducation des jeunes personnes. Orné de 208 pl. et accompagné d'un texte explicatif par Ch.-Et. Gaucher. — Paris, 1796, 4 vol. pet. in-8, fig. s. cuivre (60 à 80 fr., et plus en gr. pap.).

Ces emblèmes, pouvant servir à l'éducation des jeunes personnes, ne sont autres que ceux de l'*Almanach iconologique ou des Arts* (publié d'abord par Gravelot : Paris, 1764-73, 10 vol. in-24, et ensuite par Cochin : *ibid.*, 1774-80, 7 vol. in-24), auxquels on a ajouté une bordure. Très-bien gravées, ils sont néanmoins du plus mauvais style et répondent fort mal aux idées qu'ils sont chargés d'exprimer. En voici quelques-uns : *affabilité, affection, aversion, confiance, constance, contrariété, discrétion, indiscrétion, docilité, indocilité*, etc.

883. (HUET, J.-B.). Le Trésor des artistes et des amateurs des arts, ou le Guide des peintres, sculpteurs, graveurs, architectes, décorateurs, etc., dans le choix des sujets allégoriques ou emblématiques qu'ils ont à employer dans leurs compositions, etc. Orné de plus de 400 fig. gr. en t. d. — Paris, 1810, 3 vol. in-12.

884. PISTRUCCI (Fil.). *Iconologia, ovvero Imagini di tutte le cose principali*, etc. — Iconologie ou Images de toutes les principales choses auxquelles le talent de l'homme a attribué un corps, bien qu'elles ne l'aient pas en réalité. Avec la traduction française par Ser-

gent Marceau. — Milan, 1819-21, 2 vol. in-4, 240 pl. noires ou color.

Ouvrage médiocre. Le traducteur, Sergent Marceau, graveur, littérateur, conventionnel, membre du comité des arts et de l'instruction publique et, en cette qualité, fondateur, le 27 juillet 1793, du Musée français.

885. MENZEL (Carl-Aug.). *Versuch einer Darstellung der Kunst-Sinnbilder*, etc. — Essai sur l'emploi des symboles d'art compatibles avec l'art moderne. — Berlin, 1840, in-8.

Le nombre de livres d'emblèmes publiés depuis le XVIe siècle est considérable, et leur bibliographie complète nous entraînerait loin. J'ai dû me borner à ne signaler que les plus célèbres et les plus importants. Quelques bibliophiles s'étant adonnés plus particulièrement à collectionner des livres de cette sé ie, les curieux trouveront d'amples renseignements dans leurs catalogues. Tels sont : Cicognara, *Catalogo ragionato de' libri d'arte*; Pise, 1821, 2 vol. in-8; — Catalogue de la bibliothèque de feu M. A. Dinaux; Paris, 1864, in 8, 1re partie, nos 1615-2112; — Catalogue de la bibliothèque de M. Van der Helle; Paris, 1868, in-8, nos 1608-1818.

Néanmoins, pour faciliter les recherches, je vais indiquer les noms des auteurs des livres d'emblèmes que je n'ai pas fait figurer dans cette bibliographie :

XVIe *siècle* : Camerarius (Joach.), Covarrubias y Horozco, Guerra, Mercier, Monaw, Pittoni, Schlechte, Taurellus.

XVIIe *siècle* : Aicher, Albertini, Bargagli, Berthod, Biver, Boissevin, Boldoni, Bonomi, Borja, Bornitius, Boxhornus, Bruck (J. a), de Brunes, Ant. de Burgundia, Camerarius (G.), Casoni, Catz (J.), Chesneau, Cramer, Doni, Drexelius, Engelgrave, Fay, Giarda, Goulart, Graff, Haeften, Hesius, Heyns, Hoogstraten, von der Ketten, Kilian, Kinschot, Klepisius, Kreihing, Labia, Lopez, Lüftocht, Luyken, Maccius, Majer, Mandl, Mannich, Martin, Martinet, Meissner, Menda, Murer, Neugebauer, Offelin, Pfann, Philotheus, Picinelli, Pona, Quarles, Reifenberg, Roemer-Wischers, Saavedra, Schoonovius, Stengelius, Sudermann, Thomas, J. van der Veen, de Villana, von Zesen.

XVIIIe *siècle* : Brouër van Niedeck, Elger, Gallner, Graauwhart, Huigen, Kauffmann, Klinkhamer, Pauwels, Reinzer, Roth-Scholtz, Spinniker, Verryke, Weigel, Zaunslifer, Zweerts.

Un grand nombre de ces livres sont ornés de figures dues à des artistes célèbres, tels que: Diepenbeck, A. Flamen, Léonard Gaultier, Romain de Hooge, A. Houbraken, Raph. Sadeler, Jér. Wierix, etc.

DANSES DES MORTS.

On nomme Danse des morts, en latin *Chorea*, en allemand *Todtentanz*, tout un ensemble de représentations allégoriques dont l'unique sujet est une danse où la mort apparaît comme coryphée. C'est au XIVe siècle (la plus ancienne de ces danses qui soit connue est celle du Petit-Bâle ou de Klingenthal, 1312) que ce genre de représentation commence à prendre faveur. La peste, surtout la peste noire, et des calamités sans nombre dans ces âges de fer, ayant surexcité les imaginations, une nouvelle mythologie prit naissance, celle de la mort; mythologie dont les formes se modifièrent selon la marche des esprits et le changement des mœurs.

La fragilité de la vie, les caprices de la mort, sa joie cruelle quand elle nous frappe au sein du plaisir de coups si imprévus, ses terribles railleries, voilà ce que nous montrent, sous les aspects les plus variés, et dans une suite d'inventions hideuses ou plaisantes, les Danses des morts. Notez que ces représentations proclament l'égalité, car tous sont égaux devant la mort. Rois, papes, empereurs ne peuvent lui résister; elle les étreint tout aussi bien que les petits et les faibles dans ses bras osseux. Et qu'est-ce donc que cette égalité devant la mort si ce n'est l'idée démocratique, qui agitait les âmes dans les bas-fonds du moyen âge, se présentant ici sous la forme chrétienne?

Ce choix assez bizarre d'un ballet ou chœur de danse, présidé par la mort, d'où vient-il? A-t-il été inspiré par ces fêtes orgiaques, ces fêtes des fous qui déshonorèrent les cathédrales du moyen âge? ou bien n'est-il que l'interprétation figurée ou plastique du mot *danse*, qui signifiait à cette époque reproche, leçon, moralité, correction : sens que nous a conservé cette locution populaire : « tu vas *recevoir une danse*, » c'est-à-dire une correction? Ce sont là des questions que nous pouvons indiquer, mais que nous n'avons point à aborder dans une bibliographie. Il en sera de même du nom de danse macabre, donné aux danses des morts, nom si difficile à expliquer. Nous l'abandonnons aux commentateurs.

Les croyances et les courants d'idées qui traversèrent le quatorzième et le quinzième siècle multiplièrent ces sortes de représentations dont il reste encore une quarantaine dans toute l'Europe. La France, l'Allemagne, la Suisse, l'Italie et même l'Angleterre eurent des Danses des morts soit sculptées, soit peintes sur les murs des cimetières et des églises, et dans les galeries des couvents. Bien peu se sont conservées en France, ainsi qu'en Italie : c'est en Allemagne et en Suisse où l'on en retrouve particulièrement les traces. Je ne parlerai point de l'Espagne, peu favorable, à ce qui semble, à ces allégories. Londres eut aussi sa Danse des morts, danse très-remarquable par la richesse de sa composition, et faussement attribuée à Holbein. Cette peinture, exécutée sous le règne de Henri VI, décorait le mur d'un cloître appelé le cimetière du Pardon, auprès de l'église du vieux Saint-Paul, fut détruite, en 1549, par l'ordre du protecteur Sommerset qui gouvernait alors la Grande-Bretagne.

1. *Danses peintes ou sculptées.*

a. Allemagne.

886. *Todten Tantz wie derselbe in der weitberümpten Statt Basel, als ein Spiegel menschlicher Beschaffenheit, gantz künstlich gemahlet und zu sehen ist*, etc. — Bâle, J. Schroter, 1621, in-4, 42 pl. s. cuivre; — *ibid.*, Mieg, 1621 et 1625, in-4, 42 pl.; — Francfort, 1649, 1696, s. d. (1725), in-4, 42 pl. (20 à 50 fr.). — La Dance (*sic*) des morts, telle qu'on la voit dépeinte dans la célèbre ville de Basle, qui représente la fragilité de la vie humaine, comme dans un miroir. Enrichie de tailles douces faites d'après l'original de la peinture, et traduite de l'allemand en françois par les héritiers de feu M. Mathieu Mérian; Berlin, 1698, in-4, 42 pl. (20 à 50 fr.).

Cette Danse des morts de Bâle a été souvent confondue avec celle de Holbein.

En 1439, la peste régnait à Bâle pendant la réunion du concile. Les prélats qui y assistaient firent peindre, en mémoire de ce fléau, par un artiste demeuré inconnu, une danse des morts sur les murs du cimetière touchant au couvent des Dominicains. Cette peinture était surtout précieuse parce qu'elle offrait les portraits des souverains et d'autres grands personnages du temps. En 1561, elle fut retouchée par un habile artiste, Jean-Hugues Klauber, qui y ajouta trois tableaux; elle le fut de nouveau en 1616 et 1703, mais cette fois elle finit par être défigurée. Enfin le mur fut abattu en 1805. Par bonheur, le célèbre graveur Mathieu Mérian en avait fait en 1616 une copie sur cuivre, et les trois premières éditions (deux de 1621 et 1625) parurent sans son nom. Il grava de nouveau cette suite et ce sont ces nouvelles planches qui figurent dans l'édition de 1649 et suivantes, mais déjà avec la mention du nom du graveur. En 1744, le graveur Chovin donna la copie des planches de Mérian et, de là, plusieurs éditions: *La Danse des morts*, etc.; Basle, 1744, 1756, 1789, in-4, 43 pl. (15 à 50 fr.), et une dernière, avec texte allemand, s. d. (1803). Enfin, une nouvelle copie de cette danse a été publiée par Massmann en 1847 (voir le n° suivant).

887. *Die Baseler Todtentänze in getreuen Abbildungen*, etc. — Les Danses des morts de la ville de Bâle fidèlement reproduites. Avec une description historique et une comparaison avec les autres danses des morts allemandes, tant au point de vue de l'ordre des figures qu'à celui des légendes en vers qui les accompagnent. Suivies d'un supplément : La Danse des morts gravée sur bois au XVe siècle; par H.-F. Massmann. Avec 81 fig. sur 22 pl. grav. s. cuivre et 27 pl. lith. — Stuttgart, 1847, pet. in-8 et atlas in-fol.

Cette excellente monographie contient la reproduction en taille-douce de la Danse des morts de Bâle, dont il a été parlé ci-dessus, n° 886, et celle du Petit-Bâle ou de Klingenthal. Cette dernière est *la plus ancienne de toutes celles que l'on connaisse*. Elle était peinte à fresque sur l'une des galeries du couvent des nonnes de Klingenthal, au commencement du XIVe siècle (1312), et est aujourd'hui détruite. Heureusement la bibliothèque de Bâle en possède une copie faite en 1766 par le peintre bâlois Emm. Büchel. Cette Danse a beaucoup de rapports avec celle de Bâle à laquelle elle a dû servir de modèle.

A la suite, on trouve la reproduction en lithographie de la plus ancienne Danse gravée, celle dont la bibliothèque de Heidelberg possède un exemplaire, et dont on trouve la description plus bas, au n° 898.

888. *Der Todtentanz nach einem 320 Jahre alten Gemälde in der St Marienkirche zu Lübeck*, etc. — La Danse des morts d'après une peinture exécutée il y a 320 ans à l'église de Sainte-Marie à Lubeck, avec des vers en haut allemand par N. Schlott, ainsi qu'avec des vers en vieux bas-saxon et des renseignements sur cette danse et autres, par L. Suhl. — Lubeck, 1783, in-4, 4 ff. et 8 pl. in-fol. (5 fr.).

Peinture fort curieuse et célèbre en Allemagne, faite en 1463 par un artiste inconnu, et réparée à diverses époques. Les personnages sont aussi grands que nature.

889. *Ausführliche Beschreibung und Abbildung des Todtentantzes*, etc. — Description détaillée et représentation de la Danse des morts de l'église de Sainte-Marie à Lubeck. — Lubeck, s. d., in-8, 19 pp. et 1 pl.; — nouv. édit., *ibid.*, 1831, in-8.

890. *Der Todtentanz in der Marienkirche zu Lübeck*, etc. — La Danse des morts dans l'église de Sainte-Marie à Lubeck, dessinée et lithographiée par C.-J. Milde. Avec un texte explicatif par W. Mantels. — Lubeck, 1865, gr. in-fol., 8 pl. lith.; — 2e édit., *ibid.*, 1868, gr. in-fol.

891. MANUEL (Nic.). La Danse des morts peinte à Berne, dans les années 1515 à 1520, par Nic. Manuel, et lithographiée (par Bergmann) d'après les copies exactes du célèbre peintre Guill. Stettler (titre franç. et allem.) — Berne, s. d. (1829-31), in-fol., 24 pl. lith. et le portr. de Manuel (20 à 30 fr.).

La Danse des morts de Berne fut exécutée à fresque, sur le mur du jardin du cloître des Dominicains, par l'excellent peintre bernois Nicklaus Manuel, surnommé Deutsch (l'Allemand) dans les années 1515 à 1520. Cette peinture fut retouchée en 1553, mais en 1560 le mur fut abattu et l'œuvre d'art disparut. On en conserve à Berne deux copies à l'aquarelle, l'une d'Albert Kauer, l'autre, plus soignée, de Stettler, d'après laquelle a été faite cette reproduction.

Ici, pour la première fois dans ce siècle, on vit apparaître la vérité et le charme; l'on vit aussi le sentiment et la vie remplacer la raideur (voy. Nagler). Ce n'est pas tout; au mérite de l'exécution vient se joindre aussi le mérite historique; autant de personnages, autant de portraits des contemporains, ou peu s'en faut.

892. *Beschreibung des so genannten Todten-Tantzes, wie selbiger an unterschiedlichen Orten, sonderlich an Hertzog Georgen's Schlosse in Dresden... zu finden.* — Description des Danses des morts qu'on trouve dans divers lieux, et notamment au château du duc Georges à Dresde et qui constitue un monument curieux de la mortalité humaine (par P.-C. Hilscher). — Dresde, 1705, in-8, 128 pp. et une pl.; — Bautzen, 1721, in-8.

Cette Danse des morts de Dresde, bas-relief en grès, exécutée en 1534, pour le château du duc Georges, fut endommagée pendant l'incendie du palais en 1701. Restaurée en 1721, elle se trouve aujourd'hui dans le cimetière de la nouvelle ville. Quoique l'exécution en soit lourde, cette sculpture n'est pas indigne d'attention, surtout pour les costumes. On l'a copiée plusieurs fois pour des ouvrages d'histoire locale.

Dans ce volume, on trouve la description et la reproduction des Danses des morts d'Annaberg, de Leipzig et de Berne.

893. *Der Todtentanz in der Marienkirche zu Berlin*, etc. — La Danse des morts dans l'église de Sainte-Marie à Berlin. Texte par G. Lübke. — Leipzig, Seemann, 1861, in-fol., 48 col. et 4 pl. lith. — 9 fr.

Cette danse, peu connue, est sculptée.

894. *Todtentantz oder Spiegel meschlicher Hinfälligkeit*, etc. — Danse des morts, ou Miroir de la faiblesse humaine, en huit tableaux peints par von Wyl et conservés alors dans le cloître des Jésuites. Fidèlement lithographié d'après l'original par les frères Eglin à Lucerne. Avec un texte (allem. et franç.) par Burkart Leu. — Lucerne, 1843, in-fol. obl. (4 à 6 fr.).

Cette Danse remarquable consistait primitivement en huit tableaux peints par Jacob de Wyl, mort en 1621. L'incendie du monastère en 1636, en a détruit une grande partie, et ce qui a échappé au désastre est maintenant conservé à la bibliothèque de Lucerne.

b. France.

895. Explication de la Danse des morts de la Chaise-Dieu en Auvergne, fresque inédite du XVe siècle, précédée de quelques détails sur les autres monuments de ce genre, par Achille Jubinal. — Paris, 1841, in-4, 5 pl. color. (8 à 15 fr.).

C'est maintenant la seule Danse des morts à peu près complète qui subsiste encore en France sous forme de peinture murale. Elle est très-dégradée. Une copie fidèle s'en trouve aussi dans l'ouvrage de Tudot, *l'Ancienne Auvergne*.

Ce qui distingue cette peinture, c'est que ce n'est pas seulement une danse des morts des hommes, mais une danse des femmes. La mort n'y est point aussi décharnée; elle a même la poitrine d'une femme. Une religieuse et une bourgeoise se voient dans les groupes. Ici, comme dans beaucoup d'autres représentations, la mort conduit par la main le pape, l'empereur, le cardinal, le comte, le chevalier, le page, le bourgeois, le musicien.

c. Italie.

896. *Danza della morta dipinta a fresco sulla facciata della chiesa di S. Lazaro fuori di Como*, etc. — Danse des morts peinte à fresque sur la façade de l'église de Saint-Lazare hors Côme. Lettre de C. Zardetti à Alex. Lucini-Passalacqua. — Milan, 1845, in-8, pl. lith. (tiré à 125 ex., 8 à 10 fr.).

L'Italie a aussi ses Danses des morts peintes et sculptées, mais l'incurie et l'action du temps les ont fait disparaître presque en totalité, sans que les descriptions et les représentations en aient été conservées. La Danse des morts de Côme n'existe plus. On en faisait remonter la peinture au commencement du XIVe siècle.

897. *Trionfo e Danza della morte o Danza macabre a Clusone. Dogma della morte*, etc. — Triomphe et Danse des morts, ou Danse macabre à Clusone. Le Dogme de la mort à Pisogne, dans la province de Bergame, avec des observations historiques et artistiques de Jos. Vallardi, expert pour les choses d'art à la Bibliothèque Ambroisienne. — Milan, 1859, in-4, 3 ff., IV-42 pp. et 2 ff., avec 9 pl. lith. et vign. (10 fr.).

Le Triomphe de la mort peint à fresque sur le mur extérieur de l'église de Clusone remonte à la première moitié du XVe siècle. Les figures sont plus grandes que nature; les têtes sont pleines d'expression et de vie, et, malgré la sécheresse des contours, l'ensemble de la composition est magistral. Le style de cette fresque d'un coloris brillant se rapproche des peintures de Benozzo Gozzoli. Une lithographie reproduit l'ensemble du tableau; une autre donne en grand le dessin des trois principales têtes.

Sur la façade de l'église *della Madonna della Neve* à Pisogne, sur le lac d'Iseo, petite localité proche de Clusone, église connue par les remarquables fresques de Romanino, se voit encore une peinture fort curieuse, représentant le Dogme de la mort, comme étant le passage à la vie éternelle. D'un côté, les orgueilleux, les avares, les voluptueux, reçus par la Mort lançant des flèches : c'est la mort éternelle et matérialiste. D'un autre côté, les vertueux, ceux qui ont méprisé les vanités du monde, marchent, précédés de Jésus-Christ, de la Vierge et d'un groupe de saints, à la rencontre de la mort désarmée : c'est la rédemption, la vie future. Les figures sont presque aussi grandes que nature. Cette peinture remonte à la fin du XVe siècle. Son style, style transitoire entre celui du XIVe et celui du XVe siècle, la ferait attribuer au peintre lombard Ambr. Borgognone de Fossano.

Ce volume contient en outre : 1° la reproduction d'un dessin à la plume d'Albert Dürer, signé et daté de 1514, représentant une Danse des morts; 2° la description d'une Danse des morts sculptée dans l'église des Dominicains à Naples et datée de 1361; 3° la reproduction (coloriée) d'une des quarante miniatures représentant la Danse des morts, tirée d'un manuscrit appartenant à M. Vallardi et attribué par lui à Holbein; 4° la figure d'un enfant, gravée d'après la Danse des morts de Holbein, pour servir de comparaison avec la miniature.

2. *Danses gravées.*

898. *Der Doten Dantz, Des Dodes Dantz* ou *Todtentantz*. — Danse des morts.

Sous ce titre, l'Allemagne a vu paraître, dans la seconde moitié du XVe siècle, plusieurs représentations gravées de la Danse des morts; quelques-unes sont les plus anciennes que l'on connaisse. Elles sont toutes d'une grande rareté. Brunet en a donné la description au mot *Todtentanz*.

La bibliothèque de Heidelberg possède l'exemplaire unique de la plus ancienne danse des morts allemande gravée. Elle remonte aux temps des impressions xylographiques tabellaires, et se compose de 26 gravures pet. in-fol., d'une rudesse primitive. Une édition sans date, mais dont l'impression avec texte (en haut allemand) en caractères mobiles, a dû être exécutée entre 1480 et 1490 à Nuremberg ou à Strasbourg, offre 42 figures sur bois, d'un art déjà très-avancé. On n'en connaît que trois exemplaires; celui de la collection T.-O. Weigel s'est vendu 3,000 fr. en 1872. Une autre édition de la même époque n'a que 41 fig. Bien supérieure encore au point de vue de l'art est celle de Lubeck, pet. in-4 (avec texte en bas-saxon), datée de 1489 et ornée de 59 fig. sur bois. M. Weigel en possédait l'exemplaire unique qui s'est vendu 3,040 fr. On en a fait une nouvelle édition à Lubeck en 1496.

899. La Danse macabre [des hommes]. — Paris, Guy Marchant, 1485, pet. in-fol., 17 fig. s. bois; — *ibid.*, 1486, pet. in-fol., 23 fig. s. bois. = La Danse macabre des femmes. — *Ibid.*, 1486, pet. in-fol., 3 fig. s. bois.

Premières éditions de ces Danses rééditées plusieurs fois avec les mêmes figures, qui ont servi aussi de type à de nombreuses reproductions faites à Paris, Lyon, Rouen, Genève, et à Troyes où la dernière édition en a été donnée en 1729. Pour les détails bibliographiques sur toutes ces éditions, je renvoie au *Manuel* de Brunet, au mot *Danse*.

On croit que les figures des éditions originales ne sont que la reproduction des peintures du Charnier des Innocents. La mort y est représentée entraînant à la fatale danse les hommes et les femmes de toutes les conditions sociales. Les figures, presque au trait, légèrement ombré, se font remarquer par un dessin expressif et correct, malgré sa gothique naïveté. C'est un monument remarquable de la gravure française à son origine.

Toutes les éditions anciennes étant fort rares et d'un prix très-élevé, je signalerai une publication contemporaine : *La Grant Danse macabre des hommes et des femmes*, etc.; Paris, Potier, 1858, pet. in-8, ornée de 87 planches soigneusement gravées sur bois et reproduisant les figures réduites de l'édition de 1486 pour la danse des hommes, et de celle de 1491 pour la danse des femmes.

N'oublions pas d'ajouter que les publications de Guy Marchant ont donné l'idée aux libraires et imprimeurs contemporains et à leurs successeurs d'introduire les sujets des danses des morts dans les bordures des livres d'*Heures*, si recherchés aujourd'hui.

900. La Danse Macabre. — (A la fin :) Cy finist la Dance macabre historiée et augmentée de plusieurs nouveaux personnages et beaux dits. Et les trois mors et trois vifs ensemble nouvellement ainsi composée et imprimée à Paris par Gillet Coustiau et Jehan Menart, 1492, pet. in-fol. goth. à 2 col., 12 ff., avec 19 fig. s. bois.

M. Ambroise Firmin-Didot est l'heureux possesseur de l'unique exemplaire de cette danse macabre. Les figures y sont plus grandes que dans les éditions de Guy Marchant, mais elles n'y sont pas gravées avec autant de finesse ; en revanche, elles les surpassent peut-être par une composition plus dramatique et plus nerveuse.

901. HOLBEIN (Hans). Les Simulachres et historiées faces de la mort, autant élégamment pourtraictes que artificiellement imaginées. — Lyon, Trechsel, 1538, pet. in-4, 52 ff., avec 41 fig. s. bois (300 à 600 fr.). = Les Images de la mort, auxquelles sont adjoustées douze figures, etc. — Lyon, J. Frellon, 1547, pet. in-8, 104 ff., avec 53 fig. s. bois (200 à 400 fr.).

Ce chef-d'œuvre de dessin et de gravure, galerie piquante où l'on voit se succéder de petites scènes fines, originales, hardies, pleines de fantaisie philosophique et qui révèlent le penseur grand artiste, est généralement connu sous le nom de *Danse des morts d'Holbein*. Exécutées à Bâle, ces gravures passèrent ensuite à Lyon. Antérieurement à l'édition de 1538, qui est la première avec texte, il y a eu trois tirages des 41 pl., d'un seul côté du papier; les deux premiers avec l'indication du sujet en allemand, le troisième sans aucun titre. L'édition de 1538 fut suivie de trois autres (deux en 1542, et 1545) avec texte français ou latin et les mêmes 41 pl. Douze nouvelles planches figurent pour la première fois dans l'édition de 1547, et cinq autres éditions, dont la dernière est de 1562, ont encore été tirées sur ces 53 bois originaux. (Pour les détails voir le *Manuel* de Brunet, art. *Holbein*, et ouvrages spéciaux mentionnés plus loin.) Ces *Simulachres* ont été l'objet de près d'une centaine de copies sur bois, sur cuivre et sur pierre (voir les ouvrages de Massmann et de Langlois, ci-dessous). Les meilleures copies modernes sur bois sont celles de Bonner (49 pl. seulement) ajoutées à l'ouvrage de Douce (voir ci-dessous, n° 908); celles de Schlotthauer, sur pierre, sont d'une exquise perfection : *Hans Holbein's Todtentanz, in 53 getreu nach den Holzschnitten lithographirten Blättern, herausgegeben von J. Schlotthauer, mit erklärendem Texte*; Munich, 1832, in-12, 78 p. et 53 fig. (10 à 12 fr.). Ces dernières planches ont servi pour l'édition française : *La Danse des morts*, etc., *expliquée par H. Fortoul*; Paris, s. d. (1842), pet. in-8 (15 à 25 fr.).

Les éditions originales de cette Danse de mort ayant paru sans indication du nom de l'artiste, une discussion s'engagea sur la paternité de cette œuvre, discussion terminée en faveur de Holbein comme dessinateur (voir A. Firmin-Didot, *Essai sur l'histoire de la gravure sur bois*, col. 47 à 69). Plusieurs témoignages portent à croire que Hans Lützelburger, dit Frank, est en grande partie le graveur de ces belles planches.

Quarante-deux dessins de cette suite, des originaux, suivant toute vraisemblance, bien qu'un peu contestés, appartiennent aujourd'hui à M. Ambr. Firmin-Didot, après avoir été jadis en la possession de Rubens. Ces dessins à la plume, légèrement ombrés au bistre, sont d'un tiers plus grands que les gravures.

---

902. RETHEL (Alfred). *Ein Todtentantz aus dem J.* 1848, etc. — Une Danse des morts de 1848. Avec texte explicatif par R. Reinick. — Leipzig, 1849, in-fol. obl., 6 pl. grav. s. b. (cinq édit. dans cette année); — 6e édit.; *ibid.*, s. d. (1857), in-fol., 6 pl.; — 7e édition sous ce nouveau titre: *Auch ein Todtentantz*, etc.; *ibid.*, Schlicke, 1861, in-fol., 6 pl. — 2 fr.

Satire des événements politiques de 1848.

903. MERKEL (Carl). *Bilder des Todes oder Todtentantz für alle Stände*, etc. — Tableaux de la mort, ou Danse des morts pour tous les états; inventé et dessiné par C. Merkel et gravé sur bois par J.-G. Flegel. — Leipzig, 1850, gr. in-8, 14 ff., donnant 25 sujets.

Invention heureuse, spirituelle et bien gravée.

904. POCCI (Fr.). *Todtentantz in Bildern und Sprüchen*, etc. — La Danse des morts : images et sentences; dessinée par Fr. Pocci, gravée sur bois par H. Rühling. — Munich, s. d. (1863), gr. in-4, 12 pl. avec titre et préface.

905. BARTH (Ferd.). *Die Arbeit des Todes. Ein Todtentanz.* — Le Travail de la mort. Danse des morts. — Munich, s. d. (1866), gr. in-4, 25 grav. s. b.

3. *Ouvrages sur les Danses des morts.*

906. LESSING (Gotth.-Ephr.). *Wie Alten den Tod gebildet.* — Comment les anciens ont représenté la Mort. Étude. — Berlin, 1769, in-8, 4 ff. et 87 pp., avec 7 pl. et vign. (2 fr.); — *ibid.*, 1800, in-8, fig.; — *ibid.*, 1839, in-8, avec 6 pl.; — nouv. édit.; Stuttgart, Göschen, 1870, gr. in-16, IV-52 pp. et 7 pl. grav.; — trad. en franç. dans le *Recueil des pièces intéressantes concernant les antiquités, les beaux-arts*, etc. (par Jansen et Kruthofer); Paris, 1786-96, 6 vol. in-8.

907. PEIGNOT (Gabriel). Recherches historiques et littéraires sur les danses des morts et sur l'origine des cartes à jouer. — Dijon et Paris, 1826, in-8, 5 lith. et vign. (20 fr.).

908. DOUCE (Fr.). *The Dance of Death, exhibited in elegant engravings on wood*, etc. — La Danse des morts représentée en élégantes gravures sur bois, avec une dissertation sur les diverses représentations de ce sujet et particulièrement sur celles attribuées à Macabre et à H. Holbein. — Londres, 1833, in-8, avec 54 pl. (20 fr.); — nouv. édit. sous ce titre : *Holbein's Dance of Death, exhibited*, etc.; London, 1858, in-8, 147 fig. (10 à 15 fr.).

Excellente monographie, surtout en ce qui concerne le chef-d'œuvre d'Holbein. La première édition contient la copie des 49 figures de la Danse des morts d'Holbein, supérieurement gravée par Bonner et Byfield, et 5 autres planches de spécimens des Danses. La nouvelle édition n'est qu'une réimpression textuelle de la première, mais on y a ajouté des copies de l'*Alphabet de la mort* de Holbein (voir Brunet, *Manuel*) et aussi celles des figures de sa célèbre Bible (90 fig. grav. par J. Byfield et sa sœur), précédées d'une introduction de Th.-Fr. Dibdin. Cette seconde partie avait déjà été publiée séparément : *Icones Biblicæ, or Illustrations of the Bible*, etc.; Londres, 1834, in-8, fig.

909. MASSMANN (H.-F.). *Literatur der Todtentänze.* — Bibliographie des Danses des morts. — Leipzig, 1840, in-8 (6 à 8 fr.).

L'ouvrage estimé et le plus complet sur cette matière.

910. NAUMANN (F.). *Der Tod in allen seinen Beziehungen*, etc. — La Mort envisagée sous toutes ses faces, comme avertisseur, consolateur et personnage satirique. — Dresde, 1844, in-12, avec 3 pl. (3 fr.)

911. SCHULTZ JACOBI (J.-C.). *De nederlandsche Doodendans.* — Des Danses des morts hollandaises. — Utrecht, 1849, in-8, 36 pp. et 3 pl. de fac-sim. grav. sur pierre.

912. LANGLOIS (E.-H.). Essai historique, philosophique et pittoresque sur les Danses des morts. Accompagné de cinquante-quatre planches et de nombreuses vignettes... Suivi d'une lettre de M. G. Leber et d'une note de M. Depping sur le même sujet. Ouvrage complété et publié par MM. A. Pottier et A. Baudry. — Rouen, 1852, 2 vol. in-8, fig. (20 à 30 fr.).

Ouvrage estimable, contenant de nombreux renseignements bibliographiques et d'excellents spécimens des principales Danses des morts.

913. KASTNER (Jean-Georges). Les Danses des morts. Dissertations et recherches historiques, philosophiques, littéraires et musicales sur les divers monuments de ce genre qui existent ou qui ont existé tant en France qu'à l'étran-

ger, accompagnées de la Danse macabre, grande ronde vocale et instrumentale, paroles d'Édouard Thierry, musique de G. Kastner, et d'une suite de planches représentant des sujets tirés d'anciennes danses des morts des XIVe, XVe, XVIe, et XVIIe siècles, la plupart publiées en France pour la première fois, etc. — Paris, 1852, in-4, avec 5 tabl., 20 pl. et 44 pp. de musique (25 fr.).

C. — EXPOSITIONS DES BEAUX-ARTS : LIVRETS, CRITIQUES DES SALONS.

1. *France.*

914. MONTAIGLON (Anat. de). Le Livret de l'Exposition faite en 1673 dans la cour du Palais-Royal, réimprimé avec des notes et suivi d'un Essai de Bibliographie des Livrets et des Critiques de Salons depuis 1673 jusqu'en 1851. — Paris, 1852, in-12, IV-87 pp.

Pour se conformer au désir du roi, l'Académie de peinture et de sculpture décida en 1663 que tous les ans, le premier samedi de juillet, les œuvres de ses membres seraient exposées dans les salles de ses séances. Or ce projet ayant rencontré des difficultés, Colbert régla, en 1666, que ces expositions n'auraient lieu que tous les deux ans et pendant la semaine sainte. La première fut ouverte en 1667. Les six suivantes (1669, 1671, 1673, 1675, 1681 et 1683) eurent lieu dans la galerie du Palais-Royal et dans la cour du palais Brion ou hôtel Richelieu. A partir de la huitième, celle de 1699, elles eurent lieu dans la grande galerie du Louvre, et plus souvent dans le *salon carré*, entre cette galerie et celle d'Apollon : de là le nom de *Salon*. Après les expositions de 1704 et de 1706, il y eut interruption jusqu'en 1725 (11e exp.), et apres l'expositon restreinte de 1727, elles furent suspendues jusqu'à celle de 1737 (13e), ordonnée par Orry, contrôleur général des bâtiments. C'est de cette exposition, que date plus spécialement la fondation des Salons qui se renouvelèrent tous les ans jusqu'en 1751 (excepté les années 1744 et 1749), époque à laquelle on laissa l'intervalle d'une année entre chaque exposition. La périodicité annuelle recommença en 1795 et dura jusqu'en 1802, et elle fut encore reprise en 1833, après les expositions de 1804-6-8-10-12-14-17-19-22-24-27-31. Cet état de choses se prolongea jusqu'en 1853 (sauf l'année 1851), où recommença la périodicité biennale. Enfin, depuis 1863, le Salon est ouvert tous les ans.

La publication régulière des Livrets ne date que de l'exposition de 1737. Sur les douze précédentes, il n'existe que *trois* livrets (1673, 1699 et 1704). Celui de 1673 est si rare qu'on n'en connait que trois exempl., et c'est pourquoi M. de Montaiglon l'a réimprimé en tête du volume ci-dessus, avec des notes fort utiles.

L'Essai de bibliographie des livrets et des critiques de Salons jusqu'en 1851, qui suit cette réimpression, est un travail d'un grand mérite. Non-seulement l'auteur y donne la scrupuleuse indication des brochures ou volumes publiés sur les Salons, mais aussi celle des articles insérés dans les journaux et les revues. Des notes bibliographiques et littéraires accompagnent souvent ces renseignements. Certes cette bibliographie n'est pas complète, mais ce qui y manque est d'une importance secondaire. Les lacunes qui y existent pour la période antérieure à l'année 1801 sont comblées dans la publication que j'indique au numéro suivant. Il est à désirer que l'Essai de bibliographie de M. de Montaiglon, complété et conduit jusqu'à nos jours, soit entrepris et publié ; ce serait un guide précieux pour les historiens de l'art contemporain dans notre pays.

914 *bis*. Collection des Livrets des anciennes Expositions depuis 1673 jusqu'en 1800 (publiée par J.-J. Guiffrey). — Paris, Liepmanssohn, 1869-1872, 42 pet. vol. in-16. = Table générale des artistes ayant exposé aux Salons du XVIIIe siècle, suivie d'une Table de la Bibliographie des Salons. Précédée de notes sur les anciennes Expositions et d'une Liste raisonnée des Salons de 1801 à 1873, par J.-J. Guiffrey. — Paris, Baur, 1873, in-16, LXXII-91 pp. — Tiré à petit nombre : 60 fr.

M. Guiffrey a fait une œuvre méritoire en réimprimant tous les livrets de nos expositions des beaux-arts jusqu'au commencement de ce siècle. En tête de chaque livret, on trouve une notice bibliographique sur ce même livret et sur les critiques du Salon : c'est le travail de M. de Montaiglon, corrigé et complété. M. Guiffrey a aussi donné, dans son dernier volume, la bibliographie des Livrets de 1801 à 1873, ce qui me dispensera d'indiquer une longue série de catalogues. Il ne me reste donc qu'à continuer le travail bibliographique de M. de Montaiglon des Critiques des Salons depuis 1852, en me bornant aux seuls volumes et sans toucher à la nomenclature des articles des journaux et revues, ce qui serait sortir du cadre de cet ouvrage.

Parmi ces Critiques antérieures à l'année 1852 je signalerai les admirables Salons de Diderot (Salons de 1761, 1765, 1767 et 1769), dont le premier ne fut publié qu'en 1795 avec l'*Essai sur la peinture*, et les trois autres, dans les *Œuvres complètes*, Paris, 1821-22, t. VIII-X. Il n'est pas permis non plus de passer sous silence *le Salon de* 1810, par M. Guizot, et les Salons de 1822 et de 1824 par M. Thiers.

915. Livrets des Expositions de l'Académie de Saint-Luc à Paris pendant les années 1751, 1752, 1753, 1756, 1762, 1764 et 1774. Avec une Notice bibliographique et une Table. (Publié par J.-J. Guiffrey.) — Paris, Baur et Détaille, 1872, in-16, XVI-176 pp. et 1 f. — Tiré à 400 ex. : 7 fr. 50.

Réimpression de ces Livrets rares. L'Académie de Saint-Luc se faisait ainsi rivale de l'Académie royale de peinture et de sculpture.

915 *bis*. Notes et documents inédits sur les Expositions du XVIIIe siècle, recueillis et mis en ordre par J.-J. Guiffrey. — Paris, Baur, 1873, in-16, LVI-142 pp. — Tiré à 150 ex. : 10 fr.

---

916. ENAULT (Louis). Le Salon de 1852. — Paris, 1852, in-16.

917. GIRAM. Examen critique des principaux ouvrages en peinture et en sculp-

ture de l'exposition de 1852. — Paris, 1852, in-12.

918. GONCOURT (Edm. et Jules de). Salon de 1852 : peinture, dessin, sculpture, gravure, lithographie. — Paris, 1852, in-12, 146 pp.

919. GRÜN (Alph.). Salon de 1852. — Paris, 1852, in-12, 2 ff. et 125 pp.

920. LOUDUN (Eug.). Le Salon de 1852. — Paris, 1852, in-18.

921. VIGNON (Claude). Salon de 1852. — Paris, 1852, in-18, 156 pp.

922. BOYELDIEU-D'AUVIGNY (L.). Guide aux Menus-Plaisirs. Salon de 1853. — Paris, 1853, in-18.

923. DÉON (Horsin). Rapport sur le Salon de 1853, lu le 19 juin à l'assemblée générale annuelle de la Société libre des beaux-arts. — Paris, 1853, in-8.

924. HENRIET (Fréd.). Coup d'œil sur le Salon de 1853. — Paris, 1853, in-8.

925. VIGNON (Cl.). Salon de 1853. — Paris, 1853, in-18, 123 pp.

926. MATHERON (Laur.). Exposition de la Société des amis des arts de Bordeaux. 1853. Revue critique. — Bordeaux, 1853, in-18.

927. MARSUZI DE AGUIRRE (Cam.). Lettre à M. Paul Lacroix (bibliophile Jacob) sur l'exposition belge de 1854. — Paris, 1854, in-8, 64 pp.

928. ABOUT (Edm.). Voyage à travers l'Exposition des beaux-arts (peinture et sculpture). — Paris, 1855, in-16, 270 pp.

929. DELÉCLUZE (E.-J.). Les Beaux-Arts dans les deux mondes en 1855. — Paris, 1856, in-18, XII-432 pp.

930. DÉON (H.). Rapport sur l'Exposition universelle des beaux-arts, le 17 juin 1855, etc. — Paris, 1855, in-8, 48 pp.

931. DU CAMP (Maxime). Les Beaux-Arts à l'exposition universelle de 1855. Peinture, sculpture. France, Angleterre, Belgique, Danemark, Suède et Norvége, Suisse, Hollande, Allemagne, Italie. — Paris, 1855, in-8.

932. DUPLESSIS (Georges). La Gravure française au Salon de 1855. — Paris, 1855, in-18, 35 pp.

933. DUVAL (Ch.-L.), peintre. Exposition universelle de 1855. Beaux-Arts. — Meaux, 1856, in-12.

934. DUVAL (Ch.-L.). Exposition universelle de 1855. L'École française. Palais Montaigne. — Paris, 1856, in-18.

935. ETEX (Ant.). Essai d'une revue synthétique sur l'exposition universelle de 1855, suivi d'un coup d'œil jeté sur l'état des beaux-arts aux Etats-Unis. (Précédé du Discours prononcé sur la tombe de Pradier et de celui qui devait être prononcé sur la tombe de David d'Angers.) — Paris, 1856, gr. in-8.

936. GAUTIER (Th.). Les Beaux-Arts en Europe, 1855. — Paris, 1855-56, 2 vol. in-18.

937. GEBAUER (Ernest). Les Beaux-Arts à l'exposition universelle de 1855. — Paris, 1855, in-18.

938. GONCOURT (Edm. et J. de). La Peinture à l'Exposition de 1855. — Paris, 1855, in-18, 52 pp. (Tiré à 42 ex.)

939. LA ROCHENOIRE (J. de). Exposition universelle des beaux-arts. Le Salon de 1855 apprécié à sa juste valeur. — Paris, 1855, in-8.

940. LAVERGNE (Claudius). Exposition universelle de 1855. Beaux-Arts. Compte rendu extrait du journal l'*Univers*. — Paris, 1855, in-8.

941. LOUDUN (Eug.). Exposition universelle des beaux-arts. Le Salon de 1855. — Paris, 1855, in-8.

942. SAINT-AMOUR (Edouard). Exposition universelle. Causerie artistique. Beaux-Arts, peinture. — Lille, 1856, in-8.

943. VALLEYRES. Exposition des beaux-arts de 1855. Peinture. Souvenirs d'un spiritualiste. — Paris, 1856, in-8. (Extrait du journal l'*Illustration*.)

944. VIGNON (Cl.). Exposition universelle de 1855. Beaux-Arts. — Paris, 1855, in-18.

945. Visites et études de S. A. I. le prince Napoléon au Palais des beaux-arts, ou Description complète de cette exposition (Peinture, sculpture, gravure, architecture), etc. — Paris, 1856, in-18, (Deux édit.)

946. Ville d'Orléans. Exposition de peinture et d'objets d'art (405 n^{os}), à l'occasion de l'inauguration de la statue équestre de Jeanne d'Arc, 8 mai 1855. — Orléans, 1855, in-12.

947. Livret explicatif des ouvrages de peinture, sculpture, dessin, gravure, etc. (360 numéros), admis à l'exposition de la Société artistique des Bouches-du-Rhône, dans les salles du Musée de Marseille. — Marseille, 1855, in-32.

948. Livret explicatif des ouvrages de peinture, sculpture, dessin, gravure, etc., admis à l'exposition de la Société artistique des Bouches-du-Rhône, dans les salles du Musée de Marseille. 1856 (405 numéros). — Marseille, 1856, in-16.

949. Livret explicatif des ouvrages de peinture, sculpture, dessin, gravures, admis à l'exposition de la Société des amis des arts de Lyon. 1855-56 (611 numéros). — Lyon, 1856, in-16.

950. ABOUT (Edm.). Nos Artistes au Salon de 1857.—Paris, 1858, in-18, 384 pp.

951. AUVRAY (L.). Exposition des beaux-arts. Salon de 1857. — Paris, 1857, in-12, 120 pp.

952. CASTAGNARY. Philosophie du Salon de 1857. — Paris, 1858, in-18, 106 pp.

953. DU CAMP (Max.). Le Salon de 1857. Paris, 1857, in-18 j., 191 pp.

954. LOUDUN (E.). Le Salon de 1857. Exposition des beaux-arts. — Paris, 1858, in-8.

955. PERRIER (Ch.). L'Art français au Salon de 1857. Peinture, sculpture, architecture. — Paris, 1857, in-18 j., XI-192 pp.

956. BRISSOT (Jos.). Le Salon de 1858 à l'Exposition de Dijon. — Dijon, 1858, in-8, 103 pp.

957. SCHALER (Aug.). Les Beaux-Arts à l'Exposition de Dijon. — Dijon, 1858, in-8, 93 pp.

958. ASTRUC (Zach.). Les Quatorze stations du Salon. 1859. Suivies d'un récit douloureux. Préface de George Sand.— Paris, 1859, in-18 j., VIII-408 pp.

959. AUBERT (Maur.). Souvenir du Salon de 1859, contenant une appréciation de la plupart des œuvres admises à cette exposition des beaux-arts, et résumé sommaire des critiques contradictoires, extraites des journaux et revues. — Paris, 1859, in-18, 367 pp.

960. AUVRAY (L.). Exposition des beaux-arts. Salon de 1859. — Paris, 1859, in-12, 108 pp.

961. DU CAMP (Max.). Le Salon de 1859. — Paris, 1859, in-18 j., 215 pp.

962. DUMAS (Alex.). L'Art et les Artistes contemporains au Salon de 1859. — Paris, 1859, in-18 j., 192 pp.

963. DUMESNIL (H.). Le Salon de 1859. — Paris, 1859, in-18 j., 234 pp.

964. DUVIVIER (J.-H.). Salon de 1859. Indiscrétions.— Paris, 1859, in-12, 24 p.

965. JOURDAN (Louis). Les Peintres français. Salon de 1859. — Paris, 1859, in-18 j., 215 pp.

966. STEVENS (Mathilde). Impressions d'une femme au Salon de 1859. — Paris, 1859, in-18, 144 pp.

967. ASTRUC (Zach.). Beaux-Arts. Le Salon intime, exposition au boulevard des Italiens. Avec une préface extraordinaire. Eau-forte de Carolus Duran. — Paris, Poulet-Malassis, 1860, gr. in-18, 108 pp.

968. NEYRET-SPORTA. Salon marseillais de 1859. — Marseille, Camoin, 1860, in-16, 127 pp. — 2 fr.

969. PARROCEL (E.). Le Salon marseillais de 1860. — Marseille, 1860, in-16, 118 pp.

970. ADHÉMAR (J.). Beaux-Arts et artistes. — Paris, Lacroix, 1861, in-18 j., 216 pp. — 2 fr.

971. AUVRAY (L.), statuaire. Exposition des Beaux-Arts. Salon de 1861.— Paris, 1861, in-12, 108 pp. — 1 fr.

972. CANTALOUBE (A.). Lettre sur les expositions et le Salon de 1861. — Paris, Dentu, 1861, in-18 j., 120 pp. — 2 fr.

973. FOUQUIER (H.). L'Art officiel et la Liberté. Salon de 1861. — Paris, Dentu, 1861, in-12, 54 pp. — 1 fr.

974. GAUTIER (Théoph.). Abécédaire du Salon de 1861. — Paris, Dentu, 1861, in-18 j., 417 pp. — 3 fr.

975. JEANRON (A.), ancien directeur général des musées. Des Expositions des beaux-arts ; ce qu'elles sont ; ce qu'elles devraient être. — Paris, 1861, in-8, 16 pp.

976. LA FIZELIÈRE (Alb. de). A-Z, ou le Salon en miniature. — Paris, Poulet-Malassis, 1861, in-12, 48 pp.

977. MERSON (Oliv.). La Peinture en France. Exposition de 1861. — Paris, Dentu, 1861, in-18 j., XIV-418 pp. et 2 vign. — 4 fr.

978. AUVRAY (L.). Exposition des beaux-arts. Salon de 1863. — Paris, A. Lévy, 1863, in-8, 144 pp. — 2 fr.

979. DAUBAN (C.-A.). Le Salon de 1863. — Paris, Renouard, 1863, in-8, 58 pp.

980. ETIENNE (Louis). Le Jury des exposants. Salon des refusés.— Paris, Dentu, 1863, in-8, 77 pp. — 1 fr.

981. SAULT (C. de). Essai de critique d'art. Salon de 1863. — Musée Campana. — Paris, Michel Lévy, 1863, in-12. — 3 fr.

982. ABOUT (Edm.). Salon de 1864. — Paris, Hachette, 1864, in-18 j., 309 pp. — 3 fr. 50.

983. AUVRAY (L.). Exposition des beaux-arts. Salon de 1864. — Paris, A. Lévy, 1864, in-8, 120 pp. — 2 fr.

984. GUEULETTE (Ch.). Quelques paroles inutiles sur le Salon de 1864. — Paris, Castel, 1864, in-8, 33 pp. — 50 c.

985. SEIGNEUR (Geor.), avocat. Le Salon de 1864. Impressions de M. de la Palisse. — Paris, Dentu, in-8, 32 pp. — 1 fr.

986. DES GRANGES (Fréd.). L'Art en province. Train de plaisir à travers l'exposition artistique de Limoges. Peinture, sculpture, céramique. Mai 1864. — Paris, Didier, 1864, in-8, 176 pp. — 3 fr.

987. AUVRAY (L.). Exposition des beaux-arts. Salon de 1865. — Paris, A. Lévy, 1865, in-8, 125 pp. — 2 fr.

988. DARCEL (Alfr.). Beaux-Arts. Les Artistes normands au Salon de 1865. — Rouen, 1866, in-12, 63 pp.

989. GALLET (L.). Le Salon de 1865. Peinture, sculpture. — Paris, Le Bailly, 1865, gr. in-18, 36 pp. — 1 fr.

990. JAHYER (Félix). Étude sur les beaux-arts. Salon de 1865. — Paris, Dentu, 1865, in-18 j., 288 pp. — 1 fr.

991. JANKOVITZ (V. de). Etude sur le Salon de 1865. — Besançon, Jacquin, 1866, in-8, 88 pp.

992. PRIVAT (Gonz.). Place aux jeunes. Causeries critiques sur le Salon de 1865. Peinture, sculpture, gravure, architecture. — Paris, Cournol, 1865, in-18, 234 pp. — 2 fr.

993. TAINTURIER (A.). Le Salon de 1865. Artistes bourguignons et francs-comtois. — Dijon, Rabutot, 1865, in-8, 52 pp. — 2 fr.

994. TALBOT (Georges). Quatorzième Exposition de la Société des amis des arts de Bordeaux. La Peinture. Mars-mai 1865. — Bordeaux, 1866, in-12, 144 p.

995. Exposition des beaux-arts et de l'industrie à Toulouse, dans les bâtiments de l'ancien monastère des Jacobins. Année 1865. — Toulouse, impr. Vignier 1867, in-8, LIX-855 pp.

996. ABOUT (Edm.). Salon de 1866. — Paris, Hachette, 1867, in-18 j., 337 pp. — 3 fr. 50.

997. AUVRAY (L.). Exposition des beaux-arts. Salon de 1866. — Paris, Renouard, 1866, in-8, 128 pp. — 2 fr.

998. DARCEL (Alf.). Beaux-Arts. Les Artistes normands au Salon de 1866. — Rouen, 1866, in-12, 52 pp.

999. JAHYER (F.). Deuxième Étude sur les beaux-arts. Salon de 1866. — Paris, libr. centr., 1866, in-18 j., 296 pp. — 3 fr.

1000. SAINT-JULIEN (Ch. de). Salon de 1866. Lettres à la *France littéraire*, de Lyon, sur l'Exposition des beaux-arts. — Roanne, impr. Ferlay, 1867, in-8, 77 pp.

1001. Salon de 1866. — Paris, A. Le Chevalier, 1866, in-8, 32 pp. — 50 c.

1002. AUVRAY (L.). Exposition des beaux-arts. Salon de 1867. — Paris, Renouard, 1867, in-8, 136 pp. — 2 fr.

1003. BONIN (A.). Etudes sur l'art contemporain. Les Ecoles françaises et étrangères en 1867. — Paris, Dentu, 1868, in-18 j., 141 pp.

1004. DARCEL (Alf.). Beaux-Arts. Les Artistes normands au Salon de 1867. — Rouen, 1867, in-12, 47 pp.

1005. DU CAMP (Max.). Les Beaux-Arts à l'Exposition universelle et aux Salons de 1863, 1864, 1865, 1866 et 1867. — Paris, Renouard, 1867, in-18 j., 358 pp. — 3 fr. 50.

1006. DURET (Théod.). Les Peintres français en 1867. — Paris, Dentu, 1867, in-18 j., 179 pp. — 2 fr.

1007. RANZI (Marcello). Les Beaux-Arts italiens à l'Exposition universelle de Paris, 1867. — Paris, Dramard-Baudry, 1867, in-18, 72 pp. — 75 c.

1008. RAYMON. Les Beaux-Arts en 1867. — Paris, Renouard, 1867, in-8, 23 pp. — 75 c.

1009. BOISSIN (Firmin). Salon de 1868. Etudes artistiques. — Paris, Douniol, 1868, in-8, 96 pp.

1010. BÜRGER (W.). Salons de 1861 à 1868, avec une Préface par T. Thoré. — Paris, Renouard, 1870, 2 vol. in-18 j., avec portr. — 10 fr.

1011. NAVERY (Raoul de). Le Salon de

1868. — Paris, Libr. centr., 1869, in-18 j., 105 pp. — 3 fr. 50.

1012. PIERRE (Paul). Un Chercheur au Salon, 1868. Peinture. Les inconnus, les trop peu connus, les méconnus, les nouveaux et les jeunes. — Paris, Maillet, 1868, in-18 j., 143 pp. — 1 fr.

1013. Catalogue de l'Exposition des beaux-arts de la ville d'Arras en 1868. — Arras, 1868, in-16, XVI-123 pp.

1014. Livret explicatif des ouvrages d'art admis à l'Exposition de la Société des amis des arts de Pau. Exposition de 1868, du 27 février au 27 avril. — Pau, 1868, gr. in-32, 81 pp. — 50 c. = Le même : Exposition de 1870. — *Ibid.*, 1870, in-16.

1015. ANDRÉ (Henry d'). Pendant les giboulées. Stations d'un étranger humoriste au Salon des beaux-arts de Pau. — Pau, 1868, pet. in-8, 96 pp.

1016. MAZE (Em.). Les Beaux-Arts à Pau. Salon de 1868. — Pau, 1869, in-8, 65 pp.

1017. AUVRAY (L.). Le Salon de 1869. — Paris, Renouard, 1870, in-8, 115 pp.

1018. JOUIN (H.). Les Journaux et la Critique d'art (juin 1868-juin 1869). — Angers, 1870, in-8, 94 pp.

1019. PÉRIER (Paul-Casimir). Propos d'art à l'occasion du Salon de 1869. Revue du Salon. — Paris, M. Lévy, 1869, in-18 j., VIII-332 pp. — 3 fr.

1020. Livret explicatif des ouvrages de peinture, sculpture, dessin, gravure, etc., admis à l'Exposition de la Société des amis des arts de Lyon, fondée en 1836. 31e exposition, 1867. — Lyon, 1867, in-32, XXXVII-150 pp. — 50 c. = Le même : 32e exposition, 1868. — *Ibid.*, 1868, in 32... = Le même : 33e exposition, 1869. — *Ibid.*, 1869, in-32, XXXVI-153 pp. — 50 c.

1021. Catalogue de l'Exposition des beaux-arts de la ville de Moulins en 1869. — Moulins, 1869, in-18, 72 pp. — 50 c.

1022. Explication des ouvrages de peinture, sculpture, architecture, gravure, lithographie, etc. (Exposition de 1869.) — Reims, 1869, gr. in-18, 68 pp. — 50 c.

1023. SAINT-AMOUR (Edouard). Exposition de Roubaix. Beaux-Arts, peinture. Causerie. — Lille, 1870, in-8, 94 pp.

1024. Catalogue de la 22e Exposition municipale des beaux-arts, ouverte au Musée de Rouen, le 8 avril 1869. — Rouen, 1869, in-12, 111 pp.

1025. Catalogue des ouvrages de peinture, sculpture et gravure d'artistes vivants exposés à Strasbourg du 13 juin au 5 juillet 1868 par la Société des amis des arts de Strasbourg. — Strasbourg, 1868, in-16, 31 pp. = Le même : Exposition de 1869. — *Ibid.*, 1869, in-18, 19 pp.

1026. GOUJON (J.). Beaux-Arts. Salon de 1870. Propos en l'air. — Paris, 1870, in-32, 169 pp.

1027. GRILLOT (Ch.). Le Salon de Nancy en 1870. — Nancy, 1870, in-8, 33 pp.

1028. Description des ouvrages de peinture, sculpture, architecture, dessins et pastels exposés par la Société des Amis des arts du département de Seine-et-Oise, dans la galerie municipale de l'hôtel de ville de Versailles, le 11 oct. 1868. — Versailles, 1868, in-18, 46 pp. — 50 c. = La même : 18e Exposition versaillaise (1870). — *Ibid.*, 1870, in-12, 50 pp. — 50 c.

2. *Étranger.*

1029. (HARTMANN, F.). *Ueber Kunstausstellungen und Kunstkritik.* — Les Expositions des beaux-arts et la Critique d'art. (Extrait du journal *Phöbus*, de 1808.) — Dresde, 1810, in-4 (1 fr.).

1030. (LANGER et SCHELLING.). *Program der Kunst-Ausstellung und Preis-Ertheilung*, etc. — Programme de l'Exposition des beaux-arts et la distribution des prix à l'Académie royale des beaux-arts de Munich, en 1814. Avec six esquisses. — Munich, 1814, in-fol., pl. lith. (1 fr.).

1031. (SCHOLL, A., et KUGLER, F.). *Bericht über die Berliner Kunstausstellung im J.* 1836. — Examen de l'Exposition des beaux-arts de Berlin en 1836. — Berlin, 1836, in-8 (1 fr.).

1032. (KLEIN). *Bericht über die Berliner Kunstausstellung im J.* 1838. — Examen de l'Exposition des beaux-arts de Berlin en 1838. — Berlin, 1838, in-8 (1 fr.).

1033. *Raisonirte Bericht über die Berliner Kunstausstellung im J.* 1839. — Examen raisonné de l'Exposition des beaux-arts de Berlin en 1839. — Berlin, 1839, in-8 (1 fr.).

1034. *Die Berliner Kunstausstellung im J.* 1840. — Exposition des beaux-arts de Berlin en 1840.— Berlin, 1840, in-8 (1 fr.).

1035. *Die sechste Kunst-und Gewerbe-Ausstellung in Königsberg*, etc. — Sixième Exposition des beaux-arts et de l'industrie à Königsberg. Recueil des feuilles volantes avec additions de K.-A. Jachmann, K. Rozenkranz, F. Zander et autres. Publié par E.-A. Hagen. — Königsberg, 1836, in-8 (1 fr.).

1036. *Beschreibung der diessjährigen Gemälde-Ausstellung*, etc. — Description de l'Exposition des œuvres de peinture de cette année à Königsberg, Danzig, Stettin et Breslau. Publié par E.-A. Hagen. — Königsberg, 1837, in-8 (1 fr.).

1037. *Die Hamburger Kunstausstellung im Jahr* 1837. — L'Exposition des beaux-arts de Hambourg en 1837. — Hambourg, 1837, in-fol., pl. lith. (7 fr.).

1038. *Der Hamburger Salon von* 1841. — Le Salon de Hambourg en 1841. — Hambourg, 1841, in-8 (1 fr.).

1039. *Fortegnelse over Kunstacademiets aarlige Udstillinger.* — Catalogue d'expositions annuelles de l'Académie des beaux-arts. — Copenhague, 1841-58, in-8.

1040. WIBORG (K.-F.). *Konstudstillingen i* 1841. — Exposition des beaux-arts en 1841. — Copenhague, 1841, in-4, 48 pp. et 15 grav.

1040 *bis*. WIBORG (K.-F.). *Konstudstillingen i* 1844, etc. — Exposition des beaux-arts en 1844, considérée au point de vue de l'art danois. — Copenhague, 1844, in-8, IV-120 pp.

1041. JOCHUMSEN (Cl.). *Kunstudstillingen i* 1850. — Exposition des beaux-arts en 1850. — Copenhague, 1850, in-8.

1042. SULZBERGER (Max). Exposition des beaux-arts à Bruxelles. Le Salon de 1860. — Bruxelles, 1860, gr. in-8, avec 4 photogr. (5 fr.).

D. — ÉCRITS PÉRIODIQUES GÉNÉRAUX SUR LES BEAUX-ARTS (1).

(Pour les écrits périodiques sur l'*Art chrétien*, voy. plus loin : ARCHÉOLOGIE DU MOYEN AGE ; — pour ceux qui traitent spécialement de l'*Archéologie classique*, de l'*Architecture*, etc., voy. à leur division respective.)

1043. Mémoires pour l'histoire des sciences et des beaux-arts, etc. (publié par les PP. Catrou, Tournemine, Buffier, Du Cerceau, Brumoy, Rouillé, Berthier, Mercier, abbé de Saint-Léger, etc.). — Trévoux et Paris, 1701-67, 878 part. en 265 vol. pet. in-12. = Journal des sciences et des beaux-arts (par l'abbé Aubert). — *Ibid.*, 1768-75, 32 vol. pet. in-12. = Journal des sciences et des beaux-arts (par J. et J.-L. Castillon). — *Ibid.*, 1776-78, 18 vol. gr. in-12. — Ensemble 315 vol. (350 fr.). = Table méthodique des Mémoires de Trévoux (1701-75), par le P. P.-C. Sommervogel. — Paris, Durand, 1864-65, 2 part. en 3 vol. in-12. — 12 fr.

C'est dans le monde entier le premier recueil périodique où l'on se soit occupé des questions d'art. Fondé en avril 1701, il paraissait tous les mois. Les collections bien complètes sont difficiles à trouver.

1044. *Kunstzeitung der kais. Academie zu Augsburg.* — Gazette des beaux-arts de l'Académie impériale d'Augsbourg. — Augsbourg, 1770-71, 2 vol. in-8 (4 à 5 fr.).

1045. MURR (Chr. Gottl. von). *Journal zur Kunstgeschichte und zur allgemeinen Literatur*, etc. — Journal pour servir à l'histoire de l'art et de la littérature en général. — Nuremberg, 1775-1789, 17 part. in-8. = *Neues Journal zur Literatur und Kunstgeschichte.* — Leipzig, 1798-99, 2 part, in-8, 3 pl.

1046. *Transactions of the Society instituted at London for the Encouragement of Arts*, etc. — Mémoires de la Société fondée à Londres pour l'encouragement des arts, manufactures et commerce.—Londres, 1783-1845, 99 vol. in-8 (avec Index), fig. ;—nouv. série: *ibid.* 1846-48, 2 vol. p. in-4, fig. ;—(Remplacé par) *Journal of the Society of Arts, and of the Institutions in Union with it*; *ibid.*, 26 nov. 1552-10 juin 1872, 20 vol. gr. in-8, fig. — Index de ces 10 premiers vol., *ibid.*, 1863, gr. in-8.

Pour d'autres publications et les Catalogues des Expositions de cette Société, voir le t. X du *Bibliographer's Manual* de Lowndes, *Appendix*, par Bohn, p. 97-98.

1047. *Algemeene Konst-en letterbode.* — Messager universel des beaux-arts et de la littérature. — Haarlem, 1re série, 1788-1800, 14 vol. in-4 ; 2e série, 1801-52, 104 vol. in-8 ; 3e série, 1853-60 (?), 8 vol. in-4 (120 à 150 fr.).

Recueil qui donne des renseignements les plus complets sur tout ce qui regarde les beaux-arts et les lettres dans les Pays-Bas pendant cette période.

(1) Il est fort difficile de recueillir des renseignements bibliographiques complets sur les écrits périodiques. La plupart du temps les grands ouvrages de bibliographie sont sur ce point insuffisants ou muets. C'est pourquoi j'ai dû mettre un point d'interrogation là où je n'ai pu donner toutes les indications nécessaires.

1048. *Monatsschrift der Academie der Künste und mechanischen Wissenschaften zu Berlin.* — Gazette mensuelle de l'Académie des beaux-arts et des arts mécaniques de Berlin. — Berlin, 1788, 2 vol. et 3 livr. du 3e, in-4, fig. s. cuivre par B. Rode (6 à 8 fr.).

Ont collaboré à cette publication : Unger, Rode, Moritz, Bouterwek, etc.

1049. *Magazin der bildenden Künste.* — Magasin des beaux-arts, publié par A. de Aretin. — Munich, 1791, in-8, fig. s. cuivre (seul vol. publié) (2 fr.).

1050. Journal de la Société populaire et républicaine des arts, séant au Louvre, rédigé par Detournelle. — Paris, 1793, in-8.

On trouve dans Quérard un Ath. Detournelle, architecte, né le 23 février 1786, auteur de plusieurs ouvrages sur son art, rédacteur d'un journal d'architecture, peinture et sculpture. Est-ce le même ? Tout porte à le croire.

1051. *Journal der bildenden Künste.* — Journal des beaux-arts. — Nuremberg, 1795, 3 livr. in-4 (c'est tout ce qui a paru).

1052. *Propyläen. Eine periodische Schrifft,* etc. — Les Propylées. Publication périodique, par J.-W. de Gœthe. — Tubingue, 1798-1800, 3 vol. gr. in-8, fig. s. cuivre (15 à 20 fr.).

Voici comment Gœthe explique le titre de cette revue :

« L'homme jeune que la nature et l'art attirent, « s'imagine qu'une aspiration vive peut lui suf- « fire pour pénétrer dans le sanctuaire ; l'homme « mûr, après avoir longtemps erré autour du « temple, reconnaît qu'il n'a pas dépassé le pé- « ristyle. »

Et il continue en disant que le nom du péristyle du temple athénien est là pour indiquer que le nouveau recueil restera sur le terrain classique. Déjà il s'était écrié : « Quelle est celle « des nations modernes qui ne doit pas aux « Grecs la culture de l'art, et qui, pour certaines « branches, leur est plus redevable que l'Alle- « magne ! »

Voici la liste des principaux articles de ce recueil :

1er vol. — Du Laocoon ; — du Choix des sujets dans l'art ; — de la Vérité et de la Vraisemblance ; — les Monuments de l'Etrurie : urnes, miroirs, etc. ; — les Restes de l'architecture étrusque ; — Peintures de Raphaël particulièrement au Vatican ; — de l'Essai sur la peinture, par Diderot ; — de la Gravure sur bois à l'occasion des nouvelles publications des graveurs anglais, etc.

2e vol. — Niobé et ses enfants ; — de la Restauration des travaux d'art ; — Société de chalcographie.

3e vol. — Sur Masaccio ; — Les Romains et les Sabins, tableau de David ; — Deux Paysages italiens par Gmelin ; — la Vénus du Capitole.

1053. Précis historique des productions des arts, peinture, sculpture, architecture et gravure ; par le citoyen Landon, ancien pensionnaire de la République à l'Ecole nationale des beaux-arts. — Paris, 1802-03, 3 vol. in-8, fig.

Ce recueil hebdomadaire, après quelques numéros, a pris le titre de *Nouvelles des arts, peinture, sculpture, architecture et gravure.*

1054. *Allgemeine Kunstzeitung.* — Gazette universelle des beaux-arts. Publié par A.-W. Schreiber. — Heidelberg, 1802, 4 part. en 1 vol. in-8 (tout ce qui a paru) (6 à 8 fr.).

1055. *Neujahrsstück* (et depuis 1840 : *Neujahrsblatt*) *der Künstlergesellschaft in Zürich,* etc. — Annuaire de la Société d'artistes de Zurich. — Zurich, 1re série, 1805-40, 36 vol. in-4 ; 2e série, 1841-62 (?), 22 vol. gr. in-4 ; ensemble 58 vol., fig. s. c. et lith. (50 fr.).

Publication importante pour l'histoire de l'art en Suisse. Chaque volume contient la biographie d'un artiste célèbre de ce pays, avec son portrait et la représentation d'une de ses principales œuvres.

1056. Athenæum, ou Galerie française des productions de tous les arts ; ouvrage périodique, entrepris par une Société d'hommes de lettres et d'artistes et publié par Baltard. — Paris, 1806, 14 livr. in-4, de 4 pl. chac., avec texte.

1057. *Annals of the Fine Arts.* — Annales des beaux-arts. — Londres, 1816-20, 5 vol. in-8, fig. (30 à 40 fr.).

1058. *Leipziger Kunstblatt.* — Journal des beaux-arts de Leipzig. (Publié par A. Wendt.) 1re année, 1817-18. — Altenbourg et Leipzig, 1818, in-4 (tout ce qui a paru) (10 fr.).

1059. Annales belgiques des sciences, arts et littérature. — Gand, oct. 1817-24 et 1826-30, 16 vol. in-8, fig. (20 fr.).

Publication qu'on peut considérer comme le précurseur du *Messager des sciences et des arts* de la Belgique (voy. ci-dessous). Le premier volume a été publié par le comte d'Almeida.

1060. *Kunstblatt.* — Gazette des beaux-arts. Publiée par Louis de Schorn (depuis 1842 avec E. Förster et F. Kugler, et à partir de 1844 par ces derniers seuls). — Stuttgart, 1820-49 (1re livr.), 29 vol. et 1 livr. in-4, fig. s. cuiv. (150 à 180 fr.).

En 1820, la guerre n'ébranlait plus l'Europe. Les lettres et les arts avaient repris en Allemagne leur empire. A cette date, le plus célèbre des libraires d'outre-Rhin, le baron de Cotta, éditeur du *Morgenblatt,* conçut le projet, pour donner pleine satisfaction aux artistes et aux amateurs abonnés à son journal, de publier séparément les articles parlant de l'art. De là, le *Kunstblatt* qui ne fut dans le principe qu'une addition au *Morgenblatt.* Publier en commençant deux pages par semaine, pour y donner la Chronique d'art de l'Allemagne et du reste de l'Europe, telle fut cette conception très-simple et d'une exécution non moins simple, car l'illustration s'y trouve réduite à une ou deux gravures au trait, par volume, et à quelques lithographies. La rédaction et la direction furent confiées à Louis Schorn, érudit et critique d'art,et qui devait à un premier ouvrage, Des études des artistes grecs (*Studien der griech. Künstler*), une véritable notoriété.

1061. Messager des sciences et des arts du royaume des Pays-Bas. — Gand, 1823-29, 6 vol. — Messager des sciences et des arts de la Belgique, ou Nouvelles archives historiques, littéraires et scientifiques. Recueil publié par de Reiffenberg, Jacquemyn, Serrure, A. Van Lokeren, A. Voisin, L.-A. Warnkœnig. — *Ibid.*, 1833-38, 6 vol. — Messager des sciences historiques (des arts et de la bibliographie) de Belgique. Recueil publié par de Saint-Genois, Serrure, Blommaert, Voisin, A. Van Lokeren. — *Ibid.*, 1839-44, 6 vol. — Messager des sciences historiques et Archives des arts de Belgique. Publié par Saint-Genois, Serrure, Van Lokeren et P.-C. Van der Meersch. — *Ibid.*, 1845-50, 6 vol. — Messager, etc. — *Ibid.*, 1851-66, 16 vol. — Tables générales, 1823-66. — Ensemble 42 vol. in-8, fig. (300 fr.).

Recueil fort important pour l'histoire de l'art en Belgique, fondé par un homme plein de zèle, M. L. de Bast. Les premières années sont presque introuvables. La publication a été interrompue de 1830 à 1832. Les collections complètes sont très-rares.

1062. *Eos. Münchner Blätter für Literatur und Kunst.* — Eos. Journal de littérature et d'art de Munich. — Munich, 1827-32, 6 vol. gr. in-4 (30 fr.).

1063. Journal des artistes. Revue pittoresque consacrée aux artistes et aux gens du monde. Peinture, sculpture, architecture, gravure, lithographie, musique, art dramatique. Paraissant tous les dimanches par cahier. — Paris, 1827-41, 28 t. en 14 vol. in-8, eaux-fortes et lithographies.

1064. *Berliner Kunstblatt*, etc. — Journal des beaux-arts de Berlin, publié sous les auspices de l'Académie royale des beaux-arts, etc., par E.-H. Tœlken. — Berlin, 1828-29 (?), 2 vol. gr. in-4.

Ernest-Henri Tœlken, né à Brême le 1er nov. 1785, désigné en 1811 pour faire partie du Conseil d'État français et de la Commission d'organisation des villes anséatiques, Secrétaire de l'Académie des beaux-arts (1827), Directeur du Cabinet des antiques (1832), est l'auteur de plusieurs ouvrages estimés.

1065. *Verhandlungen des Kunst-Vereines für die Rheinlände und Westphalen.* — Mémoires de la Société des beaux-arts des pays rhénans et de la Westphalie. — Dusseldorf, 1829-55 (?), 15 vol. in-4.

1066. *Historisches Taschenbuch*, etc. — Annuaire historique, publié par F. von Raumer. — Leipzig, 1re série, 1830-39; 2e série, 1840-49; 3e série, 1850-59; 4e série, 1860-69; ensemble 40 vol. in-12 (5 fr. le vol.).

1067. *Quartalblätter des Vereins für Litteratur und Kunst in Mainz.* — Revue trimestrielle de la Société des belles-lettres et des beaux-arts de Mayence. — Mayence, 1830-34, 10 livr. in-8 (tout ce qui a paru) (3 à 4 fr.).

1068. L'Artiste. Journal de la littérature et des beaux-arts. — Paris, 1re série, 1831-38, 15 vol. in-4 (avec table génér.); 2e série, 1839-41, 8 vol. gr. in-4; 3e série, sous ce titre: L'Artiste, beaux-arts et belles-lettres; 1842-44, 5 vol. gr. in-4; 4e série, mai 1844-47, 11 vol. gr. in-4; 5e série, mars 1848-55, 14 vol. gr. in-4; 6e série, 1856-57, 3 vol. gr. in-4; nouv. série, avril 1857-61, 12 vol. gr. in-4; nouvelle période, 32e année, 1862-66, 10 vol. très-gr. in-4; — L'Artiste. Revue du XIXe siècle. Histoire de l'art contemporain; avril 1866-72, 24 vol. gr. in-8.—Ensemble 102 vol., avec fig. s. bois, lith., eaux-fortes, etc. — Mens. : 50 fr. par an.

Si nous osions mettre en comparaison deux publications d'un mérite fort inégal, à notre avis, nous dirions que l'*Artiste* a joué dans le monde de l'art le même rôle que le *Globe* de 1824 dans le monde de la littérature. L'une et l'autre ont été des machines de guerre dressées contre les classiques et l'Institut; l'une et l'autre ont proclamé: « l'émancipation des jeunes intelligences, — style de 1828 à 1830, — et le droit des noms nouveaux, le droit des jeunes talents, à la popularité, au succès, à la lumière »; toutes deux ont protesté: contre « les anathèmes académiques de ces écoles vieillies qui n'opposent à une audace juvénile qu'une admiration épuisée invoquant sans cesse les gloires du passé pour cacher les misères du présent. »

L'*Artiste* a voulu être aussi complexe que son titre et, pour parler comme un de ceux qui ont le plus contribué à sa réputation, il a embrassé le monde entier de l'intelligence, la poésie comme la prose, le livre comme le théâtre, la musique comme la danse, la statue comme le palais, le tableau comme l'estampe, le bijou comme la médaille, l'archéologie comme la curiosité, mais à l'art proprement dit, il a donné une place plus large qu'à la littérature.

Moins spécial, moins franchement critique que notre *Gazette des beaux-arts*, plus passionné, plus outré dans ses jugements, moins savant surtout, l'*Artiste* néanmoins a eu ce mérite, non-seulement d'être un drapeau, mais de plus de s'être attaché, dans l'art comme dans la littérature, toutes les gloires naissantes et contemporaines dès la Révolution de juillet.

Soit avec la plume, soit avec le crayon et le burin, il a eu pour collaborateurs : Vitet, Mérimée, de Balzac, Georges Sand, Léon Gozlan, Eugène Sue, Th. Gautier, Eug. Delacroix, Ary-Scheffer, Decamps, Alfred Johannot, Charlet, Gavarni, et, un peu plus tard, tout un essaim de littérateurs nouveaux a signé les pages de l'*Ar-*

tiste : Armand Baschet, Aurélien Scholl, Edmond About, Paul de Saint-Victor, Edmond et Jules de Goncourt, etc.

L'*Artiste* a été créé par Ricourt, repris par Delaunay, et depuis 1847 dirigé par M. Arsène Houssaye.

1069. *Artistisches Notizenblatt.* — Chronique d'art. Publiée par C.-A. Böttiger. — Dresde, 1832-35, in-4, fig. (15 fr.).

Ce recueil, publié comme supplément au Journal du soir (*Abendzeitung*), est devenu rare.

1070. *Giornale di belle arti e tecnologia.* — Journal des beaux-arts et de la technologie. — Venise, 1833-34, 2 vol. gr. in-8, fig. s. cuivre (20 à 25 fr.).

1071. *Museum. Blätter für bildende Kunst.* — Le Musée. Journal des beaux-arts, publié par le Dr Fr. Kugler. — Berlin, 1833-37, 5 vol. in-4, fig. s. cuiv. (25 à 30 fr.).

1072. *L'Ape italiana delle belle arti.* — L'Abeille italienne des beaux-arts. Journal dédié aux artistes et aux amateurs, publié par G. Melchiori. — Rome, 1835-39 (?), 5 vol. in-fol., avec 182 pl. (50 à 60 fr.) ; — l'Abeille italienne. Traduction française de E.-L. de Méry. Journal des beaux-arts et de la correspondance artistique. Publié à Rome, sous la direction du marquis Melchiori, et en France par la Société des arts italiens-français. — Paris, 1841, t. Ier en 12 numéros in-fol., fig.

Les planches reproduisent les œuvres de peinture et de sculpture des maîtres anciens et modernes.

1073. *Hannoversche Kunstblätter.* — Journal des beaux-arts du Hanovre. (Publié par J.-H. Detmold.) — Hanovre, 1835-37, 3 vol. in-4, pl. lith. (2 à 3 fr.).

1074. Journal des beaux-arts et de la littérature ; par une Société d'artistes et de littérateurs, sous la direction de MM. Guyot de Fère et Vallothon d'André. — Paris, août 1835-47 (?), ... vol. in-8. = Revue des beaux-arts et de la littérature, etc. Faisant suite au Journal des beaux-arts. Littérature, peinture, sculpture, architecture, gravure, etc. Vingt-troisième année (?). Nouvelle série. — Paris, 1848, ... in-8, fig.

1075. Annales de la Société libre des beaux-arts, depuis son origine, mises en ordre par Miel. — Paris, 1836-51, 17 vol. in-8, fig. (15 à 20 fr.).

1076. *Münchner Jahrbücher für bildende Kunst.* — Annales des beaux-arts de Munich. Publiées par R. Marggraff. — Munich, 1838-40, 4 part. in-8, fig. (8 à 10 fr.).

1077. *The Art-Union.* — L'Union des beaux-arts. Journal mensuel. — Londres, 1re série, 1839-46, 7 vol.; 2e série : *The Art Journal ; ibid.*, 1847-54, 8 vol.; 3e série, 1855-61, 7 vol.; 4e série, 1862-72, 11 vol.; ensemble 33 vol. gr. in-4, fig. — 37 fr. 50 par an.

Le cadre de ce curieux journal est des plus élastiques. On y trouve tout ce qui touche aux beaux-arts, soit de près, soit de loin. Appréciations esthétiques, galeries publiques ou privées, notices littéraires, travaux académiques, procédés nouveaux, industrie artiste, etc., en un mot tout un monde de renseignements, de faits et d'idées, englouti dans un texte à trois colonnes et en petits caractères. Un volume de notre *Gazette des beaux-arts* mis en regard d'un volume de l'*Art Journal*, c'est le canot près du vaisseau de guerre.

Les gravures sur cuivre (je ne parle pas des bois encore plus nombreux) sont d'admirables vignettes ; malheureusement, que ce soit peinture ou statue, le goût du terroir s'y fait trop sentir. C'est anglais, trop anglais ! Un connaisseur donnera la moitié de ces gravures pour un simple croquis de notre Viollet-le-Duc.

1078. *Archiv für Frankfurts Geschichte und Kunst.* — Archives pour servir à l'histoire politique et à l'histoire de l'art de Francfort. — Francfort, 1839-58, 8 vol. gr. in-8, fig. (20 à 30 fr.) ; — nouv. série, *ibid.*, 1860-62, 2 vol. gr. in-8, avec 7 pl. lith. — 20 fr.

1079. *Centralblatt der deutschen Kunstvereine.* — Journal central des sociétés des beaux-arts en Allemagne. — Berlin, 1839-41, ... vol. in-4.

1080. *Kunstblatt zum Hannoverschen Museum.* — Journal d'art du musée de Hanovre. Publié avec la collaboration de plusieurs artistes et amateurs, par E. Schröder. — Hanovre, 1839, gr. in-4, pl. lith.

1081. *La Pallade. Giornale di Belle-Arti.* — Minerve. Journal des beaux-arts. Publié par Fil. Gerardi. — Rome, 1839-40, gr. in-4 (tout ce qui a paru).

1082. La Renaissance. Chronique des arts et de la littérature. Publiée par l'Association nationale pour favoriser les arts en Belgique. — Bruxelles, 1839-54 (?). 15 vol. gr. in-4, lith., eaux-fortes et gr. s. bois (40 à 50 fr.).

Les planches dont cette publication est ornée sont, en grande partie, la reproduction d'œuvres modernes des peintres belges. A partir de 1849, cette publication prit ce titre : *La Renaissance illustrée. Chronique des beaux-arts et de la littérature*, etc.

1083. *Kunstkronyk* (et depuis 1850 *Illustreert-Kunstkronyk*), etc. — Chronique de l'art, publiée par la Société des beaux-arts des Pays-Bas ; 24 livr. par an, avec lith et vign. — La Haye, 1841-

59, 20 années gr. in-4 ; — nouv. série, Leyde, 1860-66 (?), 7 années gr. in-4 (100 fr. et plus).

La première série publiée par Fl. van Ghert et J.-J. van Ryckevorsel. La seconde a été dirigée par van Keller et van Westrheene. Les lithographies reproduisent les tableaux de l'école hollandaise moderne.

1084. L'Ami des arts, par Jules Janin, Ch. Nodier et Guichardet. — Paris, 1842-45 (?), 3 vol. gr. in-8, fig.

1085. Bulletin de l'Alliance des arts, sous la direction de Paul Lacroix (bibliophile Jacob) et de T. Thoré. — Paris, 1842-44, 3 vol. in-8. — (Suite :) Bulletin des arts. Guide des amateurs de tableaux, dessins, estampes, livres, manuscrits, etc., sous la direction du bibliophile Jacob. — Paris, 1845-46, 1847, 1848, 3 vol. in-8; ensemble 6 vol. in-8.

1086. Le Cabinet de l'amateur et de l'an tiquaire. Revue des tableaux et des estampes anciennes; des objets d'art, d'antiquité et de curiosité. (Publié par Eug. Piot.) — Paris, 1842-46, 4 vol. in-8, fig. (20 fr.); — nouv. série; *ibid.*, mars 1861-63, in-4, fig.

Cette Revue est très-curieuse et très-instructive. Dans la préface, on a très-bien caractérisé les résultats auxquels elle devait atteindre et son utilité propre en disant :
« Nous tâcherons de réduire à l'état de science « exacte ce qui n'est encore chez beaucoup d'a- « mateurs qu'une occupation de penchant et d'ins- « tinct : et, en faisant l'histoire, l'esthétique et la « théorie de ce qu'on appelle *la curiosité*, nous « nous efforcerons d'ajouter une pierre à ce vaste « monument qui de longtemps encore ne sera « achevé : *l'Histoire de l'art.* »

1087. Les Beaux-arts. Illustration des arts et de la littérature. — Paris, Curmer, 1843-44, 82 livr. en 3 vol. in-4, lith. et grav. = (Remplacé par la :) Gazette universelle des beaux-arts. Deuxième année. N° 83. — *Ibid.*, 1er oct. 1844-(?) in-4.

1088. *Niederrheinisches Jahrbuch für Geschichte und Kunst.* — Annuaire historique et artistique pour les contrées du Rhin inférieur, publié par L. Lersch. — Bonn, 1843-44, 2 vol. in-8, avec 8 pl. (2 fr.).

1089. *Verhandlungen des Vereins für Kunst und Alterthum in Ulm und Oberschwaben.* — Mémoires de la Société des beaux-arts et d'archéologie d'Ulm et de la Haute-Souabe. — Ulm, 1843-66 (?), 17 part. gr. in-4, fig. d. le texte et atlas de 68 (?) pl. in-fol. (30 à 40 fr.).

1090. Annales de la Société royale des beaux-arts et de littérature de Gand. — Gand, 1844-63 (?), 9 vol. in-8, portr. et fac-sim. (25 à 30 fr.).

1091. *De Nederlandsche Kunstspiegel.* — Miroir de l'art dans les Pays-Bas. — La Haye, 1844-47 (?), 4 vol. gr. in-8.

1092. *Correspondenz-Blatt des Kunstvereins für die Rheinlande und Westphalen.* — La Correspondance de la Société des beaux-arts des provinces rhénanes et de la Westphalie. — Dusseldorf, 1845-65, 20 vol. in-4 (20 fr.).

1093. La République des arts. Peinture, statuaire, architecture, archéologie. (Rédacteurs : E. Pelletan, Th. Thoré, P. Mantz, A. Esquiros.) — Paris, 5 mars 1848-(?), in-4.

1094. *Deutsches Kunstblatt.* — Gazette allemande des beaux-arts. (Journal des arts du dessin et de l'architecture. Organe de l'Association allemande pour les beaux arts.) Avec la collaboration de Kugler, Passavant, Waagen, Wiegmann, Schnaase, Schulz, Förster, etc. Rédacteur en chef, Fr. Eggers. — Leipzig et Stuttgart, 1850-58, 9 vol. gr. in-4, fig. s. cuiv. et s. bois (50 à 60 fr.).

Cette revue a remplacé le *Kunstblatt* (voir plus haut, n° 1060) et a été rédigé dans le même esprit.

1095. Revue des beaux-arts. Tribune des artistes fondée et publiée sous les auspices de la Société libre des beaux-arts. Vingtième année. Rédacteur en chef, Félix Pigeory, architecte. — Paris, 1850-61 (?), 11 vol. gr. in-8.

La Société libre des beaux-arts a été fondée vers la fin de l'année 1830.

1096. *Pamiętnik sztuk pięknych.* — Revue des beaux-arts. Publiée sous la direction de Boleslas Podczaszynski. — Varsovie, 1850-54, in-4, pl. et fig. s. b.

1097. *Bulletin of the American Art-Union.* — Bulletin des sociétés réunies des beaux-arts de l'Amérique. — New-York, 1851 (?), gr. in-4, fig.

1098. *Deutsche Kunst-Zeitung*, etc. — Gazette allemande des beaux-arts. Revue mensuelle des arts du dessin et de la vie d'art contemporaine. Réd. Max. Schasler. — Leipzig, 1851-52, 4 livr. gr. in-4, IV-136 pp., fig. s. bois et 11 suppléments.

1099. Русскій художественный листокъ. — Journal russe des beaux-arts. Publié par Timme. — Saint-Pétersbourg, 1851-62 (?), 12 vol. in-8.

1100. *Kunst-Journal*, etc. — Journal des beaux-arts. Entretiens critiques sur la vie artistique contemporaine. Rédigé par O.-A. Banck. — Leipzig, 1853-55, 3 vol. in-4, grav. s. acier.

Publié comme supplément à l'*Universum* de Payne.

1101. *Neujahrsblatt des Kunstvereins von Solothurn.* — Annuaire de la Société des beaux-arts de Soleure. — Soleure, 1853-58 (?), 6 vol. in-4, pl. lith.

1102. Journal des amateurs d'objets d'art et de curiosité. Articles sur les arts, histoire de l'art, connaissance et appréciation des tableaux, des livres et des objets d'art et de curiosité; prix auxquels ces objets ont été adjugés dans les principales ventes aux enchères, en France et à l'étranger. Par M. Le Hir, avocat. — Paris, 1854-67, 14 vol. in-8 (15 à 20 fr.).

Pendant les trois premières années, ce journal paraissait sous le titre de : *Journal des Commissaires-Priseurs.*

1103. *Jahrbücher für Wissenschaft und Kunst.* — Annuaire de la science et de l'art, publié par O. Wigand. — Leipzig, 1854-56, 5 vol. in-8 (8 à 10 fr.).

1104. *Archiv für die zeichnenden Künste*, etc. — Archives pour les arts du dessin, considérés dans leurs rapports avec la gravure en taille-douce et la gravure sur bois, ainsi que leur histoire. Publiées par R. Naumann, avec la collaboration de R. Weigel et A. Andresen. — Leipzig, Weigel, 1855-72, 18 années gr. in-8, fig. s. bois, photogr., etc. — Trimestr. : 17 fr. par an.

1105. Revue universelle des arts. Publiée par Paul Lacroix et (depuis 1860) par Marsuzi de Aguirre. — Paris et Bruxelles, avril 1855-1866, 23 vol. gr. in-8.

Cette Revue, plus particulièrement rétrospective, paraît avoir été créée pour rassembler les matériaux d'une histoire des arts du dessin. La mort de M. Du Seigneur, qui la dirigeait en dernier, a mis fin à cette publication, terminée le 3 juin 1866, au bout de onze années.

1106. *De Vlaemsche school*, etc. — Ecole flamande. Revue des arts, belles-lettres et sciences, publiée par la corporation (Gilde) de Saint-Luc, à Anvers, continuée sous la direction de Coninckx, van Spilbeeck et Genard. — Anvers, 1855-64 (?), 10 années in-4, avec pl. et portr. grav. s. bois (50 à 60 fr.).

1107. *De Dietsche Warande.* — ...Revue périodique de l'archéologie, de l'art et de la littérature des Pays-Bas. Dirigée par J.-A. Alberdingk Thijm. — Amsterdam, 1855-60 (?), 5 vol. in-4.

1108. *Die Dioskuren. Zeitschrift für Kunst*, etc. — Les Dioscures. Revue des beaux-arts, de l'art industriel et de la vie artistique, rédigée par Max Schasler, secrétaire du musée d'art de Berlin, avec la collaboration des amis de l'art de l'Allemagne et de l'étranger. — Berlin, avril 1856-64, 9 années; — nouv. série : *Deutsche Kunst-Zeitung. Die Dioskuren*, etc. — Gazette allemande des beaux-arts. Les Dioscures. Organe central des sociétés allemandes des beaux-arts. Publié par Max Schasler. — *Ibid.*, Nicolai, 1865-72, 8 années. — Ensemble, 17 années gr. in-4, avec pl. et fig. s. bois. — Hebdom.: 22 fr. 50 par an.

1109. Moniteur des arts. Revue des expositions et des ventes publiques. Rédacteur en chef : M. R. Fleury. Directeur-propriétaire (depuis 1867), M. Ern. Fillonneau. (Fondateur : M. H. Audiffred.) — Paris, 1858-72, 14 vol. in-4. Hebdom. avec Suppl. : 20 fr. par an.

1110. Gazette des beaux-arts. Courrier européen de l'art et de la curiosité. — Paris, 1859-69, 27 vol.; — nouv. pér.; 1870-72, 6 vol.; ensemble 33 vol. gr. in-8, fig. sur bois, eaux-fortes, etc. — Mens. : 50 fr. par an. = Table alphabétique et analytique; par Paul Chéron. T. I à XXV (1859-68). — *Ibid.*, 1866-70, 2 vol. gr. in-8. = La Chronique des arts et de la curiosité. Supplément à la Gazette des beaux-arts. — *Ibid.*, 1862-72, 11 vol. gr. in-8.

Qu'on nous permette de reproduire ici ce que nous écrivions en parlant de la *Gazette* dans le *Journal des Débats*, du 21 octobre 1865 :

« La *Gazette des beaux-arts* est sortie des « flancs de l'*Artiste*. Elle pouvait en être la dou« blure; il n'en fut rien, fort heureusement : dès « le premier jour, celui qui avait présidé à sa « naissance se déclarait indépendant. « Nous ne « voulons pas jouer le même air, disait M. Char« les Blanc, nous voulons jouer un autre air. A « nous donc de tenter librement une œuvre inac« complie. »

« Concilier l'étude de la tradition et celle du « mouvement contemporain par toute l'Europe; « défendre, saluer les nobles efforts; savoir être « à la fois journal, revue, livre d'art sans frivo« lité et sans pédanterie : voilà ce qu'il y avait à « faire, ce que la *Gazette* a tenté et ce qu'e le « fait chaque jour avec un succès et un zèle que « nous venons constater. »

Tout le monde connaît la *Gazette des beaux-arts* : les amateurs savent qu'elle est richement illustrée. Ces planches, ces bois, ces vignettes, peuvent contenter les plus difficiles. Il y a là de petits chefs-d'œuvre ; exemple, *la Source*, par Léopold Flameng, d'après Ingres. Le texte égale en mérite la gravure. La *Gazette* a eu et elle a encore au nombre de ses rédacteurs des célébrités, autour desquelles se groupe un certain nombre de noms justement estimés qu'il nous suffira de citer : Ernest Renan, Viollet-le-Duc, Henri de Laborde, Paul Mantz, etc.

Notez que la *Gazette* a servi de berceau à la

Grammaire des arts du dessin de M. Ch. Blanc. C'est là, en effet, où a paru pour la première fois ce résumé si élégant, si lucide, parfois même si éloquent, de toutes les idées que le monde a remuées touchant les beaux-arts.

Dernièrement, on a vu avec regret le successeur de M. Charles Blanc (depuis 1861) dans la *Gazette*, M. Galichon, remettre en d'autres mains le gouvernail que sa santé, après onze années, le contraignait d'abandonner.

Il est heureux que M. Réné Menard, dont le zèle offre de bonnes garanties, ait été choisi pour continuer cette œuvre.

1111. Journal des beaux-arts et de la littérature. Peinture, sculpture, gravure, architecture, musique, archéologie, etc. Publié sous la direction de M. A. Siret. — Bruxelles, Paris et Leipzig, 1859-72, 14 vol. in-4, quelques planches. — Bimens. : 9 fr. par an.

1112. L'Artiste belge. — Bruxelles, 1860-61 (?), 2 vol. in-fol.

1113. Les Beaux-Arts. Revue nouvelle. — Paris, 15 avril 1860-62, 5 vol. = Les Beaux-Arts. Revue de l'art ancien et moderne. Directeur : le marquis de Laqueille. — *Ibid.*, 1863-65 (?), 5 vol. ; ensemble, 10 vol. gr. in-8 (20 à 30 fr.).

1114. Revue artistique et littéraire (bimensuelle). Directeur : Louis Auvray, statuaire. — Paris, 1860-70 (?), ... vol. in-8.

1115. Le Conseiller des artistes. Revue esthétique de l'art en général. (Direct. : H. Bordeaux.) — Paris, févr. 1861-68 (?), .. vol in-4.

1116. Le Courrier artistique. Beaux-arts. Expositions. (Réd. en chef : Ern. Filloneau). — Paris, 15 juin 1861-65 (?), ... vol. in-4.

1117. *El Arte en España. Revista quincenal des las artes del dibujo*, etc. — L'Art en Espagne. Revue bi-mensuelle des arts du dessin et mensuelle de l'art et de son histoire. — Madrid, 1862-64 (?), 3 vol. in-fol., fig. — 140 fr. par an.

1118. *Recensionen und Mittheilungen über bildende Kunst*, etc. — Critiques et communications touchant les beaux-arts. Rédigés par R. von Eitelberger, J. Falke, G. Lübke, Ch. de Lutzow et F. Pecht. — Vienne, 1862-65, 4 vol. in-4. — 40 fr.

Les noms des rédacteurs sont une garantie suffisante de l'intérêt qui reste attaché à cette revue.

1119. *The Fine Arts. Quaterly Review*, etc. — Les Beaux-Arts. Revue trimestrielle. — Londres, 1863-67, 5 vol. in-8, figures.

Cette publication, trop tôt interrompue, est l'œuvre du savant bibliothécaire de la reine, au château de Windsor, du conservateur très-soigneux d'une admirable collection de dessins de maître, de feu Woodward, enlevé jeune encore à la science.

M. Woodward a voulu donner au pays le plus riche en collections tous les moyens d'informations nécessaires pour mieux comprendre et mieux apprécier les choses de l'art, et les donner par une publication régulière et périodique. « La « revue, dit-il dans sa préface, a été constituée « pour répondre aux demandes de tous les col- « lecteurs, connaisseurs, de tous les amis de « l'art. Elle traite de la peinture, de la sculpture, « de la gravure, de la photographie ; l'histoire de « l'art et des écoles puisée aux documents origi- « naux, la biographie des artistes, la description « des galeries et des collections particulières, le « compte-rendu des expositions, la bibliographie « des beaux-arts, la chronique des ventes, etc., « trouveront ici une large place. »

Toutes ces promesses, déjà remplies dans les volumes que nous avons sous les yeux, assuraient à la revue anglaise, ou du moins devaient lui assurer un succès durable.

1120. Le Monde des arts. Revue mensuelle illustrée. Publiée par la Société des artistes réunis. (Réd. : J.-F. Henry-Wary et E.-F. Le Preux.) — Paris, oct. 1864-1870, 7 vol. in-8. — 6 fr. par an.

1121. Le Mois artistique. Revue critique du vrai et du beau dans les arts. Publiée sous la direction de M. Eug. Loudun. — Paris, E. Giraud, 1866-(?), 3 vol. in-12. — 6 fr. par an.

1122. *Zeitschrift für bildende Kunst*, etc. — Gazette des beaux-arts. Publiée par Ch. de Lutzow, biblioth. de l'Académie des beaux-arts de Vienne. Suivie d'une Chronique des arts. Avec la coopération de MM. R. d'Eitelberg, E. Lemmke, W. Lübke, Wischer, Waagen, etc. — Leipzig, Seemann, 1866-72, 7 vol. in-8, fig — Bi-mens. : 15 fr. par an.

Très-bon recueil, dont notre *Gazette des Beaux Arts* paraît avoir fourni le modèle ; mais les gravures sont inférieures à celles du journal français.

« L'entreprise que nous commençons aujour- « d'hui, dit M. Lutzow, a pour objet de faire « connaître par le burin et par la plume tout ce « qui, dans l'*art contemporain*, est digne d'être « remarqué, tout ce qui a le cachet de la beauté, « principalement en Allemagne, et de le faire entrer « dans l'esprit de la partie éclairée du grand pu- « blic. Amener à contempler l'art lui-même, voilà « le point capital. Or ce recueil donnera au lec- « teur non-seulement le moyen de juger, mais il « lui donnera aussi le moyen de voir et de com- « parer par lui-même. Ce n'est pas tant d'être « sagaces, que de nourrir le sentiment de la beauté, « vers quoi nous tendons. »

1123. *Jahrbücher für Kunstwissenschaft*, etc. — Annales des beaux-arts, publiées par A. de Zahn. — Leipzig, Seemann, 31 mars 1868-73, 6 vol. in-8, fig. — Trim. : 13 fr. par an.

Point de préface, pas même un avertissement : rien ne précède ce recueil. Pour savoir dans quel esprit il est conçu, il faut connaître ce qu'il traite. Voici le contenu du premier volume : Une Visite à Ravenne, par Rod. Rahn ; — la Vieille Église de Sainte-Marie à Danzig, par R. Bergau ; — la Farnésine et Augustin Chigi, par A. de Reumont; — un Tableau à l'huile de Michel-Ange à Raguse, par H. Grimm ; — les Manuscrits d'Albert Dürer au Musée britannique, par A. de Zahn, etc.

La mort récente du directeur, M. Alb. de Zahn, a arrêté la publication de cette revue.

1124. *L'Arte in Italia*, etc. — L'Art en Italie. Revue mensuelle des beaux-arts, dirigée par Ch.-Félix Biscarra et Louis Rocca, en collaboration avec un grand nombre d'artistes italiens. — Turin, 1869 (?), in-8.

1125. Revue internationale de l'art et de la curiosité. Publiée sous la direction de M. Ernest Feydeau. — Paris, Techener, 1869-août 1870, 3 vol. et 2 livr. du 4e, gr. in-8. — 40 fr.

E. — POÈMES SUR LES BEAUX-ARTS.

1126. BOSCHINI (Marco). *La Carta del navegar, pittoresco dialogo.... Con i argumenti del volonteroso Academico Delfico.* — La Carte de la navigation pittoresque, dialogue..... avec les arguments de l'ardent académicien Delfique. — Venise, Baba, 1660, in-4, front., portr., et 25 pl. grav. par Boschini (30 à 40 fr.).

Ce poëme, aussi bizarre que le titre, est en quatrains ; il se présente sous la forme d'un « dialogue entre un sénateur vénitien, amateur de peinture, et un professeur. » L'ouvrage est divisé en *huit vents* : « au moyen desquels le vaisseau « de Venise est conduit dans la haute mer de la « peinture où il domine à la confusion de ceux « qui ne connaissent pas la boussole. » Un patriotisme exagéré a inspiré ce poëme étrange. L'auteur y met l'école vénitienne au-dessus de toutes les écoles et critique durement Vasari. Ce même patriotisme extravagant l'a conduit à préférer à la plus belle langue italienne le patois des gondoliers : il écrit dans le dialecte vénitien. On trouve néanmoins dans ce volume des notices historiques fort utiles sur les peintres vénitiens.

Né à Venise en 1613, mort en 1678, Boschini fut à la fois poëte, peintre et graveur. Il fut l'élève de Palma.

1127. DUFRESNOY (Ch.-Alph.). *De Arte graphica* (ouvrage posthume, publié par Mignard). — Parisiis, 1667 (?), in-8. — *De Pictura, Carmina elegantissima iterum edidit Ch. Ad. Klotzius* (avec le poëme : *de Pictura* de l'abbé de Marsy); Lipsiæ, 1770, in-8, 12 ff. et 64 pp.; =trad. franç.: L'Art de peinture, trad. en franç., avec des remarques (par Roger de Piles); Paris, 1668, in-8, 8 ff. et 167 pp.; — 2e édit., augmentée d'un Dialogue sur le Coloris; — *ibid.*, 1673, « avec Figures d'Académie pour aprendre à dessiner »; grav. par S(éb). L(e) C(lerc), 3 part. en 1 vol.; — 3e édit.; *ibid.*, 1684, in-12, fig.; — 4e édit. (augm. d'un Dictionnaire des Termes); *ibid.*, 1751, in-12; — réimpr.; Amsterdam, 1767, in-12 ; — 5e édit.; Paris, 1783, in-12 ; — L'École d'Uranie ou l'Art de la Peinture, trad. du lat. d'Alph. Dufresnoy et de M. l'abbé de Marsy. Edit. rev. et corr. par le s. M. D. Q. (Meusnier de Querlon, qui y retoucha la trad. et les Remarques de de Piles, et traduisit le poëme de de Marsy; *ibid.*, 1753, ou 1780, pet. in-8; — L'Art de peindre, traduction libre en vers... avec des Remarques... par Renou, peintre du Roi, etc.; *ibid.*, 1789, in-8; — L'Art de la peinture, traduction libre et en vers... avec des notes critiques et littéraires, par A. Rabany-Beauregard; Clermont, 1810, ou 1822, in-8; — Le Guide de l'artiste et de l'amateur, etc. (voir plus loin, n° 1193); =trad. en ital. : *L'Arte della pittura ;* par G. R. A.; Rome, 1713 ou 1775, in-8, fig. (10 fr.); — par I. Ansaldi; Pescia, 1783, in-8; = trad. en angl. : *Art of painting ;* par J. Dryden; Londres, 1695, in-4; — *ibid.*, 1716, in-8; — 3e édit. (avec Vies des peintres par Graham); *ibid.*, 1750, in-8; — nouv. édit. (avec augment.); *ibid.*, 1769, in-8, front.; — traduit en anglais par J. Wright; *ibid.*, 1728, in-8; — par Wills; *ibid.*, 1754, in-8; — par W. Mason; avec Notes par sir Joshua Reynolds et un Appendice de plusieurs pièces; York, 1783, in-4, ou Dublin, 1783, in-12; =trad. en allem. : *Kurtzer Begriff der theoretischen Maler-Kunst*, etc.; Berlin, 1699, in-4, front. et 71 pp.; — par Jos. Widtmaiser von Weintenau : *Pictoriæ artis Pandæsia. Die Kunst Gründe der Zeichnung und Mahlerey;* Vienne, 1731, in-4, portr.; (voir aussi n° 1133) =trad. en holland. par J. Verhoek : *De Schilder-Konst;* Amsterdam, 1733, in-8, fig.

Quel grand nombre d'éditions, quel magnifique succès, et de nos jours quel oubli profond ! L'éloge ne tarissait pas. L'auteur de la vie de Mignard (l'abbé de Monville) déclare que le poëme *de Arte graphica* peut entrer en comparaison avec l'Art poétique d'Horace. « Le poëme de Dufresnoy, dit le « marquis d'Argens (*Histoire de l'esprit humain*, « t. XIII, p. 101), sera regardé comme un chef-« d'œuvre pendant que la peinture sera cultivée et « estimée; la diction en est élégante et a la pureté « des poëtes du siècle d'Auguste. Les principes « qui y sont établis sont les fondements de toutes « les meilleures réflexions qu'on peut faire et de « tous les préceptes les plus utiles qu'on peut « prescrire. » Ce qui a pu contribuer au succès si étourdissant de Dufresnoy, c'est qu'il savait ce dont il parlait.

Esprit cultivé, car il avait fait d'excellentes études, mais dominé par la vocation, il se mit sous la direction de Perrier et de Vouet, visita Rome et Venise, où il étudia avec ardeur, revint à Paris en 1656, décora le château du Raincy et mourut paralytique entre les bras de Mignard.

Toutes les traductions sont accompagnées du texte original.

1128. PERRAULT (Ch.). La Peinture, poëme. — Paris, Fréd. Léonard, 1668, in-fol., 27 pp.

Mauvais poëme, et cependant, dans une lettre, où il résume la dispute des anciens et des modernes, Boileau en parle avec quelque estime. Nous citons les deux vers qui le terminent, car ils expriment cette inspiration première et permanente qui ne cessa d'animer Perrault : l'idolatrie de la monarchie et l'idée de l'émancipation moderne. L'auteur parle de l'art monté à son apogée et :

Digne de la grandeur du roy que nous servons,
Digne de la splendeur du siècle où nous vivons.

1129. MAROLLES (Michel de), abbé de Villeloin. Le Livre des peintres et graveurs. — S. l. n. d. (Paris, vers 1677), in 4, 55 pp.; — nouvelle édition, revue par Georges Duplessis; Paris, 1855, in-16, 111 pp.; — seconde édition de la Bibliothèque elzévirienne, revue par Georges Duplessis; *ibid.*, Daffis, 1872, in-16, XIV-152 pp. — 4 fr.; sur pap. de Chine (tiré à 20 ex.), 15 fr.

L'abbé de Marolles avait l'intention de faire une grande histoire de l'art en vers, et ce petit volume en est en quelque sorte le spécimen.

Il y a deux hommes dans l'abbé de Marolles : le traducteur qu'il faut oublier bien vite, et l'amateur d'estampes qui s'est acquis des droits à la reconnaissance des artistes, des grands amateurs et même des simples curieux.

Fin connaisseur, avec le temps et l'incomparable persévérance de l'amateur qui cherche chaque jour à se compléter, et qui serait désespéré d'y arriver, l'abbé de Marolles parvint à former deux riches collections : la première de cent vingt-trois mille quatre cents pièces, et de plus de six mille maîtres, formant cinq cent vingt volumes dont quatre cents de grande dimension ; collection achetée en 1667 par Colbert pour la bibliothèque du Roi ; la seconde, composée de deux cent trente-sept volumes in-fol., collection que l'abbé travailla à augmenter jusqu'à sa mort ; mais collection disparue et dont on aurait perdu la trace sans le catalogue qu'il publia en 1672 (Paris, Jacques Langlois), et sans le *Livre des peintres et graveurs*.

Ce livre contient l'ample dénombrement de tous les amateurs d'estampes, de tous les peintres et graveurs qui ont travaillé en France depuis l'année 1600 ; le nom de certains maîtres connus jusque-là seulement par des marques et des chiffres ; l'énumération des livres d'architecture, de jardinage, d'orfévrerie, de médailles, d'armoiries, de devises, etc., etc.; en outre, il atteste ce qu'on a appelé une complication grave dans l'état moral de l'abbé : une métromanie subite et intarissable dont il fut atteint vers l'âge de soixante-cinq ans, métromanie qui le porta à écrire en vers sur n'importe quel sujet. Ce déluge de rimes, qui le *divertissait*, (lui-même en a fait le calcul) n'est pas au-dessous de quarante mille vers ; en voici un échantillon : c'est le premier quatrain de ce même *Livre des peintres et graveurs* :

Je diray maintenant les curieux d'estampes,
Le nombre en surprendrait ; mais il n'est pas puissant :
Car, pour les grands seigneurs, rien n'est du ravissant,
S'il n'a plus de brillants que les divines lampes.

Il est impossible de faire plus mauvais !

Il faut savoir gré à M. Georges Duplessis, dont la solide érudition rend chaque jour des services, d'avoir tenté de donner des renseignements précis sur ceux des artistes moins connus qui figurent dans la longue énumération de l'abbé de Marolles. Les notes nombreuses dont il a accompagné ces quatrains forment un répertoire utile à consulter et fort apprécié des amateurs et des curieux.

1130. COYPEL [Ant.]. Épistre en vers d'un père à son fils sur la peinture. Seconde édition. — Paris, 1712, in-4, 10 pp.

La première édition a dû être faite en 1707, date du permis d'imprimer.

Antoine Coypel, fils aîné de Noël Coypel, est un de ceux qui ont le plus contribué à donner à l'art français cet aspect théâtral qui, pendant longtemps, l'a particulièrement caractérisé. L'artiste dans Antoine Coypel était doublé d'un homme d'esprit, écrivant assez bien en prose, comme le témoignent ses *Conférences* à l'Académie royale de peinture et de sculpture, aimant les vers et, dans sa jeunesse, en ayant fait sur la peinture. L'idée lui vint un jour de tirer parti des premières inspirations de la Muse pour donner des conseils à son fils Charles-Antoine Coypel, que sa vocation entraînait vers la peinture, et cela contre la volonté paternelle, et de là l'*Epistre* que nous connaissons. De Piles, qui l'avait fort admirée, en parla à Boileau. Elle plut au législateur du Parnasse français, comme on disait alors, si bien qu'il pressa Coypel de la faire imprimer.

1131. MARSY (François-Marie de). *Pictura. Carmen.* — Parisiis, 1736, in-12; — réimpr. avec le poëme de Dufresnoy, en 1770 (voir le n° 1127); — trad. en franç. : La Peinture. Poëme; Paris, 1740 (?), in-8; — trad. par M. D. Q. (Meusnier de Querlon), (lat. et franç); *ibid.*, 1753, in-8; — trad. en allem. (voir plus loin, le n° 1133).

« L'abbé de Marsy, dit Clément, *Observations* « *crit. sur la Trad. des Géorgiques par l'abbé* « *Delille*, a fait une galerie de tableaux, mais il « n'a pas fait de poëme proprement dit ; son élé- « gance est pompeuse, ses fleurs recherchées ; il « ne vous laisse guère que des mots dans la « tête. » Sabatier déclare cette critique exagérée. Selon lui, le poëme de de Marsy « a servi de modèle « au poëme de Lemierre sur le même sujet. » Somme toute c'est l'œuvre d'un latiniste qui n'entendait rien à la peinture, et d'un latiniste élevé chez les jésuites.

1132. DOISSIN (le P. Louis). *Sculptura. Carmen.* — Paris, 1752, in-12; — nouv. édition, avec une trad. franç; Paris, 1757, in-12; — trad. en ital. par A. L. de Carli (avec texte lat.); Milan, 1775, in-8. = *Scalptura. Carmen.* — Gravure. Poëme. — Paris, 1753, in-12, XII-76 pp.; — trad. en franç.; *ibid.*, 1753, in-12, XII-90 pp. et 1 f.

Doissin avait du talent dans la poésie latine ; on a beaucoup vanté la noblesse de son style, le tact avec lequel il choisit ses exemples et l'excellence de ses descriptions, soit qu'il parle de la Vénus de Praxitèle, soit qu'il veuille montrer le Laocoon.

Doissin, né en Amérique en 1721 et mort à Paris en 1753, appartenait à la Compagnie de Jésus.

1133. WATELET (Claude-Henri). L'Art de peindre, poëme, avec des Réflexions sur les différentes parties de la peinture. — Paris, 1760, gr. in-4, XIX-144 pp., front., 20 vign., culs-de-lampe, fleur., et 2 pl. au trait. grav. par l'auteur d'après J.-Pierre (25 à 30 fr.), ou pet. in-8, XXII-152 pp., front., deux pl., 25 vign., fleur. et culs-de-lampe grav. par l'auteur d'après J.-B.-M. Pierre et 4 culs-de-lampe par Marg. Lecomte (grav. diff., 10 à 15 fr.); — nouv. édit., augmentée de deux poëmes sur l'Art de peindre de C.-A. Dufresnoy et de l'abbé de Marsy; Amsterdam, 1761, gr. in-12, vign.; — trad. en ital. par Nemilio Caremiccio; Gênes, 1765, in-8; et (par Gasp. Gozzi); Venise, 1771, gr. in-4, front. et vign.; — trad. en allem. (par J.-A. Lehninger) : *Kunst zu malen*, etc. (avec les poëmes de Dufresnoy et de Marsy, et avec un Traité pratique des diff. manières de peindre de Pernety [c'est-à-dire de d'Arclais de Montamy; voir plus loin, n° 1158], etc.); Leipzig, 1763, in-8, avec 2 pl. grav.

Watelet a été vivement critiqué. La verve lui fait défaut. Son œuvre est froide et ennuyeuse. On connaît ce mot de Diderot : « Si ce « poëme m'appartenait, je couperais toutes les « vignettes, je les mettrais sous des glaces, et je « jetterais le reste au feu. » Les Réflexions qui le précèdent méritent, au contraire, d'être lues et relues. Ce poëme si froid ouvrit à son auteur les portes de l'Académie française (juillet 1760). Watelet y remplaça ce Jean-Baptiste de Mirabeau dont Buffon a fait un si magnifique éloge.

1134. MICHEL [d'Avignon]. La Peinture. Poëme couronné aux Jeux floraux, le 3 mai 1767. — Lyon, 1767, in-8, 11 pp., front et vign.

1135. LEMIERRE (Ant.-Marin). La Peinture, poëme en trois chants (avec notes). Paris, (1769), in-4 et in-8, front. gravé par Saint-Aubin, et 3 fig. grav. d'après Cochin par Prévost, Ponce et Saint-Aubin (10 à 15 fr.); — nouv. édit., augm. de divers morceaux... et du Recueil des sentiments des plus habiles peintres sur la pratique de la peinture et de la sculpture, par H. Testelin; Amsterdam, 1770, in-8, fig. copiées sur celles de Cochin (3 fr.).

Lemierre a divisé son poëme comme l'abbé de Marsy ; successivement il traite du *dessin*, du *coloris* et de l'*invention*. Du reste, l'imitation de de Marsy est manifeste. Quelques beaux morceaux ont valu à cette déclamation en vers sur la peinture un certain succès. « La versification de Le« mierre, dit La Harpe, est plus passable ici « que celle des tragédies, et de temps en temps « beaucoup meilleure. » — Dans l'édition d'Amsterdam, on trouve une préface intéressante de Testelin sur les travaux de l'Académie de peinture et de sculpture.

1136. HAYLEY (Will.). *An Essay on Painting*, etc. — Essai sur la peinture. Deux épîtres à M. Romney. (Poëmes avec des notes.). 3e édit. corr. et augm. — Londres, 1781, in-4.

1137. BRENDER A BRANDIS (G.). *De Schilder Kunst*. — La Peinture. Poëme en trois chants. — Amsterdam, 1780, in-8, fig. s. c.

1138. REJON DE SILVA (D. Diego Ant.), du Conseil de S. M. *La Pintura*. — La Peinture. Poëme didactique en trois chants. Avec des Notes. — Ségovie, 1786, in-8.

1139. (VEGA PREZIADO, D. Franc. della) [peintre esp.]. *Arcadia pictórica en sueño*, etc. — L'Arcadie pittoresque en songe, poëme en prose sur la théorie et la pratique de la peinture, écrit par Parrasio Tebano, berger arcadien de Rome (pseud.). — Madrid, 1789, gr. in-8 (10 à 15 fr.).

1140. CICOGNARA (comte Léopold). *Le Belle Arti*. — Les Beaux-Arts. Poëme en trois chants, avec des notes. — Ferrare, 1790, in-8, avec vign. de l'auteur (4 à 6 fr.).

1141. MAZZA (Ang.). *La Pittura e la Scultura*, etc. — La Peinture et la Sculpture. Sonnet. — Parme (Bodoni), 1792, gr. in-4, front.

1142. *Painting. A Poem in four cantos*, etc. — La Peinture. Poëme en quatre chants. Avec des notes biographiques. — Londres, 1792, in-8.

1143. KNIGHT (Rich.-Payne). *The Landscape*, etc. — Le Paysage. Poëme didactique en trois livres. — Londres, 1794 et 1795, gr. in-4 (4 à 6 fr.).

1144. (CUBIÈRES de Palmezeaux, Mich.). Le Progrès des Arts dans la République. Poëme. — Paris, an IV (1797), in-8.

1145. CHAUSSARD (P.-J.-Bapt.). Ode philosophique sur les arts industriels. — (Paris, s. d.), in-8; — 2e et 3e édit. sous ce titre : L'Industrie et les Arts; *ibid.*, an VIII (1798), et 1804, gr. in-4. (Voir plus haut, n° 56.)

1146. LAVEDAN (J.-Bapt.). Les Arts. Poëme en trois chants. — Paris, an X (1802), in-8, 58 pp.

1147. SCHREIBER (A.). *Die Malerei. Ein Lehrgedicht*. — La Peinture. Poëme didactique. — Dortmund, 1804, in-8.

1148. SHEE (Mart.-A. Archer). *Elements of Art*, etc. — Eléments des Arts. Poëme en six chants. Avec des

Notes et une Préface, et des Remarques sur l'état des Arts, la Critique d'art, le Patronage des arts et le Goût public. — Londres, 1809, in-8 (10 fr.).

1149. VALORI (H.-Z. de). La Peinture. Poëme en trois chants. Paris, 1809, in-8.

1150. GIRODET-TRIOSON (Anne-Louis). Le Peintre. Poëme en six chants et en vers (dans ses OEuvres posthumes). — Paris, 1829, 2 vol. gr. in-8 (voir plus loin, n° 1196).

1151. FOURNIER DES ORMES. La Peinture. Poëme. Précédé d'une dissertation sur le poème didactique par M. Charpentier (de Saint-Priest). — Paris, (1837), in-8, 2 fig. (4 à 6 fr.).

1152. PELLECOM VAN KORTENHOEF (A.-N.). *Lof der Schilderkunst.* — Eloge de la peinture. Poëme. — Breda, 1839, in-8, vign. lith. par C.-C. Huysmans, et grav. s. b.

F. — DICTIONNAIRES ET ENCYCLOPÉDIES.

1153. BALDINUCCI (Filippo). *Vocabolario Toscano dell' arte di disegno*, etc. — Vocabulaire des arts du dessin, ou Explication des termes propres et des mots employés pour la peinture, la sculpture, l'architecture et les arts qui en dépendent et dont le dessin est la base, etc. Ouvrage dédié à l'Académie della Crusca.—Florence, 1681, in-4;— *ibid.*, 1806, in-4; — Milan, 1809, 2 vol. in-8.

Une plume exercée, le goût et l'intelligence des choses de l'art, un grand ouvrage sur les maîtres italiens depuis Cimabue, ont valu à Baldinucci une renommée durable. Le Vocabulaire, livre bien moins important, a ce mérite qu'il définit et précise un grand nombre de termes employés dans la théorie et dans la pratique de l'art. Je n'en citerai qu'un exemple, celui que présente le mot manière (*maniera*). Après avoir défini le sens général de ce mot, Baldinucci passe en revue les diverses manières de peindre : la manière dure, la manière vaporeuse, la manière vigoureuse, la manière pauvre, la manière idéale, etc., etc., et caractérise chaque manière avec beaucoup de sagacité.

1154. *Dictionarium Polygraphicum, or the Whole Body of arts regularly digested*, etc. — Dictionarium Polygraphicum, ou toute la matière des arts méthodiquement mise en ordre. — Londres, 1735 ou 1758, 2 vol. in-8, 54 pl. (4 à 6 fr.).

1155. (MARSY, l'abbé F.-M. de). Dictionnaire abrégé de peinture et d'architecture, où l'on trouve les principaux termes de ces deux arts avec leur explication, la vie abrégée des grands peintres et des architectes célèbres et une description succincte des plus beaux ouvrages de peinture, d'architecture et de sculpture, soit antiques, soit modernes. Paris, 1746, 2 vol. in-12.

1156. (LACOMBE, Jacques). Dictionnaire portatif des Beaux-Arts; par L***. — Paris, 1752, in-8; — nouv. édit.; *ibid.*, 1755 ou 1759, in-8; — trad. en ital.; Bassano, 1781, in-8.

La première édition est anonyme. Voir sur l'auteur la note du n° 6, plus haut.

1157. (LACOMBE DE PREZEL, Honoré). Dictionnaire iconologique, ou Introduction à la connaissance des peintures, sculptures, médailles, estampes, etc., avec des descriptions tirées des poëtes anciens et modernes, par M. D. P. — Paris, 1756 ou 1777, in-12, front.; — nouv. édit. rev. et consid. augm.; *ibid.*, 1779, 2 vol. in-8; — trad. en allemand : *Iconologisches Wörterbuch*; Gotha, 1759, in-8.

Les deux premières éditions sont anonymes. Lacombe de Prezel, avocat et littérateur, était frère de Jacques Lacombe.

1158. PERNETY (dom Ant.-Jos.). Dictionnaire portatif de peinture, sculpture et gravure; avec un Traité pratique des différentes manières de peindre (par D'ARCLAIS DE MONTAMY). — Paris, 1757, fig., in-8; — sec. édit., augm. de la partie de l'architecture dont la théorie est développée, etc.; *ibid.*, 1781, 2 vol. in-8 (4 à 6 fr.); — trad. en allem. : *Handlexicon*, etc.; Berlin, 1764, in-8, fig. (Voir aussi plus haut, n° 1133.)

Après avoir été bénédictin de la Congrégation de Saint-Maur, Pernety quitta l'habit religieux et accepta les offres du roi de Prusse, qui lui donna la place de conservateur à la bibliothèque de Berlin. Le *Traité* de d'Arclais, fait avec soin, est fort utile.

1159. REJON DE SILVA (Diego-Ant.). *Diccionario de las nobles artes*, etc. — Dictionnaire des Beaux-Arts à l'usage des amateurs et des professeurs. — Ségovie, 1786, in-8.

1160. (WATELET, Claude-Henri, de l'Acad. franç., et LEVESQUE). Encyclopédie méthodique. Beaux-Arts. — Paris, Panckoucke, 1788, 2 vol. in-4, fig.; — nouv. édit. sous ce titre : Dictionnaire des arts de peinture, sculpture et gravure, par M. Watelet... et Levesque; *ibid.*, 1792, 5 vol. in-8 (10 à 12 fr.); — trad. en allem. et augm. : *Æsthetisches Wörterbuch über die bildenden Künste... kritisch bearb. von K. H. Hey-*

denreich; Leipzig, 1793-95, 4 vol. gr. in-8.

Cet ouvrage est précédé d'un avertissement de Levesque et d'un éloge de Watelet par Vicq-d'Azyr.

1161. PAUER (X.-L.). *Grundlinien einer systematischen Encyclopädie der zeichnenden Künste*, etc. — Essai d'une Encyclopédie systématique des Arts du dessin. — Vienne, 1790, in-8.

1162. *Kurzgefasstes Handwörterbuch über die schönen Künste.* — Dictionnaire abrégé des Beaux-Arts, par une société de savants. (Publié par J.-G. Grohmann.) — Leipzig, 1794-95, 2 vol. in-8.

1163. MILIZIA (Franç.). *Dizionario delle Belle arti del disegno*, etc. — Dictionnaire des Arts du Dessin, extrait en grande partie de l'Encyclopédie méthodique. — Bassano, 1797, 2 vol. in-8; — Milan, 1802, 2 vol. in-8; — nouv. édit. corr. et augm.; Bologne, 1827, 2 vol. in-8.

1164. KRUG (Wilhelm-Traugott). *Versuch einer systematischen Encyclopädie der schönen Künste*, etc. — Essai d'une Encyclopédie systématique des Beaux-Arts. — Leipzig, 1802, in-8.

Cet ouvrage est le complément de l'*Essai d'une Encyclopédie systématique des sciences* (en allem.), publié par le même, à Wittemberg, 1796-97, 2 vol. in-8°. Krug, que la science a perdu le 13 janvier 1842, a occupé, comme on sait, une assez belle place dans la philosophie allemande, grâce surtout à son grand ouvrage : *Fundamental Philosophie*, qui devint très-populaire.

1165. MILLIN (A.-L.), membre de l'Institut. Dictionnaire des Beaux-Arts. — Paris, 1806, 3 vol. in-8 (8 à 10 fr., et plus les exempl. sur pap. vélin, dont il a été tiré 50); — *ibid.*, 1838, 3 vol. in-8.

Cet ouvrage a été tiré de celui de Sulzer (voir le n° 53).

1166. ZANI (Pietro). *Enciclopedia metodica critico-ragionata delle Belle Arti.* — Encyclopédie méthodique, critique et raisonnée des Beaux-Arts. — Parme, 1819-28, 29 vol. gr. in-8 (100 fr. et plus).

Les 19 premiers volumes, formant la première partie, contiennent un dictionnaire des artistes; les suivants traitent de la gravure et plus particulièrement des figures bibliques gravées, etc.

1167. BOSSI (il conte Luigi). *Introduzione allo studio delle arti del disegno e Vocabolario*, etc. — Introduction à l'étude des arts du dessin, et Vocabulaire abrégé de ces arts, etc. — Milan, 1821, 2 vol. in-8, grav. sur cuivre.

1168. HEUSSER (K.). *Encyclopädisches Kunstlexikon, mit besonderer Rücksicht auf Schauspiel-, Ton-, Dicht- und Malerkunst.* — Dictionnaire encyclopédique des Beaux-Arts, plus particulièrement en ce qui concerne l'art dramatique, la musique, la poésie et la peinture. — Coblentz, 1824, in-8.

1169. SMITH (Thomas). Beaux-Arts. Perspective, dessin, peinture et gravure, suivi d'un Dictionnaire des termes usités dans chacun de ces arts; trad. de l'angl. sur la dixième édition (?) de Smith, par M. Bulos. — Paris, 1825, in-8, avec 3 pl.

1170. BOUTARD (marquis J.-Bapt.-Bon). Dictionnaire des arts du dessin : la peinture, la sculpture, la gravure et l'architecture. — Paris, 1826, in-8 (3 à 4 fr.); — nouv. édit., *ibid.*, 1838, in-8 (3 fr.).

Architecte et écrivain tout à la fois, Boutard a été pendant trente-huit ans collaborateur du *Journal des Débats*, où il rédigeait les articles beaux-arts. De là, son Dictionnaire des arts du dessin, qui n'est rien de plus qu'une esquisse crayonnée d'une main alerte et légère.

1171. ELMES (J.). *A General and Bibliographical Dictionary of the fine arts*, etc. — Dictionnaire général et bibliographique des Beaux-Arts; contenant l'explication des principaux termes employés dans les arts de la peinture, sculpture, architecture et gravure, etc. — Londres, 1826, in-8.

1172. JEITTELES (Ignaz). *Æsthetisches Lexicon. Ein Alphab. Handbuch zur Theorie der Philosophie des Schönen und der schönen Künste.* — Dictionnaire d'esthétique. Manuel alphabétique de la théorie de la philosophie du Beau et des Beaux-Arts. — Vienne, 1836-37, 2 vol. in-8 (4 à 6 fr.).

1173. (GIRAULT DE SAINT-FARGEAU.) Dictionnaire usuel des artistes, ou Guide du peintre, du sculpteur, du dessinateur, de l'architecte et de l'amateur; contenant l'Iconologie, ou l'Explication des figures, symboles, emblèmes, attributs, qui servent à caractériser les hommes, les dieux, les héros et les divinités allégoriques; la description des costumes des anciens; la théologie du peintre...; le langage symbolique des fleurs; la définition de tous les termes employés dans les arts du dessin, etc., par G. D. S. F. — Paris, 1840, gr. in-12.

1174. *Conversations-Lexicon für bildende Kunst.* — Dictionnaire de la conversation relatif aux Beaux-Arts. (Publié par J.-A. Romberg, ensuite par F. Faber et continué par L. Clasen.) — Leipzig, 1843-57, 6 vol. et le commencement du 7e, gr. in-8, fig. s. b.

Cet important ouvrage n'a pas été continué. Il avait été annoncé en 10 vol.

1175. HEBENSTREIT (W.). *Wissenschaftlich-literarische Encyclopädie der Æsthetik*, etc. — Encyclopédie scientifique d'esthétique. Dictionnaire étymologique et critique des Beaux-Arts. — Vienne, 1843, in-8.

1176. FAIRHOLT (F.-W.). *A Dictionary of Terms in Art.* — Dictionnaire des termes d'art; illustré et publié par F. W. F. — Londres, (1854), gr. in-8, 500 gr. s. b.

1177. Dictionnaire de l'Académie des Beaux-Arts. — Paris, Didot, 1858, deux vol. et 2 liv. du 3e, gr. in-8 à 2 col., grav. s. b. et sur acier. — 40 fr.

Au commencement du siècle, le gouvernement demanda à la IIIe classe de l'Institut (aujourd'hui Académie des beaux-arts) de rédiger le Dictionnaire de la langue des beaux-arts; cinquante-quatre ans plus tard, l'Académie se mettait en mesure de répondre au vœu du gouvernement. D'où vient un pareil retard? Un de ses secrétaires perpétuels, celui dont la vive et intelligente impulsion fit mettre à flot ce grand travail, Halévy, le grand musicien, l'homme d'esprit, s'est chargé de l'expliquer en disant que si l'Académie possédait de grands artistes, ces hautes intelligences semblaient plutôt disposées à préparer des matériaux à leurs successeurs qu'animées du désir d'élever l'édifice auquel ils auraient donné tant d'éclat. A cette date, 1855, la commission du Dictionnaire jugea à propos de s'adjoindre comme auxiliaire l'auteur de la présente bibliographie, qui se retira au bout de trois années. M. Albert Lenoir l'a remplacé.

1178. BUSSY (Ch. de). Dictionnaire universel des Beaux-Arts. Architecture, sculpture, peinture, gravure, poésie, musique; suivi d'un Dictionnaire d'Iconologie. — Paris, Desloges, 1861, gr. in-18, 360 pp. — 4 fr.

G. — MÉLANGES ET RECUEILS DE PIÈCES RELATIVES AUX BEAUX-ARTS.

1179. (PETIT DE BACHAUMONT, Louis). Essai sur la peinture, la sculpture et l'architecture. — S. l. (Paris), 1751, in-8, VI-93 pp., front; — (nouv. édit, augm.); Paris, 1752, in-8, fig. (3 à 4 fr.).

1180. (COCHIN, Ch.-Nic.). Recueil de quelques pièces concernant les arts, avec une Dissertation sur l'effet de la lumière et des ombres relativement à la peinture. — Paris, 1757, in-12.

Ce recueil paraît avoir été fondu dans le suivant.

1180 *bis*. COCHIN (Ch.-Nic.). OEuvres diverses de M. Cochin, secrétaire de l'Académie royale de peinture et sculpture, ou Recueil de quelques pièces concernant les arts. — Paris, 1771, 3 vol. in-12, vign.

Voici les titres de quelques-unes de ces pièces : Lettres sur les donneurs d'idées ; — Mémoire sur l'architecture ; les chaires d'églises ; les théâtres; sur la peinture ; sur le portrait ; sur la sculpture, etc.;— Lettre à un amateur en réponse aux critiques qui ont paru sur l'exposition ; — De la diversité des jugements sur la ressemblance des portraits ; — Lettre sur les peintures, gravures et sculptures qui ont été exposées cette année au Louvre, par M. Raphaël (pseud. de Cochin) ; cette lettre avait déjà été publiée à part, à Paris, 1769, in-8, 40 pp.; — Les Misotechnistes aux enfers ou Examen critique des observations de M. D. L. G. sur les arts, par une société d'artistes ; publié déjà sous le voile d'anonyme à Paris, 1763, in-12; etc., etc.

Cochin écrivait dans la *Revue des Deux-Mondes* de cette époque, je veux dire dans le *Mercure*; il représente ce que nous nommons aujourd'hui un critique d'art. Cochin avait de l'esprit, il maniait bien l'ironie : — voyez sa lettre sur les *Donneurs d'idées*, et cette autre, écrite sous le pseudonyme de Raphaël. Mais qu'il restait loin de cette grande verve endiablée de Diderot ! En revanche, le journaliste était doublé d'un dessinateur plein de finesse, d'un graveur très-habile, très-fécond et très-laborieux. Cochin est auteur de quinze cents pièces pour le moins : vignettes, culs-de-lampe, planches officielles, cérémonies du sacre, etc.

Il était admis, privilége très-envié, aux dîners de Madame Geoffrin et payait son écot en parlant avec goût et justesse des choses de l'art.

1181. (NOUGARET, Pierre-J.-Bapt., et LEPRINCE, Nic.-Th.). Anecdotes des beaux-arts, contenant tout ce que la peinture, la sculpture, l'architecture, la littérature, la musique, etc., et la vie des artistes offrent de plus curieux et de plus piquant chez tous les peuples du monde, depuis l'origine de ces différents arts jusqu'à nos jours..., avec des notes historiques et critiques et des tables raisonnées, où l'on apprécie en peu de mots les artistes et les auteurs dont on a rapporté les anecdotes, par M. ***. — Paris, 1776-1780 (et non 1781), 3 vol. pet. in-8.

Compilation médiocre.

1182. *Miscellaneen artistischen Inhalts*, etc. — Mélanges concernant les arts, publiés par J.-G. Meusel. — Erfurt, 1779-87, 30 part. en 5 vol. gr. in-8 (10 à 15 fr.) = *Museum für Künstler und Kunstliebhaber*, etc. — Muséum pour les artistes et les amateurs. — Manheim, 1787-92, 18 part. en 3 vol. gr. in-8, fig. (10 à 12 fr.). = *Neues Museum*, etc. — Nouveau Muséum. — Leipzig, 1794-95, 4 part. en 1 vol. gr. in-8, fig. (4 à 5 fr.) = *Neue Miscellaneen*, etc. — Nouveaux Mélanges, etc. — *Ibid.*, 1795-1803, 14 part. en 3 vol.

gr. in-8, fig. (10 à 15 fr.). = *Archiv für Künstler und Kunstliebhaber*, etc. — Archives pour les artistes et les amateurs. — Dresde, 1803-1808, 8 part. en 2 vol. gr. in-8 (10 à 12 fr.). Ensemble, 14 vol. (40 à 60 fr.).

Ce recueil publié sous des titres successivement modifiés, présente une grande variété : notices biographiques, nécrologiques, archéologiques, dissertations, analyses d'ouvrages, tout s'y trouve. Bibliographe éminent, Meusel a eu la gloire d'entreprendre de grandes publications sur les arts à une époque où l'Allemagne jusque-là n'avait fait que défricher quelques minces portions de cet immense domaine.

1183. DENINA (l'abbé Giac.-Maria-Carlo). Lettre au roi de Prusse sur les progrès des arts à l'occasion d'un ouvrage italien sur les « Révolutions de la littérature », revue, corrigée et augm. de quelques notes. — Berlin, 1784, in-12 (2 à 3 fr.).

On sait qu'appelé par Frédéric II à Berlin, il se rendit dans cette ville en 1782. L'ouvrage, ou plutôt le discours dont il est ici question et dans lequel il attaquait Voltaire, lui attira de ce dernier le sarcasme le plus mordant.

1184. *Memorie per le belle arti.* — Mémoires pour servir à l'histoire des beaux-arts. — Rome, 1785-88, 4 vol. in-4 (6 à 8 fr.).

1185. WINCKELMANN [Jean-Joachim]. Recueil de différentes pièces sur les arts. Trad. de l'allemand (par Jansen). — Paris, 1786, in-8.

1186. (WACKENRODER, G.-W.). *Herzensergiessungen eines kunstliebenden Klosterbruders.* — Épanchements de cœur d'un frère lai, ami des beaux-arts. — Berlin, 1797, in-8.

1187. (WACKENRODER, G.-W., et TIEK, L.). *Phantasien über die Kunst*, etc. — Fantaisies sur les beaux-arts, à l'usage des amis des arts, publiées par L. Tiek. — Hambourg, 1799, in 8 ; — nouv. édit. refondue ; Berlin, 1814, in-8 (2 fr.) ; — trad. en suédois par L.-A. Eckmark : *Fantasier af en Konstalskande Klosterbroder;* Strengnäs, 1812, in-12.

1188. BREYSSIG (J.-A.). *Skizzen, Gedanken, Entwürfe, Umrisse, die bildenden Künste betreffend.* — Esquisses, pensées, ébauches, contours touchant les beaux-arts. — Magdebourg, 1799-1801, 3 part. in-8. = *Neue Skizzen, oder Phantasieen, Gedanken, Versuche*, etc. — Nouvelles Esquisses, etc. — Danzig, 1805-6, 2 part. in-8.

1189. FIORILLO (Joh.-Dom.). *Kleine Schriften artistischen Inhalts.* — Mélanges sur les beaux-arts. — Gœttingue, 1803-6, 2 vol. gr. in-8, fig. s. cuivre (6 fr. ; gr. pap. : 10 fr.).

1190. FERNOW (Karl-Lud. von). *Römische Studien.* — Études faites à Rome. — Zurich, 1806, 3 vol. in-8, portrait de Canova (10 à 15 fr.).

Ces études sont très-variées ; nous en citerons quelques-unes : Canova et ses travaux, avec la liste de ses œuvres ; — De l'Enthousiasme chez les artistes ; — Du Beau ; — De la Peinture de paysage ; — Des deux Théâtres mobiles de Curio à Rome ; — De l'impression que produit Saint-Pierre de Rome, etc. — Ces *Études* passent pour le meilleur ouvrage de Fernow, critique d'art expérimenté.

1191. *The Artist ; a Collection of Essays*, etc. — L'Artiste. Recueil d'essais relatifs à la peinture, à la poésie, à la sculpture, à l'architecture, à l'art dramatique, aux découverts scientifiques et aux divers autres sujets. Publié par Prince Hoare. — Londres, 1810, 2 vol. in-4.

1192. HAUS (G.-G. March.). *Raccolta di Opuscoli spettanti alle Belle Arti*, etc. — Recueil d'opuscules sur les beaux-arts, publiés en diverses circonstances par le marquis G. Haus, gentilhomme de la chambre de S. M. roi de Sicile. — Palerme, 1814, in-8.

Réflexions d'un ultramontain sur la Galathée attribuée à Raphaël ; — Les Vases étrusques ; — Sur la Peinture à l'encaustique, etc., etc.

1193. KÉRATRY (Aug.-Hilar.). Le Guide de l'artiste et de l'amateur, contenant le Poëme de la peinture de Dufresnoy, avec une traduction nouvelle, revue par M. Kératry ; suivie de Réflexions de ce dernier auteur ; de notes de Reynolds ; de l'Essai sur la peinture de Diderot ; d'une Lettre sur le paysage de Gessner ; de Trois Lettres tirées du Paresseux sur l'observation des règles, l'imitation de la nature et la beauté. — Paris, 1824, in-12.

1194. ELMES (J.). *Arts and Artists, or Anecdotes and relics of the schools of painting*, etc. — Les Arts et les Artistes ou Anecdotes et Reliques des écoles de peinture, de sculpture et d'architecture. — Londres, 1825, 3 vol. in-12.

1195. PONCE (Nic.). Mélanges sur les beaux-arts, dédiés à la princesse de Salm Dyk. — Paris, 1826, in-8 (6 fr.).

Ces Mélanges ne sont, à proprement parler, comme le remarque Quérard, que le recueil des principaux articles publiés par Ponce dans le *Moniteur*, le *Journal de Paris*, le *Magasin encyclopédique*, etc., etc. Nicolas Ponce nous remet en mémoire Charles Cochin : tous deux sont graveurs, tous deux écrivent dans les journaux. Il y a cependant une différence à noter. Si Charles Cochin a pour lui la supériorité de l'esprit, du talent et de la fécondité, les notices de Ponce indiquent plus de sérieux et plus de fond.

On trouve dans ces Mélanges :

Essai sur l'état des arts chez les Grecs ; — De l'Influence du climat sur l'architecture ; — Réflexions sur le nu et le costume en sculpture ; — De l'Influence de la peinture chez les anciens peuples ; — Dissertation sur le beau idéal ; — De l'Influence des beaux-arts sur les jouissances de l'organe de la vue, etc., etc.

1196. GIRODET-TRIOSON (A.-L.). Œuvres posthumes (poétiques et didactiques), suivies de sa correspondance, précédées d'une notice historique sur la vie et les ouvrages de Girodet, et mises en ordre par P.-A. Coupin. — Paris, 1829, 2 vol. gr. in-8, avec 7 grav. et lith. d'après les dessins orig. de Girodet.

Les articles sur les beaux-arts contenus dans cet ouvrage sont : le Peintre, poëme (voir plus haut n° 1150) ; — Considérations sur le génie particulier à la peinture et à la poésie ; — Dissertation sur la grâce, considérée comme attribut de la beauté ; — De l'Originalité dans les arts du dessin ; — De l'Ordonnance en peinture ; — Rapport sur les ouvrages de peinture, architecture et gravure en pierre et médaille, lu à l'Institut en 1816; — Correspondance (72 lettres) ; — Examen du Combat d'Aboukir, tableau de M. Gros.

1197. *Library of the Fine Arts; or Repertory of Painting, Sculpture, Architecture and Engraving.* — Bibliothèque des beaux-arts, ou Répertoire de peinture, sculpture, architecture et gravure. [Publié par J. Kennedy, févr. 1831–oct. 1832.] — Londres, 1831-32, 4 vol. = *Arnold's Library of the Fine Arts.* — *Ibid.*, nov. 1832 - avril 1833, 1 vol. — *Arnold's Magazine of the Fine Arts*, etc. — *Ibid.*, mai 1833 - juillet 1834, 3 vol.; ensemble 8 vol. in-8, portr.

Ce volumineux ouvrage se compose d'un grand nombre de morceaux détachés. On y trouve, sous des titres différents, des biographies d'artistes; des comptes-rendus des Expositions de peintures au Musée britannique; des Discours de Reynolds sur la gravure et sur la peinture; les Expositions et Catalogues des peintures de l'Académie royale ; une Étude sur Paul Sanbdy et son époque; un Essai sur la gravure à l'eau-forte et sur les divers styles de gravure; des Anecdotes sur les artistes des dernières cinquante années; des Observations sur l'état actuel des beaux-arts en Angleterre; les Leçons sur la peinture professées à l'Académie royale des arts par John Opie, etc.

1198. FULLER (S.-M.). *Papers on Literatur and Art.* — Fragments de littérature et d'art. — Londres, 1846, 2 vol. in-8 (2 à 3 fr.).

1199. GAUTIER (Th.). L'Art moderne. — Paris, 1856, in-18 (3 fr.).

Ce précieux petit volume contient : 1° la vivante, la fidèle, la minutieuse description du poëme panthéiste et colossal, comme un poëme indien, proposé par un artiste philosophe et savant, M. Chenavard, pour le Panthéon, poëme où il formula tout à son aise ses doctrines d'art et de philosophie ; 2° une note, un souvenir de jeunesse plutôt qu'un article, sur cet *oriental* que nous avons tant admiré, sur Marilhat l'*Égyptien*; 3° un article concernant l'ouvrage de Tœpffer : « *Menus propos d'un peintre génevois* » : ici Théophile Gautier accueille et défend *l'art pour l'art*; 4° des Jugements sur Pierre Cornélius et l'école allemande ; 5° une Revue des peintres de la nouvelle Pinacothèque de Munich, consacrée, comme notre galerie du Luxembourg, aux peintres contemporains ; 6° l'Éloge chaleureux de l'Apothéose de Napoléon Ier par Ingres, précieuse peinture détruite dans l'incendie de l'Hôtel de ville, etc., etc. Théophile Gautier se retrouve tout entier dans ces divers opuscules, il s'y montre avec son admirable facilité, le talent de bien voir, de décrire merveilleusement et d'être coloriste la plume à la main.

1200. JACOB [LACROIX, Paul]. Curiosités de l'histoire des arts, par P.-L. Jacob, bibliophile. — Paris, 1858, in-12.

1201. Archives des arts, sciences et lettres. Documents inédits, publiés et annotés par Alex. Pinchart. — Gand, 1860-63, 2 vol. in-8, fig. (8 à 10 fr.).

1202. LAPRADE (Victor de). Questions d'art et de morale. — Paris, Didier, 1861, gr. in-8 et in-12. — 7 fr. et 3 fr. 50 c.

Ces questions d'art, posées par un poëte académicien, se présentent sous ces titres : *Prolégomènes d'une Histoire des arts*; — *Des Préceptes en matière d'art*; — *De la Croisade contre l'antiquité.*

En tête des Prolégomènes on lit : « L'histoire « des Beaux-Arts est une partie essentielle du « haut enseignement littéraire. Par la poésie, la « littérature touche aux arts et se range avec eux « sous une même loi. Pour juger sainement « l'œuvre du poëte et donner plus de certitude « aux théories qui doivent la régir, la critique « littéraire étudie aussi l'œuvre du peintre, du « statuaire, de l'architecte et du musicien. »

1203. CLÉMENT DE RIS (le comte L.). Critiques d'art et de littérature. — Paris, Didier, 1862, in-18 j. — 3 fr. 50.

La part faite à l'art dans ce volume est assez maigre, comparativement à celle de la littérature. Elle se compose d'un article sur Charlet, d'un deuxième sur Delacroix, d'un troisième sur Célestin Nanteuil, d'un quatrième sur les notabilités de la peinture et de la sculpture de 1848 à 1858. On pourrait se plaindre de cette sobriété. Ce peu fait regretter qu'il n'y en ait pas davantage. M. Clément de Ris connaît très-bien, comme hommes et comme artistes, les gens dont il parle.

1204. LASTEYRIE (Ferd. de), membre de l'Institut. Causeries artistiques. — Paris, Hachette, 1862, in-18 j., 261 pp. — 3 fr. 50.

Singulièrement versé dans l'étude des arts industriels d'un ordre supérieur, comme le prouve la belle *Histoire de la peinture sur verre, d'après les monuments*, et bien d'autres travaux, M. Ferdinand de Lasteyrie se montre à nous, dans ses causeries (articles de journaux reproduits sous leur forme primitive), comme un excellent et judicieux esprit. C'est avec un grand bon sens qu'il signale ici ce que l'organisation des beaux-arts en France présente de défectueux ; c'est avec sagacité et compétence qu'il assigne à l'école française sa véritable place dans le monde de l'art : « Ce que je remarque avec joie, dit-il, « après avoir cité quelques noms populaires de « l'école contemporaine, c'est la tendance com« mune et pour ainsi dire instinctive qui les ra« mène tous plus ou moins aux qualités spé« ciales de l'école française — profonde intelli« gence du sujet, sagesse logique de la composi« tion. Leur peinture se lit à livre ouvert. » Très-net, très-pratique, amoureux du bien, M. de Lasteyrie, lui aussi, se lit à livre ouvert.

1205. PFAU (Louis). Études sur l'art. L'Art contemporain en Belgique. — Lettre sur le Congrès artistique d'Anvers. — L'Art et l'État. — Bruxelles, 1862, in-8.

Le dernier article de ce volume a été traduit en allemand. (Voy. plus haut n° 322.)

1206. GRIMM (H.). *Neue Essays über Kunst und Literatur.* — Nouveaux Essais sur l'art et la littérature. — Berlin, Dümmler, 1865, in-8. — 7 fr. 50.

1207. DELABORDE (le vicomte Henri). Mélanges sur l'art contemporain. — Paris, Renouard, 1856, in-8. — 7 fr. 50 c.

M. Delaborde est du nombre de ceux — c'est le plus petit nombre aujourd'hui — qui pensent que « l'art doit descendre du cerveau à la main, et non remonter de la main au cerveau. » Il va plus loin : il prête à l'art une fonction morale, il voit en lui un enseignement. Il honore ses grandeurs, il rougit de ses défaillances et voudrait les prévenir. Conservateur du cabinet des estampes, rédacteur de la *Revue des Deux-Mondes*, ami et biographe de M. Ingres, très consulté, très-apprécié, très-écouté, parce qu'il possède aussi bien la pratique que la théorie de l'art, esprit ferme et même un peu austère, M. Henri Delaborde représente dans la critique contemporaine le principe d'autorité.

Les Mélanges qu'il a publiés contiennent : Horace Vernet, ses œuvres et sa manière ; — La Peinture des coupoles ; — Trois Salons, 1853, 1859, 1861 ; — Les Dessins de paysage de M. Édouard Bertin ; — La Peinture de paysage en Suisse ; — Homère déifié, dessin de M. Ingres ; — le Tombeau de l'archevêque de Paris ; — la Gravure de l'hémicycle de l'École des beaux-arts, par M. Henriquel Dupont ; — L'École française de gravure en 1858 ; — La Lithographie en France depuis son origine.

1208. MARSELLI (Nicc.). *La Critica e l'Arte moderna.* — La Critique et l'Art moderne. — Naples, 1866, in-8.

1209. PALGRAVE (Francis-Turner). *Essays on Arts.* — Essais sur l'art. — Londres, 1866, in-12.

On trouve dans ce volume un Essai sur l'Académie royale de 1863, 4, 5 ; — Sur Mulready, Herbert, Holman et Hunt ; — sur la poésie, la prose et le réalisme (*sensationalism*) dans l'art ; — sur la sculpture, etc.

1210. BEULÉ (Ernest). Causeries sur l'art. (Les Expositions — l'Enseignement de l'architecture — La Peinture décorative — Le Goût public et la sculpture — Les Vases chinois — Polygnote et Apelle — Un Préjugé sur l'art romain — Velasquez et Murillo — L'École de Rome au XIXe siècle.) — Paris, Didier, 1867, in-8 et in-12. — 6 fr. et 3 fr. 50.

« Tous les morceaux réunis dans ce volume ont été dictés, nous dit M. Beulé, par l'occasion ou l'inspiration du moment. » Si l'on n'aperçoit point au premier abord le lien qui les unit, on reconnaîtra bientôt qu'il existe dans la communauté des principes, et l'on sait que M. Beulé ne marchande point avec eux. Soit qu'il parle des règles qui doivent présider aux expositions de peinture et de sculpture, soit qu'il manifeste son opinion sur l'enseignement de l'architecture ou sur notre goût, à nous autres modernes, pour la sculpture, etc., etc., ce sera toujours la même hauteur de vues et la même solidité de jugement. On a reproché à M. Beulé d'être exclusif. Il ne peut en être autrement, car il combat pour l'art classique et avec un grand talent. Nul mieux que M. Beulé ne sait rendre l'érudition attrayante ; nul ne sait exposer et rendre avec clarté, précision et d'une façon plus charmante des détails techniques qu'une autre plume que la sienne rendrait affadissants ou ennuyeux. C'est un esprit français, bien français, mûri sous le soleil de la Grèce, et qui a su conserver intact, au fond de son âme, le culte du beau.

1211. BRUNET (Gustave). Curiosités bibliographiques et artistiques. Livres, manuscrits et gravures qui, en vente publique, ont dépassé le prix de mille francs ; tableaux payés plus de cinquante mille francs. — Genève, Gay, 1867, in-8. — 10 fr.

1212. GARNIER (Charles). A Travers les Arts. Causeries et Mélanges, par Ch. Garnier, architecte du Nouvel Opéra. — Paris, Hachette, in-18 j. — 3 fr.

On est loin de se douter, en lisant ce titre un peu fantaisiste, qu'il cache des idées si saines, des renseignements techniques, le tout présenté sous une forme agréable et simple par une plume alerte. Non certes, l'auteur ne court point à travers les arts ; au contraire il se maintient dans les limites du grand art où il s'est fait déjà une si belle réputation.

Architecte, M. Charles Garnier n'a voulu parler que d'architecture ; constructeur, il entre dans de curieux détails sur les matières mises en œuvre par l'architecte, sur les pierres, les fers, les fontes, les marbres, etc. ; artiste plein de verve, il disserte sur le style décoratif de nos édifices ; homme de doctrine, il donne son opinion sur l'enseignement de l'architecture à l'École des beaux-arts ; esprit ouvert, capable de s'élever et de généraliser, il s'attache à préciser et à mettre en lumière les aspirations et le trait distinctif de l'architecture française contemporaine, qui se signale par une grande tendance à la vérité, par une heureuse harmonie entre les intérieurs et les extérieurs des édifices, par l'abandon des placages, des supercheries, et par la recherche de l'union de la grandeur et de la sincérité. « La Grèce, ajoute M. « Garnier, invente parce qu'elle est la première, « et de son invention elle fait une formule qu'elle « ne délaisse jamais. La France reprend cette for« mule ; mais elle la développe, l'étend, la ploie à « ses ressources, à ses besoins, à son génie, et « elle lui fait faire des évolutions inconnues jus« qu'alors. »

1213. NEPVEU (Franç.-Eug.), archit. Les Beaux-Arts et la Révolution italienne.

Recueil de pièces diverses publiées dans les journaux *le Monde*, *l'Univers* et la *Correspondance de Rome*. — Versailles, Beau, 1869, in-18, 105 pp.

II. — BIBLIOGRAPHIE GÉNÉRALE ET SPÉCIALE DES BEAUX-ARTS.

1214. MURR (Christophe-Théoph. de). Bibliothèque de peinture, de sculpture et de gravure. — Francfort et Leipzig, 1770, 2 t. en 1 vol. pet. in-8 (5 à 6 fr.).

Cette bibliothèque est l'essai très-imparfait d'une bibliographie des beaux-arts, excepté l'architecture ; essai qui n'en a pas coûté à l'auteur moins de treize années de recherches et de voyages. Son ouvrage est classé suivant l'ordre des matières, mais le parti qu'il a su en tirer est bien médiocre : ce n'est ni par la logique ni par la clarté que brillent ces deux volumes.

Voici son système de classement :

Ch. I. Auteurs pour servir à la peinture, sculpture et gravure en général ; — Ch. II. Vies des poëtes, sculpteurs et graveurs (biographies générales et individuelles) ; — Recueil d'estampes d'après Raphaël ; — Liste des peintres qui ont pris des noms particuliers dans la *Bande académique* à Rome ; — Monogrammes ; — Ch. III. Auteurs pour servir à la peinture en général ; — Divers genres de peinture ; — Ch. IV. Auteurs pour servir à la sculpture ; — Ch. V. Pierres gravées (ce chapitre occupe la moitié du premier volume ; on y trouve non-seulement la bibliographie, mais aussi des dissertations historiques) ; — Ch. VI. Des Médailles ; — Ch. VII. Auteurs pour servir à la gravure ; — Ch. VIII. De l'Anatomie ; — Ch. IX. De la Proportion du corps humain ; — Ch. X. Du Dessin ; — Ch. XI. De la Perspective ; — Ch. XII. De la Mythologie, de l'Invention, de l'Ordonnance, du Costume et de l'Allégorie ; — Ch. XIII et XIV. De l'Expression et de la Composition ; — Ch. XV. Du Coloris ; — Ch. XVI à XXI. Histoires (livres à figures) ; — Portraits ; — Paysages, chasses et batailles ; — Marines ; — Animaux ; — Fleurs ; — Ch. XXII. Caricatures, Ornements, Emblêmes ; — Ch. XXIII. Inventions pour Orfévrerie ; — Ch. XXIV. Descriptions des tableaux, statues, Bustes, galeries et cabinets en divers endroits ; — Ch. XXV. Catalogues d'Estampes.

Tel est le côté *méthodique*. Le côté *raisonné* est aussi faible. Je vois dans le tome premier vingt-quatre ou vingt-cinq pages empruntées aux Mémoires de Benvenuto Cellini. Les citations sont longues, et le mérite et l'importance relative des ouvrages mal indiqués. Je le répète, ce n'est qu'une ébauche dont toute la valeur est dans la date.

1215. COMOLLI (l'abbate Ang.). *Bibliografia storico-critica dell' architettura*, etc. — Bibliographie historique et critique de l'architecture civile et des arts qui en dépendent. — Rome, 1788-92, 4 vol. in-4 (20 à 25 fr.).

La première idée de l'auteur a été d'adopter l'ordre alphabétique : c'est le plus usité ; la réflexion l'a conduit à préférer la division par matières. Cette bibliographie a donc été divisée en quatre parties principales, subdivisées elles-mêmes en sections, chapitres, paragraphes, numéros, etc., etc., et chacune de ces subdivisions a été établie d'après la méthode proposée en tête de l'Encyclopédie par Diderot et d'Alembert. La première partie est consacrée à ce que Comolli nomme l'architecture élémentaire ; la seconde, à l'architecture civile universelle ; la troisieme, à l'architecture civile particulière ; la quatrième, à l'architecture civile calcographique (*sic*) et locale. C'est dans un avant-propos, sous forme de lettre à un ami, que l'auteur expose son système, et il annonce qu'ayant adopté pour les subdivisions l'ordre chronologique, il signalera tous les ouvrages publiés depuis Vitruve sur l'architecture. Il y a plus, les titres des ouvrages intéressants seront accompagnées d'une notice dans laquelle la valeur et le nombre des éditions et l'opinion des critiques seront indiqués. Le tout suivi d'un essai biographique sur l'auteur. « Vous le voyez, « ajoute Comolli, s'adressant à son ami, on pour- « rait supposer, d'après ce plan, que j'ai voulu « écrire l'histoire littéraire de l'architecture. « Nullement ; ce n'est pas une histoire, mais un « mémoire à l'usage de ceux qui auront plus de « talent, d'audace ou de facilité ; c'est un simple « catalogue raisonné des écrits qui traitent de « l'architecture. »

Il importe de remarquer que Comolli ne s'est pas renfermé rigoureusement dans la bibliographie de l'architecture. A la page 40 du premier volume, on trouvera une dissertation en règle sur l'ouvrage de Frédéric Zuccaro, intitulé : *L'Idea de' pittori, scultori e architetti*.

1216. BLANKENBURG (Friedr. von). *Litterarische Zusätze zu Joh. G. Sulzers Allgemeiner Theorie der schönen Künste*, etc. — Additions littéraires à la Théorie générale des Beaux-Arts de J.-G. Sulzer, etc. — Leipzig, 1796-98, 3 vol. gr. in-8 (3 à 4 fr.).

Voir sur cet ouvrage plus haut la note du numéro 53.

1217. ERSCH (Joh.-Samuel). *Literatur der schönen Künste*. — Bibliographie des beaux-arts. (Forme la 7e partie du *Handbuch der deutschen Literatur*, etc.). — Amsterdam et Leipzig, 1814, in-8, 544 col. ; — nouv. édit. : *Literatur der schönen Künste seit der Mitte des achtzehnten Jahrhunderts*, etc. — Bibliographie des Beaux-Arts depuis le milieu du XVIIIe siècle jusqu'à nos jours ; classée systématiquement et enrichie de tables des matières. Nouvelle édition continuée jusqu'en 1830, par Jean-Ch.-Aug. Rese et Chr.-Ant. Geissler. — Leipzig, 1840, in-8, 4 ff. et 1608 col. (Tirage à part. Forme aussi la 2e part. du t. II de la nouv. édit. du *Handbuch der deutschen Literatur*, etc. ; *ibid.*, 1822-40, 8 part. en 4 vol.)

J'ai signalé dans la Préface le défaut capital de cette Bibliographie : je veux dire le manque de méthode et de clarté. Toutefois la réputation d'Ersch est si bien établie en Allemagne que, pour justifier cette remarque, je me vois contraint d'indiquer ici de quelle façon ce laborieux bibliographe a divisé le domaine de l'art, mais je désespère de faire pénétrer un rayon dans ces épaisses ténèbres.

Ersch a partagé l'étude de l'art en deux parties : *partie générale, partie spéciale* ; en d'autres termes la *philosophie* et la *pratique*.

Voici les divisions de la partie philosophique :

I. Histoire (générale) et bibliographie.

II. Écrits particuliers, qui se subdivisent ainsi :

1. Ouvrages généraux et mélanges (théorie de l'art; manuels et dictionnaires; écrits périodiques); — 2. Écrits sur certains points de l'esthétique (point de contact entre les beaux-arts et les lettres; objet des beaux-arts : le beau, le sublime; qualités nécessaires pour les pratiquer et les apprécier : l'imagination, l'enthousiasme, le goût).

De l'art dans ses rapports avec les religions et la Société, de l'art officiel, des Danses des morts, etc., Ersch ne dit rien et classe la *caricature* dans la section du dessin.

Voyons maintenant les spécialités :

I. Arts plastiques.

II. Arts *toniques* (Éloquence, poésie, théâtre, Romans, Musique).

III. Arts mimiques (la Danse).

Les Arts plastiques sont divisés en :

I. Arts d'imitation *sur des surfaces et dans des surfaces* (dessin, peinture, gravure, sculpture).

2. Arts de *représentation par des masses* (*Darstellung durch Massen selbst*), étrange dénomination qui désigne l'architecture et les jardins.

La première division se subdivise en : 1° Généralités. — 2° Arts du dessin séparément.

Les Généralités embrassent: I. Écrits sur l'histoire générale (il y a ici double emploi), et la théorie de l'art (c'est-à-dire les périodiques, les mélanges, collections d'art, etc., etc. (nouveau double emploi); — II. L'Art ancien (où figurent les costumes et la mythologie d'art); — III. L'Art moderne; — IV. La Théorie, la technique : Écrits généraux (Lexiques), Écrits particuliers (l'Art et la Nature, Allégories, etc.).

Enfin viennent les Arts du dessin séparément : Dessin, peinture, gravure, sculpture, architecture, avec leurs subdivisions.

En voilà assez pour faire voir l'étrange confusion qui règne dans cette bibliographie prétendue méthodique, où l'on revient deux ou trois fois sur le même sujet; et d'ailleurs si limitée qu'elle ne va pas au-delà de 454 articles, tous allemands et publiés seulement depuis le milieu du XVIIIe siècle. Quant à l'Archéologie d'Art, il n'en est pas question.

1218. CICOGNARA (Léop.). *Catalogo ragionato dei libri d'arte e d'antichità*, etc. — Catalogue raisonné des livres sur l'art et l'antiquité, appartenant au comte Cicognara. — Pise, 1821, 2 vol. in-8.

Deux grandes sections se partagent ce catalogue : l'une renferme tout ce qui a trait directement à l'étude de l'art; l'autre ce qui touche à l'antiquité. Dans cette première section, les traités généraux ouvrent la série; viennent ensuite les écrits sur la peinture, le dessin, la gravure, la sculpture, l'anatomie comprise, et tout ce qui concerne les proportions. L'architecture se présente en dernier, puis, comme appendice, les poëmes sur les beaux-arts et toute une littérature renforcée de descriptions, relations, mémoires, discours et statuts académiques. Enfin, les fêtes et entrées solennelles, les spectacles et funérailles, les costumes antiques et modernes, la mythologie et la Bible complètent cette section. La seconde est consacrée aux antiquités orientales, étrusques, grecques, greco-italiques, musées et galeries; aux œuvres antiques et modernes de la sculpture. Ici prennent place les guides dans les diverses parties de l'Europe, les voyages, la mythologie, les coutumes religieuses, etc., etc.

Ce n'est donc point par la classification que se distingue ce catalogue si renommé, et cela s'explique quand on lit dans la préface que ce fut pour complaire à ses amis et à quelques connaisseurs que Cicognara se décida à cataloguer ce qu'il y avait de mieux dans sa bibliothèque.

Toutefois, ce qui n'était qu'un amusement en 1821, trois ans après fut pour lui de la plus grande utilité. Ne pouvant plus faire face aux dépenses nécessitées par de nombreuses publications, Cicognara se vit contraint, en 1824, de vendre sa bibliothèque. Le pape l'acheta pour la réunir à la Vaticane et cette acquisition ne fut point une des moins heureuses. Par les notes qui l'enrichissent, notes sur la valeur des éditions, sur leur rareté, sur leur état de conservation, sur le nombre des gravures qui ornent les ouvrages illustrés, sur certains détails curieux qu'on chercherait vainement ailleurs, le catalogue raisonné de la bibliothèque de Cicognara, malgré son défaut de méthode, sera toujours un livre précieux pour les bibliophiles et les amateurs.

1219. GODDÉ (Jules). Catalogue raisonné d'une collection de livres, pièces et documents, manuscrits et autographes, relatifs aux arts de peinture, sculpture, gravure et architecture..., réunie par J. Goddé, peintre, avec des notes du collecteur. — Paris, 1850, in-8.

Il faut rendre justice à l'auteur de ce catalogue d'une bibliothèque particulière ; il y a là une tentative de classification qui eût été vraiment efficace et digne d'être applaudie, si les circonstances dans lesquelles M. Goddé s'est trouvé eussent été plus favorables. Malheureusement, cette classification ne s'applique qu'à un petit nombre de volumes, seize cent cinquante; de là de grandes lacunes et certaines divisions bien mal placées.

Voici le système de M. Goddé :

I. Beaux-Arts (Introduction, Généralités, Dictionnaires; — Philosophie des beaux-arts, Esthétique; — Théologie de l'art; — Polygraphes, Lettres, Mélanges).

II. Arts du Dessin (Introduction ; — Anatomie, Physionomie; — Dessin proprement dit, Proportions; — Perspective).

III. Peinture (Introduction, Philosophie de l'art; — Traités généraux, Théorie et pratique ; Mélanges ; — Symbolique des couleurs ; — Connaissance des tableaux ; — Divers procédés de peinture; — Paysages, Jardins pittoresques; — Poëmes sur la peinture.

IV. Histoire de la Peinture (Introduction, Peinture chez les anciens, Histoire générale ; — Parallèle des peintres ; — Peinture en Italie, en Espagne, etc., embrassant la Biographie des peintres, les Descriptions pittoresques, les Guides et Voyages; — Peinture en France : Vies des peintres, Livrets et Salons, Galeries et Musées, Écoles et Académies, Collections, etc.

V. Sculpture y compris la Gravure en pierres fines.

VI. Gravure (Iconologie, Emblèmes, Devises, Symboles, Monogrammes, etc.).

VII. Livres a figures (Recueils d'estampes d'après les maîtres; Recueils de gravures).

VIII. Recueils de costumes.

IX. Architecture (Généralités; — Traités théoriques et pratiques; — Architecture sacrée, monumentale, théâtrale, civile et militaire; — Vies des architectes; — Ornements d'architecture.

X. Archéologie générale (Dissertations, Mélanges, Monuments anciens ; — Monuments de Rome; — Herculanum et Pompéi ; — Monuments du moyen âge).

On le voit, cette classification faiblit dans certaines parties. Pourquoi, par exemple, l'architecture, le premier des arts (l'auteur en convient lui-même), prend-il ici la dernière place ? Il en est de même de l'archéologie; au lieu d'être rangée parmi les études générales et préparatoires, elle est reléguée à la fin du volume. On peut demander également pourquoi le costume se présente-t-il entre la gravure et l'architecture? pourquoi les écoles et académies, qui embrassent aussi bien la sculpture que la peinture, se trouvent-elles dans la section de peinture? Mais ces fautes sont excusables puisqu'il ne s'agit ici que d'un catalogue et non d'une bibliographie régulière.

1220. ROBINSON (J.-C.). *Catalogue of the Art Library South Kensington Museum.* — Catalogue de la Bibliothèque du musée de South Kensington. J.-C. Robinson, surintendant de la collection d'art de ce musée. — Londres, 1862, in-8, 334 pp.

Classé par ordre alphabétique des noms d'auteurs, et sans aucune note.

1221. DUPLESSIS (Georges). Essai de bibliographie contenant l'indication des ouvrages relatifs à l'histoire de la gravure et des graveurs. — Paris, Rapilly, 1862, in-8, 48 pp. — 2 fr.

1222. DUPLESSIS (Georges). Essai d'une Bibliographie générale des beaux-arts. (3209 n°). — Paris, Rapilly, 1866, in-8, 2 ff. et 144 pp. à 2 col. — 6 fr.; papier vergé, 8 fr.

C'est au sous-titre de ce volume qu'il faut se reporter pour en avoir l'idée la plus exacte. Voici comment il est conçu : *Biographies individuelles, Monographies, Biographies générales.* L'Essai de M. G. Duplessis ne concerne donc, à vrai dire, que la bibliographie des biographies générales ou particulières des artistes, et le but qu'il s'est proposé a été de faciliter les recherches de ceux qui se consacrent à écrire l'histoire des peintres, des sculpteurs ou des graveurs. Ce travail fait beaucoup d'honneur au zèle et au savoir de M. G. Duplessis.

1223. WEIGEL (Rudolph). *Kunstcatalog* (second titre : *Kunstlager-Catalog*).— Catalogue d'une librairie d'art.— Leipzig, 1833-66 (certaines parties réimprimées deux et trois fois, avec d'autres dates), 35 parties en 5 vol. in-8 (30 à 40 fr.).

Voilà un catalogue qui donne plus que son titre ne promet : c'est plus que l'inventaire d'une librairie, plus qu'une réclame ; en effet on y trouve l'esquisse d'une bibliographie générale des beaux-arts, méthodique, mais non raisonnée. C'est l'œuvre d'un connaisseur, d'un libraire dont le nom restera dans la mémoire de tous ceux qui s'occupent de la théorie des beaux-arts.

Rodolphe Weigel, que la librairie allemande a perdu en 1867, était né à Leipzig en 1804. Son père, Gotlieb Weigel, comme lui était libraire, comme lui très-amateur et possesseur, notamment, d'une belle collection de dessins. Quand on a grandi au milieu des estampes et des livres, il est rare que soi-même on ne devienne pas amateur. Envoyé par son père à travers l'Europe, et dans un intérêt commercial, Rodolphe Weigel, à la suite de ces voyages en Allemagne, en Hollande, en Angleterre, se vit à la tête d'une collection dont son catalogue nous révèle toute la richesse.

Commencée en 1833, la publication du *Kunstlager-Catalog* s'est continuée jusqu'en 1866. A vrai dire, cette publication ne constitue pas un catalogue, mais plutôt une suite de catalogues, formant trente-cinq parties. Chaque partie est divisée en deux sections, l'une consacrée aux livres d'art, l'autre aux estampes. Les livres d'art sont classés méthodiquement en plusieurs grandes subdivisions qui se répètent dans chaque partie. La seizième partie renferme l'esquisse dont nous avons parlé et qui a pour objet de classer plus systématiquement les matières que contiennent toutes les séries précédentes. Comme cette classification n'est pas sans mérite, comme je m'en rapproche par plus d'un point, je vais l'indiquer sommairement :

1re *partie.* — Littérature ou Généralités sur l'art ; — Esthétique ; — Histoire de l'art ou plutôt généralités sur l'histoire de l'art ; — Détails de l'histoire de l'art : archéologie classique, l'art chrétien ; — Histoire de l'art au moyen âge et dans les temps modernes ; — Manifestations artistiques : académies, sociétés d'amis des arts ; musées ; — De certains sujets traités par l'art : Sujets historiques, sujets religieux,

2e *partie.* — L'Architecture ; — La Plastique ; — L'Ornementation ; — La Peinture ; — La Gravure.

3e *partie.* — Cette partie, sous ce titre : *Appendices* (*Anhänge*) renferme ce que Weigel n'a pas pu enchâsser dans les deux premières sections. Il y a mis les portraits, les livres à figures : livres religieux, livres ascétiques, livres de médecine et de chirurgie, livres de cosmographie, de topographie, de mathématiques ; puis il revient de nouveau sur les arts du dessin et établit une division pour les Proportions du corps humain, une autre pour la Perspective, une troisième pour les Emblèmes, les Allégories, les Danses des morts ; enfin, dans un dernier appendice, il classe les Voyages et les Vues pittoresques. Notez que ces appendices contiennent des Suppléments pour l'Architecture, pour l'Archéologie, pour le Moyen âge, etc, etc.

Procéder ainsi, c'est, comme on le voit, compliquer au lieu de simplifier, et partir d'un classement clair et facile à saisir pour arriver à la confusion. Quoi qu'il en soit, en créant les divisions logiques des deux premières parties, Weigel a rendu à la bibliographie un service véritable.

Le plus grand mérite du *Kunstcatalog*, c'est la richesse des renseignements bibliographiques et leur exactitude. Il donne, en effet, la nomenclature de plus de 25,000 articles, tant livres qu'estampes ; chiffre qui se réduit considérablement par suite de nombreuses répétitions, ce qui est inévitable dans un catalogue de librairie. Weigel a donné tous ses soins aux livres à figures, série qu'il a enrichie de notes utiles. Ce qui est très-précieux, c'est l'indication détaillée des sujets renfermés dans les publications qui donnent la reproduction des œuvres des maîtres.

Une table alphabétique des noms d'auteurs termine cet ouvrage, instrument des plus utiles jusqu'au moment présent, on ne saurait trop le répéter.

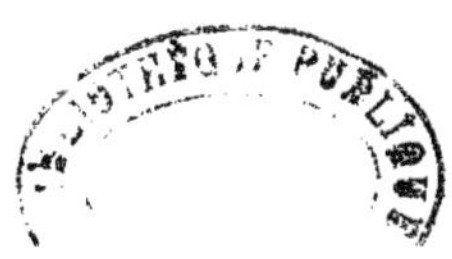

La *Bibliographie des beaux-arts* est publiée dans le format et avec les caractères du Manuel de Brunet. Elle paraîtra en **quatre** livraisons, tous les cinq à six mois.

La deuxième livraison comprendra : l'*Histoire générale de l'art*, l'*Archéologie* et la *Géographie d'art*, la *Biographie universelle des Artistes* et le *Dessin* (1re partie des *Études spéciales*); — la troisième embrassera l'*Architecture* et la *Sculpture*; — enfin la dernière contiendra la *Peinture*, l'*Iconographie*, la *Gravure*, la *Lithographie*, la *Photographie*, les *Arts industriels*, une *Introduction* générale et les tables alphabétiques et analytiques.

CONDITIONS DE LA SOUSCRIPTION

L'ouvrage complet coûtera 20 francs sur papier ordinaire, payables par 5 francs, à la réception de chaque livraison. Il a été tiré **trois cents** exemplaires numérotés, sur grand papier vergé, au prix de 40 francs.

Les souscripteurs demeurant hors Paris auront à leur charge les frais de port s'il y a lieu (40 centimes par livraison, papier ordinaire, pour les départements; l'étranger, la taxe en sus; le double de cette somme pour le grand papier).

Les souscripteurs de Paris ne recevront leurs livraisons que contre payement; ceux de la province et de l'étranger sont priés d'envoyer *par anticipation* le prix (y compris le port) de chaque livraison à paraître.

Après la publication de la dernière livraison, les prix ci-dessus seront portés à 25 francs pour le papier ordinaire, et à 50 francs pour le papier vergé.

Les exemplaires en grand papier porteront le nom imprimé des souscripteurs, s'ils en font la demande au moment de la mise en vente de la troisième livraison au plus tard.

Aucune livraison ne sera vendue isolément sans engagement écrit de prendre l'ouvrage complet.

Paris. — Typographie Firmin Didot frères, fils et Cie, rue Jacob, 56.

www.ingramcontent.com/pod-product-compliance
Ingram Content Group UK Ltd.
Pitfield, Milton Keynes, MK11 3LW, UK
UKHW020605180726
13838UKWH00001B/434

9 782019 708641